भारतीय चित्रकला की परम्परा

डॉ० महेन्द्र वर्मा

BKP

भारतीय कला प्रकाशन

दिल्ली (भारत)

प्रथम संस्करण : 2006

प्रकाशक : **सी०पी० गौतम**
भारतीय कला प्रकाशन
3421-ए, नारंग कलोनी, त्रीनगर,
दिल्ली-110035 फोन : (O) 32967505, 27393083, (R) 32492129

ISBN : 81-8090-117-3

लेजर टाईप सेटिंग :
ए-वन ग्राफिक्स
जेडी-18सी, द्वितीय तल, पीतमपुरा,
दिल्ली-58

मुद्रक : **बीडीएच प्रिंटर** द्वारा सलासर इमेजिंग सिस्टम, दिल्ली

समर्पण

उस सर्वव्यापी, सर्वज्ञ,
अदृश्य कलाकार को
जिसकी तूलिका से
प्रकृति ने रंग बिखेरकर
सौन्दर्यमयी, अनुपम छटा
चारों ओर फैला दी
और
जिसकी संरचना से
समस्त जड़-चेतन जगत्
चित्रमय होकर
सामने आया।

प्राक्कथन

जिस वीरांगना महारानी लक्ष्मीबाई ने राष्ट्रकवि श्री मैथिलीशरा गुप्त कीइन पंक्तियों ''अबला तेरे जीवन की यही कहानी, आंचल में है दूध, आंखों में पानी'' को अपने अदम्य साहस, अवर्णनीय पराक्रम व दामिनी की तेज चमक जैसे रक्त-पियासु असि (तलवार) से अंग्रेजों को ''छठी का दूध याद दिलाकर सर ह्यूरोज जैसे क्रीमिया के युद्ध-विजेता के मुख से ''शी वाज दी ब्रेवेस्ट एण्ड बैस्ट दैम ऑफ ऑल'' निकलवाकर नारी को अबला के स्थान पर सबला सिद्ध किया, ऐसी उनकी कर्मभूमि झांसी के लिए बीसवीं शताब्दी ऐसी सौभाग्यशाली रही है कि जिसमें दिवंगत महान् विभूतियों में उपन्यास सम्राट् पद्मभूषण डॉ० वृन्दावनलाल वर्मा, हॉकी के जादूगर पद्मभूषण मेजर ध्यानचन्द्र, रंगों के कुशल चितेरे व देश के सुप्रसिद्ध चित्रकार कालीचरण, क्रान्ति के जनक एवं प्रथम मूर्तिकार तथा चित्रकार व चन्द्रशेखर आजार के सहयोगी मा० रुद्र नारायण, क्रांतिकारी डॉ० भगवान्दास माहौर व सदाशिव राव मलकापुर, संगीत के अप्रतिम साधक उस्ताद आदिल खां के अतिरिक्त इतिहासकार डॉ० भगवानदास गुप्त जैसे महान् व्यक्तियों ने इस नगरी की पावन भूमि को धन्य किया है।

लेकिन सम्प्रति में चित्रकार व व्यंग कलाकार के अतिरिक्त निबन्धकार (विशेषत: ललित कलाओं से संबंधित), कहानीकार, उपन्यासकार, फिल्म व धारावाहिक लेखक के साथ-साथ इतिहासकार जैसे बहुआयामी व्यक्तित्व के रूप में यदि समय की कसौटी पर कसा जाए, तो मेरी दृष्टि में झांसी नगर क्या सम्पूर्ण बुंदेलखण्ड में एक ऐसा व्यक्तित्व जो सामने दिखता है-वह है डॉ० महेन्द्र वर्मा, जिनका ७६ वर्ष का जीवन संघर्षों एवं महान् उपलब्धियों का एक जीता-जागता लेखा-जोखा है। इस उम्र में उनकी लेखनी में अपार गति है, जिसके प्रत्यक्ष उदाहरण उनके द्वारा लिखे गये महत्त्वपूर्ण व उच्चस्तरीय शोधपरक ऐतिहासिक महत्त्वपूर्ण ग्रन्थों के अतिरिक्त उपन्यास, कहानी-संग्रह, काव्यसंग्रह तथा दर्जनों कहानियां हैं।

डॉ० वर्मा का प्रारम्भिक जीवन चित्रकार से प्रारम्भ हुआ और उस प्रारम्भीकरण में एक नया मोड़ आया, सन् १९५८ ई० में, जब वे चित्रकार के साथ-साथ व्यंग चित्रकार के रूप में प्रसिद्ध हुए और इसी कला के प्रवाह में एक नया मोड़ आया लेखन का, जो सन् १९६३ ई० से प्रारंभ हुआ, वह अभी तक सफलतापूर्वक द्रुत गति से चल रहा है। यह बात दूसरी है कि लेखन के आगे चित्रकला में अब उनका रुझान अपेक्षाकृत कम होना स्वाभाविक ही है, पर फिर भी ब्रुश के स्थान पर उनकी काले रंग की रिफिल से वे समय-समय पर व्यक्तियों एवं अन्य प्रकार के रेखाचित्र बनाकर अपनी चित्रकला के प्रति प्रारम्भिक

निष्ठा को जीवित रखे हुए है। इन रेखाचित्रों में ऐसे भी महत्वपूर्ण व अपने क्षेत्र के अति विशिष्ट व्यक्तियों के हस्ताक्षर युक्त रेखाचित्र भी हैं, जो दुष्प्राय है।

ललित कलाओं में वास्तुकला, मूर्तिकला एवं चित्रकला के क्षेत्र में हमारे पुराणों, तथा आगमों व अन्य ग्रन्थों में विभिन्न कालों में बहुत कुछ पढ़ने को मिल जाता है। इसके साथ ही कुछ विदेशी तथा भारतीय कलाविदों ने भी इस क्षेत्र में बड़ा ही श्लाघनीय कार्य किया। चित्रकला के क्षेत्र में पर्सी ब्राउन, स्टेला क्रेशमिश, बी० ए० स्मिथ, ई० वी० हैवेल जैसे विदेशी कलाविदों के अतिरिक्त रायकृष्णदास, एन० सी० मेहता, वाचस्पति गैरोला आदि अनेक कला-विदों ने भी समय-समय पर अपने दृष्टिकोण से कला-शोधार्थियों तथा कला-प्रेमियों के लिए प्रचुर व अमूल्य तथा पठनीय सामग्री दी है।

इसी श्रृंखला में एक और नया नाम जुड़ गया है-नगर के सुप्रसिद्ध व वृद्ध चित्रकार, साहित्यकार व इतिहासकार डॉ० महेन्द्र वर्मा का, जिन्होंने अपने जीवन में चित्रकला की चिरयात्रा के बदलते हुए परिदृश्यों को देखा है, परखा है और जहां जिससे प्रभावित हुए, उसे आत्मसात् भी किया है। इसलिए उन्होंने अपनी नवीनतम पुस्तक ''भारतीय चित्रकला की परम्परा'' में उन सभी तत्वों का समावेश किया है, जो प्राचीन संस्कृत साहित्य एवं विभिन्न पुराणों तथा विभिन्न कलाविदों के विचारों में समाहित है। इसके साथ ही उसमें प्रागैतिहासिक काल से लेकर आधुनिक काल तक की लम्बी यात्रा में कला के विभिन्न स्वरूपों को भी भली-भांति वर्णित किया गया है। इसके अतिरिक्त उन्होंने समसामयिक चित्रकारों में उन्नीसवीं शताब्दी के उत्तरार्द्ध से लेकर इस शताब्दी तक के सुप्रसिद्ध रहे चित्रकारों तक को याद किया है, विशेषत: बीसवीं सदी के छठवें व सातवें दशक की समयावधि के उन चित्रकारों को, जो अपने समय की ख्याति प्राप्त पत्रिकाओं ''धर्मयुग'' व ''साप्ताहिक हिन्दुस्तान'' के माध्यम से कला-प्रेमियों व सुधीजनों के बीच में बहुचर्चित रहे, जिन्हें आज का चित्रकार वर्ग संभवत: जानता तक न होगा।

इस पुस्तक का एक महत्त्वपूर्ण अंतिम अध्याय ''परिशिष्ट'' वाला है, जहां उन्होंने देश की प्राचीन जनजातियों की लोककला से लेकर वर्तमान युग की सुसंस्कृत व सभ्य समाज में प्रचलित लोक कला को स्थान देकर एक नई जानकारी दी है।

प्रस्तुत पुस्तक भले ही कलेवर में छोटी हो, पर उस छोटे से कलेवर में वह सभी आवश्यक मूल तत्त्व हैं, जो किसी कलाप्रिय व्यक्ति व शोधार्थियों के लिए परम आवश्यक होते हैं। उनकी यह पुस्तक ''भारतीय चित्रकला की परम्परा'' चित्रकला-विषयक अभी तक प्रकाशित पुस्तकों की श्रृंखला में अपना महत्वपूर्ण स्थान प्राप्त करेगी, ऐसा मेरा विश्वास है।

वे स्वस्थ, चिरायुष्य प्राप्त करें और उनकी सफल लेखनी से ऐसी ही महत्वपूर्ण कृतियों का सृजन होता रहे, यही कामना मैं उस परमपिता परमात्मा से करता हूं।

शरदपूर्णिमा
संवत् २०६२
दि० १९/०३/०६

डॉ० ए० के० पाण्डेय
निदेशक, राजकीय संग्रहालय, झाँसी

आत्म-कथ्य

कला सदा से ही क्रियात्मक होने से एक प्रकार से सत्य की उपासना है और वही सत्य सुंदर दिखता है, जो पूर्णरूप से शिवमय होता है। इसलिए कला के विषय में कहा गया है–''कलयति मनांसि या सा कला'' अर्थात् जो मन को सुंदर लगे, आनन्द की प्राप्ति हो और आनन्द भी कैसा? जो सत्-चित्-आनन्द के नाम पर सच्चिदानन्द स्वरूप हो, तभी वह कला कही जायेगी। दूसरे रूप में कला सच्चिदानंद की बोध-भूमि है। परमात्मा तक पहुंचने का एक सशक्त माध्यम है। चार पुरुषार्थों–धर्म, अर्थ, काम, मोक्ष के क्षेत्र में कला मोक्ष स्वरूपा है। कला ही सत्य-असत्य, शिव-अशिव, सुंदर-असुंदर के साथ-साथ स्वर्ग का अंतर बताती है।

कला आस्तिकता की जननी है। भक्ति में सगुण-उपासना के मार्ग से ईश्वर को अपने अंतः स्थल में बसाकर उसके प्रति मीरा जैसी समर्पण की मनोभावना की क्षमता कलाकार के द्वारा सृजित सत्यं, शिवं, सुन्दरं इन त्रिगुणों से परिपूर्ण चित्र में ही होती है। पर ऐसा चित्र तभी सृजित होता है, जब चित्रकार या कलाकार का मन चित्र बनाते समय विकारों व वासनाओं से रहित होकर स्वच्छ दर्पण की भांति होता है और तभी तुलसीदास की यह चौपाई सार्थक होती है–''निर्मल मन-जन सो मोहि पावा, मोहि कपट छल-छिद्र न भावा।''

इसीलिए चित्रकार की साधना, भगवान् के भक्त की भावना और ऋषि-मुनियों की तपस्या से कम नहीं होती। चित्रकार को किन-किन पात्रों को किस प्रकार निरूपित किया जाए, कैसा वातावरण चित्रित हो, रंगों का प्रयोग कब-कब और कैसे हो, यह सब निर्देश, ''विष्णुधर्मोत्तर पुराण'' के ''चित्रसूत्रम्'' वाले भाग के अतिरिक्त समय-समय पर लिखे गये कला-विषयक अनेक ग्रन्थों में दिये गये हैं, जिनका सम्पूर्ण विवरण यहां देना सम्भव नहीं है। लेकिन आज के युग में जहां कला आधुनिक चित्रकला के नाम पर प्रयोगवाद, प्रतीकवाद, प्रगतिवाद, घनवाद आदि के रूप में न केवल भारत में ही, वरन सम्पूर्ण विश्व में अपना वर्चस्व बनाये हुए है, वह वस्तुतः अपने पीछे शताब्दियों के लम्बे अंतराल में प्रागैतिहासिक काल से लेकर आधुनिक काल तक के बीच बुद्धि व विवेक के क्रमोत्तर विकास एवं बदलते हुए विभिन्न स्वरूपों का इतिहास छिपाये हुए है, जिसको समझना भी अति आवश्यक है।

चित्रकला का कई हजारों वर्षों का प्रारंभिक इतिहास प्रागैतिहासिक काल के अंतर्गत पूर्व पाषाण काल के उस आदिम युग से प्रारंभ हुआ है, जब समाजविहीन मानव जंगली अवस्था में शैल-ग्रहों में अथवा नदियों के किनारे रहा करता था। लेकिन बुद्धिहीन होने पर भी उनके द्वारा बने जो शैल चित्र भारत के अतिरिक्त अन्य देशों में प्राप्त हुए हैं, वे भले ही ''विष्णुधर्मोत्तर पुराण'' के ''चित्रसूत्रम्'' में वर्णित

षडांग (रूपभेद, प्रमाण, भाव, लावण्य, सादृश्यं और रंग विधान) के अनुरूप न हो पर उनमें उन मनोभावों का प्रगटीकरण अवश्य है, जो आदिम युग के असभ्य व जंगली कहलाने वाले मानव ने अपने आस-पास के वातावरण में रहते हुए अपने जीवन-यापन के बीच भोगा।

पूर्व पाषाण काल के उसी असभ्य जंगली मानव-समाज में जब बुद्धि व विवेक का क्रमोत्तर विकास हुआ और सामाजिक परम्परायें व मर्यादाओं का निरूपण हुआ, तथा उसी के साथ राजनैतिक व्यवस्था का प्रचलन हुआ, जिसके फल स्वरूप भारतीय ऐतिहासिक परिवेश में महाकाव्य काल (रामायण और महाभारत काल) से लेकर विभिन्न हिन्दू राजवंशों के अतिरिक्त मुग़ल वंश (विशेषत: बाबर से लेकर शाहजहां तक) तक के लम्बे अंतराल में चित्रकला अपने विशिष्ट स्वरूपों में चित्रकला के षडांगों के अनुसार मुखरित हुई, जिसका स्वयं का एक इतिहास है।

अंग्रेजों के अधिकार होने पर उन्नीसवीं शताब्दी में जो सामाजिक, धार्मिक क्षेत्रों में पुर्नउत्थान का काल मानी जाती है, कलकत्ता, बम्बई, लाहौर आदि शहरों में कला-विद्यालय जहां खुले, वहीं राजा रविवर्मा (१८४८-१९०६ ई०) की चित्रशैली ने सम्पूर्ण देश में चित्रकला के क्षेत्र में जैसे एक नयी परम्परा का युग चला दिया। और राजा रवि वर्मा तो बीसवीं सदी के प्रारम्भ व मध्यकाल के चित्रकारों के लिए जैसे एक पथ-प्रदर्शक के रूप में समझे गये। जिसके फलस्वरूप तत्कालीन चित्रकार, अपने को उससे मुक्त न रह सके। जिनमें स्वयं लेखक व उनके प्रारंभिक प्रथम गुरु स्व० मा० रुद्रनारायण सिंह व उनके शिष्य व देश प्रसिद्ध चित्रकार स्व० कालीचरण तक न बच सके।

देश के स्वतंत्र होने पर और आधुनिक कला की बरसात के झोंके जब चले, तो चित्रकला के क्षेत्र में फिर अनेक धारायें निकल पड़ी। अर्ध शताब्दी के पश्चात् जब देश की सुप्रसिद्ध साप्ताहिक पत्रिका धर्मयुग व साप्ताहिक हिन्दुस्तान पत्रिकाओं के अतिरिक्त, कादम्बिनी, ज्ञानोदय, नवनीत आदि मासिक पत्रिकाओं का प्रकाशन हुआ, तो तमाम चित्रकार अपनी-अपनी शैलियों के माध्यम से निखरकर सामने आये। लेकिन आज उनमें से कुछ ही को आज का चित्रकार जानता होगा। मैंने इस पुस्तक में ऐसे अनेक चित्रकारों एवं उनकी कृतियों को देकर उनकी शैलियों से परिचित कराने की चेष्टा की है। इसके साथ ही विभिन्न ऐतिहासिक राजवंशों के समय में पल्लिवित चित्रकला के स्वरूपों को भी प्रस्तुत करके अपनी प्राचीन कला-धरोहर को प्रकाश में लाने का सार्थक प्रयास किया है।

चित्रकला के संबंध में वाल्मीकि रामायण और महाभारत से लेकर गुप्तवंशीय कालिदास, भवभूति की कृतियों एवं हर्षवर्धन कालीन बाण की कादम्बिरी तथा श्रीहर्ष की रत्नावली आदि अनेक प्राचीन कृतियों से लेकर मध्यकालीन विशेषत: राजपूत काल व मुग़ल काल के ग्रन्थों के अतिरिक्त आधुनिक काल के कला मर्मज्ञों जैसे स्मिथ, पर्सी ब्राउन, ई० बी० हैबेल आदि एवं रायकृष्णदास, एन० सी० मेहता जैसे अनेक भारतीय लेखकों की कला-विषयक ग्रन्थों से हमें जो सामग्री उपलब्ध हुई, उन सभी के प्रति मैं अपना आभार व्यक्त करता हूं। इन सबके अतिरिक्त मैं उन सभी अन्य लेखकों का (संदर्भ-तालिका) तथा पत्रिकाओं के सम्पादकों के प्रति भी कृतज्ञ हूं, जिनसे पुस्तक की संरचना के कलेवर को अति आकर्षक व उपयोगी बनाने में सहायता मिली।

इस पुस्तक की भूमिका, जो प्राक्कथन के रूप में डा० ए० के पाण्डेय (निदेशक, राजकीय

संग्रहालय, झांसी) ने लिखकर अपने विचारों को जिस प्रकार से व्यक्त किया है, उसके लिए मैं उनका सदैव आभारी रहूंगा।

राजा रवि वर्मा, अवनीन्द्र बाबू, यामिनीराय, नंदलाल बसु, एम०एफ० हुसैन के चित्रों के अतिरिक्त अपभ्रंश शैली, टोड़ी रागिनी, पहाड़ी कलम के चित्रों का उपयोग'' ज्ञान सरोवर (भाग-२, शिक्षा मंत्रालय दिल्ली सन्-१९५८ ई०) से किया है। अतः उसके लिए भी आभार व्यक्त करना अपना कर्त्तव्य समझता हूं।

लेखन में सदैव ही प्रोत्साहन एवं सम्बल बढ़ाते रहने में अपने शुभचिन्तकों में डॉ० पी० सी० गुप्ता, डॉ० श्री राम, डॉ० आर० एन० शर्मा एवं श्री सत्येन्द्र सिंह (राजभाषा अधिकारी उ०म० रेलवे, झांसी व श्री राकेश पाठक (पुस्तकालयाध्यक्ष, राजकीय पुस्तकालय, झांसी) की सेवाओं को भी कभी विस्मृत नहीं कर सकता। इसलिए उन्हें भी साधुवाद देता हूं।

लेखन में शांत व निश्चिन्त वातावरण देकर मेरी धर्मपत्नी श्रीमती मुन्नी देवी के अतिरिक्त पुत्रों मे चि० कमलेश, चि० राकेश व चि० उमेश तथा पुत्र वधूओं में सौ० मंजू, सौ० प्रभा व सौ० रंजना की ओर से निरंतर जो सहयोग मिलता रहा है, उसके लिए मैं उन सबको शुभकामनायें ही दे सकता हूं।

और अंत में श्री सी० पी० गौतम (भारतीय कला प्रकाशन, दिल्ली-३५) को कोटिशः हार्दिक धन्यवाद देता हूं, कि उन्होंने अपने प्रकाशन से मेरी यह चतुर्थ कृति ''भारतीय चित्रकला की परम्परा'' को प्रकाशित करके वृद्धावस्था में भी सतत् लेखनी चलाते रहने का एक अति उत्साहवर्धक सम्बल प्रदान किया।

होली पूर्णिमा
दिनांक १४.०३.२००६

डॉ० महेन्द्र वर्मा

विषय-तालिका

	प्राक्कथन	(viii)
	आत्म-कथ्य	(ix)
	छायाचित्रों व रेखाचित्रों की तालिका	(xvii)
अध्याय - १	**कला का स्वरूप**	**१-१२**
	(अ) कला की परिभाषा	१
	(ब) कला के प्रकार	२
	(स) कला में सौंदर्य-बोध	४
	(द) कला की प्राचीन महत्ता व उपयाग	९
अध्याय - २	**ऐतिहासिक दृष्टिकोण से चित्रकला का क्रमिक विकास**	**१३-१७**
	(अ) सिंधु-सभ्यता का काल	१३
	(ब) वैदिक-सभ्यता का काल	१३
	(स) वैदिक काल	१३
	(द) महाकाव्य काल	१४
अध्याय - ३	**ऐतिहासिक काल की पृष्ठ-भूमि पर आधारित भारतीय चित्रकला का वर्गीकरण**	**१८-४६**
	(अ) प्रथम काल प्रागैतिहासिक काल से लेकर ५० ई० पू० तक (जोगीमारा)	१८
	(ब) बौद्ध काल (५० ई०- ६०० ई० तक)	२१
	अजन्ता	२२
	बाघ की चित्रकला	३३
	(स) मध्यकाल (६०० ई०-९०० ई० तक)	३७
	बादामी	३८
	सित्तनवासल	३८
	बेरूल	३९
	(द) उत्तर मध्यकाल (१०वीं सदी से १६वीं सदी तक)	३९
	पाल शैली	४०
	जैन शैली	४१

	गुर्जर या गुजरात शैली	४४
	अपभ्रंश शैली	४५
अध्याय - ४	**मध्यकालीन साहित्य में चित्र-चर्चा**	**४७-४९**
अध्याय - ५	**राजपूत काल (१५०० ई० से १९०० ई० तक)**	**५०-७३**
	(अ) राजपूतकालीन चित्र-परम्परा एवं उसकी विशेषतायें	५०
	(ब) राजपूत चित्रकला के विषय (धार्मिक, सामाजिक एवं व्यक्ति चित्र)	५२
	(स) राग-रागनियों एवं ऋतु चित्रण	५३
	(द) राजपूत शैलियाँ एवं विशेषताएँ	५५
	जयपुर शैली	५६
	काँगड़ा शैली	५६
	कोटा-बूँदी शैली	६०
	मेवाड़ शैली	६२
	किशनगढ़ शैली	६३
	बीकानेर शैली	६५
	बसौली शैली	६६
	गढ़वाल शैली	६९
	चम्बा शैली	७२
	सिक्ख शैली	७२
अध्याय - ६	**बुन्देलखंड की चित्रकला (१६वीं सदी से २०वीं सदी तक)**	**७४-८२**
	चंदेलकालीन चित्रकला	७४
	बुन्देली चित्रकला (ओरछा)	७५
	दतिया की चित्रकला	७६
	तालबेहट की चित्रकला	७७
	झांसी की चित्रकला	७७
	मराठाकालीन चित्रकला	७८
	अन्य स्थानों की चित्रकला	८१
अध्याय - ७	**मुगल काल (१५२६ ई०-१८५७ ई० तक)**	**८३-९४**
	(अ) बाबरकालीन चित्रकला	८४
	(ब) हुमायुँकालीन चित्रकला	८४
	(स) अकबरकालीन चित्रकला	८६
	(द) जहाँगीरकालीन चित्रकला	८९
	(ध) शाहजहाँकालीन चित्रकला	९१
	(र) औरंगजेबकालीन चित्रकला	९२

अध्याय-1

कला का स्वरूप

भर्तृहरि का प्रसिद्ध श्लोकांश "साहित्य कला विहीना साक्षात् पशु-पुच्छ विषाण" होने से ही कला की श्रेष्ठता का अनुमान लग जाता है। यदि वास्तव में देखा जाये तो यथार्थ भी यही है कि साहित्य एवं कला की अभिरूचि के बिना मानव जीवन ही निरर्थक है। इतना ही नहीं, किसी भी देश में किसी भी काल की श्रेष्ठता का मापदंड जहाँ उसकी राजनैतिक, समाजिक, आर्थिक स्थिति है, वहीं उस काल का साहित्य एवं विभिन्न कलाएं भी उस काल की श्रेष्ठता की द्योतक हैं। भारतीय इतिहास में स्वर्णयुग कहलाने वाले युग 'गुप्त काल' एवं 'शाहजहाँ का काल' इसीलिए आज भी अमरत्व प्राप्त किये हुए हैं, क्योंकि उसमें विभिन्न कलाओं की उन्नति चरम सीमा पर थी। गुप्त काल की श्रेष्ठता प्रदान करने वाली अजंता की चित्रकला, देवगढ़ का दशावतार का मंदिर एवं शाहजहाँ द्वारा बनवाये हुए ताज के अलावा उसके समय की चित्रकला आज भी कला पारखियों एवं दर्शकों को मंत्रमुग्ध किये बिना नहीं रहती।

कला की परिभाषा

यह कला क्या है? इसका भी बहुत व्यापक क्षेत्र है, और विभिन्न मत हैं। यह 'कला' संस्कृत भाषा की 'कल' धातु से बनी है, जिसका तात्पर्य "सुन्दरता" 'मंत्रमुग्धकारक' 'प्रसन्न करने वाली इत्यादि है। या दूसरे शब्दों में 'कलयति मनांसि या सा कला' अर्थात् जो मन या चित्त को प्रसन्न करे, वही कला है। इस कला का यूरोपीय दृष्टिकोण भी कुछ अर्थों में इस तथ्य से समानता रखता है। जिसकी सुन्दर व्याख्या डॉ० भोलानाथ तिवारी ने अपने 'कला' नामक निबन्ध में बड़े रोचक ढ़ग से प्रस्तुत की है। उनके अनुसार 'यूरोपीय दृष्टि में कला का प्रचलित शब्द 'आर्ट' का सम्बन्ध पुरानी फ्रेंच 'आर्ट' और लैटिन 'आर्टेम' या 'आर्स' से है। लेटिन में 'आर्स' का वही अर्थ है, जो कि संस्कृत में कला या सामान्य अर्थ में है, क्योंकि 'आर्स' शब्द का मूल 'अर' धातु से बना है, जिसका तात्पर्य बनाना, पैदा करना या फिट करना होता है। (सम्मेलन पत्रिका-कला अंक, पृष्ठ २२-२३)

इसके अलावा भी भिन्न-भिन्न कला-विशारदों एवं विद्वानों ने 'कला' क्या है? इस संबंध में अपने-अपने बिचार प्रगट् किये हैं। प्लेटो "कला" को मन की अनुभूति मानते हैं। हीगल के लिए 'कला अधिभौतिक-सत्ता को व्यक्त करने का एक माध्यम है'। क्रोचे 'कला को बाह्य प्रभाव की अभिव्यक्ति' मानते हैं। रस्किन के अनुसार प्रत्येक महान कला ईश्वरीय कृति के प्रति मानव के आह्लाद की एक अभिव्यक्ति है। 'फ्रायड के अनुसार कला' दमित वासनाओं का उभरा हुआ रूप है। टैगोर के मत में 'कला मनुष्य की अभिव्यक्ति मात्र

है। जबकि टालस्टाय के मत में 'कला वही है, जो अपने भावों को रेखा, रंग, ध्वनि या शब्द द्वारा दर्शक या श्रोता में सत्यता के भाव अंकुरित कर दे। प्रसाद का कथन है 'कि ईश्वर की कर्त्तव्य शक्ति का समुचित रूप जो हमको बोध के लिए मिलता है, वही कला है।' इसके अलावा संस्कृत ग्रंथों में तो कला की व्यापकता के लिए बहुत कुछ लिखा है। "विष्णुधर्मोत्तर पु०" के "चित्र-सूत्रम्" में तो यहाँ तक लिख दिया है "कलानां प्रबरं धमार्थ काम मोक्षदयम्।" अर्थात् कला ही धर्म, अर्थ, काम, मोक्ष की दायित्री है। शायद इसी दृष्टिकोण को लेकर महान धर्म-सहिष्णु सम्राट अकबर ने कला को ईश्वर तक पहुँचने का एक मात्र साधन माना था। इन सब तर्कों एवं विभिन्न मतों से अंत में यही निष्कर्ष निकलता है कि कला मनुष्य के अंत:स्थल में पलने वाली एक अनुभूति या अभिव्यक्ति है, जो अपने बाह्य रूप में आकर लोगों को ''सत्यं, शिवं और सुन्दरं" का दर्शन कराती है एवं साथ ही साथ हृदय में अपार आनन्द का सागर लहराती है। अथवा दूसरे रूप में कला शिवत्व की प्राप्ति के लिए सत्य की सौंदर्यमयी अभिव्यक्ति है।"

यह 'कला' या 'अभिव्यक्ति' कैसे और क्यों होती है? यह भी एक मनोवैज्ञानिक पहलू है। "अभिव्यक्ति मानसिक अनुभूतियों के कारण उत्पन्न होने वाले भावों द्वारा साकार हो उठती है। ये भाव जब बाह्य जगत के रूप संस्कार को देखकर उत्पन्न होते हैं और अपनी प्रतिभा के कारण जब वे साकार रूप में प्रगट हो जाते हैं, तब 'कला' या 'अभिव्यक्ति' का रूप ही सम्मुख उपस्थित हो जाता है।" यह मत है—प्रसिद्ध विद्वान डॉ० भोलानाथ तिवारी का। यह 'कला' या 'अभिव्यक्ति' भी अनेक प्रयोजनों द्वारा प्रगट होती है। कोई स्वान्ताय सुखाय के लिए निर्माण करता है, तो कोई प्रचारार्थ, यथार्थ सेवार्थ, जीवनार्थ कला का रूप देता है। प्राचीन काल के कला-प्रेमी राजा-महाराजा अपनी यश-सुरभि के लिए ही कला को प्रोत्साहन देते थे। जबकि बौद्ध-प्रचारक अपने बौद्ध-धर्म के प्रचार के अन्य साधनों में कला प्रचार का माध्यम भी प्रमुख रूप से अपनाते थे।

कला के प्रकार

कला की गणना अथवा प्रकार के सम्बन्ध में भी बड़े मतभेद रहे हैं। 'कामसूत्र' में साधारणत: गायन, वादन, नृत्य, नाट्य, काव्य, समस्या-पूर्ति, लेखन आलेखन, अल्पना, तक्षण, वास्तु, धातु, खदान, रत्न-परीक्षा आदि से लेकर पुष्पसेज, माल्यग्रन्थि, केश-सज्जा एवं पुष्प-गुंथन, वस्त्र-सज्जा, अलंकरण, केश-कर्तन, द्यूत, यंत्र-निर्माण, वृक्षारोपण, व्यायाम, मालिश, आदि तक की चौंसठ कलाओं का वर्णन मिलता है। इस 'कामसूत्र' के अलावा किन्हीं जैन ग्रन्थों में ७२ कलाओं तक का वर्णन मिलता है। प्रसिद्ध कश्मीरी पंडित ने तो अपनी "कला-विकास" में कलाओं के सबसे अधिक प्रकार दिये हैं। उन्होंने ६४ जनोपयोगी कलाओं के अलावा सुनारों के सोना बनाने की ६४ कलाओं, वेश्या की मोहित करके रुपये एंठने की ६४ कलाओं, १० भेषज कलाओं एवं कायस्थों की लेखनी के कौशल से लोगो से पैसा लेने की १० कलाओं का उल्लेख किया है। इसके साथ ही साथ गणकों की एवं सौ अन्य सार कलाओं का भी उन्होंने उल्लेख किया है। इसके साथ ही साथ गण की एवं सौ अन्य सार कलाओं का भी उन्होंने उल्लेख किया है।

यह सम्पूर्ण कला वस्तुत: दो भागों में विभक्त की गई है :

(*i*) उपयोगी कला

(*ii*) ललित कला

उपयोगी कला से तात्पर्य है जन साधारण के उपयोग में प्रयुक्त होने वाली कलाएं। यथा खाने पीने, पहिनने-ओढ़ने, रहने, बैठने, आने-जाने की सुविधा के लिए जिन आवश्यकताओं की पूर्ति की जाती है, वे ही उपयोगी कला होती हैं।

ललित कला से तात्पर्य है–वे कलाएं, जिनकी सुन्दरता, मौलिकता, सजीवता से दर्शक या श्रोता मंत्रमुग्ध हो जाता है। ऐसी कला में वास्तु-कला, मूर्तिकला, चित्रकला, संगीत-कला एवं काव्यकला आती है।

डॉ० श्याम सुन्दर दास ने ललित-कला को दो भागों में विभक्त किया है। एक तो, वे जो नेत्रेन्द्रिय के सन्निकर्ष से मानसिक तृप्ति प्रदान करती हैं। यथा-वास्तु-कला, मूर्तिकला एवं चित्रकला। दूसरी वे कलाएं हैं, जो श्रवर्णेन्द्रिय के सन्निकर्ष से तृप्ति का साधन बनती हैं। यथा संगीत-कला एवं काव्य-कला मोनियर बिलियम्स ने भी अपने संस्कृत कोष में भारतीय दृष्टि कोण को लेकर कला के दो भागों का संकेत किया है: एक अभ्यांतर कला और दूसरी बाह्य कला। इसी प्रकार अरस्तू ने भी अपने भाषण-शास्त्र में उनके समय तक प्रचलित उपयोगी एवं ललित कला इन दो रूपों का वर्णन किया है। डा० भोलानाथ तिवारी ने ललित कला को उसकी विकास सीढ़ियों के आधार पर ३ भागों में विभक्त किया है (सम्मेलन पत्रिका-कला अंक, पृष्ठ ३९)

(*i*) प्रतीकवादी (वास्तु)
(*ii*) आभिजात्यवादी या शास्त्रीय (मूर्ति)
(*iii*) रोमानी, स्वच्छन्दतावादी या भावात्मक (चित्र, संगीत एवं काव्य)

हीगेल के साथ-साथ डा० श्याम सुंदरदास ने भीं कला की श्रेष्ठता का आधार साम्रगी की मूर्तता, या अमूर्तता माना है। इस मूर्त आधार की मात्रा के अनुसार ही ललित कलाओं की उत्तम, मध्यम श्रेणियाँ स्थिर की है। जिस कला में जितना मूर्त आधार कम होगा, वह कला उतनी ही श्रेष्ठ होती है। इसके अनुसार काव्य कला ही सर्वश्रेष्ठ मानी जाती है। उसके बाद संगीत, चित्रकला, मूर्तिकला और सबसे बाद में वास्तुकला का स्थान है।

प्रत्येक कला की श्रेष्ठता का आधार भी पृथक-पृथक है। चित्रकला की श्रेष्ठता "विष्णु धर्मोत्तर पुराण" के 'चित्रसूत्र' के आधार पर निम्न प्रकार से व्यक्त की गई है:

रूपभेदाः प्रमाणानि भाव लावण्य योजनम्।
सादृश्यं वर्णिकाभंग इति चित्रं षड़ंगकम्॥

अर्थात कला की श्रेष्ठता के लिए रूपभेद, प्रमाण, भाव, लावण्य, सादृश्य, एवं वर्णिका भंग ये छः प्रधान गुणों का होना अतिआवश्यक है। इसकी विशद् व्याख्या अवनीन्द्र बाबू की 'निबन्धावलि' में है, जिसके अनुसार अंग्रेजी भाषा में (Sadanga or the six limbs of Painting) के नाम से और फ्रांसीसी भाषा में (Sadanga or les six canons de la Peinture hindoue) के नाम से प्रकाशित हुए हैं।

व्याख्या की दृष्टि से 'रूपभेद' से तात्पर्य रूप और प्राण से है। यही चित्र का आदि और अंत है। रूप में विभिन्नता, रूप का मर्मभेद, जीवित रूप, चाक्षुष रूप, मानुष रूप, सुरूप और कुरूप इत्यादि।

रूपभेद के अंतर्गत ही आते हैं। 'प्रमाण' से तात्पर्य-वस्तु रूप के विषय में नैकट्य, दूरत्व, लम्बाई, चौड़ाई, इत्यादि का नाप-परिमाप आदि से है। 'भाव' से तात्पर्य आकृति की भाव-भंगिमा, स्वभाव एवं मनोभावों से है। 'लावण्य योजन' से तात्पर्य कला को अति मनोहारी रूप प्रदान करने से है। 'सादृश्य' से तात्पर्य रूप का प्रतिरूप बनाने से है। अर्थात् किसी रूप के भाव को किसी दूसरे रूप की सहायता से हमारे मन में वही भाव उत्पन्न हो जाये। 'वर्णिका भंग' से तात्पर्य नाना प्रकार के वर्णों (रंगों) के सम्मिश्रण द्वारा सजीवता, भाव-भंगीमा उत्पन्न करने से है।

'लावण्य योजन' अथवा सौंदर्य की प्राप्ति के लिए भी ''चित्रसूत्र'' का यह श्लोक ध्यान में रखना आवश्यक है :

रेखा प्रशंसन्त्याचार्याः वर्त्तना च विच्छणाः।
स्त्रियोभूषणमिच्छन्ति वर्णाढ्यमितरे जनाः।।

अर्थात् रेखा, वर्ग, वर्त्तना और अलंकरण इन चारों वस्तुओं से ही चित्र का वास्तविक सौंदर्य निखर कर सामने आ जाता है। सौंदर्य व सजीवता के लिए रेखा-सैष्ठव पर भी अधिक बल देने की आवश्यकता होती है। अजंता, बाघ, मुगल, आदि कलाएं आज भी वर्ण, अलंकरण, रेखा-सौष्ठव के कारण ही अपनी सजीवता के लिए प्रसिद्ध हैं।

कला में सौन्दर्य बोध

चित्रकला में पूर्वोक्त छः प्रमूख अंगो के अतिरिक्त एक अन्य प्रमुख तत्त्व है :

सौन्दर्य-बोध

यदि देखा जाए तो चित्रकला के लिए यह "विष्णु धर्मोत्तर पुराण" की उस एक सुक्ति "कलयति मनांसि या सा कला" को पूर्ण रूपेण सार्थक करता है, जिसका अर्थ है : "जो मन् को सुख अथवा आनन्द पहुँचाये, वही कला है।" यह सौन्दर्य जड़ से लेकर चेतन जगत तक सर्वत्र व्याप्त है एवं हर क्षेत्र में विभिन्न स्वरूपों में दिखाई देता है। यथा-पर्वत और शिला खंडों से लेकर सम्पूर्ण प्राणी-जगत् के अतिरिक्त देव-जगत तक में इसी आधार पर यदि सौन्दर्य बोध को देखना है तो मुख्यतः निम्नलिखित कुछ बिन्दुओं को केन्द्रस्थ कर उसको वर्गीकृत करना चाहिए :

(*i*) नैसर्गिक अथवा प्राकृतिक सौन्दर्य
(*ii*) देव-परिवार से संबंधित
(*iii*) मानव रूप में (स्त्री और पुरुष पात्रों में)

नैसर्गिक सौंदर्य

यह सौन्दर्य प्रकृति से संबंधित है। जड़स्वरूप हिमगिरि जैसा पर्वत जब उदित और अस्त होते सूर्य एवं उषा तथा सन्ध्या काल की सेंदुरी लालिमा से जिस प्रकार अपनी अनुपम व मनोहारी छटा बिखरा कर मन को प्रमुदित करता है, उसी प्रकार कन्या कुमारी में समुद्र के विशाल व विस्तृत वक्ष पर उसी नैसर्गिक सौन्दर्य की छटा का आनन्द मिलता है।

हिमाच्छादित गिरियों अथवा अन्य पर्वतों के वृहत अँचल में प्रकृति-जन्य वृक्षों तथा दुरूह वन्य-प्रदेश में विचरण करने वाले बन्य-पशुओं की उपस्थिति एवं कश्मीर व उदयपुर (राजस्थान) की सुरम्य झीलों, के विशाल व गजगामिनी मन्थर गति से उठने वाली ऊँची लहरों से अठखेलियाँ करने वाली नदियों तथा उनके तटवर्तीय भागों में सघन बहुप्रकार के वृक्षों की मनभावनी छटा के साथ ही जलचर प्राणियों का प्रदर्शन चित्रकला में सौन्दर्य-बोध के लिए स्वच्छ व निर्मल दर्पण ही कहे जायेंगे।

इस नैसर्गिक सौन्दर्य के वशीभूत होकर अनेक कवियों की लेखनी के माध्यम से समय-समय पर उनके मनोभाव भी प्रगट होते रहे हैं। यथा-राष्ट्कवि मैथिलीशरण गुप्त अपनी "पंचवटी" नामक रचना में चन्द्रमा की मनोरम छटा का बखान इस प्रकार से व्यक्त करते हैं :

चारु चंद्र की चंचल किरणें खेल रही हैं जल-थल में।
स्वच्छ चाँदनी बिछी हुई है, अवनि और अम्बर-तल में।
मानो झींग रहे हैं तरु भी, मंद पवन के झोकों में।।

देव-सौन्दर्य

देव-परिवार में प्रमुख उपास्य देवों में विष्णु-लक्ष्मी, शिव-उमा (पार्वती), कृष्ण-राधा, के अतिरिक्त राम-सीता, गणेश, दुर्गा, हनुमान से लेकर स्वर्गाधिपति इन्द्र से लेकर स्वर्ग की अप्सरायें, गन्धर्व-किन्नर (गायक एवं नर्त्तक) आदि तक की मान्यता है। इनमें भी सामान्यत: उपास्य देवों में प्रदर्शित देवी-देवताओं के विभिन्न स्वरूपों में ही सौन्दर्य-बोध देखने योग्य हाता है। कृष्ण जब त्रिभंगी मुद्रा, अधरों पर वेणु, शीर्ष पर मोर-मुकुट कानों में मकराकृति कुन्डल, तन पर लहराता पीताम्बर, कुन्तल केश-राशि, श्यामली तन की आभा, कमल-नयन इन सबसे अलंकृत दिखते हैं, तो कवियों की लेखनी भी मुखरित हो उठती है और आज के पूर्व भी न मालूम कितने कवियों ने अपने हृदयोद्‌गार समय-समय पर व्यक्त किए हैं। रसखान, जैसे मुस्लिम कवि, जो कृष्ण के अनन्य भक्त रहे हैं, कहते हैं :

कल काननि कुंडल मोर-पखा, उर पै बनमाला विराजत है।
मुरली कर में अधरॉ मुसुकानि-तरंग महाछवि छाजति है।
रसखानि लखें तन पीत-पटा, सत दामिनि की दुति लाजति है।

सूरदास जैसे कवि ने तो कृष्ण की बाल-छवि के साथ उनकी सुलभ बाल-लीलाओं का जिस प्रकार वर्णन किया है, उस वर्णन में ही बाल-कृष्ण का वही रूप सामने दिखाई देने लगता है। यथा :

किलकत कान्ह घुटुरुन आवत।
मनिमुय कनक नंद के आंगन, बिम्ब पकरिबे धावत
कबहुनिरखि हरि आपु छाँह कौ,
कर लौं पकरन धावत।
किलकि हंसत राजत है दतियाँ, पुनि-पुहि तिहि अवगाहत।

इसी प्रकार विष्णु की छवि का सौन्दर्य शंख, चक्र, गदा, पद्म से शोभित कमनीय चतुभुर्जाओं, शीर्ष पर किरीट-मुकुट, उर पर वैजयन्ती व बनमाल एवं कमल-नयन तथा कमल-दल सदृश अधरों पर

वरदायनी स्मित मुस्कान से युक्त सौम्य व हृदयाकर्षक दैदीप्य मुख-मंडल के साथ ही श्यामल-घटा सदृश वर्णाभा वाले श्यामल, सलौने तन से ही निखरता है।

इन्हीं के साथ उनकी शक्ति-स्वरूपा लक्ष्मी की अनुपम छवि का सौन्दर्य अमृत-घटों की अजस्त्र धार से अभिसिंचित करते हुए युगल-गजों के साथ कमलासना, कमल-स्थिता रूप में रत्नजरित-स्वर्ण किरीट एवं विविध प्रकार के कलापूर्ण आभूषणों से अलंकृत, रक्तिम कमल, अमृत-घट व श्रीफल जैसे उनके प्रिय लांछनों से शोभित उनकी चतुर्भुजाओं तथा स्वर्णाभा सदृश दैदीप्यमान सूर्य की भाँति कमलाक्षी के प्रदीप्त मुख-मंडल के प्रदर्शन में ही अधिक हृदयाकर्षक व मनोरम दिखता है।

विष्णु व लक्ष्मी की भाँति ही शिव व उनकी शक्ति-स्वरूपा उमा या पार्वती का सौंदर्य भी तभी आकर्षक व मनोहारी लगता है, जब अर्ध-चंद्र व गंगा-मुख से अलंकृत जटा-जूट, मस्तक पर त्रिपुंड, अर्धनिमीलित नेत्र, कानों में आक-पुष्प, जटा एवं गले में भुजंगों की माला, वक्ष एवं पद्मासना जंघाओं पर बाघाम्बर तथा डमरु, त्रिशूल, कमंडल व अक्षमाल जैसे लांछनों से शोभित चर्तुभुजाओं वाले स्वरूप में अथवा योगी रूप में योग मुद्रा में प्रदर्शित दो भुजाओं धारी होकर भस्म जैसे वर्ण-वाली शोभा से परिपूर्ण होकर शिव का चित्रण सम्मुख दिखता है। साथ में उनका वाहन नंदि भी दिखे।

उसी प्रकार उनकी उमा प्राय: दो भुजी रूप में स्वर्णाभा वाले दैदीप्य मुख से शोभित जहाँ दिखती है, वहीं वे दुर्गा के रूप में विविध प्रकार के आयुधों व लांछनों से युक्त प्राय: चतुर्भुजा, अथवा अष्टभुजा स्वरूपों में जब प्रदर्शित होती है, तब उनकी छवि का सौन्दर्य देखते ही बनता है।

मानव रूप में

मानव रूप में सौन्दर्य-बौध की दृष्टि से पुरुष-पात्र एवं स्त्री-पात्र दोनों की अपनी-अपनी अलग ही वैशिष्ट्यतायें हैं। पर वास्तव में जब दोनों के शरीर-सौष्ठव की संरचना का प्रश्न है, वह विधाता के द्वारा प्रदत्त उसके अंग-प्रत्यंगों की संरचना एवं उसके क्रमिक विकास का ही प्रयोगिक स्वरूप है और इसी संरचना एवं उसके अंग-प्रत्यंगों में विकास की पराकाष्ठा में जो एक मादकता प्रस्फुटित होती है, वही नारी जाति का सौन्दर्य ही नहीं, बल्कि आकर्षक सौन्दर्य होता है, जिसके सम्मुख पुरुष के सौन्दर्य को प्रतिबिम्बित करने वाला उसका मॉसल व गठीला शरीर, वृषभ सदृश स्कन्ध (कंधे) तथा विशाल वक्ष आदि सभी गौण पड़ जाते हैं। नारी के इसी कामदेव की पत्नी रति-स्वरूप सौन्दर्य को देखकर विभिन्न कवियों ने समय-समय पर बहुत कुछ लिखा है। कालिदास के "कुमार संभव" जयदेव के "गीत-गोविन्द" जैसी रचनायें इसके प्रबल साक्ष्य हैं, और उज्जैन के राजा मतृहरि ने(लगभग छठी शती) अपने "मतृहरि-शतकम्" में वर्णित तीन शतकों (नीति शतक, श्रृंगार शतक, वैराग्य शतक) में "श्रृंगार शतक" में तो नारी के सौन्दर्य पर जितने विस्तृत ढंग पर समालोचनात्मक ढंग पर लिखा है, वह अनूठा ही कहा जायेगा। उस शतक का एक-एक श्लोक इसका प्रबल साक्ष्य है। उदाहरणस्वरूप उनके कुछ श्लोकों का उद्धरण देकर नारी के सौन्दर्य को प्रस्तुत करने का प्रयास किया गया है :

श्लोक ५ में कहा गया है :

''खिले-खिले चाँद की भाँति चन्द्र जैसा गोल व उज्जवल मुख, कँवलों की भी हंसी उड़ने में समर्थ (अमिय, हलाहल, रस भरी) रतनारे नयन, स्वर्ण की कांति को मात देले वाला अनूठा

रूप सौन्दर्य व भँवरों के चमकीले काले रंग को भी जीतने वाली काली कुंचित केश-राशि, हाथी के गंड-स्थलों की शोभा को भ्रमित करने वाला गदराये स्तन, माँसल युक्त भरे-भरे नितम्ब, बचनों में अमृतमयी व सुधा-रस जैसी मधुर वाणी- ये ही सब गुण स्त्रियों में प्रकृति-जन्य आभूषण एवं उनके लिए वरदान हैं।"

नारी के अंग-प्रत्यंगों से सौन्दर्य किस प्रकार से किसी झरने की अजस्त्र धार सदृश बहता है, यह **श्लोक १२ में** द्रष्टव्य है :

किसी बैरागी जैसे जटा-जूट की तरह अपनी सघन केश-राशि को जिसने जूड़े के रूप में बाँध रक्खा है। श्रुतियों व स्मृतियों के अपार ज्ञान की पराकाष्ठा की भाँति जिसके विशाल व आकर्षक नेत्र एवं जिसके मुख का आंतरिक भाग नैसर्गिक छटा-युक्त दंत-पंक्तियों से शोभायमान है। दोनों स्तनों पर सुशोभित मुक्ता हार ऐसे प्रतीत होते हैं, जैसे दो पर्वत-शिखरों पर आसन जमाये दो योगी साधना-रत हों। हे कृशांगी, तन्वंगी! तेरा शान्त शरीर भले ही किसी योगी की तरह संयम व शान्ति का प्रतीक हो, पर हमारे मन के अन्दर तेरा यह अनिद्य सौन्दर्य निश्चय ही बड़ा उद्वेलन करने वाला होता है।

वे श्लोक २ में यह और कहते हैं :

अधरों पर मंद-मंद मुस्कराहट से हृदयगत भावों को अपनी भाव-भंगिमाओं से, लाज-संकोच से, भयभीत मुद्रा से, मुख फेर लेने से, तिरछी कनखियों से, बाँकी चितवन से, रसीली बातों से, अथवा ईर्ष्या या झगड़ने या प्रेम-लीला के प्रदर्शन जैसे हथकंडों के द्वारा स्त्रियाँ हर सूरत में पुरुष को फाँस लेने अथवा अपनी ओर आकर्षित कराने में बड़ी निपुण होती है।"

भर्तृहरि स्त्री को गुरु, चन्द्र और शनि जैसे ग्रहों का प्रतीक मानते हुए श्लोक १८ में कहते हैं :

गुरुणा स्तनभारेण, मुखचन्द्रेण भस्वता।
शनैश्चरभ्यां पादाभ्यां रेजे ग्रहमयीव सा॥

अर्थात् स्तनों के भार की दृष्टि से वह इतनी गुरु अर्थात मदमत्त है, जैसे विद्वता के धनी, देवों के गुरु हैं। मुखाकृति में चन्द्र की शोभा उसमें भासित होती है और पैरों से मन्द-मन्द व मंथर गति से चलने में वह शनैश्चर की भाँति है।

स्त्री के सौन्दर्य में अप्रत्यक्ष रूप में कामदेव का वास रहता है। इसीलिए बड़े-बड़े, ऋषि-मुनि तक नारी की बाँकी चितवन और उसके मदमाते यौवन की सुगंध से नहीं बच सके हैं। जैसा कि भर्तृहरि श्लोक ८० में कहते हैं :

विश्वमित्रपराशरप्रभृतयो वाताम्बुपर्णाशिनास तेऽपि स्त्रीमुखपंकज सुललितं दृष्टवैव मोहं गता।
शाल्यन्नंसघृतं पयोदधियुतं भुंजन्ति ये मानवास् तेषामिन्द्रियनिग्रहो यदि भवेद् बिन्ध्यस्तरेत सागरे॥

अर्थात विश्वामित्र और पराशर जैसे महर्षि भी, जो केवल वायु, पानी का सेवन कर व पत्ते खाकर तपस्या रत रहे, नारी के मनोहर व कमल सदृश्य मुख को देखते ही आसक्त हो गये, फिर यदि जो मनुष्य घी-दुध-दही में सने हुए चावल व अन्न खाकर भी इन्द्रिय-निग्रह करके कामदेव के चक्र से बच जाते हैं, तो ऐसे मनुष्य निश्चय ही सागर में बिन्ध्य पर्वत तैरने जैसे ही वन्दनीय कहे जायेंगे।

और इस आसक्ति के लिए भर्तृहरि: ने स्त्री जाति को मछली और कामदेव को मछुआरा बताते हुए श्लोक ५१ में कहा है :

विस्तारितं मकरकेतनधीवरेण स्त्रीसंज्ञितं बड़िशमत्र भवाम्बुराशौ।।
येनाचिरात् तदधराभिवलोलमर्त्य-मत्स्यान्विकृष्य विपचत्यनुरागवह्नौ।।

अर्थात् मगरमच्छ की ध्वज वाले मकरकेतन अथवा कामदेव जैसे मछुआरे ने संसार रूपी सागर में "स्त्री" नामक मछली जैसा फाँसने वाला काँटा फैला रक्खा है, जिसके माध्यम से स्त्री के अधर रूपी माँस के लालची पुरुष रूपी मगर-मच्छ को वह तीव्रता से खींचकर प्रेम या प्यार की अग्नि-लपटों में भुन डालता है।

और अंत में भर्तृहरि श्लोक ६१ में उन लोगों को धन्य मानते हैं :

धन्यास्त एव तरलायतलोचनाम् तारुण्यरूर्पघन पीन पयोधराणाम्।
क्षामोदरोपरि लसस्त्रिवली लतानाम् दृष्ट्वाकृतिं विकृतिमेति मनोनयेषाम्।।

"अर्थात वे लोग धन्य हैं, जो चंचन और विशाल नेत्र वाली, तारुण्य, सुन्दर रूप एवं पीन पयोधर (स्तनों) वाली तथा कृश उदर वाली एवं त्रिवलि (तीन लरें) से शोभायमान सौन्दर्यमयी स्त्री को देखकर भी मन में विकार नही लाते।"

"कामसुत्र" जैसी सर्वप्रसिद्ध कृति के रचनाकार वात्स्यायन ने सौन्दर्य की दृष्टि से पुरूषों एवं स्त्रियों के चार भेद बताये हैं। स्त्रियों के चार भेद उन्होंने उनके शरीर के अंग-प्रत्यंगों के सौन्दर्य तथा संरचना की दृष्टि से इस प्रकार से व्यक्त किये हैं :

(*i*) पद्मिनी
(*ii*) चित्रणी
(*iii*) शंखनी
(*iv*) हस्तिनी

रूप-सौन्दर्य की पराकाष्ठा में सर्वोत्तम स्त्री का नाम ही ''पद्मिनी'' है। जिस प्रकार से अपने रंग-रूप-लावण्य, सुकोमलता एवं प्रकृतिजन्य संरचना के कारण ही कमल को पुष्पराज माना गया है तथा देवों के नेत्रों, अधरों आदि की उपमा उससे की जाती है, उसी प्रकार "पद्मिनी" भी स्त्रियों के बीच "कमल" सदृश ही होती है। वात्स्यायन ने पद्मिनी के संबंध में कहा है :

"उसका मुख पूर्ण चन्द्र जैसी धवल व कांति वाला अति आकर्षक होता है। उसका माँसल-युक्त शरीर अलसी के फूल जैसा सुगंधित व सौन्दर्य युक्त होता है। उसके शरीर की त्वचा की कान्ति पीत-कमल जैसी सुन्दर, कोमल, एवं चिकनी होती है। उसके विशाल नेत्र किनारों पर लाल डोरों एवं घनी पलकावलि से युक्त चमकीले व अति सुन्दर होते हैं। उसकी नासिका सीधी व सौन्दर्य से पूर्ण शुक जैसी एवं ग्रीवा (गर्दन) शंखाकृति लिए लम्बी व सुन्दर होती है। उसके स्तन पुष्ट व माँसल व उन्नत तथा चुम्बकीय होते हैं तथा नितम्बों वाला भाग किसी पर्वत जैसा कठोर, ऊँचा एवं सौन्दर्य के अनूठेपन की अभिवृद्धि करने वाला होता है। उसका कटि-भाग उन्नत वक्ष से क्षीण एवं उदरस्थ त्रिवलि से युक्त होता है एवं उसके अधर

कमल-दल जैसी दंत-पंक्ति अनार के दानों जैसी होती है तथा उसके अधरों की मुस्कराहट के समय खुले हुए दाँतों की चमक सघन बादलों में चमकने वाली दामिनी जैसी होनी चाहिए। सिर पर कुंचित केश-राशि शोभित हो। जंघाएँ कदली-पत्र अथवा गज-तुंड जैसी एवं वाहें किसी लतिका जैसी कोमल व लचीली हों।

उसकी चाल किसी हंस जैसी और वाणी कोयल की वाणी जैसी संगीतमयी मधुर होनी चाहिए।

"चित्रणी" का सौन्दर्य पद्मिनी से कुछ कम होता है। जब कि शरीर-संरचना व अंग-प्रत्यंगों के सौन्दर्य में चुम्बकीय आकर्षण का नितान्त अभाव हस्तिनी" में होता है एवं "शंरवनी" चित्रणी तथा हस्तिनी के मध्य की देह-यष्टि व सौन्दर्य से युक्त मानी गई है।

कला की प्राचीन महत्ता व उपयोग

यह कहना अतिशयोक्ति न होगी कि चित्रकला के क्षेत्र में भारत वर्ष की रचनात्मक प्रवृत्ति संसार के अन्य देशों की अपेक्षा सबसे अधिक थी। चित्रकला का इतना विस्तृत एवं प्राचीन इतिहास व उसका व्यापक क्षेत्र अन्य किसी देश में नहीं पाया जाता। इस धरती पर मनुष्य की उदय बेला का इतिहास ही कला के हाथों लिखा गया।

'ललितास्त्रवराजस्तोत्र' में इसी उद्देश्य को लक्ष्य करके कहा गया है: "शिव को जब लीला के प्रायोजन की अनुभूति होती है, तब महाशक्तिरूपा महामाया से प्रेरित होकर ही वह जगत की सृष्टि करते हैं। अत: शिव की लीला सहचरी होने के कारण महामाया को "ललिता" कहा गया है। महामाया ही शक्ति स्वरूपा ललिता द्वारा समस्त कलाओं की उत्पत्ति हुई।

भौतिकशास्त्र के ज्ञाताओं के अनुसार तीनों लोकों की जंगम स्थावर वस्तुओं का स्वाभाविक चित्रण ही चित्र है। श्री रायकृष्ण दास के मतानुसार किसी एक तल पर जो सम हो। यह समता खमदार भी हो सकती है (जैसे कुंभ आदि का बाहरी भाग और कटोरी, रकाबि का भीतरी भाग आदि) पानी, तेल तथा अन्य माध्यम में घोले हुए अथवा सूखे एक व एकाधिक रंग की रेखा एवं रंगागेजी द्वारा किसी रमणीय आकृति के अंकन को ओर उसी प्रसंग में निम्नोन्नत तथा एकाधिक तल एवं पहल दरसाने को "चित्रण" कहते हैं। और प्रस्तुत वस्तु को ''चित्र'' कहते हैं।"

चित्र के कितने भेद हैं ? यह समझाना भी अति आवश्यक है। "शिल्प रत्नाकर" के अनुसार चित्र के तीन भेद हैं : **चित्र, अर्धचित्र, और चित्राभास।** चित्र में दृश्य के सम्पूर्ण अंगों के चित्रण को 'चित्र' कहा जाता है। स्थान के अर्धभाग के चित्रण करने को 'अर्धचित्र' कहा जाता है और शरीर के अंगों का यत्र-तत्र वर्णन ही 'चित्राभास' कहा जाता है। श्री रामकृष्णदास ने भी चित्रों के तीन प्रकार बताये हैं : **भित्तिचित्र, चित्रपट और चित्रफलक।** भित्ति चित्र वे कहे जाते हैं, जो भित्तियों पर वनाये जाते रहे हैं। कपड़ो पर बनने वाले चित्रों को 'चित्रपट' कहा जाता है और जो लकड़ी, कीमती पत्थरों और हाथी दाँत पर बनाये जाते थे, उनको 'चित्रफलक' कहा जाता रहा है। इनके अलावा उन्होंने "धूलि-चित्र" का भी वर्णन किया है। धूलि-चित्र वे कहे जाते थे, जो भाँति भाँति के रंगीन चूर्ण को जमीन पर बुरक कर

आकृतियाँ बनाते हैं, जैसा कि आज भी महाराष्ट्रीयन वर्ग में प्राय: देखने को मिलता है। श्री सोनेश्वर द्वारा रचित 'मानसोल्लास' में भी चित्रों को तीन प्रकार के वर्गों में बाँटा गया है- विद्ध चित्र, अविद्ध चित्र और रसचित्र। जिस चित्र में दर्पण में प्रतिबिम्ब के समान चित्रण होता है, वह विद्ध चित्र' कहलाता है। कल्पना और भावों के आवेग में जो चित्रण किया जाता है, 'अविद्ध चित्र' कहा जाता है और चित्र को देखते ही जहाँ किसी "रस" का आभास हो, वह 'रस-चित्र' कहा जाता है। 'विष्णुधर्मोत्तर पुराण' में चित्रों की चार श्रेणियाँ बताई गई हैं- सत्यम्, वैणिकम्, नगरम, और मिश्रम। एक वृत्त के अन्दर किसी सच्ची घटना को चित्रित करना 'सत्यम्' कहा जाता है। एक वर्ग क्षेत्र में सुडौल और कुशलतापूर्वक रचा हुआ चित्र 'वैणिकम्' कहा जाता है। एक वृत्त के अन्दर आभूषणों से युक्त प्रदर्शित चित्र को 'नागरम्(कहा जाता है और ऊपर की समस्त विधियों के लक्षण से जो चित्र बनता है, वह 'मिश्रम्' कहा जाता है।

भारत में चित्रकला का जन्म सबसे पहले कब हुआ, इस बात के साक्ष्य हमारे यहाँ के ऋषियों, मुनीषियों द्वारा रचित वेद, पुराण एवं अन्य ग्रन्थ हैं। "ऋगुवेद" में तो चित्रकला की प्राचीनता के विषय में बहुत लिखा गया है। 'ऋगुवेद' के प्रथम अध्याय की १७५ वीं पंक्ति में चमड़े के ऊपर अग्निदेवता के चित्र का वर्णन है।" 'विष्णुधर्मोत्तर पुराण' में लिखा है कि संसार के हितार्थ नरनारायण नामक पुजारी ने चित्रकला के उद्देश्यों को जन्म दिया। 'चित्र लक्षण' के प्रथम अध्याय मे चित्रकला की उत्पत्ति का वर्णन करते हुए लिखा गया है कि पुराकाल में भयजित नामक किसी धर्मपरायण राजा के राज्य में अचानक ही एक ब्राह्मण-पुत्र की मृत्यु हो गई। पुत्र शोक से विह्वल ब्राह्मण अपनी व्यथा सुनाने के लिए राजा के पास गया और इस राजा से कहा- कि आपका अधर्म राज्य ही मेरे पुत्र की मृत्यु का कारण है। अगर आप धर्मात्मा हैं, तो मेरे पुत्र को जीवित कीजिए। राजा ने अपने योगबाण से यमराज को बुलाया और उससे, ब्राह्मण पुत्र को जीवित करने के लिए प्रार्थना की। पर यमराज ने उसकी प्रार्थना पर कोई ध्यान नहीं दिया। इस पर दोनों में धमासान युद्ध हुआ। यम ने हारते देख ब्रह्मा का स्मरण किया। ब्रह्मा प्रगट हुए और यमराज की विवशता बतलाते हुए राजा से कहा : 'मनुष्य को अपने कर्मों का फल भोगना पड़ता है। यमराज न किसी को मार सकते हैं और न जीवित कर सकते हैं। मनुष्य स्वयं ही अपने कर्मानुसार जीता व मरता है। अगर आपकी इच्छा ही है कि ब्राह्मण पुत्र जीवित हो जाये, तो आप उसका एक चित्र बनबाइये। मैं उसमे प्राणों का संचार कर दूँगा। ब्रह्मा के आदेशानुसार राजा ने चित्र की रचना की और ब्रह्मा ने उसको जीवनदान देते हुए कहा: कि राजन! तुम भयजित ही नहीं, वरन् नग्न-जित भी हुए, क्यों कि तुमने नग्नप्रेतों को पराजित किया है। मेरे प्रभाव से ब्राह्मण के पुत्र का यह चित्र तुमने चित्रित किया, अत: मृत्यु लोक में यह सर्वप्रथम चित्र होगा। मृत्युलोक में इस कल्याणकारी चित्रकला के तुम पहिले आचार्य कहे जाओगे। चित्रविद्या से संसार का इसी प्रकार कल्याण होता रहेगा और इसी हेतु तुम मृत्युलोक द्वारा सदा पूजित होते रहोगे। 'मानसार' नामक शिल्पविषयक ग्रंथ में विश्वकर्मा को मानसपुत्र कहा गया है। वह देवताओं का शिल्पी था, तथा राज प्रसादो, उद्यानों, उपवनों, मूर्तियां, आभूषणें, सरोवरो तथा कूपों आदि के निर्माता के रूप में उसकी बड़ी प्रशस्ति गाई गई है। आचार्य भरत के 'नाट्य-सूत्र' से ज्ञात होता है कि बृह्मा के आदेश से ही विश्वकर्मा ने एक सुन्दर नाटय-शाला का निर्माण करके अपने अद्‌भुत कौशल का परिचय दिया था।

रावण की अनुपम लंकापुरी का निर्माता भी विश्वकर्मा माना जाता है। ब्रह्मा के देवी-रथ पुष्पक का निर्माण भी उसी ने किया था, जो बहुत से रत्नों, मणियों द्वारा चित्रित चित्रों से सुसज्जित था।

'चित्र-सुत्र' में कहा गया है कि पुराकाल में उर्वशी की सृष्टि करते हुए नारायण मुनि ने लोगों की हितकामना के लिए 'चित्र-सूत्र' का निरूपण किया था। महामुनि ने अपने निकट आई हुई सुर सुन्दरियों को छलने के लिए अति सुगन्धित आम्रपाल का रस लेकर पृथ्वी पर एक रूपवती स्त्री का उत्तम चित्र अंकित किया था। चित्र में चित्रित उस अत्यन्त रुपसी को देखकर वे सभी सुर-सुन्दरियाँ लज्जित हो गई थीं। इस प्रकार चित्रशास्त्र के सभी लक्षणों से युक्त उस चित्र को महामुनि ने विश्वकर्मा को सोंप दिया। इस कथानक से यह निष्कर्ष निकलता है, कि महामुनि नर नारायण ने चित्रकला को जन्म दिया था।

वैसे चित्रकला की प्राचीनता के आधार पर अन्य प्राचीन ग्रंथ भी हैं, जिनसे चित्रकला की प्राचीनता व उस समय चित्रकला की उत्कृष्टता की जानकारी प्राप्त हो सकती है। 'हरिवंश पुराण' के एक प्रसंग में बताया गया है कि वाणासुर की सुंदर राजकुमारी उषा को उदास देखकर उसकी सखी, दासी एवं प्रसिद्ध चित्रलेखा ने संसारभर के तत्कालीन प्रसिद्ध राजकुमारों व प्रभावशाली व्यक्तियों के चित्रों को बनाकर राजकुमारी के सामने प्रस्तुत किये थे। उनको देखकर राजकुमारी ने अपना मनोअभिलषित प्रियतम, जो स्वप्न में देखा था, पहिचान लिया था। 'स्कन्ध पुराण' के एक खंड से भी प्राचीन चित्रकला की श्रेष्ठता का अनुमान इस प्रकार लगता है : कि राजकुमारी रत्नावली जब विवाह के योग्य हुई, तो उसके पिता अनर्तराज ने सुयोग्य वर की तलाश के लिए दूर-दूर के देशों में अपने चित्रकारों को भेजा था। उन्हें यह भी आदेश दिया गया था, कि वे प्रत्येक सुयोग्य राजकुमार का चित्र खींच कर उसके राज्य में लाकर उसके सामने उपस्थित करें। इस प्रकार उन चित्रकारों द्वारा लाये गये चित्रों को देखकर राजकुमारी ने अपने लिए वर का चुनाव किया था। चित्रों की प्राचीन परम्परा के जानने के लिए कालिदास के नाटकों को तो पढना अति आवश्यक है, जिनमें स्थान-स्थान पर चित्र-रचना का बड़ा सुन्दर वर्णन किया है। 'रघुवंश' के १६ वें सर्ग में अयोध्या नगरी का वर्णन करते हुए कालिदास ने लिखा है : वहाँ के प्रासादों की भित्तियों पर पहिले नाना भाँति के पद्म, बन चित्रित थे, जिनके मध्य बड़े-बड़े हाथियों को अंकित किया गया था। उन हाथियों में उनकी हथनियों—को कमल-नाल देते हुए दर्शाया गया था। उनमें इतनी सजीवता थी, कि उनमें चित्रित हाथियों को वास्तिविक हाथी समझकर वहाँ के सिंहों ने अपने नाखूनों से उनका गंडस्थल विदीर्ण कर दिया था।

कालिदास के 'विक्रमोर्वशी' नाटक में एक स्थल पर बताया गया है कि प्रतिष्ठानुपुर के राजा पुरुरवा जब इन्द्र की अद्वितीय सुन्दरी अप्सरा उर्वशी के दर्शनार्थ बेचैन हो गये, तो विदूषक ने उन्हें यही उपाय बताया था, कि आप उर्वशी का चित्र बनाकर उसे देखते रहिये। इस प्रकार आपके हृदय की व्यथा कम होगी।

कालिदास के नाटक 'अभिज्ञान-शाकुन्तलम्' में विरही दुष्यन्तं के विषय में इस प्रकार वर्णन मिलता है : 'हस्तिनापुर के विरही राजा ने परित्यक्ता शकुन्तला के विरह में अपने व्यथित हृदय का प्रदर्शन शकुन्तला के सजीव चित्र में ऐसा प्रदर्शित किया कि उसके मित्र विदूषक ने एक दिन उद्यान में उस चित्र

को जब देखा तो उसके मुँह से अनायास ही निकल पड़ा : यह तो आपने अत्यन्त उत्तम चित्र बनाया है। इसमें मन के भीतरी भावों को इस निपुणता से दिखाया गया है कि जिसको देखकर दृष्टि स्थिर होकर रह जाती है।

कालिदास के नाटक 'मालविकाग्निमित्र' की नायिका मालविका के मनमोहक चित्र को देखकर राजा अग्निमित्र सहसा ही इतना आसक्त हो गया कि उसकी यह आसक्ति एक दिन परिणय के रूप में फलित हो गई।

कालिदास की कृतियों से यह ज्ञात होता है कि प्राचीन काल में चित्रों के द्वारा प्रेमी अपनी प्रेमिका को और प्रेमिका अपने प्रेमी के पास प्रेम-संदेश भेजा करती थीं। विरह की व्यथा को कम करने के लिए प्रेमी-प्रमिका एक दूसरे का चित्र बनाकर मन बहलाया करते थे। चित्रों को देखकर यहाँ तक कि विवाह तक हो जाया करते थे।

अध्याय-2

ऐतिहासिक दृष्टिकोण से चित्रकला का क्रमिक विकास

भारत एक विशाल देश है, इसकी प्राचीनता भी विभिन्न इतिहासकारों के मतानुसार विभिन्न प्रकार की हैं। भारत की प्राचीनता का अनुमान मनुष्य की जंगली अवस्था से लगाते हैं, जबकि मनुष्य नग्नावस्था में रहा करता था। सामाजिक भावना से रहित था। नदियों की कंदराओं और गुफाओं में रहा करता था। उस समय भी वे अपने मनोभावों का विभिन्न रेखाओं द्वारा व्यक्त किया करते थे। उस समय से लेकर आज तक भारत में अनेक राजनैतिक परिवर्तन हुए। अनेक राजवंशों द्वारा इस भारत भुमि पर शासन किये गये। ऐतिहासिक दृष्टिकोण से अनेक कालों मे विभिन्न राजवंशों ने अपनी राजनैतिक परम्परा के साथ-साथ चित्रकला के क्षेत्र में भी इच्छानुसार परिवर्तन किया।

सिंधु-सभ्यता का काल

प्रागैतिहासिक काल में मनुष्य अपने भावों को रेखाओं द्वारा व्यक्त करते थे। विश्व की प्राचीनतम कही जाने वाली सिंधु-सभ्यता में १९२२ ई० की खुदाई के अनुसार अनेक चित्रांकित मोहरें और अनेक पात्रों के अवशेष मिले हैं। उनसे ज्ञात होता है कि उस काल के लोग चित्रकला में निपुण थे। अधिकांशतः चित्र स्त्रियों के हैं, जो नग्न प्रदर्शित किये गये थे। पशुओं के अधिकांशतः चित्र मिट्टी के वर्त्तनों पर पाये जाते हैं। पर इतना अवश्य है कि सिंधु घाटी के लोग कला का प्रयोग कला के लिए नहीं करते थे, बल्कि वे उसकी उपयोगता का ध्यान रखकर उसका उपयोग करते थे। इसलिए उनके गृहों और सार्वजनिक इमारतों को अलंकृत करने का प्रयास नहीं किया गया।

वैदिक-सभ्यता का काल

सिंधु-सभ्यता के बाद भारत में आर्यों का आगमन होता है। उन्होंने अपनी सभ्यता को वैदिक सभ्यता का नाम दिया। वैदिक सभ्यता में राजनैतिक, सामाजिक, आर्थिक और धार्मिक जीवन की उन्नति के साथ-साथ कला और साहित्य की भी उन्नति हुई।

वैदिक काल

वेद, उपनिषद, पुराणों का इसी काल में सृजन हुआ। वैसे तो इस काल में वास्तुकला, मूर्तिकला एवं काव्यकला की उन्नति हुई। ऋग्वेद तो अधिकांशतः धार्मिक गीत-काव्य है और उसमें उन ऋषियों-मुनियों

की काव्य प्रतिभा में इतना निखार था कि काव्य का वर्णन करते-करते चित्र सा उपस्थित हो जाता है। उषा की प्रशंसा में जो भावुकता एवं सजीवता काव्य में कही गई है, वह देखने योग्य हैं।

एषा शुभ्रा न तन्वो विदानौर्ध्वेव स्नाती दृशये नां आस्यात्
अथ द्वेषो वाधमाना तमांस्युषा दिवो दुहिता ज्योतिषागात।।

"अर्थात् यह शुभ वर्णा, सुअलंकृत स्नान करके उठी हुई स्त्री की भांति अपने अंगों को दिखलाती हुई आदित्य की कन्या उषा शत्रुरूपी अंधकार को चीरती हुई तेज के साथ आती है।" इस श्लोक में काव्यात्मक अनुभूति के साथ-साथ चित्र सा उपस्थित हो जाता है।

"ऋग्वेद" के ८ वें मंडल के ३२०/१६ में भी कला के संबंध में लिखा हुआ है। इस 'ऋग्वेद' के अतिरिक्त 'अथर्ववेद' एवं 'शतपथ ब्राह्मण' तैत्तरीय आरण्यक' आदि धर्म-ग्रंथों में भी यत्र-तत्र कला तथा उसमें हुए प्रयोगों के विषय में यत्र -तत्र कहा गया है।" भरत का नाट्य-शास्त्र, जोकि नाट्य-कला के रूप में पाँचवाँ वेद माना जाता है, भी कला में विभिन्न प्रयोगों के लिए सम्भवतः सबसे प्रथम ग्रंथ है।

महाकाव्य काल

भारतीय इतिहास में वैदिक काल के बाद "महाकाव्य काल" आता है, जिसमें दो महाकाव्य "बाल्मिकि रामायण" और "महाभारत" जैसे वृहद् ग्रन्थ लिखे गये। "रामायण" में राम व उनके वारे में तथा राम-रावण के युद्ध का वर्णन है, जबकि "महाभारत" में कौरवों-पांडवों के बीच होने वाले युद्ध का वर्णन है। दोनों ही महाकाव्यों में अधर्म की घर्म से लड़ाई बताई गई है, और अंत में धर्म की विजय होते बताया गया है। इन दोनों महाकाव्यों में तत्कालीन राजनैतिक, सामाजिक तथा आर्थिक दशाओं के साथ-साथ वास्तुकला तथा चित्रकला के विषय में भी कई स्थानों पर वर्णन देखने को मिलता है, जिससे उस समय की चित्रकला की श्रेष्ठता का पता चलता है।

संस्कृत-साहित्य में चित्रकला का सारगर्भित वर्णन संभवतः सर्वप्रथम "बाल्मीकि-रामायण" में ही दिखाई देता है। आदि कवि बाल्मिकि ने जिन चित्रों का वर्णन किया है, वे अपने आप में कोई स्वतंत्र कृतियाँ नहीं थी, और न ही वे पटों व कागजों, तथा ताड़-पत्रों पर अंकित थीं, वरन् वे राजप्रसादों की भित्तियों, कक्षों, रथों, विमानों आदि पर चित्रकला के नाम अंकित हुई थीं। वहाँ चित्रकला का उपयोग किसी उपयोगिता की दृष्टि से नहीं हुआ है, बल्कि उसका उपयोग अलंकरण की दृष्टि से किया गया है। बाल्मीकि ने चित्रशालाओं (चित्रशाला-गृहाणि) का बहुवचन में जो प्रयोग किया है, उससे स्पष्ट है कि उस समय चित्रकला के अनेक केन्द्र थे।

"रामायण" के "बालकांड" के छठें सर्ग में बाल्मीकि ने अयोध्यावासियों का जो वर्णन दिया है, उससे वहाँ के निवासियों की चित्रकला प्रियता के साथ-साथ, सौंदर्य-ग्राहकता का बोध होता है। यथा सौंदर्य-प्रसाधनों के संबंध में स्थान-स्थान पर केश-सज्जा, अंगराग, चित्र-विचित्र वस्तुओं के व्यवहार एवं स्त्रियों के कपोलों पर प्रभावली के साथ-साथ अनेक प्रकार की अन्य सज्जा का कलापूर्ण वर्णन किया है।

'रामायण' के 'किष्किंधाकांड', 'सुन्दर कांड' 'लंकाकांड', 'उत्तरकांड' में चित्रकला के संबंध में विशेष रूप से वर्णन है। "सुन्दर कांड" में हनूमान जी ने उस स्वर्ण-लंकापुरी का सुन्दर वर्णन किया है,

इतिहास पूर्ण रूप से स्पष्ट नही है, पर चित्रकला के जो नमूने प्राप्त हुए हैं, वे थोड़े होने पर भी बड़े रोचक हैं। इन गुफा-चित्रों के देखने से आदिम निवासी की कला-अभिरूचि का पता चलता है। इन कलावशेषों के आधार के द्वारा उन आदिवासियों के हृदय की चेष्टाओं उनके मनोभावों एवं उनकी प्रवृत्तियों का ज्ञान सहज ही में हो जाता है। स्पेन, फ्राँस, दक्षिण रोडेशिया, पेरू, अलास्का और भारत आदि देशों में प्राप्त हुई ऐसी कला को विद्वानों ने पचास हजार ई० पू० से दस हजार ई० पू० तक माना है।

भारत में चित्रकला का जन्म कब और कैसे हुआ, यह एक विवादस्पद प्रश्न है। पर प्रागैतिहासिक मानव ने किस प्रकार अपनी सभ्यता और संस्कृति का विकास किया, इसके बहुत से प्रमाण आज प्रकाश में आ चुके हैं। ब्राडिक द्वारा लिखित 'प्रि हिस्टोरिक पेंटिंग' और पिगाढ़ द्वारा लिखित 'प्रि हिस्टोरिक भारत' में इस पुराकाल की सभ्यता और संस्कृति पर काफी प्रकाश डाला गया है। ब्राडिक महोदय ने अपनी पुस्तक 'प्रि ह्स्टिोरिक पेंटिग' में इस पुरा काल के उपलब्ध गुफा-चित्रों का स्थान भारत में अमेरिका और यूरोप के बाद रखा है। ये गुफाचित्र मध्यप्रदेश के आदम गढ, होशंगाबाद, बिहार के चक्रधरपुर, एवं कैमूर की पहाड़ियों पर, सिंहनुपर नामक ग्राम के समीप रामगढ की पहाड़ियों पर देखने को मिलते है।

ये गुफा-चित्र मानव-प्रवृतियों के प्रतीक हैं। उनकी दिनचर्या के द्योतक हैं। मनुष्य पूर्व पाषाण युग में नुकीले पत्थरों से छोटे-छोटे पशुओं एवं पक्षियों को मारकर अपना पेट भरता था। यही जीवन के तथ्य उस समय के गुफा-चित्रों में देखने को मिलते है। इन गुफा-चित्रों में अधिकांशत: शिकार के चित्र ही चित्रित हैं। इन गुफा-चित्रों को चित्रित करने में आदिवासी मानव ने खनिज रंगों में मुख्यत: गेरू, रामरज, हिरौंजी रंगों का प्रयोग किया है। इन रंगों द्वारा हाथी, चीता, बाघ, रीछ, सुअर, हरिण आदि बनाये गये हैं।

इसके बाद भारत में प्राचीन सभ्यता की प्रतीक सिंधु-सभ्यता के अवशेष मोहनजोदड़ो और हड़प्पा में सन् १९२२ ई. में सर जान मार्शल और दयाराम साहनी के प्रयत्न स्वरूप खुदाई में प्राप्त हुए हैं। इन अवशेषों के आधार पर यह माना गया है कि आज से लगभग चार या पाँच हजार वर्ष पहिले भारत वासी जिस नगर में रहते थे, वह समृद्धशाली नगर था। उनका सामाजिक जीवन उच्च स्तर पर था। उन्हें विभिन्न कलाओं से प्रेम था। सिंधु-सभ्यता से उपलब्ध ये अवशेष भारत की प्राचीनता के परिचायक अंश हैं। यहाँ की चित्रकला के उदाहरण मिट्टी के बर्तनो एवं रंगीन मूर्तियाँ व मुद्राओं पर देखने को मिलते हैं। मिट्टी के वर्तनों पर व दफनाये गये शवों के साथ वाले पात्रों पर सुंदर अलंकरण तथा पशुओं की विभिन्न आकृतियाँ अंकित हैं। ये अलंकरण कुछ तो वृताकार, कुछ त्रिभुजाकार, कुछ कोणदार हैं, कुछ में फूल-पत्तियों को दिखाया गया है। और कुछ में पशु-पक्षियों को दिखाया गया है। कुछ चित्रमय मोहरें मिली है। जो उस सयम की अनुपम झाँकी है। इनके अलावा मिट्टी की रंगीन मूर्तियों में जूड़ा बाँधे हुए, नृत्य करती हुई एक नर्तकी एवं मोहरों में एक तीन सिर वाला, सींगधारी समाधिस्थ पुरुष, जो चारों ओर पशुओं से घिरा है, विशेष आकर्षक हैं। इन मूर्तियों व मुद्राओं से हृदयाकर्षक भाव-मुद्राएं, केश-विन्यास, अंग-प्रत्यंग का आकर्षक उभार का यथोचित प्रदर्शन होता है। इसके साथ ही साथ यहाँ के जन-जीवन की धार्मिक दशा का भी ज्ञान होता है।

इसी प्रकार १९५३ ई० की अहमदाबाद जिले में सूरत के निकट लोथल की खुदाई में सिंधु घाटी-सभ्यता के ही अवशेष प्राप्त हुए हैं। यहाँ हड़प्पा की भांति औजार, हथियार, गहने और बहुत सी

घरेलू वस्तूओं की सामग्री एवं बहुत से बर्तनों के अवशेष प्राप्त हुए हैं। इन अवशेषों को देखकर यह ज्ञात होता है कि यहाँ के लोग भी मोहिन जोदड़ो और हड़प्पा की भाँति मिट्टी के उत्कृष्ठ वर्तनों का निर्माण कर उन पर अच्छी चित्रकारी करते थे। इनकी चित्रकारी का विषय भी पशु-पक्षियों से संबंधित था। एक मिट्टी के खपरे में बना घोड़ा और कलश पर गौरैया पक्षी तथा एक मिट्टी के वर्तन पर साँप, बत्तख, मोर और ताड़ वृक्ष इस काल के जन-जीवन की अभिरूचि के परिचायक हैं। रंगविधान भी इनका श्रेष्ठ है और इनमें अधिकांशत: खनिज रंगों का ही प्रयोग किया गया है।

यहाँ **लोथल** की खुदाई में मुद्राएं और मोहरे भी मिली हैं, जिन पर मोहिन जोदड़ो और हड़प्पा की भांति चित्र अंकित हैं। एक मुहर पर स्वस्तिक और दूसरी मुहर पर एक सींगदार पशु का चित्र अंकित है। इससे इस स्थान के लोगों की धार्मिक दशा का ज्ञान प्रप्त होता है।

इस सिंधु-सभ्यता के अंतर्गत मोहिनजोदड़ो, हड़प्पा और लोथल के अतिरिक्त मिर्जापुर, पटना, काठियावाड, उदयगिरि आदि भी प्रागैतिहासिक कला के केन्द्र रहे हैं। मिर्जापुर जिले की गुफाओं पर चित्रित बहुत से शिकार के दृश्य, बड़े सजीव और सुंदर हैं। गेंडा, बारहसिंगा, आदि के शिकारों के दृश्य बड़े रोचक ढंग से चित्रित किये गये हैं। ये आकृतियाँ स्पेन की 'कोगल' नामक स्थान की गुफाओं से मिलती है, जिनका निर्माण- काल लगभग दस हजार ई० पू० माना जाता है। सिंहपुर ग्राम के निकट की गुफाएं भी पशुओं के चित्रों से अंकित हैं। प्रत्येक आकृति में गति और स्फूर्ति है। यहाँ पर भी अधिकांशत:चित्र शिकार संबंधी ही है। यहाँ का एक दृश्य बड़ा ही सजीव है, जिसमें कुछ शिकारियों को एक भेंसे को भालों से घायल करते हुए बताया गया है। वह भेंसा मृत्यु कष्ट से व्यथित हो रहा है, और शिकारी उसकी प्राप्ति पर प्रसन्नता प्रगट कर रहे हैं। इन सारे भित्ति-चित्रों को खनिज रंगों-गेरु, रामरज, तिमिनी से रंगा गया है।

जोगीमारा की गुफाएं

भित्तिचित्रों के सबसे प्राचीनतम नमूने सरगुजा रियासत की जोगीमारा गुफा में हैं। डा० ब्लॉच के मतानुसार इनका रचना काल ३०० ई० पू० है। यह स्थान बंगाल-नागपुर स्टेशन रोड पर स्थित है। अजंता की भांति यह भी एक रमणीक स्थान है। गुफाओं के पास प्रपातों से खेलता हुआ एक ढालू पठार है। इसके निकट ही अलंकारिक आलेखों से परिपूर्ण एक टूटा-फूटा दरवाजा है। इस स्थान को वड़ा पवित्र समझा जाता है।

थोड़ा आगे बढने पर एक ही पत्थर में खण्डहर के रूप में दिखता हुआ विजय मंदिर है। एक ही पत्थर में सीढ़ियाँ भी खुदी हैं। इस स्थान से एक ऊँचे स्थान पर पहुँच जाते हैं, जिसको बड़ी वेदी माना जाता है। विजय मंदिर के बाद ही रायगढ़ के नाम से मुख्य मंदिर हैं। इससे थोड़ा आगे बढने पर विशाल भीमकाय एक काला पत्थर है जिसमें खोदकर गुफा का निमार्ण किया गया है। गुफा का द्वार संकीर्ण है। मुख्य द्वार के दोनों ओर बरामदे हैं। बरामदे के एक खंभे पर हाथ जोड़े हुए एक विशालकाय मूर्ति है, जिसके चारों ओर साँप लिपटे हुए हैं। मेहरावों में सुन्दर कमल खिले हुए हैं। एक दूसरे विशाल पत्थर पर राम, सीता और लक्ष्मण की मूर्तियाँ खुदी हुई हैं। पास ही में खप्पर लिये एक योगिनी की मूर्ति है। आंगन के बीच में एक पेड़ पर घंटा लटका हुआ है, जिसकी छाप में शिव-लिंग स्थापित है। आगे चलकर नीचे

को उतारने पर एक विशाल सुरंग मिलती है, जिसका द्वार बड़ा विशाल है। डा० ब्लौच ने इसका नाम हाथीपोल बताया है। इसके पास ही झरना बहता है। इसी सुरंग को पार करके दो विशाल गुफाएं मिलती हैं। यही दोनों गुफाएं जोगी मारा तथा सीता वेंगरा की गुफाओं के नाम से हैं।

सीता वेंगरा से तात्पर्य सीता का बंगला है। पर रायकृष्ण-दास के मतानुसार 'यह एक नाट्यशाला थी। पहिले जोगीमारा गुफा इस नाट्य शाला की नर्तकियों का विश्राम गृह समझी जाती थी, किंतु उसके अभिलेख का अब जो तात्पर्य निकाला गया है, उससे यह वरुण का मंदिर सिद्ध होता है, जिसकी सेवा के लिए एक देव-दर्शिका रहती थी।' इस गुफा में भारतीय चित्रकला के प्राचीन उदाहरण प्राप्त हैं। इस गुफा के पीछे एक ऐसी गुफा और है, जो कि **'लक्ष्मण बेंगरा'** के नाम से जानी जाती है और संभवतः वह लक्ष्मण जी के रहने का स्थान रहा हो।

जोगीमारा की गुफा की प्राकृतिक रचना दस फीट लम्बी और छःफीट चौड़ी है। गुफा का द्वार यहाँ वड़ा है। छत नीची और आकर्षक है। इस छत में प्रकाश आने के लिए एक सुराख है। इसी छत की एक पंक्ति में चित्र बने हैं। सीधे हाथ से देखने पर सर्वप्रथम कुछ मनुष्यों तथा एक हाथी का चित्र दिखता है। तरंगे मारता हुआ पानी भी दिखाया गया है। दूसरे भाग में बहुत सी आकृतियाँ एक वृक्ष के नीचे बैठी हुई हैं। वृक्ष के तने मोटे बताये गये हैं। कहीं-कहीं दो चार लाल रंग से पत्तियाँ बनी हुई हैं। इसी पंक्ति में सफेद सतह पर काले रंग से अंकित एक बाग प्रदर्शित किया गया है। एक कमल के फूल पर एक स्त्री और एक पुरुष नृत्य करते हुए बताये गये हैं। आकृतियाँ अस्पष्ट सी हैं। एक चित्र में एक चिड़िया; एक मनुष्य को चोंच मारने की सी मुद्रा में बनाई गई है। डा. ब्लौच के मतानुसार इसकी रचना चक्र ग्रहित की है। पर राय कृष्णदास के मतानुसार यहाँ के चित्रों का कुछ विषय जैन था।

विशेषताएं

(*i*) जोगीमारा की गुफाओं की आकृतियों में रेखा चित्रण प्रधान हैं। और ये रेखाएं काले रंग से अधिकतर अंकित की गई है।

(*ii*) इन चित्रों में अधिक रंगों का प्रयोग नही किया गया है। लाल, सफेद, और काला रंग ही अधिकांशतः प्रयोग में लाया गया है।

(*iii*) विषय-वस्तु में विभिन्न विषयों को चित्रांकित किया गया है।

बौद्धकाल (५० ई०-६०० ई०)

ईसा से लगभग ६ शताब्दि ई० पूर्व भारत धार्मिक-क्रांति का युग था, क्योंकि भारतीय जनता वैदिक धर्म के कर्मकांडों, वाह्य आडम्बरों एवं जाति-विवाद के भीषण झंझावतों में इस प्रकार उलझ गई थी, कि वह कराहें ले उठी थी। उसी समय महावीर स्वामी ने जैन धर्म और महात्मा बुद्ध ने बौद्ध धर्म के अमोघ अस्त्रों द्वारा जनता को शांति का संदेश सुनाया, उन्हें भीषण झंझावतों से निकालकर एक नये स्थान पर लाकर खड़ा कर दिया। इन दोनों महान धर्मों में बौद्ध धर्म अशोक एवं कनिष्क के अथक परिश्रम द्वारा खूब फैला।

इस प्रकार बौद्ध धर्म का उदय तो ईसा पूर्व छठवीं शताब्दी में हुआ और ईसा की लगभग एक शताब्दी पूर्व तक उसका प्रचार व प्रसार भारत के बाहर सीमान्त प्रदेशों में हुआ। पर चित्रकला का आरंभ लगभग पहिली शताब्दी में प्रारंभ हुआ। पहिली शताब्दी से बौद्ध धर्म के प्रचारक भिक्षुओं ने अपने सिद्धांतों के प्रचारार्थ चित्रकला को उत्तम साधन स्वीकार किया। फलतः जहाँ भी वे दूसरे देशों में गये, तो अन्य साधनों के साथ-साथ कपड़े पर बने हुए रौल (चित्रपट) भी लेते गये। इन चित्रकारों पर भगवान बुद्ध का जीवन दर्शन एवं उनकी शिक्षाएं दर्शित की जाती थीं। जन-साधारण की बोलचाल की भाषा जहां बड़ी उपयोगी रही, वहाँ इन चित्रपटों ने भी जनसाधारण को वड़ा प्रभावित किया। इन पर चित्रों के द्वारा ही बौद्ध धर्म का प्रचार लंका, जावा, स्याम, वर्मा, चीन, तिब्बत, नैपाल, जापान, अफगानिस्तान और खेतान आदि स्थानों में हुआ। बहुत से भारतीय चित्रकार तो इन देशों में बौद्धधर्म के प्रचारार्थ जाकर बस गये और उन्होंने वहाँ भित्ति-चित्रों में भारतीय शैली को ही प्रमुखता दी, जो आज भी मौजूद है।

बौद्ध धर्म के प्रचारार्थ स्तूपों, विहारों के साथ-साथ गुफाओं का भी निर्माण किया गया, जिन्हें भगवान बुद्ध एवं बोधिसत्वों तथा विभिन्न जातकों से संबंधित विषयों को लेकर चित्रित किया गया, जो चित्रकला की दृष्टि से अनुपम देन सिद्ध हुई। ऐसी गुफाओं में अजंता,बाघ, बादामी, सित्तनवासल, वेरुल (ऐलोरा) व सिंगरिया की गुफाएं प्रमुख हैं। चित्रकला के अध्ययन के लिए इन स्थानों की चित्रकला का पृथक-पृथक अध्ययन करना आवश्यक होगा।

अजंता

अजंता के भित्तिचित्र रंगविधान, भावप्रर्दशन, मुद्राओं, केश-विन्यास, विभिन्न वस्त्राभूषण, शारीरिक अनुपात, चक्षुचित्रण कटि-प्रदेश रचना में भारत के दर्शकों का नहीं, वरन विश्व के दर्शकों एवं पर्यटकों का मन आकर्षित किये बिना नहीं रहते। खजुराहों की मूर्ति-कला, ताज की वास्तु-कला के समान अजन्ता, आज भारत के लिए गौरव का विलक्षण है भारतीय इतिहास में 'स्वर्णयुग' कहलाने वाले गुप्तकालीन चित्रकला की सर्वश्रेष्ठ कृति है, पर भारत की प्राचीनतम सभ्यता मोहिनजोदड़ो और हड़प्पा की भांति यह भी आज से १५० वर्ष पूर्व ही प्रकाश में आई है।

अजंता की गुफाएं निजाम राज्य में फरदापुर गाँव से ४ मील की दूरी पर स्थित हैं। अजन्ता के निकट जलगाँव, औरंगाबाद और महूर स्टेशन से अजन्ता तक पहुँचने के लिए पैदल चलना पड़ता है। फरदापुर से चार मील की दूरी रमणीक पहाड़ियाँ स्थित हैं, जिनमें वाघौरा नदी बहती है। रास्ता नदी के साथ-साथ सर्पाकार घूमता हुआ है। अंतिम घुमाव के समाप्त होते ही लगभग ३०० फीट ऊँचा बर्तुलाकार दीवार सा एक टीला पहाड़ से निकलता हुआ दिखलाई पड़ता है। जो गगनचुम्बी, विशाल महल की भांति है। दसी महान प्रासाद के बीचों-बीच दलानों के समान एक पंक्ति दिखलाई देती है। ये ही अजंता की वर्तमान गुफाएं हैं। नदी की सतह से ऊपर पहुँचने के लिए निजाम सरकार की ओर से सीढियाँ बनी हुई हैं। इन गुफाओं के प्रवेशद्वार से लेकर अंत तक भित्ति-चित्रों में भक्ति, उपासना, धैर्य, प्रेम, करुणा, आश्चर्य, भय, वात्सल्य के साथ-साथ उस समय के कला-साधकों की अमर साधना का दिग्दर्शन होता है। यहाँ के

एकान्त वातावरण व प्राकृतिक सौंदर्य में दर्शक जहाँ खो जाता है, वहीं यहाँ की कला को देखकर इतना आत्मविभोर हो जाता है कि महात्मा बुद्ध की विभिन्न मुद्राओं के आगे मस्तक श्रद्धा से नत हो जाता है।

अजंता में छोटी-बड़ी मिलाकर कुल उनतीस गुफाएं हैं। ये गुफाएं दो भागों में विभक्त की जा सकती हैं : एक स्तूप-गुफा और दूसरी विहार-गुफा। ये दोनों प्रकार की गुफाएं बौद्ध धर्म के अनुयायियों द्वारा बनवाई गई थी। स्तूप-गुफायें प्रार्थना एवं उपासनार्थ बनवाई गई थीं। स्तूप गुफा अधिक लंबी होती है, और उसके अंत में एक स्तूप बना रहता था, जिसके चारों ओर प्रदक्षिणा के लिए स्थान रहता है। यहाँ से प्रवेश द्वार तक दोनों ओर खंभों की पंक्ति रहती है। ये स्तूप-गुफायें विहार से अधिक ऊँचे रहती हैं। स्तूप-गुफाओं में सबसे बड़ी गुफा १८ वीं है। इसका द्वार भी बड़ा भव्य एवं रमणीय है। इन स्तूप-गुफाओं के द्वारों के मेहरावों का आकार पीपल के पत्तों के समान है। इससे पहिचानने में देर नहीं लगती। विहार-गुफा भिक्षुओं के रहने व उनके अध्ययन के लिए होती थी। इन्हीं में अजंता के चित्र बने हुए हैं, जो एक शैली के ही हैं और जिनमें पूर्ण भारतीयता की पुट स्पष्ट दिखलाई पड़ती है। हर गुफा चित्रकला की दृष्टि से सर्वोपरि कही जा सकती हैं। वैसे तो प्रत्येक गुफा के चित्र, शैली तथा भाव-व्यंजना आदि की कसौटी पर खरे हैं।

अजंता का आविष्कार

सन् १८१५ ई. में मद्रास सेना के कुछ योरोपिय अफसर यहाँ के निर्जन और बीहड़ प्रान्त में भटकते भटकते यहाँ आ पहुँचे और इन गुफाओं का पता लगाया। लेकिन वे प्रकाश में न आ पाई। सन् १८२४ ई० में जनरल सर जेम्स ने यहाँ आकर सर्व प्रथम इनकी खोज की और उसका संक्षिप्त विवरण "रायल एशियाटिक सोसाइटी" को दिया और इस सोसाइटी ने संक्षिप्त विवरण प्रकाशित किया। १८३८ ई० में अजंता की गुफाओं के संबंध में 'बाम्बे-कोरियर' में एक लेख प्रकाशित हुआ। पर इन गुफाओं का विषद् विवरण भारतीय मूर्ति एवं वास्तुकला के प्रेमी फर्ग्यूसन ने १८४३ ई. में प्रकाशित कराया। इसके बाद ईस्ट इंडिया कम्पनी का ध्यान इस ओर आकर्षित हुआ और सन् १८४४ ई. से १८४८ ई. तक ईस्ट इंडिया कम्पनी द्वारा इन भित्ति-चित्रों की ३० प्रतियाँ तैयार कराई गईं। किंतु दुर्भाग्यवश सन् १८६६ ई. में आग लग जाने के कारण ये प्रतियाँ नष्ट हो गईं। यदि ये नष्ट न हो गई होती, तो आज अजन्ता का वह रूप भी सामने आ जाता, जो आज अपनी नष्टावस्था के कारण सामने नहीं हैं। सन् १८७०-७१ ई० में बम्बई आर्ट कॉलेज के प्रिंसपल ग्रिफिथ्स महोदय ने अपने विद्यार्थियों की सहायता से वहाँ चित्रों की प्रति-कृतियाँ तैयार कराईं, जो विवरण के साथ दो बड़ी जिल्दों में प्रकाशित की गईं। ये प्रति कृतियाँ भी तत्कालीन भारत मंत्री के यहाँ भेज दी गई, पर दैवयोग से ये भी नष्ट हो गई। सन् १८९६ ई० तक अजन्ता के भित्ति-चित्रों के संबंध में एक ग्रंथ और प्रकाशित हुआ। अजन्ता की चित्रकला के विषय में अब लोगों की भावनाएं जागृत हो गईं। इसके बाद सन् १९११-१५ में लेडी हेंरिघम की अध्यक्षता में नंदलाल बसु, एवं असित कुमार हलदार जैसे भारत के प्रसिद्ध चित्रकारों ने वहाँ जाकर अनेक घटना मूलक चित्रों की प्रति कृतियाँ बड़ी कठिनता से की। निजाम सरकार की सहायता से लंदन की 'इंडिया सोसाइटी' ने इन प्रतिकृतियों का एक संस्करण प्रकाशित किया। तब से निजाम सरकार ने इन भित्ति-चित्रों की ओर अधिक ध्यान देना प्रारंभ किया और

उनके संरक्षण और दिखाने का उत्तम से उत्तम प्रबंध किया। इस कार्य के लिए सैयद अहमद खाँ वहाँ के अध्यक्ष हुए। श्री सैयद अहमद स्वयं एक बहुत अच्छे चित्रकार थे। अत: उन्होंने वहाँ के चित्रों की प्रतिकृतियाँ कीं और इन प्रति-कृतियों को अधिक प्रमाणिक माना गया। सन् १९१६ ई. में अवधनरेश श्री बाला साहब पंत ने भिन्न-भिन्न प्रान्तों के अनेक चित्रकारों की मदद से, गुफा के कुछ भित्ति-चित्रों की अनुकृतियाँ कराईं और अंग्रजी व मराठी में उनके संस्करण प्रकाशित कराये, जो पहिले की अपेक्षा अधिक सफल, प्रमाणिक एवं उपयोगी माने गये। इसके बाद निजाम सरकार ने पोस्ट कार्ड के आकार में प्रमाणित चित्रावली प्रकाशित की, जो तीन खंडों में निकली। इसके बाद 'कुमार कार्यालय' अहमदाबाद से भी 'अजंता के कला मंडप' नामक पुस्तक, राजकमल प्रकाशन दिल्ली से रायकृष्णदास-रायआनंद कृष्ण द्वारा लिखित 'अजन्ता के चित्रकार' नामक पुस्तक एवं पुरातत्त्व विभाग दिल्ली की ओर से प्रकाशित पुस्तक 'अजन्ता' साधारण ज्ञानोपार्जन के लिए सामने आई और अब तो दिन प्रति दिन और प्रकाशित होती जा रही हैं।

अजंता-गुफाओं के कतिपय चित्र

अजंता के चित्रों में प्रमुखत: पहली, दूसरी, नवीं, दसवीं, सोलहवीं और सत्रहवीं गुफाएं हैं, जिनके प्रमुख चित्रों, उनके काल-क्रमों की सूची राय कृष्णदास-रायआनन्द कृष्ण द्वारा लिखित 'अजंता के चित्रकूट' के आधार पर साधारण ज्ञान प्राप्त करने की दृष्टि से यहाँ दी जा रही है :

गुफा नं. १	बाईंओर	शिव जातक	उत्तर गुप्त काल
	बाईंभित्ति	विरहिणी	उत्तर गुप्त काल का अंत
		नागराज सभा	,, ,, ,,
		शंख पाल जातक	गुप्त काल
		महाजनक जातक	,, ,,
		पद्मपाणि वोधिसत्व	,, ,,
		मार विजय	,, ,,
	दाहिनीओर	पुलकेशिन सभा	उत्तर गुप्त काल
गुफा नं. २	दाहिनी ओर	अज्ञात सभा	गुप्त काल
		महा हंस जातक	,, ,,
	बाईं भित्ति	महामाया स्वप्न	,, ,,
		बुद्ध-जन्म	,, ,,
	बायाँ गर्भ गृह	पूजार्थी स्त्रियाँ	गुप्त काल का अंत
	बाईं भित्ति	बिदुर पंडित जातक	गुप्त काल
	दाहिनी भित्ति	पूर्ण विदान	,, ,,
	दाहिनी ओर	क्षान्ति वादिनी जातक	,, ,,
गुफा नं. ९		स्तूप-पूजा	आन्ध्र काल
		स्फुट चित्र	गुप्त काल

		श्याम जातक	आन्ध्र काल
गुफा नं. १०		छद्दन्त जातक	,, ,,
	खंभों पर	बुद्ध चित्र	गाँधार शैली
गुफा नं. १६		हरित जातक	गुप्त काल का अंत
		नन्द की कथा	,, ,, ,,
		बुद्ध का उपदेश	गुप्त काल
	दाहिनी भित्ति	सुजाता प्रकरण	,, ,,
	बाईं भित्ति	चार दृश्य	,, ,,
		महामाया स्वप्न	,, ,,
		बुद्ध जन्म के दृश्य	,, ,,
		पाठशाला के दृश्य	,, ,,
गुफा नं. १७	बाहरी बरामदा	मिथुन	,, ,,
		बोधसत्व की पृष्ठिकाएं	,, ,,
		दिव्यगायक, अप्सरायें	,, ,,
		षड्र-चक्र	,, ,,
	बाईं भित्ति	नल गिरि प्रकरण	
		बेस्सन्तर जातक	,, ,,
		सिंहल अवदान	,, ,,
		राहुल समर्पण	,, ,,
		छद्दन्त जातक	,, ,,
		हस्ति जातक	,, ,,
	दाहिनी भित्ति	हंस जातक	,, ,,
		श्री वास्ती का चमत्कार	,, ,,
		सिंहल	,, ,,
	पहिली भित्ति	श्याम जातक	,, ,,
		महिष जातक	,, ,,
		मृग जातक	,, ,,

इस उपर्युक्त तालिका से ज्ञात होता है कि उपर्युक्त सारी सुरक्षित चित्रों से सुसज्जित गुफाओं का निर्माण काल विभिन्न समयों का है। वाकाटक अभिलेखों के आधार पर ऐसा निश्चय किया गया है, कि पहिली, दूसरी, सोलहवीं और सत्रहवीं गुफाओं का निर्माण पाँचवीं शताब्दी में हुआ था। पहली और सोलहवीं गुफाओं के शिल्प में पर्याप्त समानता है, इसलिए इन दोनों का निर्माण एक साथ हुआ होगा। उसके बाद सत्रहवीं गुफाओं का निर्माण पाँचवीं शताब्दी में हुआ था। पहली और सोलहवीं गुफाओं के

शिल्प में पर्याप्त समानता है, इसलिए इन दोनों का निर्माण एक साथ हुआ होगा। उसके बाद सत्रहवीं गुफा और सबसे अंत में दूसरी गुफा का निर्माण एक साथ हुआ होगा। उसके बाद सत्रहवीं गुफा और सबसे अंत में दूसरी गुफा का निर्माण काल आता है।

निर्माता

अजन्ता की कृतियों के निर्माताओं में कोई एक व्यक्ति नहीं है बल्कि शुंग, सातवाहन, कुशान, गुप्त, वाकाटक, चालुक्य आदि वंशों की संस्कृतियाँ निहित हैं। इन चित्रों की आत्मा इन वंश के शासकों की छत्रछाया में महान विद्वानों एवं कारीगरों का हाथ है। श्री वाचस्पति गैरोला ने एक स्थान पर लिखा है- "हमें तो ऐसा लगता है कि अजन्ता की चित्रावली में स्वतंत्र रूप से साहित्य, और संस्कृति का प्रचार-प्रसार करने वाले तत्कालिक विद्वानों का अधिक हाथ रहा है।" कुषाण वंश के प्रतापी राजा कनिष्क के समय में ही बुद्ध धर्म में दो सम्प्रदाय "हीनयान" और "महायान" हो गये थे। बौद्ध-भिक्षुओं ने अधिकांशतः अपने आराध्य बुद्ध को उनके पूर्वजन्मों एवं उनके व्यक्तिगत जीवन से संबंधित उद्धरणों को जन-साधारण के समक्ष चित्रों के रूप में रखकर अपने बौद्ध धर्म के प्रचार व प्रसार में काफी परिश्रम के साथ-साथ कला की साधना की। ये बौद्ध-भिक्षु लोग सांसारिक मोह-माया, राग-द्वेष के प्रपंच से विरक्त हो गये थे। इसलिए इनकी कलाकृतियों में उन त्यागी, तपस्वियों, की साधना, अधिकतर दिखलाई देती है, जिन्होंने अपने को संसार से दूर रखकर निर्जन व बीहड़ प्रदेश की इन चट्टानों में अपनी तूलिकाओं द्वारा अचेतन में कला के प्राण का संचार किया।

चित्रों का वर्णन

गुफा न. १ के घुसते ही "शिव-जातक" व "विरहिणी" के चित्र अंकित है। "शिव जातक" के चित्रों में तो हस्त-मुद्राएं, भावपूर्ण नेत्रों, एवं मुखाकृति में कोई विशेष सौंदर्य नहीं है। प्रष्ठिका के केले और नारियल के भावशून्य वृक्ष ही निर्जीव से दिखाई पड़ते हैं, पर इसके बाद का दूसरा कृषकाय एवं पीड़ा की विहल एक विरहिणी का चित्र है, जिसकी बिरह-व्यथा को कई सखियाँ दूर करने का प्रयत्न कर रही हैं। इन चित्रों की हस्त-मुद्राओं, नेत्रों,केश-विन्यास के आलेखन में "शिवि जातक" के चित्रों की अपेक्षा अधिक आकर्षण व सौंदर्य है।

इसी गुफा नं. १ की बाईं भीत पर "नागराज सभा" "शंखपाल जातक" "पद्यमीणि बोधिसत्व" एवं "मार विजय" के चित्र अंकित हैं। "नागराज की सभा" के दृश्य में दरबार की चहल-पहल एवं नृत्य की मुद्राएं बड़ी सजीव और मौलिक हैं। कहीं-कहीं चित्रकार भाव-मुद्राओं, व भावपूर्ण नेत्रों एवं कटि प्रदेश आदि के चित्रण में बड़े ही असफल से दिखते हैं- उदाहरणर्थ नाग-सम्राज्ञी।

इसके बाद "शंखपाल जातक" की कथा पर आधारित चित्र का जो चित्रांकन हुआ है, वह श्रेष्ठता की श्रेणी मे आ जाता है। इसमें नागराज को शंखपाल के साथ वार्त्तालाप करते हुए बताया गया है। शंखपाल के पीछे दिखाई देने वाली राज-महिलाओं की मुद्राओं में एक बैठी हुई है। इस सुंदरी के केश-विन्यास, पुष्पों के जूड़े, हस्त-मुद्राओं, स्तन-रचना, कटि-प्रदेश, जंघाओं आदि के चित्रण में चित्रकार बड़ा ही सफल रहा है।

इस गुफा के बने चित्रों में 'पद्मपाणि बोधिसत्व' के चित्र में उस करुणा का भाव दिग्दर्शित किया गया है, जब बुद्ध संसार के दु:ख से दु:खी हो गये थे, उनका हृदय करुणा से द्रवीभूत हो गया था। उनकी भावमग्न नेत्र-रचना देखते ही बनती है। मुख पर चिर शान्ति की अलौकिक झलक दिखाई देती है। हस्तुमुद्राओं तथ भाव-भंगिमा एवं मुकुट के अलंकरण में विशेष आकर्षण है।

इस गुफा की एक दालान की दीवार पर प्राय: बारह फुट लम्बा और आठ फुट चौड़ा "मार विजय" का चित्र अंकित है। यह चित्र भी वड़ा ही सजीव है। इस चित्र में मार (कामदेव) समाधिस्थ बुद्ध की तपस्या भंग करने मे लिए अपनी सेना सहित बुद्ध को घेरे हुए है। सेना में भगवान बुद्ध को डराने, क्रुद्ध करने, क्षुब्ध तथा लुब्ध और सकाम कराने के लिए विकट से विकट मूर्तियों को लेकर सुन्दर से सुन्दर कामिनियों तक के चित्र अंकित हैं। भगवान बुद्ध के मुख पर शांति, व गंभीरता के भाव दिखते हैं, जब कि अन्य चित्रों में : जैसे सुन्दरियों के कामाद्दीपन भाव, उनकी आकर्षक मुद्रा एवं शैतानों के मुखों पर वीभत्स भाव के साथ-साथ, निर्मम मुद्राऐं उतनी ही सजीवता से दिखाई गई हैं।

इसी गुफा के दाहिनी ओर "पुलकेशिन सभा" का दृश्य अंकित है। इस चित्र में भारतीय राजा पुलकेशिन द्वितीय को फारस के बादशाह खुसरु परवेज के राजदूत का स्वागत करते हुए बताया गया है। यह चित्र भारत और फारस के व्यापारिक सम्बन्ध की ओर इंगित करता है। इस भित्तिचित्र में अनुपात से अधिक लम्बी आकृतियाँ बनाये जाने के कारण चित्र में स्वाभिकता नहीं आ पाई हैं। उस पर भी हस्त मुद्राओं की निर्जीवता और भावविहीन नेत्रों एवं मुखों मे कारण चित्र में नीरसता व अस्वाभिकता की पूर्ण झलक है।

दूसरी गुफा सबसे अंत की प्रतीत होती है। अत: इसमें गुप्तकाल की कला के पतंन के चिन्ह स्पष्ट दिखते हैं। इसमें दो प्रकार की शैलियों का अनुकरण श्री रायकृष्ण दास व आनंद कृष्णदास के अनुसार सिद्ध किया गया है। पहली शैली लौकिक है और दूसरी खुतान के तत्कालीन चित्रों की परम्परा से मिलती हुई है। दूसरी शैली में संयोजन का अभाव भी है। दूसरी गुफा के गर्भगृह के बाहर चौखट पर मिथुनों की मूर्तियाँ मिलती है, जो गुप्त कालीन वास्तुकला में बहुत ही लोक प्रिय रही हैं। इसमें वासना के अभाव की विशेषता है। गुफा के दाहिनी ओर "महासंघ जातक" की चित्रकथा हैं, जो अपने सरोवरों के दृश्य, व्याधों के दबे पाँव आगे बढने के कारण कभी सुन्दर रही होगी, पर अब क्रूर काल चक्र के दमन के कारण वह लुप्त होते जा रही है।

इसी गुफा के दाईं ओर बुद्ध जन्म संबंधी अनेक चित्र अंकित हैं। जिसमें सर्वप्रथम राजमहल का दृश्य है। उसके शयनागार में बुद्ध की माता महामाया सो रही है। उनके निकट दो तीन स्त्रियाँ हैं। दूसरे दृश्य में महामाया के स्वप्न वाली चर्चा के विषय का चित्रण बड़ा भाव-अंकित हैं। महामाया की मुख मुद्रा में रात में स्वप्न में देखा गया श्वेत हाथी, जो आकाश से उतरकर उनकी कोख में प्रवेश कर गया है का चित्रण बड़ा सजीव दिखता है। सामने दो व्यक्ति बताये गये हैं, जो संभवत: दो ब्राह्मण हैं, जिनसे राजा शुद्धोधन स्वप्न का विचार पूँछ रहे हैं। दाहिने कोने पर महामाया की भाँति रत्नाभूषणों से सुसज्जित एक स्त्री को सहारा लिये खड़ा बताया गया है, जिसे याजदानी ने महामाया ही माना है, पर वह वास्तव में बुद्ध की

विमाता एवं कहामाया की बहिन प्रजावती हैं। इस चित्र में चित्रकला की दृष्टि से वड़ा आकर्षण है। खड़े होने की मुद्रा, भाव-भंगिमा, मुख-मुद्रा, हस्त-मुद्राएं, कटि- प्रदेश एवं उरोज-रचना, कोमलता और लावण्य की दृष्टि से यह चित्र बड़ा बेजोड़ है।

बाईं ओर वाली दीवार पर एक ओर केले और दूसरी ओर अशोक वृक्ष का आलेखन हुआ है। ये दोनों ही वृक्ष बड़े सजीव और आकर्षक बने हैं। इस प्रकार के इन दोनों वृक्षों के आलेखन में साँची और भरहुत की परम्परा की भाँति अजन्ता के चित्रों में यथा स्थान देखने को मिल जाते हैं, पर यहाँ के केले और अशोक वृक्ष की पत्तियों, तनों, उसकी हरीतिमा आदि में बड़ी स्वाभिकता व सजीवता है।

दूसरी गुफा का सर्वोत्कृष्टता चित्र गुफा की दाहिनी दीवार पर अंकित है, इसको रायकृष्णदास ने वर्ण-विधान, पुष्ट आलेखन, भाव-भंगिमाओं, मुद्राओं एवं मार्मिक दृश्यांकन की दृष्टि से सर्वोपरि माना है। इसकी अधिकांशतः मुखाकृतियाँ नष्ट प्रायः है, पर जो भी शेष हैं, उससे इस चित्र की सर्वोत्कृष्टता का अनुमान लगा सकते हैं। इस दृश्य को रायकृष्ण दास-राय आनंदकृष्ण ने "क्षान्ति वादिन जातक" का चित्र माना है : जिसकी कथा इस प्रकार है—एक बार क्रूर काशीराज के निवास की स्त्रियाँ काशीराज को सोता हुआ छोड़कर बोधिसत्त्व, जो उस जन्म में क्षान्तिवादिन नामक ऋषि थे, के उपदेश को सुनने के लिए चली गईं। जब काशीराज जागता है और अपनी रानियों की अनुपस्थिति एवं वास्तिविकता का पता लगाता है, तो वह क्रोध में पागल हो जाता है और अपनी रानियों एवं बोधिसत्व के बाँधे की आज्ञा दे बैठता है।

नवीं और दसवीं गुफायें कला की दृष्टि से दोनों एक समान हैं। अतः इनका निर्माण काल भी एक ही समय में अनुमानित हैं। १०वीं गुफा में प्राप्त अभिलेख एवं अनेक कलाविदों के मतानुसार इसका निर्माण काल दूसरी शताब्दी ई० पू० है। अधिकांशतः इस गुफा के चित्र अधिक प्रभावशाली एवं आकर्षक नहीं हैं। इनमें अधिकतर भगवान बुद्ध के ही चित्र है। कुछ चित्र स्तूप-पूजा के भी हैं, जिनमें भीड़-भाड़ का सुंदर अंकन हुआ है। यहीं "श्याम जातक" के भी चित्र हैं। "श्याम जातक" की कथा महाभारत के श्रवण कुमार से मिलती-जुलती बताई गई है।

दसवीं गुफा का सबसे सुंदर अंकन "छद्दन्त जातक" कथा में हुआ है। इसमें बन-जीवन का बड़ा ही सुन्दर चित्रण हुआ है। अनेक प्रकार के भारतीय वृक्षों के तनों, पत्तियों आदि में बड़ी स्वाभिवकता दिखाई गई है। इसमें गजराजों को अनेक क्रीड़ाएं करते हुए बतलाया गया है। गजराज के चित्रण में तो अजन्ता के चित्रकार जैसे बड़े ही सफल सिद्ध हुए हैं। एक ओर जहाँ एक हाथी, अजगर के मुँह से मुक्ति पाने का प्रयत्न कर रहा है, तो दूसरी ओर गजराज छद्दन्त कमल का एक फूल निकालकर एक हाथिनी की ओर उसे बढाकर जैसे भेंट कर रहा है। इस गुफा में इसी "छद्दन्त जातक" कथा के अंतर्गत उस कथा को अंकित करने में चित्रकार जड़े ही सफल रहे है, जब कि गजराज काशिराज के रनवास में पहुँचता हैं, जहाँ वह रानी सुभद्रा को देखता है जो पूर्व जन्म में उस गजराज की पत्नी थी। उसने पुरानी ईर्ष्या के कारण उसके दाँत काटकर लाने की आज्ञा दी और जब दाँत काटकर सुभद्रा के सामने लाये गये, तो वह पश्चाताप स्वरूप अचेत हो गई। इस दुश्य को चित्रकार ने बड़ी सजीवता से चित्रांकित किया है। यह दृश्य वड़ा ही करुणास्पद है। और जिसे देखकर हृदय में करुणा का सागर लहरा उठता है।

इस गुफा के खंभों पर भी बुद्ध संबंधी अनेक आकृवियाँ बनीं है। इनको अनेक कलाविदों ने मध्य एशियाई गांधार शैलियों की कोटि में रक्खा है, लेकिन श्री याजदानी ने इनकी समता ईरानी-इस्लामी चित्रों से की है।

सोलहवीं गुफा

यहाँ के दो चित्र विशेष उल्लेखनीय हैं। एक चित्र तो महात्मा बुद्ध का उस समय का है, जब कि वह संसार की असार मोह-माया को देखकर, दु:खी होकर जग को दु:ख के मार्ग से छुटकारा दिलाने के लिए गृह को त्याग रहे हैं। उसकी असीम सुन्दर पत्नी यशोधरा, और उससे लिपटा हुआ पुत्र राहुल गहन रात में गहरी निद्रा में सो रहे हैं। बुद्ध सबकी ममता को छोड़कर जा रहे हैं। जिस दुष्टि से बुद्ध अपनी पत्नी यशोधरा व राहुल पुत्र को देख कर रहे हैं, उसमें मोह-ममता का सागर लहराता हुआ नहीं दिखाई देता है, बल्कि उनके नेत्रों में एक अलौकिक दिव्य ज्योति व मुख पर सौम्यता एवं शान्ति के चिन्ह दिख रहे हैं। यह चित्र कलात्मकता की दृष्टि से अद्वितीय है।

दूसरा चित्र मरणोन्मुख राजकुमारी का है, जिसे बचाने के सारे प्रयत्न विफल हो गये हैं, और उस राजकुमारी को भी अपने जीवन से घोर निराशा हो गई है। राजकुमारी की व्यथित एवं निराशाजनक मुद्रा व आसपास वालों की चित्रांकित विकलता को देखकर दर्शक भी करुणा रस में डूब जाता है।

इसी गुफा के बाईं ओर उन चार प्रसिद्ध धटनाओं को दिखाया गया है, जिनको देखकर बुद्ध संसार की निस्सारिता पर दु:खी हुए थे और वैराग्य की भावना जागृत हुई थी। ये घटनायें थीं : बृद्ध, रोगी, मृतक व सन्यासी को देखकर, दु:खी होने की।

सत्रहवीं गुफा

इसके सभी चित्र एक से एक बढकर हैं। यहाँ के चित्रों को देखकर ऐसा प्रतीत होता है, जैसे कि समस्त चतुर चित्रकारों ने अपने जीवन की सम्पूर्ण कला-साधना व कार्य- कुशलता का निचोड़ यहीं पर रख दिया हो। १७ वीं गुफा का बाहरी बरामदा उत्कृष्ठ चित्रों से सुसज्जित हैं। यहाँ द्वार के चौखट पर ही युगल प्रेम के प्रतीक अनेक दम्पतियों के अनेक आकर्षक चित्र बने हुए हैं। द्वार के दोनों ओर बोधिसत्वों के चित्र रहे होंगे, पर अब समय के बीतने के साथ-साथ वे भी अब नष्टावस्था में हो गये हैं। केवल यत्र-तत्र मुकुट, या पृष्ठभूमि के दृश्य शेष रह गये हैं। यहाँ अनेक चित्र प्रसिद्ध हैं, पर सबसे प्रसिद्ध चित्र "माता और पुत्र" का है, जो यशोधरा और राहुल का प्रतीक स्वरूप है। इस चित्र में भगवान बुद्ध को द्वार के बाहर मानव आकृति से कई गुना बड़ा एवं एक हाथ में भिक्षा-पात्र लिये हुए बताया गया है। यह चित्र उस समय की याद दिलाता है, जब कि सिद्धार्थ, ज्ञान प्रप्त करने के बाद बुद्ध के रूप में होकर, संसार को दु:खों से छूटकारा दिलाने वाले उपदेशों को भारत के बड़े से बड़े प्रांतों के शासकों व जन साधारण के समक्ष रखते हुए अंत में अपनी जन्म-भूमि कपिल वस्तु में पधारे हैं। बुद्ध की विमाता प्रजावति, पिता शुद्दोधन, राज्याधिकारी एवं कपिल वस्तु की सम्पूर्ण जनता उनके दर्शनार्थ उमड़ पड़ती है। केवल नहीं जाती है, तो यशोधरा, क्योंकि उसे विश्वास था, कि जिसके लिए वह प्रतीक्षा की घड़ियाँ गिन रही है, पलक-पाँबड़े बिछाये हुए है, वह एक दिन अवश्य ही उसके घर आयेगा। हुआ भी वही, कि बुद्ध अपने

भिक्षा-पात्र को लेकर यशोधरा के द्वार पर पहुँच जाते हैं। बुद्ध के मुख पर तेज व शान्ति एवं गंभीरता के भाव अंकित हैं। दूसरी ओर यशोधरा के मुख पर अव्यक्त प्रसन्नता, व आश्चर्य एवं आत्माभिमान के भाव व्यक्त हैं। द्वार पर आगे हुए भगवान को भेंट में देने के लिए उसे राजप्रासाद की समस्त वस्तुएं तुच्छ लगती हैं, इसीलिए यशोधरा अपने एक मात्रा पुत्र राहुल को बुद्ध को सादर समर्पित करती बताई गई है। आत्म-सर्मपण की पराकाष्ठा का यह अद्‌भुत दृष्यांकन है।

इस गुफा में इसके अलावा अनेक अन्य महत्वपूर्ण चित्र हैं, जैसे "छद्दन्त जातक", "महाहंस जातक", "सुतसोम-जातक", "श्यामजातक", "शश जातक" "महिष जातक" , "गंज जातक", "मृग जातक", "शिवि जातक", और "वेस्संसर जातक" आदि। यहाँ भी "छद्दन्त जातक की" चित्रावली को बड़ी सजीवता-पूर्वक दिखाया गया है। बोधिसत्व पूर्व जन्म में छः दाँतों वाले श्वेत गजराज थे। उनके दो हथनियाँ थी, जिनमें से एक ने सौतिया-डाह के कारण आत्महत्या कर ली, और दूसरे ने एक राजा के घर में जन्म लिया। इस जन्म में उसकी ईर्ष्या गजराज से कम न हुई और व्याघों को गजराज के सिर लाने की आज्ञा दी। गजराज स्वयं अपना सिर देने के लिए व्याधों के सम्मुख उपस्थित होते हैं। व्याधों पर उनकी इस क्रिया का बड़ा प्रभाव पड़ता है और वे फिर उनके छः दाँतों को लाकर राजकुमारी के सामने रखते हैं। दाँतों को देखकर राजकुमारी के हृदय मे बड़ा ही दुःख और पश्चाताप होता है। अंत में गजराज उसे क्षमादान करके उसको पश्चाताप से मुक्त करते हैं। यह सम्पूर्ण दृश्य इतनी सजीवता से चित्रकारो ने चित्रित किया है, कि देखते ही हृदय में करुणा का संचार पैदा हो जाता है।

यहाँ "गज जातक" का एक चित्र अंकित है। जब बोधिसत्व पिछले जन्म में हिमालय के श्वेत हाथी थे और अपने अंधे माता-पिता की सेवा व पालन-पोषण करना अपना कर्त्तव्य समझते थे। प्रयाग के राजा ने गजराज की प्रशंसा सुनकर उन्हें पकड़वा कर मँगवा लिया। गजराज अपने अंधे माता-पिता के बिछोह से बड़े दुःखित हो गये और उन्होंने खाना-पीना छोड़ दिया। अंत में प्रयाग के अधिपति ने यह बात जानकर उनको मुक्त कर दिया। शीध्र ही वे अपने अंधे माता-पिता के पास पहुँच जाते हैं। मिलन का यह अद्‌भुत दृश्य हाथियों के कौटिम्बिक–प्रेम, वात्यसल्य, एवं करुणा से ओत-प्रोत है।

इसी गुफा में "बेस्सन्तर जातक" का मार्मिक दृश्य भी अंकित है। इसमें बनवासी बोधिसत्व को अपनी पर्णकुटी में बैठे दिखया गया है। हाथों में स्वस्थ देह वाले एक बालक को लिए एक जंघा पर बैठे दिखाया गया है। सामने एक भिक्षुक मुख पर दीनता के भाव लिये, दाँत गिड़गिड़ाते हुए, राजा की दानशीलता की चर्चा सुनकर राजा से एक यज्ञ में बलि देने के लिए उस बालक को माँगता है। बालक का मुख पिता के मुख की ओर इस मुद्रा में है, कि कब राजा आज्ञा दें और वह उस आज्ञा को सिरोधार्य करके आज्ञा का पालन करे। पृष्ठ भूमि में तीन-चार स्त्रियाँ प्रदर्शित हैं, जो भिक्षुक की इस याचना से भयभीत होते दिखाई गईं हैं। यह चित्र हृदय पर करुणा, एवं कर्त्तव्य-पालन की एक गहरी अमिट छाप छोड़े बिना नहीं रहता। इस चित्र में प्रत्येक पात्र की मुख-मुद्रा, भाव-भंगिमा, हस्त्र-मुद्राएं आदि उच्च कोटि की हैं। यहीं "मृग जातक" का चित्र भी है, जो अब खंड रूप में बच गया है। इसमें मृगों की चपलता, उनके स्वभाव, उनके भाव-पूर्ण चंचल नेत्र, बड़ी सजीवता से अंकित किये गये हैं, कुछ मुड़े हुए से हैं।

उनके शावक इधर-उधर दौड़ रहे हैं। दल का नायक बीच में खड़ा है, मानो अपने इस परिवार की प्रसन्नता मे वह भी प्रसन्न हैं।

यहीं पर एक स्थान पर आकाशचारी दिव्य गायकों के समुदाय का बड़ा ही सुंदर चित्रण किया गया है। किसी को मंजीरा लिए हुए, किसी को वेणु लिये हुए, किसी को वीणा लिये हुए; और किसी को गाने की मुद्रा में खड़े हुए अंकित करके चित्रकार ने मानो पूर्ण रूप से संगीत का वातावरण ही उपस्थित कर दिया है। केश-विन्यास, हस्त-मुद्राओं, भाव-व्यंजना की दृष्टि से यह चित्र भी बेजोड़ है।

यहीं पर कई सौ आकृतियों वाला 'सिंहल-अवदान' का दृश्य भी अंकित है। इसमें वहीं सुन्दरियाँ का समूह है। कहीं सवारी निकल रही है, कहीं अभिषेक हो रहा है। इन सबमें जीवन के अनेक पक्षों का बड़ा ही सजीव एवं मौलिक चित्रण हुआ है। पर इनमें भी सबसे विशिष्ठ चित्रण तो डाकनियों के युद्ध का है, जहाँ चित्रकार की अद्‌भुत कल्पना-शक्ति की भरपूर उड़ान हमें दिखाती है। इस दृश्य को देखकर यह निष्कर्ष निकलता है कि अजन्ता के चित्रकार न केवल स्त्रियों एवं पुरुषों, पशु-पक्षियों एवं लता, वृक्षों की सुन्दरता को ही अंकन करने में सफल थे, वरन जिसे हम असुंदर कह कर या मानकर त्याग देते हैं, उसके चित्रण में भी चित्रकारों ने अपनी बुद्धि और कल्पना के सहारे उनका सही व स्वभाविक चित्रण करके अपनी श्रेष्ठ चित्रकला की साधना का परिचय दिया है।

इस प्रकार हम देखते हैं कि अजंता की चित्रकारी कलात्मक दृष्टिकोण के अतिरिक्त सांस्कृतिक अध्ययन के दृष्टिकोण से भी एक अक्षय भण्डार है। उस समय के समाज के रहन-सहन, वेश-भूषा एवं शासकों की ममः स्थिति एवं विचारधारा के समझने का एक प्रतिबिम्ब है, जो अनेक विशेषताओं से युक्त है।

अजंता चित्रकला की विशेषताएं

भाव-प्रधानता

अजंता की चित्रकला की मुख्य विशेषता उसके हृदयग्राही एवं उनकी मानसिक भावनाएं हैं। इन चित्रों में शान्ति, करुणा, सौहार्द्र,भक्ति, विनय, दीनता, विकलता आदि भावनाओं का सुन्दर प्रगटीकरण करके चित्रकारों ने अपनी कुशलता का परिचय दिया है। "पद्यपाणि बोधिसत्व" की करुणा, एवं उनकी मुख-मुद्रा की शान्ति, माता-पिता की भगवान बुद्ध के प्रति अपार श्रद्धा एवं भक्ति, गृह-त्याग में भगवान बुद्ध के मुखपर सांसारिक मोहमाया के त्यागने के भाव चित्रकारों ने इतनी सफलता पूर्वक प्रदर्शित किये हैं, कि उन चित्रों की आत्मा स्वयं ही बोल पड़ती है।

रेखा-सौष्ठव

अजंता के चित्रों मे जहाँ हृदयग्राही भाव एवं मानसिक भावों का सुन्दर समावेश है, वहीं उन चित्रों में रेखाओं का बहुत महत्व है। संसार में अजंता के मुकाबले रेखा-चित्रण का सुन्दर अंकन अन्यत्र कहीं भी देखने को नहीं मिले। प्रत्येक रेखा में जीवन की गति, प्रवाह, स्फूर्ति और सजीवता है। प्रत्येक रेखा में उस चित्र के भाव निहित हैं। उनमें कहीं भी भारीपन या संकोच नहीं है। भाव के साथ-साथ रेखाओं में वास्तिविकता है। रेखाओं में इतनी सुदृढता है कि उन्हीं के माध्यम से वस्तु-विशेष के उभार, गोलाई, आँखों के भाव, केश-विन्यास का अनूठापन दिखाया गया है। रेखाओं की गति में ही प्रेम, लज्जा, हर्ष, शोक

उत्साह, क्रोध, भय, घृणा, चिन्ता, आश्चर्य और वात्सल्य सभी कुछ दिखला दिया गया है। राजा का ओज, दासों की विनीत-भावना, याचकों की दीनता, भगवान बुद्ध की शांति, करुणा एवं उनके द्वारा अभयदान, स्त्रियों की लज्जा आदि सभी कुछ इन्हीं रेखाओं के माध्यम से बड़े ही मनोरम ढंग से प्रस्तुत किया गया है। इतना ही नहीं, हिरण और उनके मनोहर, कोमल शावकों, गजों, हंसों के अतिरिक्त कमलों की झुर्रियों, केले, अशोक वृक्ष के अलंकारिक पत्तों को रेखाओं के माध्यम से सजीव बनाया गया है। रेखा-सौष्ठव के साथ चित्रकार की तूलिका में इतनी गति है कि उसके थोड़े से प्रत्यावर्तन से ही चित्र की रूप-रेखा और उसके भाव एवं वास्तिविकता उभर गई है।

रंगों का संयोजन

अजंता की चित्रकला की तीसरी विशेषता चित्रों के रंगों का सुसंयोजन हैं। रंगों का सयोजन भली भाँति निपुणता से किया गया है। रंगों के प्रयोग प्रसंगानुसार एवं आवश्यकतानुसार विविधता पूर्ण ढंग पर किये गये हैं। रंगों के प्रयोग में चित्रकारों ने पूर्णतः भारतीय परम्परा का पालन किया है। भारतीय परम्परा के अनुसार नीले रंग का प्रयोग अधिकांशतः नहीं किया गया है। गेरु, रामराज, हरा, काजल, और चूने के रंग का विशेष प्रयोग हुआ है। रंगों का मिश्रण अधिकांशतः नहीं हुआ है। रंग-विधान साधारण है। रंग गहरे होने पर भी भारीपन से मुक्त है। रंगों का संयोजन इस कुशलता से किया गया है, कि जिसके कारण चित्रों में पर्याप्त विविधता है। फीके और बेदम रंगों का प्रयोग बिल्कुल ही नहीं हुआ है। आकर्षक रंगों का प्रयोग बिल्कुल ही नहीं हुआ हैं आकर्षण रंगों का होना एक विशेष गुण है। अजंता के चित्र इतने पुराने होने पर भी अपनी चमक-दमक के लिए आज भी प्रसिद्ध है।

रूढ़िहीनता

अजंता के चित्रों की चौथी विशेषता रूढ़िहीनता की है। अजन्ता की चित्रकारी ने पुरानी रूढिवादिता की परम्परा को अपने चित्रों की द्वारा प्रदर्शित नहीं किया है। उनके गुफाओं के अनेक चित्रों के विषय मे पुनरावृत्ति हुई है, पर हर विषय में चित्रकारों ने अपने-अपने कला- कौशल्य का पूर्ण परिचय दिया है। अजंता के चित्रों में रेखाओं की विभिन्नता के आधार पर बीसियों प्रकार की एवं रंग-योजना के आधार पर पचासों प्रकार की शैलियों का पता चलता है और साथ ही उनमें भारतीयता की उत्कृष्ठ छाप है।

हस्त-मुद्राएं

संसार में अजंता के चित्रों का अधिक लोकप्रिय बनाने में प्रमुखतः उसकी हस्त-मुद्राएं ही हैं। सुन्दर, कोमल उँगलियाँ द्वारा ही हृदयग्राही भावों को मुँहसे बोलने की अपेक्षा अधिक स्पष्ट किया गया है। यद्यपि मुख-मुद्राएं, मुख की भाव-भंगीमाएं, नेत्रों का लास्य, एवं अन्य प्रकार की भाव-व्यंजनाओं के लिए अजंता के चित्र अधिक प्रसिद्ध हैं, पर अजंता जैसा हस्त-मुद्राओं का प्रदर्शन भारत के अन्य भित्ति-चित्रों में तो क्या, विश्व के किसी भी स्थान के भित्ति-चित्रों में इतनी सफलता पूर्वक नहीं हुआ है। प्रेम, लज्जा, शोक, प्रसन्नता, उत्साह, क्रोध, घृणा, भय, आश्चर्य, चिंता, शान्ति, विरक्ति आदि सब कुछ रंगों के संयोजन के साथ-साथ हस्त-मुद्राओं से भी व्यक्त किया गया है। न केवल हाथ की मुद्राएं हैं, वरन् पैरों की भी विभिन्न मुद्रायें हैं, जो बड़ी चित्ताकर्षक हैं। खड़े होने, बैठने के भाव, उंगलियों में नृत्य की मुद्राएं, ठुमक

एवं गज-गामिनी की चाल की गति पैरों की मनोरम मुद्राओं द्वारा ही व्यक्त की गई हैं। कहने का तात्पर्य यह है कि इन मुद्राओं में जीवन की गति, स्थिरता, चापल्य, मन्थरता आदि का पूरा-पूरा ध्यान रखा गया है।

आलेखन की विविधता

अजंता की चित्रकला में आलेखनों की भरमार है। आलेखनों में देव, मानव, पशु, हंस आदि पक्षी, हाथी, कमल आदि विभिन्न इकाइयों की भी भरमार है। कहीं-कहीं पर ज्योति की विभिन्न इकाइयों को भी प्रयोग मे लाया गया है। आलेखनों में संतुलन और मौलिकता अपनी पराकाष्ठा पर है। आलेखनों में कमल, हंस, हाथी आदि की इकाइयों का अधिकाधिक प्रयोग अति सफलता पूर्वक किया गया है।

नारी का आदर्श रूप

भारतीय नारी सदा से ही अपने आदर्श के लिए विश्व में विख्यात है। अपने ही आदर्श से सीता, पार्वती, और सावित्री जैसी सतियाँ आज विश्व में अपना अद्वितीय स्थान रक्खे हुए है। अजंता के चित्रों में नारी को आदर्श रूप में प्रस्तुत किया गया है। उसका प्रयोग सार्वभौमिक सौंदर्य के प्रतीक के रूप में हुआ है। अजंता के चित्रों में सौंदर्य की पराकाष्ठा की अभिव्यंजना का साधन नारी रक्खा गया है। उसको विभिन्न प्रकार के वस्त्राभूषणों से अलंकृत करके न केवल सौदर्य की वृद्धि को बताया गया है, वरन हमारे देश की सांस्कृतिक-भावना को भी व्यक्त किया गया है।

जीवन की विविधता

अजंता के चित्रों में जीवन के लौकिक एवं पारिलौकिक जगत के साथ-साथ भौतिक एवं आध्यात्मिक दोनों तथ्यों को भली भाँति प्रदर्शित किया गया है। तत्कालिक समाज की वेष-भूषा, आमोद-प्रमोद, सौंदर्य-प्रसाधनों के साथ-साथ भारत के शांत वातावरण वाले गाँवों एवं राजप्रसादों के अन्दर होने वाले कार्यकलापों तक का बड़ा ही सजीव चित्रण भारतीय चित्रकारों ने किया है। उन्होंने गुप्तकालीन सभ्यता एवं संस्कृति का यथार्थ परिचय अपनी अमर तूलिकाओं द्वारा इन चित्रों में प्रस्तुत किया है।

इस प्रकार अजन्ता की कला में 'सत्यं, शिवं और सुन्दरं' का अनुपम रूप निहित है। अजंता की कला अपने में पूर्ण है। उसके निर्माण को आज इतने वर्ष हो गये, पर उसकी सजीवता में किसी प्रकार की कमी न आने पाई। अजंता की चित्रकला ही वह बीज है, जिसके द्वारा भारत में राजपूत, मुगल एवं पहाड़ी कला के पौधे अंकुरित होकर भली-भाँति पुष्पित हुए, जिनकी यश-सुरभि आज सम्पूर्ण विश्व के चित्रकला जगत में फैली हुई है। अजन्ता आज इसीलिए कला-प्रेमियों के लिए अनुपम पावन तीर्थ है, जहाँ जाकर वे अपने को धन्य समझने लगते हैं।

बाघ की चित्रकला

भारत में बौद्ध काल जहाँ धार्मिक क्रान्ति का काल माना जाता है वहीं चित्रकला के उत्कर्ष का काल समझा जाता है। बौद्ध कालीन साहित्य जैसे पिटकों, जातकों और गाथा विषयक अन्य ग्रन्थों से यह स्पष्ट है कि इस काल में राजा, महाराजा एवं धनीवर्ग के लोगों ने चित्रकला के क्षेत्र में बहुत बड़ा सहयोग प्रदान

किया। चित्रकला को उन्होंने मनोरंजन का साधन समझा। उस युग के अनेक राजाओं ने असंख्य धन राशि लगाकर बड़ी लगन के साथ अपने यहाँ मनोरम चित्रशालाओं एवं चित्रागारों की स्थापना करायी थी। इन लोगों के यहाँ कुशल चित्रकार हुआ करते थे। 'विनय-पिटक' नामक बौद्ध-ग्रन्थ से यह ज्ञात होता है, कि इस युग में प्रसेनजित का, जो कि बुद्ध जी का परम मित्र था, एक ऐसा विशाल चित्रागार था, कि जिसको देखने के लिये विशाल जन-समूह उमड़ा करता था। इसी प्रकार एक अन्य उदाहरण 'महावंश' में भी यह उल्लेखनीय है कि ज्येष्ठतिश्य नामक राजा ने अपने राज्य में चित्र-विद्या की शिक्षा के लिये विशेष प्रबन्ध किया था। इसी प्रकार भारतीय इतिहास में 'स्वर्ण युग' कहे जाने वाले गुप्त काल में साहित्य, कला-प्रेमियों, कलाकारों के आश्रय-दाताओं एवं कुशल कला-पारखियों तथा सफल शासकों में चंद्रगुप्त प्रथम, समुद्र गुप्त, चन्द्रगुप्त द्वितीय, स्कन्द गुप्त आदि शासक ऐसे हुये हैं, जिनके अथक प्रयास के कारण ही इस काल में वास्तु-कला, मूर्ति-कला के साथ-साथ चित्रकला की भी अपार उन्नति हुई?

विश्व प्रसिद्ध अजन्ता की चित्रकला के बाद बाघ की चित्रकला का द्वितीय स्थान है। यहाँ के भित्ति-चित्रों की चित्रकला को देखकर हमें उन महान कलाकारों केअदम्य साहस, उत्साह, लगन एवं कार्यकुशलता का सहज ही में अनुमान लगाया जा सकता है, कि जिन्होंने जंगलों की निर्जन एवं अचेतन, चट्टानों में कलाकी ऐसी अमृतोपम, अविरल धारा को बहाया, जो आज सहस्त्रों वर्षों के बाद भी दिखाई देती है। यह आज कला-मर्मज्ञों के लिए एक दूसरा पावन तीर्थ है और जहाँ पहुँचकर कोई भी कला पारखी एक असीम सौंदर्य के आनन्द में आत्म विभोर हो सकता है।

इस बाघ के भित्ति-चित्रों के निर्माण के विषय में बड़ा ही विवाद है। अधिकांशतः इन गुफाओं का निर्माण काल अजंता के चित्रों के साथ ही तुलनात्मक रीति पर आधारित किया जाता है। श्री वाचस्पति गैरोला ने अपनी पुस्तक 'भारतीय चित्रकला' में महाराजा सुबन्धु (४१६-४८६ ई.) के जिस ताम्र-पत्र का उल्लेख किया है, उसमें इन गुफाओं का निर्माण काल चौथी और पांचवीं शताब्दी आंका जाता है, लेकिन समय के भीषण थपेड़ों के कारण यहाँ की चित्रकला १९०७-८ ई. में प्रकाश में आई, तबसे इसकी देखरेख ग्वालियर राज्य द्वारा होने लगी है। श्री एस. एन. सरकार, बी. एन. आप्टे, एम. एस. गौड़. नंदलाल बसु, असितकुमार हल्दार आदि कलाकारों के अथक परिश्रम से इन भित्ति-चित्रों के बहुत से चित्रों की अनुकृतियाँ तैयार की गईं, जिनमें से अधिकांशतः ग्वालियर के गूजरी-महल एवं यत्र-तत्र देखने को मिल जाती हैं।

ये बाघ की गुफाएं ग्वालियर राज्य के अंतर्गत हैं। पास ही नर्मदा नदी की एक छोटी से करद नदी, जिसका कि नाम बाध भी है, बहती है। इस नदी के कारण वहाँ की गुफा और पास के गाँव का नाम भी ''बाध'' पड़ गया है। पर राजा सुबन्धु के ताम्र-पत्र के अनुसार बाध की ये गुफायं पहिले 'कलयन' या कलायन' नाम से भी जानी जाती थीं।

बाघ की ९ गुफाएं हैं, जो कि नदी से १५० या २०० फुट की ऊँचाई पर स्थित हैं। ये गुफायें लगभग १००० फुट तक फैली हुई हैं। नवीं गुफा को छोड़कर शेष सभी गुफाएं मिली हूई हैं इन गुफाओं के मुरमुरे पत्थरों में मिट्टी के रंग का समावेश है। गहरा लाल रंग तो कठोर है, पर सफेद रंग मुलायम है। मुरमुरापन तो इतना अधिक है, कि अगर उसको चोटों से मारा जाये, तो वह बारीक रेत में परिवर्तित हो जाता है।

इन गुफाओं में प्रथम और अंतिम चार गुफाएं तो प्राय: नष्टावस्था में हैं। पहिली गुफा 'गृह-गुफा' के नाम से जानी जाती है। दूसरी गुफा 'पांडव-गुफा' के नाम से कही जाती है। यह गुफा सबसे बड़ी और सुरक्षित अवस्था में है। तीसरी गुफा ''हाथी खाने'' के नाम से संबोधित की जाती है। इस पर अच्छे भित्ति चित्र हैं; और यह गुफा विशेषत: विशिष्ट अतिथियों के लिए बनाइ गई थी। पर यह गुफा भी ध्वंसावस्था में ही है। चौथी गुफा को 'रंग महल' कहा जाता है, जो बनावट में दूसरी गुफा के समान है। इस गुफा में ६ दृश्य अंकित हैं; और सभी चित्र एक से एक बढ़कर हैं इनमें दो स्त्रियों का कारुण्कि दृश्य तो बड़ा ही मनोहर है। एक स्त्री झरोखे के पास शोकाकुल अवस्था में और कपड़े से मुँह ढ़ाके बैठी रो रही हैं। दूसरी स्त्री उसे शांत्वना देते हुए बताई गई है। इसी गुफा के भित्ति-चित्रों कीशृंखला से सीधे हाथ की ओर बाहर की छत पर एक युगल कपोत बैठा हुआ है, जिसके रंग नीले हैं। पर इनमें बड़ी ही सजीवता प्रतीत हाती है। पाँचवीं गुफा संभवत: भिक्षुओं के प्रवचन सुनने व बैठने के लिए बनाई गई थी।

चौथी व पाँचवीं गुफा को २२० फीट लम्बे औसारे द्वारा जोड़ा गया है। यह औसारा २० स्तंभों पर आधारित है। ये स्तंभ अब प्राय: नि:शेष से हैं और यत्र-तत्र फूल-पत्तियों की इकाइयों पर आधारित आलेखन अधिकांशत: मिल जाते हैं। मुख्यत: बाध के भित्ति-चित्रों की सुन्दर और मनोरम चित्रकला के जीवित उदाहरण इसी औसारे में देखने को मिलते हैं, जिन्हें देखकर अजन्ता की चित्रकला स्मृति-पटल पर अंकित हो जाती हैं। इनमें से कुछ चित्र बुद्ध, बोधिसत्त्वों, राज-पुरुषों, राज-प्रासादों, राज-उद्यानों, गायक-गायिकाओं, नर्तक-नर्तकियों, अश्वारोहियों, अश्वों और गजों तथा अनेक प्रकार के फूल-पत्तियों पर आधारित हैं।

कपोत-युग्म के पास ही एक दृश्य में चार व्यक्तियों के वादविवाद को दिखाया गया है, जिनकी भावव्यंजना अनुपम है। यह वाद विवाद किसी राज उद्यान में बताया गया है। इससे अगले वाले एक दृश्य में कुछ व्यक्तियों का एक समूह है। ऊपर की समूह में ६ व्यक्ति हैं, जो बादलों से निकलते हुए जान पड़ते हैं। इनके हाथ खुले हैं, जो आशीर्वाद देते हुए जान पड़ते हैं। ये चित्र संभवत: महर्षियों के जान पड़ते है। इनके मुखों पर गंभीरता एवं तेज के भाव स्पष्ट झलकते हैं। इस समूह के नायक को अनोखे ढंग से धोती पहिने हुए बताया गया है। घुटने के नीचे का भाग खुला दिखाई देता है। ठीक इस जन-समूह के पीछे पाँच स्त्रियों हैं, जिनकी आकृतियाँ लगभग नष्ट सी हो गई हैं। पर जितना भी स्पष्ट है, उससे इन चित्रो क विषय में बहुत कुछ समझा जा सकता है। इन स्त्रियों के बाल आधुनिक फैशन की भाँति फीतों व भिन्न-भिन्न प्रकार के पुष्पों से अलंकृत हैं । वक्षों को चोलियों से कसे हुए बताया गया है। कान में झुमके (कर्णफूल) व गले में मोतियों की माला दिखाई गई है, जिनक बीचों बीच में रंगीन मोती भी दिखाये गये हैं इनके हाथों में वीणा है। भाव पूरित नेत्रों से यह अनुमान लगाया जाता है, किये चित्र गायिकाओं के हैं और शायद अपनीवीणा के मधुर स्वर-लहरियों के द्वारा ऋषियों के तपोवन को शायद भंग करने में तल्लीन हैं।

इसके बाद जो दृश्य अंकित है, वही मानो इन भित्ति-चित्रों के प्राण हैं। ये भित्ति-चित्र सबसे अधिक मनोरम एवं भावपूर्ण हैं। भित्ति-चित्रों में गायिकाओं का दूसरा समुदाय बताया गया है। एक समुदाय में ७ गायिकाएं हैं। दूसरे समुदाय में बीच में एक नायक व उसके चारों ओर ६ नायिकायें नृत्य करती हुई बताई गई हैं। नायक चित्तीदार वस्त्र पहिने है, सिर पर घुँघराले बाल हैं और सिर पर कलगी लगी हुई है। यह

चित्र संभवत: मयूर पंखधारी कृष्ण का है, जो अपने चारों ओर घिरी रहने वाली गोपिकाओं के साथ मानो रास रचाने में तल्लीन हों। सात गायिकाओं में एक को मृदंग, दो को छोटी-छोटी छड़ियों और शेष चारों को मंजरी लिये हुए बताया गया है। मृदंग पर थाप देती हुई नायिका की उँगलियों की हस्त मुद्रा, कोमलता, एवं लचक को चित्रकार ने बड़े ही सजीवता से चित्रित किया है। केश-विन्यास में भी यहाँ के चित्रकारों ने अजंता के चित्रकारों से कम चातुर्य नहीं दिखाया है। बालों को पीछे गाँठ देकर बाँधा गया है। जिनको कमल जैसे भाँति-भाँति के रंगीन पुष्पों व भिन्न-भिन्न प्रकार के फूलों की माला से विभिन्न प्रकार से चित्रित किया गया है। कहीं-कहीं जहां घुंघराले बालों की लटों को नायिकाओं के कपोलों पर लटका हुआ दिखाया गया है, जिससे उन नायिकाओं की सुन्दरता में चार चाँद और लग जाते हैं।

एक अन्य दृश्य में कुछ राजकुमार तथा अभिजात्य वर्ग के पुरुष अपने नौकरों के साथ घोड़ों पर सवार हुए दिखाये गये हैं। इसके अगले दृश्य में शाही घुड़सवारों की पंक्तियाँ हैं। जिसमें १७ घुड़सवारों को ५ या ६ पंक्तियों में दिखाया गया है। इनके पीछे हाथियों का जुलूस है, जिन पर राजपरिवार के व्यक्ति बैठे हुए हैं। दो सम्प्रदाय स्त्रियों के हैं, जिनमें रानियों तथा उनकी दासियाँ बताई गई हैं। इन हाथियों व अश्वों की गति, मांस-पेशियों के गठन, उनकी शान-शौकत को चित्रकार वर्ग ने बड़े ही सजीव रूप में प्रस्तुत किया है।

किन्तु बाध की गुफाओं के चित्रण में यदि सबसे अधिक प्रभावशाली एवं मंत्रमुग्धकारी दृश्य अंकित हुए हैं, तो वे हैं-पशु, पक्षियों, फूल-पत्तियों के चित्रण। पक्षियों में शुक, सारिका, कुक्कुट, हंस, कोकिल, मयूर, सारस, चकोर आदि को बड़ा ही सजीव चित्रित किया गया है। इन पक्षियों की सजीवता के विषय में श्री गैरोला ने यहाँ तक कह दिया है। ''यह पक्षी-चित्रण मनुष्यों की उल्लासमयी, विषादमृयी एवं रहस्यमयी आदि अनेक मन:स्थितियों को अभिव्यक्ति कराता है।'' यह पक्षी-चित्रण कहीं-कहीं भरत के नाटय-शास्त्र' के आधार पर आधारित से जान पड़ते है। ऐसी अनुभूति उन दृष्यों को देखकर तब होती है, जहाँ लता-गुल्म, कमल-नाल तथापुष्प-स्तवकों के बीच-बीच में पक्षियों को दिखाया गया है। बाध की चित्रकला में इन पक्षियों का चित्रण वास्तव में उस काल के चित्रकारों के लिए एक सहराहनीय कदम था। धरती की समृद्धि के प्रतीक बैल एवं मांगल्य के सूचक हाथी को बड़े ही स्वाभिवक मौलिक एवं सजीव रूप में प्रस्तुत किया गय है। इस प्रकार के उदाहरण बिहार के कमरे की छत पर भी देखने को मिल जाते हैं। इस छत पर के पशु-पक्षी, फल-फूल आदि के अलंकरण आदि भी देखते ही बनते हैं।

आकृति के अभिव्यक्तिकरण में बाध की गुफाएं आदर्श हैं। हाथियों की सुन्दर मुद्राएं, पैरों की सुन्दर माँस-पेशियाँ, उनके विशाल मस्तक की शोभा, उनका रंग-विधान आदि श्रेष्ठ है। गायिकाओं एवं नृत्यांगनाओं की कोमल, लचीली कमल-नाल जैसी बाहें, नेत्रों की चितवन, हस्त-मुद्राएं, एवं भाव-भंगिमायें अजन्ता के चित्रों से किसी भी अर्थ में कम नहीं है। ग्रिफ्थस् महोदय के विचार में तो ये गतिविधियों, अनुपम भावों के प्रगटीकरण एवं प्रेम आदि की प्रतीक हैं।'' इसीलिए इनको देखने के बाद कला-पारखियों को एक असीम आनन्द प्राप्त होता है।

अजन्ता के चित्रों का कला-कौशल्य, टेकनीक, रेखाओं की गति, रंगविधान, सौंदर्यात्मक तत्त्व, सामंजस्य एवं विरोधाभास का पूर्ण प्रतिबिम्ब यहाँ के भित्ति-चित्रों में देखने को मिलता है। इतना अवश्य

है, कि अजंता के चित्रों की भाँति ये चित्र धार्मिक-प्रभाव प्रधान नहीं हैं, बल्कि इनमें सामाजिक प्रभाव की बाहुल्यता है। अजंता के चित्रों में बौद्ध के पूर्व जन्मों, एवं वर्तमान जीवन से संबंधित घटनाओ पर आधारित चित्रण हैं, पर बाध के चित्रण में तत्कालीन समाज का जीता जागता स्वरूप प्रतिबिम्बित होता है। प्रो० सी० एन० झा के विचारों में बाध के विभिन्न भित्ति-चित्रों में तत्कालीन चित्रकारों के मन की गतिविध्यिों का ही अकेला ज्ञान नहीं होता, बल्कि उनमें उनके संरक्षकों की विचारधारा एवं भावनाओं का सुन्दर चित्रण हुआ है।

इतना सब कुछ होने एवं अजन्ता के समकालीन होने पर भी इन भित्ति-चित्रों में वहाँ की परम्परा व शैली का प्रयोग चित्रकारों ने नहीं दुहराया है। बल्कि एक विशेष विधि से चित्रों को चित्रित करके एक नई परम्परा व शैली को जन्म दिया, जो अजन्ता से सर्वथा भिन्न है।

मध्यकाल (६००-१५०० ई० तक)

बौद्ध काल के पश्चात देश में महान परिवर्तन हुआ। गुप्त काल के शासक यद्यपि धार्मिक-सहिष्णु राजा थे, पर वे हिन्दू धर्म (वैदिक धर्म) के अनुयायी थे। उनके समय में पुनः संस्कृत भाषा के साथ-साथ ब्राह्मणधर्म ने जोर पकड़ा। दूसरे बौद्ध धर्म के दूसरे संप्रदाय 'महायान' में बुद्ध को भगवान के रूप में जब ब्राह्मण धर्म की भांति पूजा जाने लगा, तब बौद्ध अनुयायी लोग भी धीरे-धीर बैदिक धर्म की ओर झुकने लगे। इस पर गुरु शंकराचार्य के बिगुल ने आहुति में घी छिड़कने जैसा कार्य किया। जनता बौद्ध धर्म को छोड़कर ब्राह्मण धर्म की ओर पुनः झुक गई। इसीलिए स्थान-स्थान पर शिव, विष्णु, और शक्ति के मंदिरों की स्थापना हुई। इन देवताओं की हजारों की संख्या में मूर्ति बनाकर मंदिरों में स्थापित की गईं।

गुप्तकाल के पतन के पश्चात् बौद्ध-धर्म के समर्थक होने के साथ-साथ धर्म-सहिष्णु हर्षवर्धन (६०६-६४७ ई०) की मृत्यु के बाद भी समस्त भारत में अनेक राजवंशों के संरक्षण में वास्तुकला, मूर्तिकला व चित्रकला की उन्नति होती रही।

इस वैदिक धर्म की पुनः स्थापना के साथ ही साथ विदशी शासकों के विशेषतः इस्लाम धर्म के पोषक उन बादशाहों ने भारत पर आक्रमण किया, जो कि इस्लाम धर्म के अनुसार मूर्ति-निर्माण, चित्र निर्माण करना एक जघन्य अपराध समझते थे। उन लोगों ने यहाँ की मूर्तिकला एवं चित्रकला को नष्ट किया। ऐसे अशान्त वातावरण में कला का पतन होना स्वाभिवक ही था। फिर भी यहाँ के लोग अजंन्ता के भित्ति-चित्रों की परम्परा को नहीं भूले थे, इसलिए उन्होंने अपने भित्ति-चित्रों की कला को पूर्ववत् जारी रखा। यह बात और थी, कि इस मध्ययुग (९०० वर्ष) के युग में इन भित्ति-चित्रों की कला उतनी उत्कृष्टता को लिए हुए नहीं थी, जितनी कि अजन्ता आदि की थी। मध्ययुग के इस युग को चित्रकला की दृष्टि से दो भागों में बाँटा गया।

(*i*) पूर्व मध्यकाल (६०० ई० से ९०० व १००० ई० तक)

(*ii*) उत्तर मध्यकाल (९०० व १००० ई० से १६०० ई० तक)

पूर्व मध्यकाल

(क) इस काल में बने अजंता के भित्ति-चित्रों में कुछ चित्र आते हैं, जैसे-पहिली गुफा के विशेषतः उसकी छतों के अलंकरण एवं दूसरी गुफा के कुछ चित्र। इस गुफा में दासी की याचना एवं एक प्रेमविभोर

स्त्री का चित्र प्रमुख व आकर्षक हैं। दया की याचना में एक ने जब एक तरुणी के बध की आज्ञा दी, तो वह तरुणी राजा के चरणों में गिरकर प्राणों की भीख माँगती हुई दिखाई देती है। चित्र को देखकर करुणा का उद्वेग स्वयं ही उत्पन्न हो जाता है। दूसरे चित्र में प्रेम विभोर स्त्री का कंठ उसके प्रेमी के बाहुपाश में है और वह मदयौवना अपने नेत्रों को मस्ती के पैमाने बनाये हुए है।

(ख) इस काल के बने भित्ति-चित्रों में कुछ चित्र बाध की श्रेणी में आते हैं, जो ग्वालियर राज्य के अंतर्गत हैं और जिनका पूर्ण विवरण विस्तार पूर्वक पहिले किया जा चुका है।

बादामी

बम्बई राज्य के अइहोल नामक स्थान के पास बादामी की वर्तमान गुफाएं हैं यह संख्या में चार हैं, जो कि चालुक्य वंशीय राजाओं द्वारा निर्मित हैं। बाध के चित्रों से इनकी दशा अधिक अच्छी है और चित्रकला की दृष्टि से अपने युग की सर्वोत्कृष्ट कृतियाँ हैं। यहाँ के चित्रों का विषय धार्मिक नहीं है। यहाँ के चित्रों में नारी के सौंदर्य का अंकन बहुत ही कुशलता पूर्वक किया गया है। एक चित्र में एक स्त्री को किसी की याद में खंभे सहारे टिका हुआ बताया गया है। उसके दोनों नेत्र ऊपर आकाश की ओर लगे हुए हैं। मानो आकाश में वह अपने प्रेमी का चित्र अपनी कल्पना के द्वारा देख रही है। मुख पर आशा एवं व्याकुलता के चिह्न दिख रहे हैं। चित्र में बड़ी सजीवता है। दूसरे चित्र में एक राज-समाज में नृत्य का दृश्य हैं। इस चित्र में भी बड़ी सजीवता और स्वाभिवकता है। हस्त-मुद्राओं में बड़ी गति एवं स्फूर्ति है। हर पात्र की भाव-मुद्राएं बड़ी सुन्दर हैं। तीसरे चित्र में राजा-रानी सिंहासन पर बैठे हैं व परिचारिकायें साथ में हैं। इसमें राजा-रानी के मुखों पर राजस्व के चिह्न एवं परिचारिकाओं के मुखों पर सेवा के चिह्नों को बड़े ही सजीव ढंग से प्रस्तुत किया गया है। चौथे दृश्य में एक झरोखे से तीन स्त्रियाँ देख रही है, साथ में एक किशोर है, जो हाथ की मुद्रा से कोई वार्ता के व्यक्त करने का संदेश दे रहा है। यहाँ के चित्रों मे रेखाओ में बड़ी गति व प्रवाह है। मुखों की भाव-मुद्राएं प्रभावोत्पादक हैं, एवं चक्षु-चित्रण व कुचों के चित्रण व कटि-प्रदेश के चित्रण में भी चित्रकार अधिकं सफल रहे हैं।

सित्तनवासल

मद्रास में तंजोर के पास पद्दूकोटा नामक राज्य में सित्तनवासल नामक स्थान है। यहीं पर ये गुफाएं भित्ति-चित्रों से सुसज्जित हैं। इन गुफा-मंदिरों का निर्माण (६०० से ६७० ई०) में पल्लव राजा महेन्द्रवर्मन व उसके पुत्र नरसिंहवर्मन द्वारा कराया गया था, जो अपने काल के शक्तिशाली शासक के साथ-साथ कलाप्रेमी शासक भी थे। वहाँ की चित्रकला को देखकर यही निष्कर्ष निकलता है, कि यहाँ के चित्र भी अपने युग की श्रेष्ठ कृतियाँ थे। इन चित्रों की शैलियों में अजन्ता के चित्रों की परम्परा की झलक है। इनमें से कुछ चित्र जैनधर्म से संबंधित हैं। इन सम्पूर्ण चित्रों में भाव-व्यंजनाओं, एवं मुद्राओं का प्रदर्शन बड़ा ही मनमोहक एवं सजीव है। यहाँ के चित्रों में नाचती हुई नर्तकियाँ के चित्रों में भाव-मंगिमा, हस्त्र-मुद्रायें, उनकी मुखाकृति और अलंकारिता बड़ी ही सजीव और आकर्षक हैं। एक छत में सघन कमलों का बन है, जिसमें स्थान-स्थान पर आवश्यकतानुसार मीन, मकर, कच्छप, एवं हंस आदि जल-जंतुओं एवं भेंसों आदि को भी चित्रित किया गया है। कमल, हाथी के चित्रण में तो बिल्कुल ही अजंता की परम्परा को

निभाते हुए बताया गया है। कहीं पर फूलों को तोड़ते हुए देव-पुरुष दिखलाये गये। छत की यह सजावट बड़ी ही आकर्षक और रमणीय हैं। एक स्थान पर एक पुरुष का चित्र है, जिसके मुख से अभिजात्य और विशिष्टता झलकती है। उसके बाँये कंधे में पीछे से एक प्रसन्न-वदना संभ्रान्त महिला खड़ी है, जो अनुमान राजा महेन्द्रवर्मन व उनकी रानी हैं। इस युगल-मूर्ति को चित्रित करने में चित्रकार अधिक सफल हुए हैं।

बेरूल

जिसको आजकल ऐलोरा भी कहा जाता है। यह निजाम राज्य में औरंगाबाद स्टेशन से १९ मील और अजंता से लगभग ५० मील की दूरी पर स्थित है। एक पूरे पहाड़ को काटकर अद्वितीय मंदिरों का निर्माण किया गया है। यदि इन मंदिरों को संसार का आश्चर्य कहा जाये, तो कोई अत्युक्ति न होगी। इन मंदिरों में मुख्यत: कैलाशनाथ, लंकेश्वर, इन्द्र-सभा, गणेश के भित्ति-चित्र अति आकर्षक और सजीव हैं। यूँ तो पहिले सभी मंदिर पहिले भीतर और बाहर से चित्रित थे, पर अब उक्त मंदिरों में केवल चिन्ह् मात्र ही रह गये हैं। इन चित्रों का निर्माण काल विभिन्न कलाविदों के मतानुसार आठवीं शताब्दी के अंत का है। पर इन चित्रों के ऊपर अब दूसरी तरह उनकी सुरक्षा एवं चित्रकला की उत्कृष्टता को बनाये रखने के लिए सौ या दो सौ वर्षों के बाद कर दी गई है। चित्रकला में अजंता की परम्परा तो है, पर अजंता की शैली से भिन्नता है। इसके साथ ही साथ अजंता के चित्रों के सौंदर्य और अलंकरण की भाँति यहाँ के चित्रकार भित्ति-चित्रों में सौंदर्य और अलंकरण को उतनी सफलतापूर्वक नहीं निभा पाये हैं। आकाश के बादलों की स्वाभिवकता भी अजंता की भाँति नहीं है, वरन् वे रूई के गोल-गोल ढ़ेर से प्रतीत होते हैं। फिर भी यहाँ के चित्रों में अपनी कुछ विशेषताएँ हैं जैसे:

(*i*) अंग-प्रत्यंगों में जकड़ है।

(*ii*) सवा-चश्म चेहरों की अधिकता है।

(*iii*) नाकें अधिक लम्बी बनाई गई हैं, जो चेहरे की सीमा से भी बाहर निकली हुई हैं। यह लम्बी नाक के चित्रण की प्रथा पूर्व मध्यकाल की प्रथा ही थी, जो उस समय के बनी मूर्तियों में भी दिखाई देती है।

(*iv*) किनारों पर अजंता की भांति कमल के आलेखन हैं जिनकी कोनियों में जंगल और उसमें हाथी, मछली, और फूल लोढ़ती हुई अप्सरायें भी है।

(*v*) चित्रों के चारों ओर चौड़ी पट्टियाँ हैं, जिन पर अनेक दृश्य चित्रित हैं।

इनमें जहाँ पहिले के आलेखन निकल आये हैं, उन स्थलों में गरूड़ पर आरूढ़ विष्णु का चित्र एवं सिंह-वाहिनी देवी का चित्र है, जिनका मुख पीछे की ओर मुड़ा हुआ है और उनके इधर-उधर बादल में उड़ने वाली कुछ देववालाओं की आकृतियाँ अंकित हैं।

पूना जिले के भाजा, और बेदसा की गुफाओं में भी इस काल के भित्ति-चित्र हैं, जिनका वर्णन अभी पूर्ण रूप में प्राप्त नहीं हुआ है।

उत्तरमध्यकाल (१०वीं शताब्दी से १६वीं शताब्दी तक)

मध्यकाल का यह काल चित्रकला की दृष्टि से ह्रास और अध:पतन का काल समझा जाता है। भारत में हर्षबर्धन की मृत्यु के बाद, मुग़लों के आगमन तक कोई स्थाई और सुदृढ़ साम्राज्य स्थापित ही नहीं हुआ।

७ वीं शताब्दी के मध्यकाल से ही साम्राज्य छिन्न-भिन्न हो गया था। ८वीं शताब्दी के प्रसिद्ध गंथ 'कुट्टनी मतम्' के रचना कर्त्ता काश्मीर के आमात्य भी दामोदर गुप्ता ने लिखा है। 'मालूम होता है, कि हर्षवर्धन के साम्राज्य नष्ट होते ही दरबारों का आश्रय कलाविदों के लिए कम हो गया। राज-जनों की जगह वेश्या-वृत्ति वाले धनिकों ने ले ली है। ऐसी अवस्था में संगीत व चित्र कला का ह्रास होना कोई आश्चर्य की बात नहीं है। इसी वेश्या-वृत्ति के नमूने प्राय: जैन और गुर्जर-गुजरत चित्रकला में मिलते हैं। इस काल के चित्र भित्ति-चित्रों के अतिरिक्त कागज, भोजपत्रों एवं ताड़-पत्रों पर भी बने, जा आज यत्र-तत्र विभिन्न संग्रहालयों में देखने को मिल जाते हैं। इन वृहत-चित्रों के स्थान पर लघु-चित्रों की भी रचना हुई। इस काल को हम विभिन्न कलाविदों के आधार पर चित्रक़ला की परम्परा के अनुसार चार भागों में बाँट सकते हैं।

(*i*) पाल शैली

(*ii*) जैन शैली

(*iii*) गुर्जर (गुजरात) शैली

(*iv*) अपभ्रंश शैली

पाल शैली

तिब्बती इतिहासकार तारानाथ ने लिखा है '७वीं शताब्दी के पश्चिमी भारत के जिस चित्र शैली का निर्माण हुआ था, उससे भिन्न नवमीं शताब्दी के पूर्वी भारत में एक नवीन शैली का उदय हुआ।' इसी कला को 'पाल शैली' कहा गया है, क्यों कि यह कला बंगाल के पालवंशीय राजाओं धर्मपाल और देवपाल के संरक्षण में पनपी थी। इस शैली का प्रमुख चित्रकार धीमान् तथा उसका पुत्र वितपाल था। इस चित्र-शैली का विकास नेपाल और तिब्बत, बिहार एवं बंगाल तक हुआ। नवमीं शताब्दी के पहिले तक तो नेपाल पश्चिमी भारत की शैली से यह शैली प्रभावित रही, पर नवमीं शताब्दी के बाद में नेपाल इस पाल शैली के प्रभावित हो गया।

इस शैली में पुस्तकों के दृष्टांत-चित्र ही अधिकतर बने। इसका प्रमुख विषय 'प्रज्ञापारमिता' आदि चित्रित बौद्ध ग्रंथ हैं। इस काल की सभी पोथियाँ ताड़पत्र पर चित्रित हैं, जिनपर देवनागिरी में सुन्दर लिपि, सुन्दर तराशे हुए समान नाम वाले अक्षर और चमकीली स्याही का प्रयोग हुआ है। इन पोथियों के बीच-बीच में बौद्ध सम्बन्धी चित्र बने हैं। उनके काष्ठपटों पर भी जातक ग्रंथों पर आधारित बुद्ध के जीवन एवं उनकी शिक्षा-संबंधी चित्र अंकित हैं। इस शैली में अजंता की परम्परा की विशेषताएँ सजीव रूप में कई जाती हैं। इन ताड़ पत्रों की नाप प्राय: २२/१/४ गुणा ४ है।

इन चित्रों में राय कृष्णदास के मतानुसार मुख्यत: चार मूल रंग लाल, नीला, काला एवं सफेद रंग का प्रयोग हुआ है। इनके मिश्रण से उत्पन्न हरे, गुलाबी, बैगनी आदि रंगों का भी प्रयोग मिलता है। जहाँ जिस रंग का प्रयोग है वहाँ उसी रंग को गहरा और हल्का बनाकर प्रयोग में लाया गया है। इस काल में सोने का प्रयोग नहीं हुआ है। पटरों पर चित्रों की रक्षा के लिए लाख चढ़ी होती है। शैली की दृष्टि से नेपाल, बिहार, और बंगाल तीनों में भिन्नताएँ हैं। नेपाल के चित्रों की मुखाकृति में मंगोलपन पाया जाता है। बिहार

और बंगाल के चित्रों की मुखाकृतियों में भारतीयता की पुट है। इस शैली के चित्रों की कुछ अपनी विशिष्टताएं है।

(*i*) चित्रों में ध्यानावस्था में प्रदर्शित आकृतियाँ एक समान हैं। उनका अपना निश्चित रूप है।
(*ii*) अंगों की मुद्राएं व्यवस्थित, ठवनि की अकड़, जकड़, दर्शनीय हैं।
(*iii*) बैरूल की भाँति लम्बी नाक व पतली आँखों का होना, जो सीमा से बाहर निकली हुई दिखाई देती हैं।
(*iv*) सवाचश्म चेहरों की अधिकता है।

ये पाल पोथियाँ दुष्प्राय: हैं, फिर भी इनके नमूने नेपाल के राष्ट्रीय पुस्तकालय, राजगुरु हेमराज के पुस्तकालय, रायल एशियाटिक सोसाइटी, कलकत्ता, कलागुरु अवनीन्द्र नाथ के संग्रहालय, अजित घोष के संग्रहालय, कला-भवन काशी, वड़ौदा संग्रहालय, वोस्टन संग्रहालय, अमेरिका में देखने को मिल जाते हैं। जिसमें इस काल की पाल-शैली का अनुमान सहज ही में लग जाता है।

जैन शैली

दसवीं शताब्दी से लेकर पन्द्रहवीं शताब्दी के बीच भारीतय चित्रकला के विकास में जैन चित्रकारों का बहुत बड़ा योग रहा है। उन्होंने राजपूत एवं मुगल चित्रकला को एक नवीन रूप व नये भाव-व्यंजनाओं के साथ रखा, जो पत्रीय पोथियों प्राय: में देखने को मिलता है। 'सिद्धहेम् व्याकरण' और 'काल-कथा' की अनेक ताड़-पत्रीय, पोथियों में अंकित चित्रों को देखकर तत्कालीन जैन कला की उत्कृष्टता का अनुमान सहज ही में लगाया जा सकता है। इन ताड़-पत्रों के अलावा जैन-चित्रकला वस्त्रों पर भी विचित्र है, यद्यपि वस्त्रों पर निर्मित होने वाले चित्रों या पोथियों की परम्परा बहुत प्राचीन रही है।

चौदहवीं और पन्द्रहवीं शताब्दी विशेषत: कट्टर मुस्लिम शासकों–अलाउद्दीन खिलजी व फीरोज तुगलक के आक्रमणों के कारण यहाँ की कलाएं बहुत नष्ट हुईं, पर तो भी कुछ जैन विद्वानों के परिश्रम के कारण यह चित्रकला जीवित रही। इस युग के जैन चित्रकारों एवं जैन-मनीषियों ने स्वर्ण मिश्रित स्याही से मूल्यवान चित्रों एवे पोथियों का निर्माण किया, जो चित्रकला की दृष्टि से बहुत महत्त्व की एवं बहुमूल्य निधि हैं। श्री गैराला ने 'कल्प-सूत्र' के मुनि कांतिसागर के लेख का एक अंश जो प्रकाशित किया है, वह इस प्रकार है–''कल्प सूत्र'' की एक प्रति जो अहमदाबाद में सुरक्षित है, इतने महत्ता की प्रमाणित हो चुकी है, कि उसका मूल्य सवा लाख रुपयों तक आँका जा चुका था। भारतीय नाट्य, संगीत एवं चित्र्कला तीनों की दृष्टि से उसका अपूर्व स्थान है।''

इस युग में जैन कलाकारों ने श्वेताम्बर सम्प्रदाय के प्रमुख ग्रंथों में विशेषत: 'निशीथ चूर्णा', 'अंगसूत्र', 'त्रिपिष्टशलाका', 'पुरुष चरित्र', 'नेमिनाथ चरित्र', 'कथा-रत्न-संग्रह', 'संग्रहणीय सूत्र', उत्तराध्ययन सूत्र', 'कल्प सूत्र', काल कथा', के अलावा वात्सायन मुनि के 'काम सूत्र एवं 'मार्कण्डय पुराण', दुर्गा सप्तशती 'रतिरहस्य' पर आधारित अनेक चित्रों का निर्माण किया। ये चित्र राय कृष्णदास के अनुसार ११०० ई० से १५वीं शताब्दी के मध्य तक में निर्मित हुए हैं।

क्या यह जैन शैली वास्तव में जैन शैली ही है? इस प्रश्न पर विभिन्न कलाविदों की विभिन्न रायें है। श्री एन. सी. मेहता ने सन् १४५१ ई. में कपड़े पर लिखे हुए 'बसंतविलास' में चित्रित चित्रों के आधार पर (जिसमें बसंत ऋतु का वर्णन गुजराती एवं संस्कृत छंदों में हैं) इस शैली को 'गुर्जर शैली' माना है। डॉ. आनन्द कुमारी स्वामी ने इसका नाम 'पश्चिमी- भारतीय शैली' रखा है, क्योंकि इसमें गुजरात के बाहर राजपूताने के अनेक ग्रंथों का भी विवरण आता है और इनकी चित्र-परम्परा में अजंता बाध, ऐलोरा एवं सित्तनवासल के भित्ति-चित्रों की परम्परा निहित है। श्री इवानशुकिन ने अपने ग्रंथ (La Penture-Indienne a Liepogue des grands Moghals १९२९) में अच्छी तरह से बताया है कि ''इन्हीं जैन चित्रों से १८वीं एवं १९वीं शताब्दी की राजस्थान की और पहाड़ी चित्र-शैलियों की उत्पत्ति हुई। जिस प्रकार सदियों तक जैन-प्रतिमा-विधान में किसी तरह का परिवर्तन नहीं हुआ, इसी प्रकार यह मध्यकालीन लोक प्रिय शैली भी शताब्दियों तक अपनी प्राचीन परम्परा पर विधिवत् आरूढ़ रही।

पर जैन शैली के कुछ समर्थकों का यह तर्क है, कि ये जैन-चित्र जैन-बंधुओं के बनाये हुए हैं। किंतु ऐसा उचित नहीं दिखता है। इस शैली के दो चित्रकारों के नाम मिले हैं, जो उन्हांने अपनी पुस्तक 'भारतीय कला' में उल्लखित किया है। ये दोनों चित्रकार जैन साधु नहीं थे। इसलिए उस समय के जैन चित्रों के चित्रकारों को जैन साधू मानना उनकी राय में कोरी कल्पना मात्र ही है। बल्कि इन चित्रों में बहुत से जो भद्दे चित्र भी बने हैं, उनसे यह ज्ञात होता है कि इनके निर्माता कुपढ़ चित्रकार भी थे, न कि जैन साधू। राय कृष्णदास का कथन है कि इस शैली का नाम पहिले जैन शैली इसलिए रखा गया, क्योंकि उस समय तक इस शैली के चित्रों का परिचय केवल जैन-पोथियों से मिला था। उन्होंने इस जैन शैली के संबंध में यह तर्क भी उपस्थित किया है, कि १६वीं शताब्दी के तीसरे चरण से, भारतीय कला के पुनरुत्थान के बाद, जैन विषयों के चित्रों की कोई भिन्न शैली नहीं रही। यह अवश्य है, कि उक्त हजार, आठ सौ वर्ष तक (सित्तनवासल के भित्ति-चित्रों से लेकर भारतीय कला के पुनरुत्थान के काल तक जैन सम्प्रदाय का प्रभाव देश के एक बहुत बड़े हिस्से पर था) निर्मित इस काल के अधिकांशतः चित्र-ग्रंथ जैन सम्प्रदाय के ही हैं। अतः इनको जैन चित्र-शैली से संबंधित उन्होने इसीलिए माना है। ये ग्रंथ आज भी सैकड़ों की संख्या में प्राप्य हैं। इसका प्रमुख कारण यह है, कि जैन मताबलम्बी अपने धन और धर्मके पालन में सदा से अद्वितीय रहे हैं। गैरोला ने भी इस चित्र-शैली को ''जैन शैली' ही मानां है। उन्होंने इसकी उत्कृष्टता के संबंध में अपने विचार इस प्रकार व्यक्त किये हैं-''जैन चित्रकला के प्राचीन अस्तित्व को खोज निकालने के लिए जब हमारा ध्यान उसके ऐतिहासिक महत्त्व की ओर जाता है, तो हमें लगता है कि उसकी महत्ता न केवल उसके वेश-विन्यास एवं भाव-विचारों के कारण ही प्रसिद्ध है, वरन् भारतीय चित्रकला के इतिहास में कागज पर की गई चित्रकारी की दिशा में भी एक प्रथम सार्थक प्रयास है। राजपूत परम्परा की भाँति जैन कला ऐसी प्राचीन परम्परा पर आधारित है, जो राजपूत कलम के प्राप्त असंख्य प्राचीन चित्रों से भी एक शताब्दी पहिले की प्रतीत होती है।

जिस प्रकार बौद्ध कला में महात्मा बुद्ध के जीवन से संबंधित चित्रों का निर्माण हुआ, उसी भाँति इस जैन शैली में जैन धर्म के प्रवर्तक महावीर स्वामी के जीवन से संबंधित चित्रों के अलावा उनके पहिले के २३ तीर्थंकरों के भी चित्र बनाये गये। बुद्ध की माता महामाया की भाँति महावीर स्वामी की माता त्रिशला

के 'चतुर्दश स्वप्नों' को भी चित्रित किया गया है। इन सारे विषयों को चित्रकारों ने इनके प्रतीकों, वर्ण, दीक्षांत आदि मानकर इनको चित्रित किया है, जो श्री 'गैरोला के अनुसार इस प्रकार से है।

	तीर्थंकर	वर्ण	प्रतीक चिह्न	दीक्षातरु
(*i*)	महावीर स्वामी	पीला	केसरी सिंह	अशोक
(*ii*)	पार्श्वनाथ	नीला	सर्प	थातकी
(*iii*)	नेमिनाथ	काला	शंख	वेधस
(*iv*)	ऋषभनाथ	स्वर्णिम्	वृष	कदली

इस जैन शैली की अन्य शैलियों की भाँति अपनी कुछ विशिष्टताएं हैं, जिनको समझ लेना भी अति आवश्यक है :

(*i*) जैन चित्रों में बहुधा पीला, लाल, सफेद और नीले रंगों काप्रयोग हुआ है। सीमान्त रेखाएं स्याही द्वारा अंकित की गई है। पृष्ठ–भूमि को प्राय: लाल रंग से चित्रित किया गया है।

(*ii*) श्वेताम्बर सम्प्रदाय के नाते जैन कला में धोतियों की सज्जा बहुत ही आकर्षक है। आरंभिक चित्रों में जैन साधूओं के वस्त्रों को मोती जैसा श्वेत एवं स्वर्णिम रंग से चित्रि किया गया।

(*iii*) आभूषणों में मालाओं और मुकुटों की प्रधानता है। जिनमें बेल–बूटों की पच्चीकारी का भी बहुत काम है। स्त्रियों के मुखों पर टिकुली, कानों में कुंडल और बाहों में बाजूबंद बनाये गये हैं।

(*iv*) जैन शैली के चित्रों में चक्षु–चित्रण विशेष आकर्षक हैं। नेत्र उठे हुए, तथा बाहर की ओर निकले हुए रहते हैं, जिनकी लम्बाई कर्णभाग को छूती हुई है।

(*v*) चित्रों में अधिकांशत: एक चश्म, सवाचश्म, डेढ़ चश्म को दिखाया गया है। कहीं–कहीं दो चश्मों का भी प्रयोग हुआ है। एक–चश्म, सवा चश्म या डेढ़ चश्म चेहरे में ठोढ़ी सेव की भाँति बाहर निकली होती है एवं एक चश्म, सवा चश्म या डेढ़ चश्म चेहरे में नाक तोते की चोंच की भाँति लम्बी और नुकीली और अनुपात से अधिक लंबी होती है और चेहरे से बाहर निकली होती है।

(*vi*) जैन चित्रों में रेखाओं का बड़ा महत्त्व है। चित्रों के भावों को व्यक्त करने में रेखाओ ने कमाल दिखाया है। ताड़–पत्र के चित्रों में जैन कलाकारों ने भाव प्रदर्शन के लिए रेखाओं में इतनी बारीकी दिखलाई है, कि दर्शक आश्चर्यचकित होकर रह जाता है।

(*vii*) जैन पोथियों के बाहर सुरक्षा के लिए जो दफ्तियाँ बँधी रहती हैं, उन पर भी सुन्दर चित्रकारी होती है।

(*viii*) जैन चित्रकला में बेल–बूटों का प्रयोग अलंकरण की दृष्टि से राजपूत एवं मुगल कला की अपेक्षा अधिक किया गया है।

(*ix*) चित्रों में सोने और चाँदी की स्याही का भी खूब प्रयोग किया गया, इससे चित्रों की महत्ता में और भी चार चाँद लग जाते हैं।

(x) जैन कलाकारों एवं ग्रंथकारों की कृतियों में एक विशिष्ठता यह थी, कि लिखते समय बीच-बीच में वे इस ढंग से स्थान छोड़ते जाते थे, कि अपने आप छत्र, कमल और स्वस्तिक के चिह्न उभर आते थे।

इस प्रकार जैनियां द्वारापल्लवित इस चित्रकला का अध्ययन करने से निष्कर्ष निकलता है कि राजपूत एवं मुगल चित्र-शैलियां से पूर्व इस दिशा में जो महत्त्वपूर्ण कार्य हो रहा था, उसका एक मात्र श्रेय इन जैन चित्रकारों को है। इन जैन चित्रकारों ने अपने अथक परिश्रम और सफल तूलिका के माध्यम से ऐसी अमूल्य सचित्र कृतियाँ दी, जो साहित्य और कला की दृष्टि से अमूल्य निधि हैं और देश एवं विदेशों के विभिन्न संग्रहालयों में शोभा बढ़ा रही है।

गुर्जर या गुजरात शैली

भारतीय चित्रकला के इतिहास में गुर्जर-शैली, जैन शैली और अपभ्रंश तीनों यद्यपि एक दूसरे के इतनी सन्निकट है कि उनके विषय पर कला विदों में आज तक बड़ा विवाद चल रहा है। फिर भी तीनों शैलियाँ भारतीय चित्रकला के उज्जवल अतीत का दिग्दर्शन कराती है।

पश्चिमी भारत की प्रभावशाली गुर्जर-शैली अथवा गुजरात शैली के विषय में तीस, पैंतीस वर्ष पहिले कोई जानकारी नहीं थी, पर सर्वप्रथम इस शैली का उल्लेख करने वाले प्रसिद्ध कला-मनीषी डॉ. आनन्द कुमार स्वामी हैं। उन्होंने १९२४ ई. में 'बर्लिन म्यूजियम' में सुरक्षित 'कल्पसूत्र' की एक सचित्र प्रति का परिचय प्रस्तुत करके सर्वप्रथम इस शैली के प्रति कला-विदों का ध्यान आकर्षित कराया। बाद में इस शैली के चित्रों का नाम ''पश्चिमी भारतीय शैली'' रखा गया। श्री नानामल चमनलाल मेहता ने १९२६ ई. में ''बसंत विलास'' के पट चित्रों के आधार पर (जिसमें बसंत ऋतु का सुदंर वर्णन संस्कृत एवं गुजराती काव्य में छंदबद्ध है) इस शैली का नाम ''गुर्जर शैली'' रखा है। उसका आधार इस ग्रंथ में गुजरात में प्राप्त होना ही माना जाता है। इस बसन्तविलास' के अतिरिक्त विल्हण कवि (११वीं शताब्दी) कृत ''चौर पंचाशिक'' की एक प्रति भी श्री मेहता को मिली, जिसमं कवि विल्हण और उनकी प्रेयसी चम्पावती की प्रणय लीला का चित्रण है। जैन ग्रंथ से संबंधित होने पर भी श्री मेहता ने इसका नाम 'गुर्जर शैली ही रखा। इनके अलावा 'वैष्णवों के स्त्रोत ग्रंथ' (बाल गोपाल स्तुति का, जिसमें कृष्ण लीला के भावपूर्ण चित्र हैं) श्री मेहता ने 'गुर्जर शैली' ही माना है। उनका इस संबंध में कहना है, कि पहिले पहल इन चित्रों की शैली बिल्कुल ही दूसरी मालूम पड़ती है, किन्तु ध्यानपूर्वक अध्ययन करने पर निष्कर्ष निकलता है, कि यह 'गुर्जर शैली' भी हमारी पुरानी चित्र-परंपरा की सुन्दर व आकर्षक शाखा है। उन्होंने आगे इस शैली की महत्ता बताते हुए लिखा है–

''यह चित्र शैली अपने युग की भारत की लोक प्रिय शैली रही। राजदरबारों के आश्रय में बने हुए चित्रों और पाश्चात्य गुर्जर शैली के चित्रों में उतना ही अंतर है, जितना कि आधुनिक थियेटरों और सिनेमाओं में। इस प्रकार 'गुर्जर' और 'जैन शैली' में अधिक समानता होने के कारण दर्शक भ्रम में पड़ जाता है। पर सूक्ष्मात्मक दृष्टि से अध्ययन करने पर दोनों में बहुत ही असमानतायें हैं।

पश्चिम भारत में ११वीं शताब्दी से १५वीं शताब्दी तक मध्यभारत एवं सुदूर प्रांतों में इस ''गुर्जर शैली'' का व्यापक प्रभाव रहा। इसमें भी गुजरात के सोलंकी वंश के सिद्ध राज जयसिंह (१०९४-११४३ ई०) एवं कुमारपाल (११४३-११७४ ई०) के समय में साहित्य के साथ-साथ वास्तुकला एवं चित्रकला की बहुत उन्नति हुई थी। ''गीत-गोविन्द'', ''बाल गोपाल स्तुति'', ''देवी महात्म्य'', ''रति रहस्य'', ''बसन्त विलास'' एवं ''भागवत'' के १६वीं शताब्दी के कुछ फुटकर चित्रों को श्री मेहता, डॉ. स्ट्रेला क्रेमरिश और श्री मंजुलाल मजूमदार ने 'गुर्जर शैली' की श्रेणी में ही कला जगत के सम्मुख रक्खा।

अन्य शैलियों की भाँति इस 'गुर्जर शैली' की भी अपनी कुछ विशेषताएं हैं। जैसे

(*i*) इन चित्रों में अजंता, बाघ और ऐलोरा के चित्रों की परम्परा निहित है।

(*ii*) प्राचीन भित्ति-चित्रों, राजपूत एवं मुगल शैली के चित्रों के बीच की परंपरा के परिवर्तन के इतिहास को समझने के लिए यह शैली एक माध्यम है।

(*iii*) पर्वत, नदी, सागर, पृथ्वी, बादल और वृक्षादि के प्राकृतिक आलेखन, जो राजपूत शैली के चित्रों में प्रदर्शित होते हैं, इसी 'गुर्जर शैली' की अनुपम देन है।

(*iv*) नाक, आँखों, और ठोड़ी का चित्रण 'जैन शैली' की ही भाँति है।

अपभ्रंश शैली

इस शैली का विषय भी बड़ा विवादपूर्ण है। वैसे तो जैसा नाम से ज्ञात होता है, ''अपभ्रंश'' माने बिगड़ा हुआ रूप। यही इस शैली के संबंध में अक्षरशः सत्य भी है। अधःपतन के युग में साहित्य के साथ-साथ कला का भी अपभ्रंश हुआ। आरंभ में इस शैली को ''जैन शैली' के नाम से कहा गया, क्योंकि इन चित्रों का विषय अधिकांशतः जैन ही था। बाद में इस शेली को श्री मेहता ने 'गुर्जर' या 'गुजरात शैली' का रूप दिया, क्योंकि उन्होंने प्रसिद्ध जैन ग्रंथ 'बसंत विलास'' को गुजरात में प्राप्त किया था। जब इस प्रकार के चित्र गुजरात के अलावा राजस्थान, मालवा, आदि प्रान्तों में प्राप्त हुए, तो फिर इसी को डॉ० आनंद कुमार स्वामी ने पश्चिमी भारतीय शैली बताया। लेकिन प्रसिद्ध कला आलोचक राय कृष्णदास ने इस शैली को 'अपभ्रंश शैली' बताया। इस संबंध मे उनका कथन है-''कि इन चित्रों के आलेखन में कोई नया उत्थान नहीं है, वरन् प्राचीन शैली का विकृत रूप ही है। अतः अपभ्रंश शब्द से उन चित्रों को संबोधित करना कोई अन्युक्ति न होगी।'' यह अपभ्रंश शैली ताड़पत्रीय पोथियों पर कागज एवं वस्त्रों पर पाई जाती है। इस प्रकार के चित्रों की संप्रतियाँ भारत के विभिन्न संग्रहालयों के अलावा अमेरिका एवं लन्दन के विभिन्न संग्रहालयों में प्राप्त हैं। अधिकांशतः ये सारे चित्र जैन धर्म से ही संबंधित हैं।

जैन शैली से संबंधित किये जाने वाले ग्रंथ 'निशीथ चूर्णी', 'अंग-सूत्र', 'त्रिपिष्ठि शलाका, पुरुष चरित्र', 'नेमिनाथ चरित', संग्रहणीय सूत्र', 'उत्तराध्ययसूत्र', 'श्रावक प्रतिक्रमण चूण', 'कल्पसूत्र', 'बसंत विलास', 'गीत गोविन्द' आदि हैं। इनका रचना काल ११०० ई. से १५०० ई. है और ये सारे ग्रंथ पाटन, खंभात, बड़ौदा, चम्पानेर, जैसलमेर आदि स्थानों के ग्रंथागारों एवं वोस्टन संग्रहालय मे सुरक्षित हैं। 'निशीथ-चूर्णी', 'त्रिपष्ठी शलाका, पुरुष चरित्र', नामक ग्रंथ की एक प्रति पाटन के संघवीदा पाड़ा के ग्रंथागार में है।' इनमें से ''निशीथ चूर्णी'', ''अंगसूत्र'', ''दश वैकालिक, 'कथा सरितसागर'' आदि ग्रन्थों के चित्रों को भी कुछ कलाविदों ने 'अपभ्रंश शैली' के अंतर्गत ही माना है।

ऐलोरा के भित्ति-चित्रों में भी इस 'अपभ्रंश शैली' के प्राचीन रूप देखने को मिलते हैं और दूसरा रूप तुंगभद्रा नदी के किनारे सन् १३३६ ई. में स्थापित उस समय के शक्तिशाली हिन्दू राज्य विजयनगर में देखने को मिलता है। इसी वियजनगर के अधिपति बुक्कराम द्वितीय के मंत्री एवं सेनापति द्वारा काँची में बनवाये हुए चित्र संगीत-मंडप पर चित्रित भित्तियों पर अवशेष रूप में अब भी देखन को मिल जाते हैं। ये समस्त चित्र 'अपभ्रंश शैली' के ही द्योतक हैं। इस विजय नगर के अलावा आदिल शाही सल्तनत बीजापुर में भी कुछ चित्र जो देखने को मिलते हैं, उन्हें श्री गैरोला ने अपभ्रंश शैली के अंतर्गत ही माना है।

इस शैली की भी अपनी कुछ विशिष्टतायें है। डॉ० मोतीचंद ने इनको इस प्रकार व्यक्त किया है :

(*i*) परवल के आकार की बड़ी आँखें, जो चेहरे से भी बाहर निकली रहती हैं। इसके साथ स्त्रियों की आँखों में कान तक गई काजल की रेखा।

(*ii*) अनुपात से अधिक लम्बी व नुकीली नाक का होना।

(*iii*) दोहरी ठुड्डी व चौड़े एवं गोल चेहरों का होना।

(*iv*) अप्राकृतिक रूप में उभरे हुए वक्ष, जिनमें अस्वाभिकता अधिक दिखती है।

(*v*) मुड़े, हुए हाथ एवं एंठी हुई उंगलियों का होना।

(*vi*) प्राकृतिक दृश्यों का अभाव।

(*vii*) पशु-पक्षियों के अलंकरण का बाहुल्यता में प्रयोग होना।

(*viii*) परवर्ती काल के चित्रों में हाथियों के अलंकरण की परम्परा का प्रचलन।

(*ix*) सोने का प्रयोग होना।

अध्याय-4

मध्यकालीन साहित्य में चित्र-चर्चा

''विष्णुधर्मोत्तर पुराण ''चित्रकला विषयक प्रसिद्ध ग्रंथ है, जिसकी रचना बूलर के मतानुसार ७०० ई० की है। यद्यपि इसकी गणना अठारह पुराणों या उपपुराणों में नहीं है, फिर भी इसे 'विष्णु-पुराण' का ही एक अंग मानते हैं। इसी 'विष्णुधर्मोत्तर पुराण' का एक अंश 'चित्र-सूत्र' है, जिसकी रचना भी इसी काल में हुई और जिसका अंग्रेजी अनुवाद स्टैलाक्रेमरिश एवं आनंद कुमार स्वामी ने किया है। शिल्प, नृत्य और चित्र का महत्त्व समझने के लिए इस 'चित्र-सूत्र' का अधिक महत्त्व है। ग्रंथ के आरंभ में ही मार्कण्डेय मुनि कहते हैं-''बिना तु नृत्य शास्त्रेण चित्र सूत्रं सुदुर्विदम्।'' अर्थात नृत्य शास्त्र के अभ्यास के बिना ''चित्रसूत्र'' समझना बड़ा कठिन ह। उन्होंने चित्रकार का काम आसान नहीं बताया है। उसका काम बड़ा कठिन और पवित्र है। उसे अपना.कार्य प्रारंभ करने के पूर्व अपने इष्ट देवताओं का अभिवादन करना परम आवश्यक है। इसी ग्रंथ में एक स्थान पर चित्र की समीक्षा भी की गई है।

इस 'चित्र सूत्र' में चित्रों के लक्षण व उनके चार प्रकार 'सत्यम्', 'वैणिकम्', 'नागरम्', और मिश्रम्' बताये गये है, जिनका विस्तृत वर्णन पहिले किया जा चुका है। इसके अलावा चित्रों की भिन्न-भिन्न अवस्था, मानव का अनुपात, रूप, वेश-भूषा, रस, ऋतुओं, समय के अनुसार चित्रों में रंग देने की व्यवस्था, देवताओं, नागों आदि को चित्रित करने का पूर्ण वर्णन भी इसी 'चित्र सूत्र' में मिलता है। क्योंकि भारतीय चित्रकला में 'सादृश्य' को बहुत महत्त्व दिइया गया है। 'चित्र सूत्रकार ने यहाँ तक कहा है **'चित्रे सादृश्य करणं प्रधानं परिकीर्तितम्'।** इसमें यह भी बताया गया है कि देवताओं, नागों, किन्नरों, यक्षों के रूप के प्रदर्शन में सौम्यता; राक्षसों के रूप-प्रदर्शन में भयानकता व्यक्त होना चाहिए। वियोगिनी के वस्त्र श्वेत, आभूषण हीन, अधपके केश होना चाहिए। गायक, नर्तकी का वेश उद्दत होना चाहिए आदि। दिन के दृश्यांकन के लिए आकाश को नीले हल्के रंग से दिखाना, सूर्य की प्रभा, चिड़ियों का उड़ना, बताना चाहिए। रात का दृश्य तारकों के साथ होना चाहिए। आदि-आदि। इसी प्रकार ऋतु-चित्रों के लिए इस प्रकार सूक्ष्म वर्णन दिया है-''बसंत के चित्र में फूले हुए वृक्ष, भोंरों की भीड़, कोयलों को प्रदर्शन। प्रसन्न और मदोन्मत्त मनुष्य। ग्रीष्म में दु:खी मनुष्य, खग, मृग; पात हीन वृक्ष, सूखे जलाशय, वर्षा में इन्द्रधनुष युक्त आकाश, बिजली का कोंधना, घुमड़ते हुए बादल। आदि। इसी प्रकार नवों रस को व्यक्त करने के लिए (किसी रस के प्रदर्शन में कौन सा रंग प्रदर्षित हो) पूर्ण विधि लिखी हैं। इसके अलावा यह भी बताया गया है किश्रृंगार रस के चित्र लावण्य, कांति एवं माधुर्य पूर्ण, तथा सुंदर वस्त्राभूषण; करुणा रस में याचना, विरह आदि, हास्य रस में बौने, कुबड़े, टेड़े-मेढ़े अंग वाले विचित्र हाव-भाव व्यक्त होना चाहिए आदि।

इस 'चित्र-सूत्र' में चित्रण के लिए किस प्रकार जमीन तैयार की जाये और मूल पाँच रंगों : नीले, पीले, लाल, सफेद और काले को किस प्रकार प्रयोग किया जाये, बताया गया है। रेखाओं में गति, प्रवाह, कठोरता, नीरसता, सजीवता, निर्जीवता लाने की विधि भी इस 'चित्र-सूत्र' में व्यक्त की गई है।

इस काल का दूसरा प्रसिद्ध ग्रन्थ भवभूति द्वारा रचित **'उत्तर-रामचरित'** है। इसका प्रसंग चित्रों से ही प्रारंभ होता है। भगवान राम के पास अष्टावक्र ऋषि आये है।, उनकी वार्तालाप समाप्त होती है कि लक्ष्मण जी आ पहुँचते हैं और भगवान राम से कहते हैं कि उस चित्रकार ने हमारे बतलाने के अनुसार आपके चरित्र उस दीवार के ऊपरी भाग पर उकेरे हैं। हे आर्य! उन्हें देखें। इस पर सीता देवी और भगवान राम उन चित्रों को देखने जाते हैं। उनमें प्रारंभ से लेकर सीता की अग्नि-परीक्षा तक के समस्त चरित्र-चित्र प्रदर्शित किये गये है। इसी 'उत्तर-राम चरित' के प्रथम अंक में अर्जुन चित्रकार कृत राम के बनवास संबंधी चित्र देखकर सीता ऐसी विह्वल हो जाती हैं, कि फिर राम समझाते हैं कि वे जो देख रही हैं, वह चित्र है, जीवन की वास्वतविक घटना नहीं है। इन चित्रों में इतनी सजीवता थी।

इसी प्रकार जैन ग्रंथ 'नाया धम्म कहाओ' में एक मनोरंजक आख्यायिका है। मिथिला नरेश कुंभराज के पुत्र मल्लादिन्न ने अपने लिए एक सुंदर चित्रशाला बनवाई। उस चित्रशाला को ८४ आसनों से सुसज्जित करनेवाले अनेक चित्रकारों में एक चित्रकार ऐसा भी था, जो किसी भी जीव का एक ही अंग देखकर उस जीव का पूरा चित्र बना देता था। एक दिन की बात है कि उसने परदे के पीछे किसी छिद्र से कुमार मल्लदिन्न की बड़ी बहिन मल्ली कुँअरी का एक अंगूठा देख लिया और अपनी कला सिद्धि से उसने राजकुमारी का पूरा चित्र बना दिया। राजकुमार ने चित्रशाला के बीच वह चित्र देखकर, राजकुमारी एवं चित्रकार के बीच किसी अनुचित संबंध के संशय में चित्रकार को प्राणदंड की आज्ञा दे दी, पर जब उसे चित्रकार की तूलिका व रंगों का कमाल बताया गया, तो उसने उस चित्रकार की तूलिका, रंगों का डिब्बा तोड़कर उसे सदा के लिए निर्वासित कर दिया।

भास के उपलब्ध १३ नाटकों में तत्कालीन समाज में चित्रकला के प्रति होने वाली रूचि का बोध होता है। भास के नाटक 'स्वप्न वासवदत्ता' और 'प्रतिज्ञा योगन्धरापण' दोनों की नायिका उज्जैनी की राजकुमारी वासवदत्ता है और नायक वत्सराज का अधिपति उदयन है। प्रेमसूत्र में बँधकर ये दोनों एक दिन चुपके से मंत्री योगन्धरायण की मदद से भाग जाते है। अंत में विवश होकर वासवदत्ता के माता-पिता ने दोनो के चित्र बनवाकर उनकी अनुपस्थिति में ही उनके विवाहों को सम्पन्न करा दिया।

भास द्वारा रचित एक अन्य 'नाटक 'दूत-वाक्य' में चित्र संबंधी विवरण इस प्रकार मिलता है। महाराज दुर्योधन द्वारपाल को आदेश देते हैं, कि द्रोपदी के चीरहरण का चित्र प्रस्तुत करो। महाराज चित्र को देखकर प्रभावित होते हैं और प्रसन्न मुद्रा में उस चित्र में भावभिव्यक्ति, संयोजन, एवं रंगों के मनोहर प्रयोग की भूरि-भूरि प्रशंसा करने लगते हैं।

संस्कृत भाषा के असामान्य गद्यकार व इतिहासज्ञ हर्ष के राज कवि वाणभट्ट की महान कृति 'कादम्बिरी' तो जैसे चित्रकला की एक प्रदर्शिनी ही है। उसका हर स्थल चित्र-कला का प्रदर्शन करता है। 'कादम्बरी' में नीले, पीले, लोहित, धवल, और हरित इन पाँच वर्णों का उल्लेख मिलता है। उसमें चित्रों

के तीन प्रकार-वर्ण चित्रों, भावचित्रों, रेखाचित्रों की भी प्रशंसा की गई है। उसमें ही राजप्रासादों, एवं राजभवनों में सुरक्षित चित्रशालाओं एवं चित्रकला से संबंधित अनेक अनूठी बातों के विषय में मालूम पड़ता है। 'कादम्बरी' का वैशम्पायन नामक तोता अन्य कलाओं के साथ चित्रकर्म में भी बड़ा प्रवीण था।

इसी वाण भट्ट के एक ऐतिहासिक गद्य-काव्य 'हर्ष-चरित' के अध्ययन से यह विदित होता है कि उस समय राजा को भेंट स्वरूप जो वस्तुएं प्रदान की जाती थीं, उनमें चित्रण संबंधी सामग्री एवं चित्र भी होते थे। इसी 'हर्ष चरित' के एक प्रसंग से यह भी ज्ञात होता है, कि कुछ लोग परलोक के काल्पनिक चित्र देखाकर पैसे भी कमाते थे।

वाण जैसी विद्वता में समानता रखने वाले एक दूसरे अन्य गद्य लेखक आचार्य दंडी ने भी अपने 'दश-कुमार चरित' में लिखा हैं कि कुमार उपहार वर्मा ने स्वयं अपना चित्र बनाया था।'

काश्मीर के साहित्य प्रेमी राजा जयापीड़ (७७९-८१० ई०) के आश्रित प्रसिद्ध कवि दामोदर गुप्त ने अपनी 'कुट्टनीमत' में जिसको कि वेश्याओं का शिक्षा-ग्रंथ बताया गया है, एक स्थान पर लिखा है-'कि विदुषी कहे जाने की, अभिलाषा से ऐसी-बनिताएं भले ही चित्रकर्म में प्रवीण हो सकती हैं, पर यदि वे मनोरंजन के लिए ऐसा करें तो उनके लिए वर्जित है। दामोदर गुप्त का यह भाव चित्रकला के प्रति लोक-विश्वासों की पवित्रता का प्रतीक है। सोमदेव कृत जैन ग्रन्थ 'कथासरित्सागर' एवं क्षेमेन्द्र कृत 'वृहत कथा मंजरी' में, जो ११वीं शताब्दि के रचित ग्रंथ माने गये हैं, अनेक कथाओं में चित्र-चर्चायें देखने को मिलती हैं। इनमें सोमदेव कृत 'कथा सरित्सागर' चित्रकला की चर्चा की दृष्टि से सर्वोत्कृष्ट कृति मानी जाती है। उसकी एक कथा से प्रतीत होता है। उदयन का कुमार नरवाहन दत्त चित्रकला, मूर्तिकला एवं संगीत कला में प्रवीण था। इसी ग्रंथ की एक दूसरी कथा से पता चलता हैं कि पद्मावती ने वासवतत्ता के घर की भित्ति पर विरहिणी सीता की चित्रित मूर्ति को देखकर आश्वासन प्राप्त किया था। इसी प्रकार मणिपुर की राजकुमारी रूपलता के प्रति अपना प्रेम प्रगट करने के लिए राजा पृथ्वीरूप ने चित्रकार कुमारदत्त के द्वारा अपना एक चित्र भेजा था। एक अन्य कथा से ज्ञात होता है कि परिव्राजिका कात्यायिनी चित्र-विद्या में बड़ी निपुण थी। उसने राजकुमार के मित्रों के आग्रह पर उसने राजकुमार सुन्दर सेन का भी चित्र अंकित किया था।

११वीं शताब्दी में आचार्य मम्मट द्वारा रचित 'काव्य प्रकाश' में भी हमें चित्रकला की धुँधली छाया दिखाई देती है। १६ वीं शताब्दी के लगभग में केरल निवासी कृत 'शिल्प रत्न' नामक ग्रन्थ में भी चित्रकला के विषय में पर्याप्त निर्देश दिये गये हैं। 'चित्र लक्षण' के अध्याय में व्याख्या करते हुए चित्र किसको कहा जा सकता है, यह बताया गया है यथा-

> **जंगमा वा स्थवरा वा ये सन्ति भुवनत्रये।**
> **तत्तत्व भवितस्तेषां करणं चिजमुच्यते।।**

अर्थात तीनों लोकों की जंगम, स्थावर वस्तुओं का चित्रण ही वस्तुतः चित्रण है। चारों ओर से जिस वस्तु का निरीक्षण किया जा सके, ऐसे वस्तुविधान को चित्र कहा गया है।

अध्याय-5

राजपूत काल
(१५०० ई० से १९०० ई० तक)

राजपूतकालीन चित्र-परम्परा एवं उसकी विशेषताएं

भारत के इतिहास में हर्ष के बाद से बाबर एवं (१५०० से १९००ई०) के काल से पूर्व को राजपूत काल कहा गया है। राजपूत काल में भी १५वीं व १६वीं शताब्दी पुनरूत्थान का काल माना जाता है। इस समय भारत में हिन्दी साहित्य के साथ-साथ वास्तुकला, में जहाँ भुबनेश्वर का लिंगराज मंदिर, कोणार्क का सूर्य मन्दिर, पुरी का जगन्नाथ जी का मंदिर, वास्तुकला में अपनी सानी नहीं रखते, वहीं चित्रकला के क्षेत्र में भी इस समय सैकड़ों धार्मिक, सामाजिक जीवन से संबंधित चित्र बने। वे सब किसी भी शैली से कम महत्त्व के नहीं हैं, वरन् उनमें चित्रकला की श्रेष्ठता निहित है। इस समय इन विषयों के अतिरिक्त रागमालाओं से संबंधित अनेक चित्रों एवं भित्ति-चित्रों का निर्माण भी हुआ।

पन्द्रहवीं शताब्दी से १९ शताब्दी तक का काल साहित्यिक जागरण का काल था। रामायण एवं महाभारत का रूपान्तर हुआ। सूर और तुलसी ने कृष्ण एवं राम की भक्ति की अमर गंगा-यमुना को बहाया। चित्रकार वर्ग भी उस धारा में बह चला। सैकड़ों चित्र जन-जीवन की झाँकी के साथ-साथ राधाकृष्ण से संबंधित चित्रकारों की तूलिका से चित्रित हो गये। इस राजपूत काल में चित्रकला के मुख्य केन्द्र बुंदेलखंड, बीकानेर, जयपुर, उदयपुर, कांगड़ा, अलवर, बसोली आदि प्रमुख रहे है। इनमें जयपुर बहुत समय तक राजपूत राजाओं की कृपा से राजपूत शैली का प्रमुख स्थान रहा। तेरहवीं और चौदहवीं शताब्दी की प्रारंभिक राजपूत शैली के चित्र अधिकांशतः जैन ग्रंथों में मिलते हैं। इस शैली का रूप क्या था? इस संबंध में विभिन्न विद्वानों की विभिन्न रायें हैं। श्री पर्सी ब्राउन के मतानुसार, राजपूत कला प्राचीन है और इसका अलग ही रूप है। श्री इकबाल बहादुर देनसरे ने राजपूत कला का जन्म स्थान गुजरात माना है। प्रथम दशक में बने चित्रों पर दक्षिण शैली की छाप को माना है, क्योंकि १७०७-१७१८ ई० तक अधिकतर राजपूत राजा मुगल सेना के साथ-साथ दक्षिण में चले गये थे और १८ वीं शताब्दी के दूसरे चतुराँश में मुगलों एवं राजपूतों के आपसी संबंध टूटने पर राजपूत कला मुगल प्रभाव से सर्वथा मुक्त हो गई थी, फिर इस राजपूत कला ने मुगल चित्रकला के विपरीत परशियन कला और हिन्दू चित्रकला के बीच कड़ी बनकर अपनी स्थिति को कायम रखा। डॉ० आनंद कुमार स्वामी के मतानुसार राजपूत चित्रकला का मुगल चित्रकला से कोई संबंध नहीं है। उनके विचार में यह विशुद्ध भारतीय प्राचीन निधि है और शुद्ध भारतीय शैली पर

आधारित है। इसी प्रकार लॉरेंस विनियन ने भी इस चित्रकला को ईरानी चित्रकला से मुक्त माना है। उनके विचार में भी यह शैली निजी एवं पूर्ण भारतीय है।

विशेषताएं

इस राजपूत कला की अपनी स्वयं की कुछ विशेषताएं हैं, जो अन्य शैलियों से सर्वथा भिन्न हैं:

(*i*) राजपूत कला की प्रवृत्तियाँ धार्मिक और आदर्शवादी हैं।

(*ii*) इसमें व्यक्ति चित्रों का अभाव है।

(*iii*) राजपूत शैली में विशेषतः, विषय-वैशिष्टय के साथ-साथ सुन्दर आलेखनों, रंगविधान, एवं रंखाओं की गति, सजीवता, तथा प्रवाह में चित्रकारों का वर्षों का अध्ययन, चित्रकला की साधना एवं अध्यवसाय छिपा है।

(*iv*) राजपूत शैली में चटकीले, चमकदार रंगों की सुन्दर संयोजना है।

(*v*) नारीस्वरूप को चित्रण करने में राजपूत शैली के चित्रकार अन्य कालों की अपेक्षा अधिक सफल रहे है। जहाँ एक ओर नारी के अप्रतिम सौंदर्य को प्रदर्शन करने के लिए लम्बी नासिका, विशाल व मद भरे नेत्र, उन्नत भाल, अजान बाहु, नितम्ब प्रदेश को स्पर्श करने वाले लम्बे काले केशों का अपूर्व चित्रण है, वहीं दूसरी ओर जौहर करने वाली राजपूत ललनाओं के आत्म विसर्जन एवं अपने चरित्र की आदर्शवादिता दिखाई देती है।

(*vi*) इन चित्रों में कल्पना के साथ-साथ भाव-प्रधानता भी है। इन चित्रों में जहाँ सूर की कविताओं के भक्ति-भाव, कृष्ण के बाल्य काल से लेकर उनके युवा भाव एवं उनकी उनके प्रकार की लीलाएं तथा अनेक धार्मिक एवं पौराणिक विषय जहाँ भरे पड़े हैं, वहीं केशव, देव, बिहारी, पद्माकर आदि हिन्दी के रीति-कालीन कवियों द्वारा वर्णित शृंगार की विभिन्न स्थितियों पर आधारित चित्रों के चित्रण करने में चित्रकार अधिक सफल रहे है।

(*vii*) राग-रागिनियों, बारहमासा, और ऋतुवर्णन का चित्रण भी वड़ा सजीव और स्वाभविक तथा अतुलनीय हुआ है।

(*viii*) राजपूत कला के चित्रकार जन-साधारण के जीवन को भी चित्रांकित करने में बड़े सफल रहे है। यथा वट-वृक्ष की शीतल छाँव में पथिक को पानी पिलाना आदि।

(*ix*) इस चित्रकला में प्राकृतिक वातातरण में बड़ी सजीवता उत्पन्न की गई है। राजस्थान के दुर्ग, प्रासाद, पर्वतीय भूमि, मंदिर, यहाँ तक कि सामान्य घर की दीवारों तक में स्वाभिवकता, सजीवता के साथ साथ अनोखा आकर्षण है।

(*x*) राजस्थान की नारियों के रंग-बिरंगे व तरह-तरह के वस्त्रों को बड़ी सजीवता व खूबी से चित्रांकित किया गया है।

(*xi*) इस शैली के चित्रों के वृक्षों, लताओं, पशु एवं पक्षियों एवं पृष्ठ भूमि के चित्रण में ईरानी पुट की अपेक्षा भारतीयपन अधिक है एवं वृक्षों के चित्रण में विविधता है।

राजपूत चित्रकला के विषय

यह शैली उस काल की धार्मिक एवं सामाजिक जीवन का प्रतिबिम्ब है। इनके अलावा राजपूत कला रागमालाओं व ऋतुओं के चित्रण का अछूता व अपार भंडार है। विषय की दृष्टि से निम्नांकित भाग हैं।

धार्मिक चित्र

राजपूत काल में हिन्दू वैष्णव, शैव एवं शक्ति के उपासक थे, क्यों कि इस काल में वैदिक धर्म का पुनरुत्थान हो गया था। इसके अलावा उस समय की सामाजिक स्थिति को देखते हुए सूर और तुलसी ने अपनी अमर लेखनी द्वारा राम और कृष्ण की ऐसी भक्ति-भागीरथी को बहाया जिससे कि हिन्दू जनता की अपने धर्म के प्रति आँखें खुल गई। इसके साथ ही कुशल चित्रकारों ने धार्मिक पृष्ठ भूमि पर आधारित चित्रों को बनाकर जनता के समक्ष रखकर मानो सोने में सुहागा का काम जैसा कर दिया।

हिन्दू धर्म वेदों, पुराणों, उदनिषदों पर आधारित है। अत: इस काल के चित्रकारो ने इन पुराणों की कथाओं का भी सहारा लिया। इन १८ पुराणों के अनेक आख्यानों पर अनेक सुन्दर चित्र बने। भगवान कृष्ण से संबंधित, जैसे कृष्ण-जन्म, यशोदा से कृष्ण द्वारा चांद का माँगना, यशोदा-कृष्ण का वात्सल्य, कृष्ण लीला, होली, आदि के अलावा शिव-पार्वती विषयक अनेक प्रसंग जैसे कैलाश पर्वत पर शिव का तांडव-नृत्य आदि को बड़ी सफलतापूर्वक चित्रकारों ने चित्रांकित किया है।

सामाजिक चित्र

किसी देश की सामाजिक स्थिति का ज्ञान जहाँ साहित्य से होता है, वहाँ चित्रों से भी तत्कालीन समाज की वास्तिविक स्थिति का सही रूप देखने को मिलता है। भारत का ग्रामीण ज़ीवन सदा से ही वड़ा प्रसिद्ध रहा है। भारत में उत्तर पाषाण काल से लेकर आज तक भारत का मुख्य व्यवसाय कृषि रहा है। इसी से भारत कृषि-प्रधान देश माना जाता है। इस काल मे चित्रकार भी नगर के कोलाहल से दूर ग्रामीण जीवन में जाकर ग्रामीण जीवन की अंतरात्मा में प्रवेशकर उसके हर क्षेत्र को बड़ी सूक्ष्मात्मक दृष्टि से देखकर प्रफुल्लित हो उठा। उसकी तूलिका से खेतों, खलिहानों, हारों, घरों, मंदिरों आदि के दृश्य अंकित हुए। तत्कालीन समाज के लोग किस प्रकार यातायात के साधनों का प्रयोग करते है, विश्राम का क्या प्रबंध था, भोजनालयों की कैसी व्यवस्था थी, इन सबों का निरूपण काल के चित्रकारों की तूलिका से चित्रित हुए चित्रों में देखने का मिलता है। उस समय की राजपूत शैली के एक चित्र ने ही उस समय के ग्रामीण जीवन की झाँकी को प्रस्तुत कर दिया है, जो अपने काल का बड़ा प्रसिद्ध चित्र माना जाता है। इस चित्र में बट-वृक्ष की शीतल छाँव में एक चबूतरे पर बैठी हुई स्त्री एक बटोही को पानी मिला रही है। चबूतरे के नीचे दो तीन स्त्रियाँ बैठी हुई विश्राम के क्षण बिता रही हैं। एक व्यक्ति तकिया लगाये लेटा हुआ है, एक व्यक्ति चिलम भर रहा है। इस पूरे चित्र में वैसे तो हर पात्र की भाव-मुद्रा अच्छी है, पर विशेषत: यात्री की कृतज्ञता एवं स्त्री का करुणा का भाव चित्र के प्रमुख आकर्षक केन्द्र बिन्दु हैं। दुसरा चित्र भी ग्रामीण जीवन से संबंधित विशेष आकर्षक है। चित्र में रात के समय चौपाल पर बैठे हुए व्यक्तियों का

दृश्य अंकित है। रात्रि का चित्रांकन बड़ी ही सजीवता व स्वाभिवकता से किया गया है। चाँदनी रात है, आग बीच में जल रही है और आस पास कुछ व्यक्ति बैठे हुए हैं। इन व्यक्तियों के मुखों पर अग्नि की लाल-लाल आभा को जिस कुशलता एवं स्वाभिवकता से चित्रित किया गया है, वह विशेष दर्शनीय है। दूर पर एक झोंपड़ी के पास एक पेड़ के नीचे कुछ व्यक्तियों को बैठे दिखाया गया है।

इनके अलावा 'जल विहार' वाला चित्र, जिसमें ग्राम्य-ललना अपनी सखियों सहित नदी पर स्नान करने आईं है। एक सखी पर्दे की ओट में है, कि कहीं कोई उसकी सुन्दरता को देखकर उस पर आसक्त न हो जाय। पर दुष्ट नायक पीछे से उस नायिका पर मुग्ध एवं कामासक्त दृष्टिपात किये बिना नहीं रहता। चित्र स्वभाविकता एवं सजीवता में पूर्ण है।

इस प्रकार के अनेक विषयों को तत्कालीन सामाजिक जीवन के ज्ञान को बताने के लिए सफलतापूर्वक चित्रित किये गये हैं।

व्यक्तिचित्र

राजपूताने में राजाओं की प्रमुखता रही है। राजा अपनी प्रजा को पुत्रवत समझते थे। अतः प्रजा भी राजा को उन्हें पितृतुल्य एवं स्वामी की भाँति पूजती थी। प्रजा के मन में अपने राजाओं के प्रति अपार श्रद्धा विद्यमान थी। अतः राजाओं का चित्रण होना स्वाभाविक ही था। दूसरे मुगल शैली में व्यक्ति चित्रों की बाहुल्यता होनेके कारण भी उसी परम्परा को निबाहना भी उस समय के चित्रकारों के लिए आवश्यक हो गया था। इस समय के चित्रों में राजाओं, महाराजाओं, एवं बड़े-बड़े सरदारों के चित्रों के साथ-साथ साधुओं, फकीरों को भी दिखया गया है। जिससे उस समय राजाओं, महाराजाओं की धार्मिक-प्रवृतियों एवं साधू-सनयासियों के प्रति असीम श्रद्धा के भाव परिलक्षित होते बताये गये हैं। इन चित्रों में साधुओं एवं फकीरों को साधारण साधू का फकीर नही बताया गया है, वरन उनमें विद्वता एवं साधुता के साथ-साथ तेज के भाव भली-भाँति अंकित किये गये हैं। इन चित्रों में भी तत्कालीन वेष-भूषा का भी सही चित्रण किया गया है। इस काल के ऐसे चित्रों की रेखाओं में बड़ी गति एवं प्रवाह है। चित्रों में पूर्ण सजीवता है।

राग-रागिनियों एवं ऋतु चित्रण

भारत में छः ऋतुएं-जाड़ा, ग्रीष्म, वर्षा, शिशिर, हेमन्त, और बसन्त अपनी प्राकृतिक विशेषताओं के लिए प्रसिद्ध हैं। ग्रीष्म में नर,पशु एवं पक्षी जहाँ गर्म वायु के थपेड़ों से और आग उगलने वाली धूप से दुःखी हो जाता है, वहीं वर्षा की नन्हीं-नन्हीं अमृत-तुल्य बूँदें उन्हीं नर, पशु एवं पक्षीयों में प्राणों का संचार कर देती हैं। जहाँ जाड़े की तीर जैसी चुभने वाली शीतल वायु के झोंकों से नर पशु एवं पक्षी भयभीत हो जाते है, वहाँ वसन्त की मदमाती बयार और कामोद्दीपन वाले भाँति-भाँति के रंगीन पुष्पों एवं वृक्षों तथा लताओं के यौवनों को देखकर वही नर, पशु एवं पक्षी अपने को मस्त होते देखते हैं, उनमें भी अपूर्व मादकता छा जाती है। इन भावों का चित्रण, राजपूत शैली के चित्रकारों ने अपने चित्रों में इतनी सफलतापूर्वक किया है, कि उनके पहिले या उनके बाद के किसी भी काल अथवा शैली के चित्रकारों ने इतनी सफलता पूर्वक शायद ही किया हो।

इसी के साथ-साथ उन चित्रकारों ने राग-रागिनियों के चित्रों का इतनी सफलता एवं कुशलतापूर्वक चित्रण किया है, जैसे कि वे संगीत के वहुत बड़े साधक रहे हों।

चित्रकला में राग-रागनियों का चित्रण

राजपूत काल में चित्रकला, काव्य कला और संगीत कला का विशेष रूप से घनिष्ठ संबंध रहा है, एवं इस काल में तीनों कलाओं की पर्याप्त उन्नति भी हुई। इस काल में "रागमाला" और "ऋतु-संबंधी" चित्रों की परम्परा राजस्थान मे तो प्रचलित रही, पर विशेषतः बुन्देलखंड में इसका व्यापक प्रचार था। वैसे तो संगीत से संबंधित चित्रित चित्रों की परम्परा अजन्ता और बाघ की भित्तियों पर भी दिखई देती है, पर उतने सशक्त रूप में नही, जितनी इस राजपूत काल मे।

"रागमाला" का प्रादुर्भाव हिन्दुओं की धार्मिक प्रवृत्ति और संगीत-प्रियता के परिणामस्वरूप हुआ और संगीत व कलाप्रिय तथा धार्मिक प्रवृत्ति वाले हिन्दू शासकों के समय में इनका प्रचलन अधिक हुआ। सत्रहवीं शताब्दी और अठारहवीं शताब्दी के पूर्वार्द्ध में इन चित्रों की बाढ सी आ गई।

"राग" से संबंधित ग्रन्थों के अनुसार ६ ऋतुओं (गर्मी, बरसात, जाड़ा, शिशिर, हेमन्त, बसन्त) के आधार पर छः रागों की परम्परा संगीत कला में बड़ी प्राचीन व सर्वप्रथम माननीय परम्परा रही। इन ६ प्रथम रागों के संबंधा में यह मान्यता है कि ये ६ राग "नटराज" व "नृत्याचार्य" "आदि देव" "महादेव" "देवाधिपतिदेव" शिव के डमरू से निकले हुए हैं। उन्हीं ६ रागों के साथ उनकी ६रागनियाँ भी फिर बनीं। आगे चलकर इन ६ रागों का सम्बन्ध ६ ऋतुओं से जोड़ दिया गया।

ये ६ राग हैं : भैरव, मालकोश, हिंडोल, दीपक, श्री राग एवं मेघ राग। इन रागों को कब गाया जाए, यहभी निश्चित किया गया। इन ६ रागनियाँ की ३० रागनियाँ की परम्परा संगीत मे मान्य हुई है। "राग" नायक का और "रागिनी" नायिका का स्वरूप समझा गया। ये ६ राग और उनकी ३० रागनियाँ निम्न प्रकार से रहीं :

(*i*) भैरव राग (भैरवी, वैरारी, मधु-माधवी, सिंधवी और बंगाली-नायिकायें)
(*ii*) मालकोश राग : टोढी, गौरी, गुनकारी, खम्भावती, और ककुम्भ (नायिकायें)
(*iii*) हिंडोल राग : राम कल, देसाराव, ललित, बिलावल और पठमंजरी (नायिकायें)
(*iv*) दीपक राग : देशी, कामोद, नट, कंदरा और केदारा (नायिकायें)
(*v*) श्री राग : मालश्री, घनाश्री, मारू, बसन्त और असावरी (नायिकायें)
(*vi*) मेघ राग : मल्लानारी, गुर्जरी, भोपाली, देशकार और टंक (नाभिकायें)

रंगों का विस्तारी करण

उपरोक्त राग-रागनियों में समय-समय पर श्रेष्ठ और ख्याति प्राप्त संगीतकारों ने अपने विवेक से और अनेक रागों को निकालकर संगीत की दुनियाँ में और अधिक विस्तारीकरण किया। इसमें मुगल-सम्राट अकबर के समकालीन दरबारी संगीत-सम्राट तानसेन का एवं उनके गुरू मथुरा-वृंदावनवासी स्वामी हरिदास का नाम सर्वोपरि है। पर्सी ब्राउन ने ४२ राग-रागनियाँ के चित्रण बताये हैं।

रागों का चित्रण

रागों को किस प्रकार बनाया जाए, इसके लिए भी पर्याप्त निर्देश देखने को मिलते हैं। यथा- "भैरव राग" मे नायक गौर वर्ण का होता है तथा मुकुट पहिने हुए, हाथ मे श्वेत छड़ी लिए हुए व गले में मोतियों

की माला धारण किए हुए अनेक रमणियाँ के मध्य मे प्रदर्शित होना चाहिए। "हिंडोल राग" में नायक शीत वस्त्र एवं सिर पर मुकुट धारी होनेके साथ-साथ फूलों से सुसज्जित झूले पर बैठा हुआ अनेक रमणियों से घिरा होना चाहिए। "दीपक" में उसे सूर्याभा वाला तथा मुक्त-माल धारी होकर हाथी पर सवार अनेक रमणीयो के बीच होना चाहिए। "श्री राग" में नायक श्याम वर्ण का अठारह वर्षीय युवक होना चहिए तथा लाल-वस्त्र एवं मूँगों व मोतियों की माला से शोभायमान कमलधारी होना चाहिए। "मेघ राग" में नायक मेघ जैसे वर्ण वाला श्याम वस्त्र एवं तलवार धारी होना याहिए।

इन रागों के समान ही ३० रागनियों के चित्रों के निर्माण के संबंध में भी ऐसे ही निर्देश दिये गये हैं–

"भैरवी" लाल वस्त्र धारिणी, शिव-पूजन को जाती हुई हो।

"वैरागी" गौर वर्णा, मृग-लोचनी, चंवर धारिणी हो।

"मधु-माधवी" गौर वर्णा, पीत बसना, नायक का हाथ पकड़े हुए हो।

"सिंधवी" लाल वस्त्र एवं त्रिशूल धारिणी सखियों के साथ हो।

"बंगाली" हाथ में त्रिशूल एवं पीत बसना-पूरुष रूप में।

"टोढी" श्वेत बसना, वीणा धारिणी हो। "गौरी" श्याम वर्णा, श्वेत-वसना, वृक्ष के नीचे बैठी अवस्था में हो।

"गुनकारी" बिखरी केश-राशिवाली, उदास चित्र वाले नायक के साथ हो।

"खंभावती" गौर वर्णा, लाल वस्त्र धारिणी हो।

"ककुंभ" के खूले हुए केश हों एवं अलसाये हुए नेत्र हों।

"रामकली" गौर वर्णा, श्याम वस्त्र धारिणी, नृत्य-मुद्रा में। "देसारव" कृशकाय एवं दुःखी चित्त वाली, जो नायक के हाथ पर हाथ रखे हो। "ललित" लावण्यमयी, पुष्पमाधारिणी। "बिलावल" नीले वस्त्र वाली हो, जबकि "पटमंजरी" मलिन वस्त्र धारणी हो तथा विरहावस्था में सखियों के साथ हो। "देसी" गौर वर्णा, हरित वस्त्र धारिणी, उदात्त यौवना वाली हो। "कामोद" गौर वर्णा, पीत वस्त्र धारिणी उदास चित्र वाली हो। "नट" रक्तिम वस्त्र धारिणी, वीर वेश में, अश्वारोहिणी हो। "कन्दरा" लाल वस्त्र धारिणी, नील ग्रीवा वाली, हाथ में तलवार लिए हो। "केदारा" बड़ी जटा धारिणी, अंगों पर भस्म लगाये, बट वृक्ष के नीचे प्रदर्शित हो। "मालश्री" लाल वस्त्रधारिणी, सखियों के साथ होकर आम्र-वृक्ष के नीचे बैठी हो। "बसन्त" पीत वस्त्र एवं मयूर पंख धारिणी तथा हाथ में पुष्पों की छड़ी लिए हुए हो। "अस ्री" श्याम वर्णा, श्वेत वस्त्र धारिणी, गले में सर्प-माल व माथे पर चंदन हो। "मल्लारी" कृशकाय, वीणा धारिणी, विरहणी रूप में। "भोपाली" गौर वर्णा, श्वेत-वसना, नायक को पुष्प-हार पहनाती हुई हो। "गुर्जरी" श्याम वर्णा, श्वेत वसना, वीणा धारिणी तथा बिखरे हूए केश वाली हो। ''देशकार''–गौर वर्णा, श्वेत वसना होकर नायक के साथ चौपड़ खेलती हुई हो। "टंक" कमल-दल की सेज पर नायक के वियाग में सखियों के बीच में घिरी बैठी हो।

राजपूत शैलियाँ एवं विशेषताएँ

१६वीं शताब्दी से १९वीं शताब्दी तक राजपूतों का प्रभाव सम्पूर्ण उत्तरी एवं पश्चिमी भारत तक फैल गया था। अतः सम्पूर्ण उत्तरी- पश्चिमी भारत में राजपूत शैली का व्यापक प्रचार हुआ। इतना अवश्य है

कि विभिन्न स्थानों पर विभिन्न कला-प्रमी राजाओं के संरक्षण मे इस राजपूत शैली के विभिन्न रूप हो गये, जो कि जयपुर शैली, काँगड़ा शैली, बुंदेलखंड शैली, बसौली शैली, अलबर शैली, अम्बर शैली, बूँदी शैली, बीकानेर शैली, किशन गढ़ शैली, मालवा शैली के रूप में अपनी-अपनी विशिष्टताओं के साथ चित्रकला-प्रेमियों के समक्ष आते है।

जयपुर शैली

उन शताब्दियों में तो क्या, आज जयपुर अपने स्थापत्य, मूर्ति एवं चित्रकला के लिए संपूर्ण भारत में प्रसिद्ध है। इस जयपुर शैली के अंतर्गत अनेको राग-रागिनियों के चित्र, विहारी- सतसई पर आधारित चित्र, कृष्ण लीला से संबंधित चित्र बने हैं, जो कि जयपुर के पोथीखाने एवं वोस्टन संग्रहालय, अमेरिका में अधिकतर देखने को मिल जाते हैं। इन चित्रों में सजीवता के साथ-साथ रेखाओं की कठोरता एवं साधारण रंग योजना का साधारण दिग्दर्शन होता है। स्थान-स्थान पर छाया एवं प्रकाश का सहारा किया गया है। फिर भी चित्रों द्वारा करूणा, सहानुभूति, प्रेम, वात्सल्य आदि के भाव व्यक्त किये गये हैं। कृष्ण के साथ रहने पर गोपिकाओं के साथ-साथ यहाँ तक कि गायें तक सुखी हैं। कृष्ण के मथुरा चले जाने पर गोपिकाएं तो क्या सारा, गौओं का समूह दुखित हो जाता है। शिव एवं पार्वती को भी इस शैली के चित्र बहुत प्रसिद्ध हैं।

राजपूताने की अन्य रियासतों की भाँति यहाँ के शासकों मुगल शासकों से अधिक झगड़ना नहीं पड़ा। इस कारण कवियों और चित्रकारों को बराबर मुग़ल शासकों का आश्रम मिलता रहा है। अत: इस जयपुरी कला पर मुगल कला का भी प्रभाव स्पष्ट रहा है। इस मुगल कला का पूर्ण प्रभाव सवाई माधोसिंह (१७५१-६८) के समय तक स्पष्ट दिखाई पड़ता है।

जयपुर कला का प्रभाव केवल राजस्थान तक ही सीमित नहीं था, वरन् गुजरात एवं महराष्ट्र तक में इस शैली की प्रधानता थी। अपनी कला की विशिष्टवा के लिए जयपुरी कला सारे उत्तरी भारत में प्रसिद्ध रही है। जयपुर कला का प्रसिद्ध चित्रकार साहबराम था, जिसके उत्तम चित्रों के नमूने जयपुर के पोथी खाने एवं वोस्टन संग्रहालय में प्राप्य है। जयपुर शैली के अंतर्गत अनेक व्यक्ति-चित्रों का भी निर्माण हुआ, और श्री एन. सी. मेहता ने उनको मुगल शैली से अलग बताया है।

काँगड़ा शैली

राजपूत शैली में रेखाओं की कोमलता, गति एवं सौष्ठव, रंगो के सुसंयोजन, चक्षुचित्रण, भावप्रधानता के अनुसार काँगड़ा अथवा पहाड़ी शैली भी अपनी विशिष्टता लिये हुए है। श्री गैरोला के मतानुसार कलात्मक देन की दृष्टि से भारतीय चित्रकला को तीन भागों बाँटा जा सकता है-प्रथम मुगल चित्र, द्वितीय राजस्थानी चित्र एवं तृतीय पहाड़ी चित्र। इस शैली का प्रमुख क्षेत्र गढ़वाल या काँगड़ा रहा, जहाँ चित्रशैली के महत्त्वपूर्ण उदाहरण हैं। इस शैली का स्वर्णिम काल संसारचन्द का माना जाता है। उनका शासनकाल (१७८४-१८२३) सुख-समृद्धि का काल था। उनके ३९ वर्ष के शासन काल में हर प्रकार की उन्नति के साथ-साथ चित्रकला की भी अपार उन्नति हुई। इसका प्रमुख कारण स्वयं का एक श्रेष्ठ चित्रकार का

होना था। इसीलिए उनके आश्रय में चित्रकला की उन्नति होना स्वाभिवक ही था। उनकी कला-प्रियता की चर्चा सुनकर दूर-दूर से राजाश्रय पाने के इच्छुक एवं जीविकोपर्जन हेतु अच्छे-अच्छे चित्रकार संसारचन्द्र के संरक्षण में आये। ऐसे कलाप्रेमी शासक के संरक्षण में काँगड़ा जैसे पर्वतीय, नैसर्गिक एवं सुरम्य वातावरण में काँगड़ा कलम के चित्रकारों ने अपनी अनूठी तूलिकाओं से अनेक अमूल्य और अद्वितीय रचनाओं का निर्माण कर डाला, जो आज भी अपनी सुन्दरता, सजीवता, रंगों के सुसंयोजन, रेखाओं की सौष्ठवता, पृष्ठिभूमि की स्वाभिवकता की दृष्टि से मुगल-कलम से भी कहीं श्रेष्ठ दिखाई देती हैं। ये चित्र आज भी देश-विदेश के संग्रहालयों में अपनी श्रेष्ठता का परिचय दे रहे हैं। काँगड़ा कलम में अधिकांशत: कृष्ण जीवन से संबंधित, चित्रों का निर्माण हुआ। इसका कारण था-संसार चंद्र के अन्दर धर्म के प्रति आस्था का होना। प्रात: कला की पूजा-अर्चना, संध्या वंदना के साथ-साथ वह नियमित रूप से रात्रि में नृत्य एवं गायन में रूचि लेता था। गायन एवं नृत्य में वह कृष्ण की रास-लीलाओं एवं वृजभाषा के पद्यों को अधिक प्रोत्साहन देता था। इस कारण ही उसके समय के चित्रकारों की तूलिकाओं से कृष्ण संबंधी आख्यानों का उल्लेख होना स्वाभिवक ही है। सन् १८२० के सुप्रसिद्ध अंग्रेज विद्वान मूरक्राफ्ट ने लिखा है-'राजा संसारचन्द्र के अन्दर धर्म और संस्कृति के लिए यदि अभिरूचि न होती, तो चित्रकला की जिस महान थाती को वह सुरक्षित रख सका और उसकी समृद्धि को आगे बढ़ा सका, कदाचित ऐसा न हुआ होता। इन चित्रों में राधा का चित्रीकरण आत्मा के प्रतीक के रूप में हुआ है। इन चित्रों में नारी-पात्रों को भी सामाजिक-परम्परा के अनुकूल प्रदर्शित किया गया है। संसारचन्द्र के कला प्रिय स्वभाव में स्त्री-पुरूष संबंधी प्रेम-भावना का रहस्य एक आश्चर्यजनक ढंग में प्रस्फुटित हुआ है। कलाप्रिय सम्राट संसार चन्द्र की मृत्यु के साथ ही कांगड़ा कलम की उत्कृष्टता का अंत हो गया ।

कांगड़ा शैली के अन्तर्गत जिन असंख्य चित्रों का निर्माण हुआ, उनमें से आया पानी (१८-१९वीं शताब्दी) 'वर्षा' एवं कालियादाह' (१८वीं शताब्दी), 'बाल-लीला' (१६वीं शताब्दी प्रारंभ), 'वर्षा गमन' (१६वीं शताब्दी का प्रारंभ), प्रोषित पतिका (१६वीं शताब्दी का प्रारंभ), 'पत्र-लेखन' (१८वीं शताब्दी), 'शिशिर'' (१८वीं शताब्दी), 'राधामाधव' (१८वीं शताब्दी), वियोग (१८वीं सदी के अलावा शिव भक्ति से संबंधित चित्र, जैसे कैलाश पर्वत पर 'शिव पार्वती' (१८-१९वीं शताब्दी) आदि चित्रकला की दृष्टि से प्रमुख हैं। ये चित्र, श्री गैरोला की 'भारतीय चित्रकला', एन० सी० मेहता की 'भारतीय चित्रकला' एवं राय कृष्णदास की 'भारत की चित्रकला नामक पुस्तकों में प्रकाशित भी हैं। इन चित्रों में मुख-मुद्राओं, एवं भाव-व्यंजनाओं तथा नेत्र-विधान के साथ-साथ प्राकृतिक वातावरण के प्रदर्शन में बड़ी सजीवता है।

'आया पानी' शीर्षक चित्र में पुरवैया काली घटा को घुमड़ते बताया गया है। पानी आना ही चाहता है। हवा के झोकों से मीन नेत्रों वाली नायिका के वस्त्र उड़ रहे हैं। वह अपने कोमल हाथों की कोमल उँगलियों से अपने सिर से उड़ने वाले दुपट्टे को संभालकर पकड़े हुए सामने की अटारी के भीतर भागने का उपक्रम कर रही है। चित्र में बड़ी सुन्दर कल्पना के साथ-साथ जीवन की यथार्थता के दर्शन होते हैं। नारी-सौंदर्य का ऐसा सुंदर रूप अन्य शैली के चित्रों में बहुत कम देखने को मिलता है।

इसी प्रकार 'कालिया-दाह के चित्र में भगवान कृष्ण किशोर के मुख का ओज देखते ही बनता है। वे जिस ओज एवं वीरता से कालिम-मर्दन कर रहे हैं, दर्शनीय है। भयभीत कालिय उनके भार से व्याकुल

होते दिख रहाहै। नाग-कन्याएं नाना प्रकार की भेंटें देकर प्राण-भिक्षा माँग रही हैं। नाग-कन्याओं के मुखों पर भाँति-भाँति के भाव-प्रदर्शित होते हुए बताये गये हैं। तट पर कालिय के विष-प्रभाव से गायें एवं अन्य पशुओं को मूर्छितावस्था एवं पलायनावस्था में बताया गया है। दूर पर ग्रामीण वातावरण का सुंदर चित्रण है। सम्पूर्ण चित्र में सजीवता है। 'प्रोषित-पतिका में शिशिर ऋतु की रात्रि का चित्रण है। शिशिर ऋतु की शीतल वायु के प्रचंड थपेड़ों से बचने के लिए सामने आँगीठी जल रही है। बगल में तानपूरा भी स्वरविहीन सा अचेतनावसथा में निर्जीव सा बेसुध पड़ा हुआ है। 'बिचारामग्ना' नायिका मसनद के सहारे बैठी हुई है। सामने एक स्त्री को मानो समझाते हुए बतलाया गया है। चित्र में नायिका एवं स्त्री की भाव-मुंडाएं बड़ी ही सजीव हैं। उनकी भाव-मुद्राएं देखकर सहज ही में करूणा का उद्वेग हृदय में उत्पन्न हो जाता है।

'वियोग' में नायिका राधा को पीले वस्त्रों के आवरणीय मसनद के सहारे सिर को एक हाथ के सहारे से आश्रित बताया गया है। एक स्त्री चँवर ढ़ला रही है, दूसरी पंखा झल रही है, तीसरी चंदन घिस रही है, चौथी कटोरी में कुछ लिये हुए है। मानो ये सब विरहिणी की विरहाग्नि को शांत करने के लिए कृत्रिम साधनों को जुटाने का उपक्रम कर रही हों। एक विरहिणी की ओर हाथ से संकेत कर रही है, दूसरी उस विरहिणी की ओर आश्चर्य एवं करूणा जनक मुद्रा में देख रही है। ऊपर नीले आकाश में चाँद नक्षत्रों में बीच में है, जो शायद विरहिणी के विरह को और बढ़ाने के लिए ही निकला हुआ है। एक कोने पर भगवान कृष्ण को भी वियोगावस्था में बताया गया है। मुकुट व पीत दुपट्टा एक ओर पड़ा हुआ है। एक सखी उनको माला पहिनाकर मानो उसकी शीतलता से उनके हृदय की वियोगाग्नि को शांत करने का उपक्रम कर रही है। सम्पूर्ण चित्र में पूर्ण सजीवता है! केश-विन्यास, वस्त्रों की फहरान, चक्षु-चित्रण, भाव-व्यंजना, मुख-मुद्रा, प्राकृतिक-वातावरण, रेखाओं की सौष्ठवता के लिए चित्र में बड़ी मोहकता है।

इसी प्रकार सम्पूर्ण काँगड़ा अथवा पहाड़ी शैली के चित्र बड़े ही सजीव एवं आकर्षक हैं। पर चित्रों में सजीवता एवं आकर्षण केवल १८ वीं शताब्दी के मध्य तक ही सीमित रहा, क्योंकि कला प्रिय संसारचन्द्र की मृत्यु के बाद ही काँगड़ा शैली की उत्कृष्टता का अंत हो गया।

इस शैली के जन्म देने वाले चित्रकारों में माणकू, चैतू, फत्तू, किशनलाल, कुशल, पुरखू, गुलाबराय, प्रमुख रहे।

इनके अलावा श्री एन० सी० मेहता के अनुसार इस कलम के प्रसिद्ध चित्रकारों में नत्थू, गिरधारीदास, शीतल सिंह, कनूराम, गोविंद सिंह, रामविहारी एवं भोलाराम भी प्रमुख थे, जिनके चित्र ब्रिटिश म्यूजियम व इंडिया आफिस में देखने को मिल जाते हैं।

काँगड़ा कलम की विशेषताएं

काँगड़ा कलम को पहिचानने के लिए काँगड़ा कलम की अपनी स्वयं की विशेषताऐं हैं, जो अपनी पराकाष्ठा के लिए विश्व-प्रसिद्ध हैं। इनका उल्लेख करना भी अति आवश्यक है।

(*i*) काँगड़ा शैली के चित्र पौराणिक, धार्मिक एवं लौकिक तीन प्रकार के हैं। 'रामायण' 'महाभारत', 'गीत-गोबिन्द', 'भागवत', 'शिव-पुराण', हरिवंश आदि की कथाओं पर आधारित चित्र एवं कृष्ण की विभिन्न लीलाओं से संबंधित चित्रों का निर्माण हुआ। कृष्ण और गोपियों की

लीलाओं से संबंधित चित्रों का निर्माण हुआ। कृष्ण और गोपियों की लीला में जीवात्मा और परमात्मा के मिलन का प्रतीक निहित है। ऐसे चित्रों में कलाकारों की आध्यात्मिकता एवं अपने आराध्य देवों की भक्ति की झाँकी का प्रतिबिम्ब स्वरूप दिखता है, और दर्शक स्वयं भी देखकर भक्ति-भावना से ओत-प्रोत हो कर श्रद्धा से नतमस्तक हो जाता है।

(*ii*) पृष्ठभूमि की अलंकरणता प्रधान है। प्राकृतिक दृश्यों जैसे–वृक्ष, लताओं, घुमड़ते हुए बादलों, जंगलों, पक्षी-कल्लोल आदि के चित्रिण में बड़ी ही सजीवता एवं सौंदर्य है और दर्शक मंत्रमुग्ध सा हो जाता है।

(*iii*) चित्रों में भावव्यंजना, कल्पनाप्रधान के साथ-साथ आदर्शवादिता एवं यथार्थवादिता भी है। चित्रकार वर्ग जितना ही कल्पना में डूबा है, उतना ही यथार्थ को आदर्श के आवरण में इस रूप में कर सामने रखता है कि चित्रकार एवं उसकी तूलिका के प्रति भी श्रद्धा के भाव अंकुरित हो जाते हैं।

(*iv*) धार्मिक चित्रों के अलावा व्यक्ति चित्रों का भी एक महत्त्वपूर्ण स्थान इन चित्रों में है। राजा, महाराजाओं के अलावा साधू, फकीरों एवं चित्रकारों के स्वयं के चित्र इस शैली के चित्रों में पाये जाते हैं। व्यक्ति-चित्र बड़े ही सजीव हैं। उनके द्वारा उन पात्रों के आंतरिक भाव बड़ी कुशलता पूर्वक स्पष्ट होकर उभरे हुए हैं।

(*v*) धार्मिक चित्रों के अलावा रागमालाओं, एवं विभिन्न रस-चित्रों तथा ऋतु-चित्रों की प्रमुखता इस शैली में है। इन चित्रों में भी बड़ी सजीवता एवं स्वाभिवकता के साथ-साथ पृष्ठभूमि अलंकरण की भरमार है।

(*vi*) काँगड़ा शैली की अनुपम विशेषता नारी-चित्रण में है। अनुपात वाले स्त्रियों के पात्र कृषकाय बताये गये हैं। चन्द्रमा सी गोल आकृति वाले मुख, धनुषाकार भोंहें, मीनाकार, भावपूर्ण नेत्र, भरे हुए गोल उरोज, आकर्षक हस्त एवं पाद मुद्राएं, लयमान कोमल उंगलियाँ, अनुपम भाव-व्यंजना, मुखों पर अनुकूल मुख-मुद्राएं, आकर्षक विभिन्न आलेखनों से युक्त वस्त्र एवं आभूषण, लटकते हुए लम्बे काले केश अथवा वेणी, आदि की काँगड़ा शैली की प्रमुख पहिचान हैं। इन समस्त चीजों की सजीवता के अंकन में चित्रकार इतना सफल हुआ है, कि दर्शक नायिका के अपूर्व सौंदर्य को देखकर झूम उठता है।

(*vii*) काँगड़ा शैली की एक ओर अनुपम विशेषता रेखाओं के चित्रण की है। रेखाओं में बड़ी गति, एवं सजीवता तथा प्रवाह के साथ-साथ बारीकीपन है। रेखाओं में गहरी काव्यात्मक-भावना निहित है। इन रेखाओं से विभिन्न रस-करूणा, वात्सल्य, हर्ष, शोक, वियोग एवं संयोग आदि के भाव स्पष्ट दिखाये गये हैं।

(*viii*) रंगों का सुसंयोजन अपने प्रकार का अलग ही है। रंगविधान विषय एवं वातावरण के अनुकूल रखा गया है। रंग अधिक भड़कीले एवं चटकीले नहीं हैं। अधिकांशत: चित्रकारों ने सादे और हल्के रंगों का प्रयोग किया है। जहाँ कहीं सफेद रंग का भी प्रयोग किया गया है। साड़ी अथवा दुपट्टा की किनारी के प्रदर्शन के लिए सुनहरी रंगों का प्रयोग बड़े ही स्वाभिवक ढंग से किया

गया है। रूपलावण्य और कोमल रंग भरने में कोई भी शैली कांगड़ा या पहाड़ी शैली का सामना नहीं कर सकती। पं० वृजमोहन व्यास के मतानुसार यदि कालिदास के -

ऊधरः किसलय रागः कोमल विप्यानुकारिणी वाहू।
कुसुममिव लोभनीयं यौवन भंगेषु सन्नद्धम्॥

को कलाकार चित्रित करना चाहे अथवा 'गीत गोविन्द' के मूर्त रूप में ढ़ालना चाहे, तो उसे अपनी सफलता के लिए इस शैली का दामन ही पकड़ना पड़ेगा।

(*ix*) कांगड़ा के बने चित्रों में विशेषतः १८वीं एवं १९ वीं शताब्दी के चित्रों में अपनी भारतीय वेश-भूषा ही चमक उठी है। यद्यपि कुछ चित्रों में चित्रकारी का हाथ कहीं-कहीं मुगलपन को लेकर बहक उठा है, पर फिर भी भारतीयता की दृष्टि से वे महत्त्वपूर्ण हैं।

(*x*) चित्रों में पृष्ठ-भूमि में चित्रित अट्टालिकाओं, कक्षों की दीबारों का बड़ा ही स्वाभिवक चित्रण हुआ है। जाली दार मुंडेर आदि बड़े ही कलात्मक ढंग से प्रस्तुत हुई हैं। रेखाओं के प्रवाह एवं बारीकी तथा रंगों के सुसंयोजन द्वारा दीवारों के आलों, दरवाजों पर पड़ी हुई चिकों, फर्श पर विभिन्न आलेखनों को प्रदर्शित किया गया है।

कोटा-बूँदी शैली

राजस्थान अपने प्राकृतिक निर्माण व मोहक वातावरण के कारण काव्य एवं कला के क्षेत्र में अनुप्रम देन रहा है। इसीलिए वहाँ के लोक-गीतों में राजस्थानी काव्य की अमृतोपम काव्य-लहरी एवं वहाँ की विभिन्न कलाओं में विशेषतः चित्रकला ने अपनी एक नई परम्परा प्रचलित की। राजस्थान न तो कोई एक विशिष्ठ नगर ही था और न ही कोई एक विशिष्ट चित्र-परम्परा थी। राजस्थान में अनेक समृद्धिशाली नगर हैं ओर वहाँ एक साथ असंख्य चित्रकारों ने अपनी सतत् साधाना के द्वारा अपनी अमर तूलिकाओं से विभिन्न चित्रों का निर्माण किया। अतः राजस्थानी या राजपूत शैली की इन नगरों के नाम पर उनकी चित्र-शैलियाँ भी प्रचलित हुईं। कोटा-बूँदी शैली भी उन्हीं में से एक है, और चित्रकला की दृष्टि से अनुपम देन है।

कोटा-बूँदी के सुदृढ़ महलों में एवं वहाँ के लब्ध-प्रतिष्ठित एवं चित्रकला-प्रेमियों के पास-आज वहाँ की चित्रकला के आश्चर्यजनक एवं मनमोहक चित्र मिले हैं। अपनी विशिष्टता के कारण ही इस शैली के चित्र विदेशों के संग्रहालयों में जाकर राजस्थान की एवं विशेषतः कोटा-बूँदी की चित्रकला की प्राचीन परम्परा को जीवित रखे हुए हैं। इस शैली के चित्रों का सर्वश्रेष्ठ संग्रहालय 'विक्टोरिया ऐंद्र अलवर्ट म्यूजियम लंदन है।

इस शैली के चित्र भी कांगड़ा कलम की भांति धार्मिक-आख्यानों, विशेषतः कृष्ण-संबंधी लीलाओं के अलावा अनेक प्रकार के विषयों से संबंधित हैं। बरसात में 'राधा-कृष्ण' एवं 'कजरी बनों में हाथियों का पकड़ना' नामक दो चित्र, जो श्री गैरोला की भारतीय चित्रकला में प्रकाशित हुए हैं, कोटा-बूँदी-शैली की उत्कृष्ट कृतियां हैं। इन दोनों चित्रों में कितनी सजीवता एवं स्वामिभवकता है, यह देखते ही बनती है। ''बरसात में राधा कृष्ण'' नामक चित्र में राधा-कृष्ण के मुखों की भाव-मुद्रा में विशेष आकर्षण है। रंगों के संयोजन, वस्त्रों की फहरान, आभूषणों के अलंकरण, हस्त-मुद्राओं, रेखाओं की गति एवं प्रवाह

व चक्षु-चित्रण में एक विशेष मनमोहकता एवं सजीवता है। राधा के मुख पर मुग़ल-शैली की कुछ छाप दृष्टिगोचर होती है। गौओं को वर्षा के भय से भागने व कृष्ण के प्रति अपूर्व प्रेम की खेंचा-खेंची का स्वाभाविक चित्रण इस चित्र में देखने को मिलता है। पृष्ठ-भूमि में आकाश में कोंधती हुई बिजली में भी बड़ी स्वाभिकता है। इसी प्रकार "कजरी बन में हाथियों को पकड़ने वाले चित्र में हाथियों की स्वतंत्रता, छिनने पर उनकी मनोवेदना का दिग्दर्शन इस चित्र में देखने को मिलता है। बँधने की अवस्था में भी उनकी भागने की मुद्रा में बड़ी सजीवता है। उनके मुख पर क्रोध एवं स्वाभिमान के स्पष्ट चिह्न दिखाई देते हैं। हाथियों के मांसल अवयवों को छाया-प्रकाश की यथेष्ठ पुट देकर भली-भाँति प्रदर्शित किया गया है। पृष्ठभूमि के अलंकरण में भी बड़ी वास्तविकता है।

इस शैली के चित्रों का उत्कृष्ट काल कोटा में राजा उदय सिंह (१७७१-१८२०) के समय में और बूँदी में राजा रामसिंह (१६८६-१७०८) एवं राजा अर्जुनसिंह (१७२०-१७२४) के समय में था। राजा रामसिंह के समय के चित्र दृश्यांकन की सूक्ष्मता एवं भावव्यंजनाओं की दृष्टि से अद्वितीय हैं और वे श्री गैरोला के मतानुसार 'मुगलशैली' से एवं कोटा-शैली के चित्र जयपुर शैली से पूर्णतः प्रभावित है।

विशेषताएं

(*i*) मुगल चित्रकारों की भांति इस शैली के चित्रकारों ने भी जो राज-दरबार के असंख्य चित्र बनाये, उनमें राज दरबार की शान-शौकत एवं मर्यादा आदि का पूर्णरुपेण पालन हुआ है। इसी प्रकार रामसिंह के उत्सव के चित्रों में भी इसी परम्परा का निर्वाह हुआ है। इन चित्रों के देखने से यह प्रतीत होता है, कि चित्रकार भीड़ के प्रदर्शन में भी बड़े सफल थे।

(*ii*) प्रौसपैक्टिव एवं शारीरिक अनुपात का ज्ञान चित्रकारों को भली भाँति था।

(*iii*) चित्रों का विषय अधिकांशतः धार्मिक है। कृष्ण की लीला के चित्रण में भी चित्रकारों ने अपना कौशल पूर्ण रूप में दिखाया है। उनमें रंग संयोजन की प्रक्रिया, रेखा-सौष्ठव एवं समुचित पृष्ठभूमि के साथ-साथ कृष्ण एवं उनसे संबंधित गोपी-गोपिकाओं की भाव-मुद्रायं एवं हस्त मुद्रायें आदि प्रभावोत्पादक हैं। इन चित्रों में भाव-प्राधान्य है।

(*iv*) राग-रागनियों के चित्र बड़े ही भव्य लगते हैं। इस चित्र शैली के राग-रागनियों के चित्रों में राजस्थानी शैली की छाप दिखती है। इन चित्रों के देखने से ज्ञात होता है, कि चित्रकार विभिन्न प्रकार की राग-रागनियों एवं उनके प्रभावादि से भली-भाँति परिचित थे। राग-रागनियों के चित्रण में भी मुद्राओं, भाव-भंगिमाओं का उचित निरुपण हुआ है।

(*v*) नायिकाओं के चित्रण में मनोवैज्ञानिक दृष्टिकोण अपनाया गया है। उनके केश-विन्यास, वस्त्र-आभूषण, अलंकरण के अतिरिक्त उनकी भाव-भंगिमाओं व मुद्राओं में इतनी स्वाभाविकता है, कि दर्शक मंत्र-मुग्ध हुए बिना नहीं रहते।

(*vi*) पशु-पक्षियों एवं वातावरण का चित्रण स्वाभाविक हुआ है।

(*vii*) रेखायें प्रभावपूर्ण हैं एवं रंग-संयोजन उत्तम है। रंग-विधान चमकीला है, पर उनमें किसी प्रकार की कृत्रिमता नहीं है।

(*viii*) प्रत्येक चित्र का विषय भारतीय है।

मेवाड़ शैली

राजस्थानी शैली में मेवाड़ शैली का स्थान विशेष माना जाता है। इस शैली की सबसे प्राचीन चित्रों की कृति ''रूपासनाचर्यम्'' है। सर्वप्रथम इसका उल्लेख विजयवल्लभ स्मारक ग्रंथ, बम्बई में १८५६ ई० में हुआ है। कुछ विद्वानों ने इसे गुजरात व जैन शैली का मिश्रण बताया है। श्री आनंदकुमार स्वामी ने इस शैली को श्रीनाथ के मंदिर की सुन्दर और अस्पष्ट कृतियों तक ही समझा, पर अब प्राप्त कुछ नये चित्रों से सारे मत धूमिल पड़ गये। डॉ. मोतीचंद के मतानुसार-मेवाड़ शैली एक प्रमुख शेली थी और उसका केन्द्र उदयपुर था, नाथ द्वारा नहीं। श्री आनन्द कुमार स्वामी ने ''कृष्ण राधा की प्रतीक्षा में'' चित्र को, जो ''कैटलॉग आफ इंडियन कलैक्शसन्स'' के मुखपृष्ट पर था, दक्षिण ''राजस्थान शैली'' या ''गुजरात शैली'' कें और सोलहवीं शताब्दी के पूर्व का माना हे, पर ''प्रिंस ऑफ वेल्स म्युजियम'' में सुरक्षित 'गीत गोवन्दि' के चित्रों के एवं अन्य आधार पर यह चित्र १७ वीं शताब्दी के मध्य का और उदयपुर केन्द्र का माना गया है।

अन्य कई उदाहरण एवं पांडुलिपियों के आधार पर यह निष्कर्ष निकलता है, कि १६ वीं शताब्दी में राजस्थानी शैली ने अपनी जिन नवीन शैली का विकास किया था, उसमें मेवाड़ प्रमुख था और इस शैली का विकास मुगलों के उदय काल तक बिना किसी अवरोध के निरंतर होता रहा।

विषय

इस शैली के अंतर्गत धार्मिक चित्र, विशेषत: हिन्दू देवी-देवताओं से संबंधित चित्र, रागमालाओं के चित्र, जन भावना से ओत-प्रोत सामाजिक चित्र, विभिन्न नायिकाओं के चित्र, आखेट-चित्र, पशु-पक्षियों के चित्र बने। इसके अलावा इस शैली के अंतर्गत भित्ति-चित्रों एवं कलापूर्ण आलेखनों की भी प्रधानता रही। ''रसिक प्रिया'' ''रामायण'' एवं ''महाभारत'' पर आधारित भी अनेक चित्र बनाये गये। इनमें चित्तौड़ के प्रसिद्ध चित्रकार मनोहर द्वारा रचित ''रामायण'' की एक प्रति भी प्राप्य है, जो १६४८ ई० में बनी थी और अब ''प्रिन्स ऑफ वेल्स म्यूजियम में सुरक्षित है।

इस शैली में निर्मित समस्त हिन्दू देवी-देवताओं के चित्र भाव एवं भक्ति प्रधान चित्र हैं। विशेषत: ''पूतना-बध'' का चित्र बड़ा ही ह्वदयस्पर्शी है। इस चित्र में पूतना की बिखरी हुई केश-राशि, विस्फारित नेत्र, बड़े-बड़े तीक्ष्ण दांत आदि में बड़ी ही स्वाभाविकता है।

विशेषतायें

मुगल कला भी इस समय अपने विकसित रूप में थी, परन्तु वह दरबार तक ही सीमित होने के कारण संकुचित ही रही, पर मेवाड़ शैली जन-सामान्य की कला बन गई, यद्यपि आगे चलकर जनसामान्य तक यह कला पहुँचने के कारण केवल मनोरंजन मात्र अथवा ''लोक कला'' के रूप में ही रह गई।

धार्मिक आख्यानों पर आधारित चित्रों में प्रत्येक पात्र में बड़ी स्वाभविकता, सजीवता है एवं देवी-देवता विशेष रूप से श्रद्धा व भक्ति के भाव हैं।

प्राकृतिक वातावरण उपस्थित करने में चित्रकार बड़े सफल रहे हैं। रात्रि के दृश्य के अंकन में तो वे बड़े सिद्धहस्त रहे हैं।

आखेट संबंधी चित्रों में भी चित्रकारों की पैनी सूझ-बूझ दिखाई देती है। जंगली पशुओं का एवं शिकार की विधियों के वे पूर्ण ज्ञाता प्रतीत होते हैं।

पशु-पक्षियों के चित्रण भी बड़े स्वाभाविक रहे हैं। उनमें प्रदर्शित रंग-विधान से वे और भी सजीव बन बड़े हैं।

मानवाकृतियों के बनाने में चित्रकार बड़े कुशल थे। उनकी भाव-भंगिमायें, मुख की बनावट, मुद्रायें आदि के चित्रण में रोचकता एवं कोमलता तथा सजीवता है। विशेषतः नारी-पात्र चित्रण में तो उन्होंने बड़ा ही कौशल प्रदर्शित किया है। नारी सौंदर्य परम्परानुसार ही प्रदर्शित हुआ है, पर कहीं-कहीं अस्वाभाविकता की झलक भी दिखाई दे जाती है। पारदर्शी वस्त्रों का प्रयोग सुन्दर हुआ है।

वेश-भूषा विशेषतः पुरुषों के जामा, पगड़ियाँ आदि के अतिरिक्त भवनों के चित्रण में मुगल शैली का प्रभाव स्पष्ट दिखाई देता है।

शृंगारी-चित्रों के प्रदर्शन में विशेषतः रागमाला के चित्रों एवं नायक-नायिका भेद वाले चित्रों में चित्रकारों नेश्रृंगार रस का पूर्ण रुपेण प्रतिपादन किया है, जिससे चित्रों में और भी अधिक कोमलता एवं हृदयग्राहिकता आ गई है।

नारियों के चित्रों में उनकी वेणियाँ (चोटियाँ) एवं लहंगों की चुन्नटों में एवं तथा उनके लटकते हुए फुंदनों में तथा आभूषणों के अलंकरण में चित्रकारों ने पूर्णरूप से सजीवता एवं स्वाभाविकता लाने का प्रयत्न किया है।

आलेखन सुन्दर हैं। उनका प्रयोग भी यथा-स्थान सुन्दर ढंग से हुआ है।

रंग-विधान एवं रंग-संयोजन यथानुसार एवं प्रसंगानुसार हुआ है। अधिक रंगों का प्रयोग न होकर विशेषतः लाल, पीला व जोगिया रंग ही प्रयुक्त हुये हैं। पार्श्व में पृष्ठभूमि को स्वाभाविक बनाने के लिए अवश्य ही अनेक रंगों का प्रयोग में लाया गया है और इस संयोजन में चित्रकार बड़े सफल रहे हैं।

रेखा-सौष्ठव भी श्रेष्ठ प्रकार का है। रेखाओं में गति है।

विषय पूर्ण रुपेण भारतीय ही रहे हैं। प्रारंभ की शैली में भी पूर्ण-रुपेण भारतीयता की छाप थी, पर आगे चलकर मुगल प्रभाव से शैली से बच न सकी।

किशनगढ़ शैली

किशनगढ़ शैली भी राजस्थानी शैली की एक उन्नत शाखा थी। प्रारंभ में इस शैली में बल्लभ सम्प्रदाय के चित्र मिलते हैं क्योंकि इस शैली के प्रमुख आश्रयदाता महाराज सामन्तसिंह कवि नागरीदास के शिष्य थे और वे कृष्णभक्त भी थे।

महाराजा सामन्तसिंह चित्रकला प्रेमी थे। अतः उनकी चित्रशाला में अनेक चित्रकार थे, जिसमें निहालचन्द, उमरचन्द और सीताराम के नाम विशेष रूव से उल्लेखनीय हैं। ये १८वीं शताब्दी के प्रसिद्ध

चित्रकार थे। इन सबमें सर्वश्रेष्ठ चित्रकार निहालचंद था, जो महाराजा सामन्तसिंह के दरबार में रहता था और चित्रशाला का वही मुख्य चित्रकार था। निहालचंद को एक जागीर दी गई थी। इस निहालचंद ने सैकड़ों सुन्दर चित्रों का निर्माण किया था।

विषय

इस शैली के चित्रों के प्रमुख विषय राधा-कृष्ण और कृष्ण की लीलाआं से संबंधित थे। राधा-कृष्ण की लीलायें चित्रों में प्रदर्शित की गई हैं। वे बहुत ही सुन्दर हैं। राधा का चित्रण तो समस्त राजस्थानी कला में उत्कृष्ट माना जाता है।

'भागवत पुराण' तथा 'गीत-गोविन्द' आदि पर आधारित अनेक चित्रों का भी इस शैली के अंतर्गत निर्माण हुआ, जिनमें से अनेक चित्र कला की दृष्टि से अनूठे हैं।

इस शैली के चित्रों में व्यक्ति चित्रों (शबीह या पोट्रेट) का बाहुल्य है। इनमें राजाओं के चित्र, सन्तों के चित्र, नवाबों-बादशाहों के चित्रों के अतिरिक्त अष्टछाप कवियों के चित्र और पुष्टि मार्गीय आचार्यों के चित्र हैं। इन व्यक्तिचित्रों में महाराज सामन्तसिंह की एक दासी, जो कि महाराज की एक प्रेरणा थी, का चित्र विशेष रूप से उल्लेखनीय है।

इस शैली के अंतर्गत इन चित्रों के अलावा जन-जीवन से संबंधित चित्रों, उत्सवों के चित्रों, जल-विहार के चित्रों, राज-दरबार के चित्रों और नायक-नायिकाओं के चित्रों का भी निर्माण हुआ। इन चित्रों में ''संगीत गोष्ठी'', ''नौकाविहार'' आदि के चित्र विशेष रूप से हृदयग्राही हैं। 'संगीत गोष्ठी'' में राजदरबार का सुरम्यवातावरण, रात्रि की नीरव शान्ति के बीचसंगीत की गूंजती हुई स्वर-लहरियों का समन्वय बड़ी ही कुशलता से चित्रकारों ने किया है। इस चित्र में चित्रकार की कल्पना और यथार्थ दोनों के अद्‌भुत दर्शन होते हैं।

विशेषतायें

इस शैली के चित्रों में व्यक्ति चित्र बनाने की प्रथा बड़ी प्रचलित थी और इस परम्परा में वे उस काल के चित्रकार जहाँगीरकालीन व्यक्तिचित्र बनाने वाले कलाकारों से किसी भी अर्थ में कम नहीं थे।

इस शैली के चित्रकार नारी-मनोविज्ञान के मानो कुशल पारखी थे। उन्होंने नारी-चित्रण में इस प्रतिभा का पूर्ण परिचय दिया है। इस कला के द्वारा नारी-पात्र का जो चित्रण हुआ है, वह अजन्ता अथवा कांगड़ा या किसी भी राजस्थानी शैली से सौंदर्य, भाव-मुद्राओं एवं कला के क्षेत्र में कम नहीं है। नारी-पात्र के अंग-प्रत्यंग में बड़ी कोमलता एवं लावण्य है।

प्राकृतिक वातावरण के उपस्थित करने में चित्रकार बड़े धनी हैं। प्राकृतिक वातावरण की पृष्ठभूमि से चित्रों मे जो निखार आंया है, वह अवर्णनीय है। विशेषतः रात्रि के दृश्य के चित्रांकन में तो इस शैली के चित्रकार बड़े ही सिद्धहस्त रहे हैं।

कांगड़ा या मुगल शैली की भाँति स्त्री-पात्रों को लहंगा, चोली एवं पारदर्शी साड़ी से अलंकृत किया गया है। उस साड़ी से झलकता हुआ यौवन नारी-सौंदर्य को और अधिक बढ़ाने में सक्षम है। पुरुष-पात्रों के सिर पर पगड़ी व पाजामा और राजपूती पटका का प्रदर्शन हुआ है। कृष्ण को पीतबसन बताया गया है।

इस शैली के अंतर्गत बने राधा और कृष्ण आत्मा और ब्रह्म के प्रतीक स्वरूप हैं एवं उनमें भक्ति एवं श्रद्धा की उत्कष्ट भावना निहित है।

सारे चित्र भावों, मुद्राओं, शारीरिक अनुपातादि की कसौटी पर खरे हैं। रंग-संयोजन एवं रंग-विधान सुन्दर है। रेखाओं में गति एवं सजीवता है। उनमें बारीकी एवं कोमलता है। रेखाओं की कोमलता एवं लय गति में वे अजन्ता से किसी भी अर्थ में कम नहीं है।

बीकानेर शैली

बीकानेर शैली भी राजस्थानी या राजपूत शैली की ही एक शाखा थी। बीकानेर में इसकी स्थापना होने के कारण इसको ''बीकानेर शैली'' की संज्ञा दी गई है। बीकानेर इस शैली का प्रमुख केन्द्र था। इस शैली का विकास १७वीं शताब्दी के पश्चात् ही हुआ।

वैसे राजा रायसिंह (१५७१ ई०-१६११ ई०) चित्रकला का बड़े प्रेमी था। उसके समय की केवल 'मेघदूत' की एक सचित्र प्रति मिलती है, जो ''अपभ्रंश शैली'' की प्रतीत होती है। रायसिंह ने अम्बर, जोधपुर अेर जयपुर से 'भागवत' और 'रसिक प्रिया' से संबंधित चित्रों का संकलन भी कराया था। रायसिंह के पश्चात् करन सिंह (१६३१ ई०-१६५२ ई०) भी चित्रकलाप्रेमी था। इसंके समय में भी अनेक चित्रों का निर्माण हुआ, जिन पर मुगल शैली की छाप थी। मुगल शैली की परम्परा में ही उसके समय में सुनहले चित्रों का निर्माण भी हुआ।

करन सिंह के पश्चात् राजा अनूप सिंह भी चित्रकला का अपूर्व प्रेमी था। उसके समय में भी असंख्य चित्रां का निर्माण हुआ। उसके समय के बने हुए चित्रों में विशुद्ध बीकानेर शैली की परम्परा थी। औरंगजेब द्वारा निकाला गया रूकनुद्दीन उसके दरबार का श्रेष्ठ चित्रकार सिद्ध हुआ, जिसने ''रसिक प्रिया'' और ''भागवत'' पर आधारित अनेक चित्र बनाये थे। औरंगजेब के समय में जब राजपूत राजाओं पर अत्याचार होने लगे और राजपूत भी शक्तिहीन हो चले, तब उनके समय की चित्रकला के भी ह्रास के चिह्न स्पष्ट उभर आये, क्योंकि उनके अस्थिर जीवन रहने के कारण उनकी चित्रकला के प्रति रुचि भी कम हो गई। अत: अनूपसिंह के पश्चात की बीकानेर शैली की विशुद्ध कला अपने अस्त-व्यस्त रूप में आम जनता तक पहुँच गई।

१९वीं शताब्दी के अंत तक अंग्रेजों का अधिपत्य भी वहाँ पहुँच गया, जिसके कारण रही-सही अस्त-व्यस्त बीकानेर शैली सदा के लिए निष्प्राय हो गई और वह भी अंग्रेजी पाश्चात्य में शनै:शनै: डूब गई।

वैसे इस शैली के चित्रों का विकसित रूप चन्द्रमहल तथा सुजान महल के द्वारों की चित्रकारी में, अनूपमहल तथा फूल महल के अलंकरण में 'वैरागमाला' और 'बारहमासा' के दृष्टान्त-चित्रों में ही दिखाई देता है।

विशेषताएं

इस शैली के चित्रकार हिन्दू व मुसलमान दोनों ही थे। चित्रों का विषय भारतीय था। इस चित्र शैली ने समय-समय पर अनेक करवटें बदली हैं। क्योंकि उसमें कोई स्थायित्व नहीं था। अनूपसिंह के पूर्व की

चित्रकला पर अपभ्रंस शैली का, बाद में मुगल प्रभाव और उसके पश्चात् पाश्चात्य प्रभाव स्पष्ट दृष्टिगोचर होता है।

राजपूत शैली की अन्य शैलियों की भाँति इस चित्र शैली में 'रागमाला', बारहमासा 'भागवत' आदि पर चित्र बने।

आलेखनों के निर्माण में चित्रकार सिद्धहस्त थे। स्वर्ण का प्रयोग इस चित्रशैली की प्रमुख विशेषता थी।

रंग विधान, रंग-संयोजन उत्तम और रेखाओं में भी गति तथा ओज विद्यमान था, पर कहीं-कहीं वे निस्तेज भी हो गईं हैं।

नारी-चित्रण अच्छा था। पारदर्शी वस्त्रों का प्रयोग यथास्थान किया गया। वातावरण को सुरम्य बनाने का भी प्रयत्न चित्रकारों के द्वारा किया गया था।

बसौली शैली

चित्रकला के इतिहास के पृष्ठों को पलटकर जब देखा जाता है, तो सर्वप्रथम अजन्ता, मुगल या राजपूत या कांगड़ा चित्रकला की ओर ध्यान आकर्षित हो जाता है, पर बसौली की चित्रकला का जब सूक्ष्मात्मक दृष्टि से अध्ययन किया जाय, तो नि:संदेह यह भी चित्रकला के इतिहास में ग्वालियर जिले की बाघ एवं लंका की सिंगरिया चित्रकला की भाँति अपना विशिष्ट स्थान रखती है।

बसौली की राजधानी बालौर या बल्लपुर में थी, जो आजकल जम्मू राज्य के अंतर्गत कथुवा या कटुवा नामक जिला के अंतर्गत है। बालौर राजधानी की स्थापना इतिहास विशारदों के मतानुसार ८वीं शताब्दी के आसपास हुई और इसका अस्तित्व १०वीं और ११वीं शताब्दी तक एक स्वतंत्र रियासत के रूप में रहा। इस समय इसकी स्थिति एक सामान्य ग्राम के रूप में रहा, लेकिन इसका वह काल गौरवपूर्ण काल था। चित्रकला की दृष्टि से एक विशिष्ट स्थान रखे हुए था, जिसके जीते-जागते ज्वलंत उदाहरण आजकल भी अवशेषों के रूप में यत्रतत्र देखने को मिल जाते हैं।

बसौली शैली पर किस कला की छाप थी, इस संबंध में विभिन्न कला-विशारदो की विभिन्न रायें हैं। श्री वाचस्पति गैरोला ने बताया है, ''कि उस समय १८वीं शताब्दी में बसौली की रंग-परम्परा काश्मीर के चित्रों से प्रभावित है। बसौली के चित्रों की शैली में जिसमें निजत्व वर्तमान है, का आधार कश्मीर शैली का संवैधानिक दृष्टिकोण रहा है। मुकुट व दुपट्टे की फहरान तथा वास्तु-भूमि में काश्मीरी प्रभाव स्पष्ट पाया जाता है।''

कुछ लोगों ने इसको ''जम्मू शैली'' के नाम से संबोधित किया है, क्योंकि आधुनिक बसौली जम्मू राज्य के कथुवा या कथुवा नामक जिले के अंतर्गत है और १७वीं और १८वीं शताब्दी में ''जम्मू शैली'' की अपनी अलग ही विशिष्टता थी। इस कारण बसौली में जम्मू शैली का प्रभाव होना स्वाभिवक ही था। इस मत के अनुयायियों में प्रसिद्ध कला विशारद डॉ. आनंद कुमार स्वामी विशेष उल्लेखनीय हैं। उन्होंने इसके कुछ चित्र अपनी ''राजपूत-पेंटिंग'' नामक पुस्तक में ''जम्मू शैली'' के नाम से प्रकाशित भी किये हैं।

पर अजित घोष ने डॉ० आनंद कुमार स्वामी के इस मत का खंडन किया है। उनका कहना है, कि ये चित्र, जिन्हें आचार्य कुमार स्वामी एवं उनके समर्थकों ने ''जम्मू शैली'' से प्रभावित बताया है, निर्मूल है। वस्तुत: वे बसौली शैली के ही चित्र हैं, क्योंकि खास जम्मू में उस समय कोई विशेष चित्र-परम्परा विद्यमान नहीं थी। बसौली चित्रकला का एक महत्त्वपूर्ण अंग उस समय था, जिसमें स्वयं का अपना बहुत कुछ था।

''बसौली शैली'' के कुछ चित्र ऐसे हैं, जिनको ''तिब्बत'' या ''नेपाली'' बताया गया है। ''वंशी-वादन'' करते हुए भगवान कृष्ण का एक चित्र है, जिसमें उन्हें बाल गोपालों के साथ जंगल में गायें चराते हुए दिखाया गया है। इस चित्र को ''तिब्बती'' कहा गया हे। इस मत की पुष्टि करते हुए प्रसिद्ध कला-पारखी एवं कला-विशारद श्री नानालाल चमनलाल मेहता ने लिखा है-''पंजाब में दो प्रकार के चित्र मिलते हैं। एक तो ''कांगड़ा कलम'' के नाम से प्रचलित हैं और दूसरे प्रकार के चित्रों को बेचने वाले कभी-कभी ''तिब्बती चित्र'' कहा करते हैं। यह चित्र पहाड़ी कलम से भिन्न हैं।'' कुछ लोगों ने इस ''बसौली शैली'' का संबंध राजस्थानी शैली से बताया है, क्योंकि उस समय ''राजस्थानी शैली'' का एक केन्द्र जम्मू भी था। इस मत के मानने वालों में रायकृष्ण दास प्रमुख हैं। उनकी दृष्टि में इस राजस्थानी शैली को जहाँगीरकालीन मुगल शैली की परम्परा का बसौली के चित्रकारों द्वारा अपनाया जाना है। ''चम्बा शैली'' के प्राप्त अवशेषों के आधार पर यह निष्कर्ष निकलता है, कि ''कांगड़ा शैली'' की रिक्तता को लेकर ''बसौली शैली'' के चित्रकारों ने ''बसौल शैली'' का निर्माण किया।

इन सब तथ्यों एवं तर्कों के अध्ययन के पश्चात् यदि गम्भीरतापूर्वक विचार किया जाये, तो सत्य यह है कि 'बसौली शैली' में प्रतिबिम्ब तो अवश्य ही सब शैलियों का कुछ न कुछ अंश रूप में रहा है, पर स्वयं के अस्तित्व व रूप के कारण वह इतनी परिमार्जित एवं मौलिक हो गई है कि वह स्वयं एक विशिष्ठ शैली हो गई और अपने युग की १८वीं एवं १९वीं शताब्दी की सबसे अधिक प्रभावशाली एवं लोकप्रिय शैली सिद्ध हुई। सम्पूर्ण पंजाब, गढ़वाल और तिब्बत तक में इसी शैली का प्रचार था।

भाव-व्यंजना, मौलिकता एवं सजीवता की दृष्टि से हिन्दू चित्रकला की सभी प्रवृत्तियाँ बसौली शैली के चित्रों में देखने को मिलती हैं। इनके मुख्यत: विषय ''गीत-गोविन्द'', ''भागवत'', ''रागमाला'', ''महाभारत'' एवं ''रसिक-प्रिया'' थे। बसौली शैली के कुशल चित्रकारों ने बहुत बड़ी संख्या में इनसे उद्धृत चित्र बनाये। इन चित्रों के संबंध में एक विशेषत यह और थी कि इन भव्य और आकर्षक चित्रों के साथ चित्रकारों ने जिस लिपि का प्रयोग किया, वह भी बड़ी ही कलापूर्ण एवं आकर्षक थी।

कांगड़ा, गढ़वाल और गुलेर की पहाड़ी रियासतों के चित्रकारों ने तो ''रागमालाओं'' के चित्र विशेषत: बहुत नहीं बनाये, पर बसौली के चित्रकारों को राजस्थानी एवं बुंदेलखंडी चित्रकारों की भाँति, रागमालाओं के चित्र बनाने में विशेष अभिरुचि थी और इसलिए उन्होंने सहस्त्रों की संख्या में ''रागमालाओं'' के चित्र उसी भाँति बना डाले, जिस प्रकार दतिया के राजा शत्रुजित सिंह (१७६२-१८०१ ई०) के समय में ''बुंदेलखंड शैली'' के अंतर्गत ''रागमालाओं'' के सहस्त्रों चित्र बनाये गये थे। इस शैली के चित्रकारों को रागमालाओं का इतना गहन अध्ययन था, कि ''श्री राग चम्पक'', 'श्री राग कमल', 'श्री रागाणि',

'श्री राग हर्ष और 'श्री राग पोबार' जैसे कई ऐसे रागों पर चित्र बना डाले, जिनका उल्लेख संगीत-पुस्तिकाओं तक में अप्राप्त है। इन ''रागमालों'' के अतिरिक्त बसौली के चित्रों में धार्मिक एव सामाजिक स्थलों पर आधारित अनेक चित्र आकर्षक और मनमोहक दिखाई देते हैं। इनमें से किन्हीं पर तो ''मुगल शैली'' की स्पष्टत: छाप दिखलाई पड़ती है।

पहाड़ी चित्रों की अपेक्षा ''बसौली शैली'' के चित्र अधिक ग्रामीण हैं। इनमें ओज और बल का प्रदर्शन अधिक है। इस चित्र-शैली में कोमलता उतनी अधिक नहीं है, जितना कि तेज। इस शैली के चित्र बाह्य-आडम्बर तथा बाह्य-लावण्यता से अधिक दूर रहे हैं, पर इन चित्रों की अंतर्रात्मा बोलती हुई दिखलाई पड़ती है। सीधी-सादी फड़कती हुई रेखाओं में सीधो-सादे रंगों द्वारा ही चित्रों में समरूपता लाने में चित्रकार अधिक सफल रहे हैं। इनकी सीधी-सादी रेखाओं में जीवन की गति व प्रवाह बहुत है।

बसौली के चित्रों की अपनी कुछ विशेषताएं हैं। जैसे—इनमें स्त्रियों के चित्रण में चित्रकार अधिक सराहनीय हैं। नीचे की ओर झुकी हुई लम्बी नासिका, बड़ी-बड़ी आँखें, छोटी मुखाकृति, गोल कपोल व झुकी हुई ठोढ़ी के चित्रण में चित्रकारों ने बड़ी ही सजीवता एवं स्वाभिवकता दिखलाई है। वेषभूषा को अंकित करने में राजपूत शैलियों के रागमालाओं के चित्रों की भाँति चित्रकार वर्ग अधिक सफल रहा है।

बसौली शैली की दूसरी विशेषता चक्षु-चित्रण की है। इस शैली में बने नेत्र जैन शैली, राजपूत शैली, बंगाल शैली एवं मुगल शैली से कहीं अधिक प्रभावोत्पादक एवं आकर्षक हैं। इस शैली के बने नेत्रों को देखकर कविबिहारी के इस दोहे की याद आ जाती है—

अमिय हलाहल रस भरे, श्याम श्वेत रत नार।
जियत मरत झुक-झुक परत, जेहि चितनत इक बार॥

बसौली चित्रों में सम्पूर्ण चित्र का केन्द्र-बिंदु उसके कर्ण स्पर्शीय एवं रस भाव पूरित नेत्रों की रचना है। श्वेत, श्याम, रतनार एवं हलाहल से पूर्ण मदभरे नयनों को देखकर कोई भी कला-रसिक इन नेत्रों में अपने को डुबो सकता है। इन पर अपने को न्योछावर कर सकता है। यही नेत्र ही बसौली चित्रों की कलम की एक कसौटी एवं एक सक्षम माध्यम हैं।

तीसरी विशेषता उसकी हस्त-मुद्राएं हैं। वे हस्त-मुद्रा के कौशल में अजंता के चित्रों की हस्त-मुद्राओं से किसी भी अर्थ में वे कम नहीं हैं। इन चित्रों में उँगलियों व हथेलियों की कोमलता, लावण्यता एवं सुकुमारिता देखते ही बनती है।

इन चित्रों में विशेष विचित्र बात यह पाई जाती है, कि स्त्रियों व पुरुषों के आभूषणार्थ तितली के पंखों के चमकीले हरे रंग के टुकड़ों का प्रयोग किया गया है। यह प्रयोग भारतीय चित्रकला के क्षेत्र में अपना अलग ही विशिष्ट स्थान रक्खे हुए है एवं जो अन्य किसी शैली में संभवत: देखने को नहीं मिलता।

इनकी रंग-सज्जा में चित्रों में बुंदेलखंड शैली की भाँति लाल, पीले, नीले और सादे रंगों का प्रयोग अधिक किया गया है। १७वीं शताब्दी के चित्रों में रंग विधान अधिक फड़कता हुआ नहीं है।

इस शैली में अंग-प्रत्यंग को बारीक वस्त्र के आवरण में अति पारदर्शक नहीं बनाया गया है। केवल लंहगे की चूनरी को पारदर्शक साधारणतौर पर बनाया गया है। इसके अलावा फूल-पत्तियों के आलेखन केवल लाक्षणिक एवं आभरण रूप में दिखलाये गये हैं।

इस शैली का उत्कर्ष काल १८वीं शताब्दी का मध्यार्द्ध हैं। बसौली के चित्रों में 'रसिक-प्रिया' के आधार पर 'राधाकृष्ण के चित्र और 'गीत-गोविन्द' के आधार पर बनाये गये अनेक चित्र चित्रकला की दृष्टि से अच्छे उदाहरण हैं। इसी 'गीत-गोविन्द'' पर आधारित चित्र ही ''बसौली शैली'' के सबसे अधिक प्राचीन समझे जाते हैं, जिनका काल १७वीं शताब्दी ही आँका जाता है। वैसे इस १७वीं शताब्दी में सहस्त्रों की संख्या में 'श्रीमद्भागवत', 'रामायण' एवं 'महाभारत' के आख्यानों से संबंधित चित्र बने, पर इन चित्रों को श्री नानालाल चमनलाल मेहता ने पुराने भित्ति-चित्रों का ही सूक्ष्म रूप माना है, एवं इनका संबंध उन्होंने राजपूताने के और मध्यकालीन गुजराती चित्रों से माना है।

१८वीं शताब्दी के मध्यार्द्ध का एवं इस शैली का प्रमुख चित्रकार 'माणक' है। १६३० ई० की इस चित्रकार की बनाई 'गीत-गोविन्द' चित्रावली है, जो लाहौर संग्रहालय में सुरक्षित है।

इस बसौली चित्र-शैली की चित्र-परम्परा १९वीं शताब्दी तक लगभग रही। जम्मू के राजा गुलाब सिंह द्वारा सन् १८४९ ई० में बसौली के अंतिम राजा कल्याणपाल को विजित करने और बसौली राज्य को जम्मू राज्य में विलय करने के साथ ही इस बसौली शैली की उस कला का अंत हो गया, जो कभी अपनी सजीवता, मौलिकता एवं भाव-व्यंजना के लिए दूर-दूर तक ग्रपना प्रभाव रखे हुए थी।

गढ़वाल शैली

हिमालय की तराई में स्थिति गढ़वाल की शासन व्यवस्था कत्यूरी एवं परमार वंशीश राजवंशों के हाथों रही और कुछ वर्षों कत्यूरी राजवंशों का प्रभाव रहने के बाद गढ़वाल पर परमार वंश का अधिपत्य हुआ, जिसका कि प्रथम शासक कनकपाल (८४४-८९९ ई०) था।

गढ़वाल के यशस्वी एवं कला प्रेमी शासकों में राजा बलभद्रशाह (१४७३-१४९८ ई०) एवं राजा फतेहशाह (१८६४-१७१७ ई०) के नाम विशेष उल्लेखनीय हैं ये चित्रकला के प्रेमी एवं चित्रकारों के आश्रयदाता थे। राजा फतेहशाह के दो चित्र श्री गिरजा किशोर जोशी के संग्रह में हैं। एक चित्र में राजा को सैनिकों व सेवकों के साथ जंगल में बैठा दिखाया गया है और एक ही घाट पर दो शेर और एक बकरी को पानी पीते बनाया गया है। इस चित्र से उसके राज्य में समानता, अहिंसा व शान्ति एवं निर्भयता का बोध होता है। दूसरे चित्र में राजा को किसी फटे-पुराने वस्त्रधारी व्यक्ति पर बाण चलाते हुए बताया गया है। फटे-पुराने वस्त्रधारी दरिद्रता का प्रतीक स्वरूप है। तात्पर्य स्पष्ट है कि राजा अपने राज्य में दरिद्रता न रखकर सुख-समृद्धि का साम्राज्य रखना चाहता है। राजा बलभद्रशाह ने अपनी राजधानी श्रीनगर के राजमहल में एक चित्रशाला का निर्माण कराया। जिसमें तमाम सुंदर चित्रों की रचना की जाती थी।

राजा फतेहशाह के बाद चित्रकला की चरमोन्नति का काल प्रदीपशाह (१७१७-१७७२ ई०) से लेकर महाराज सुदर्शन शाह (१८१५-१८५९ ई०) तक का माना जाता है। सुदर्शनशाह तो जैसे विद्वानों और कलाकारों के आश्रयदाता ही थे, इसीलिए उनके समय में मोलाराम, माणकू एवं चैतू जैसे गढ़वाली शैली के सफल चित्रकार हुए हैं।

गढ़वाल शैली पर अधिकांशतः मुगलशैली का प्रभाव है। इसका प्रमुख कारण श्री आर्चर महोदय के विवरण से स्पष्ट हो जाता है। सन् १६५८ ई० में शाहजहाँ की मृत्यु के पूर्व शासन सत्ता लोभी एवं प्रमुख

षडयन्त्रकारी औरंगजेब के गृह-युद्ध के बाद मृतक शाहजादा दाराशिकोह का पुत्र सुलेमान सिकोह अपने प्राणों की भिक्षा के लिए भागा, तो उसने गढ़वाल के शासक महाराज पृथ्वीशाह (१६४६-१६६० ई०) के यहां जाकर शरण ली। उस समय उसके साथ शाहजहाँ के काल के प्रसिद्ध चित्रकार विशनदास के पुत्र शामदास एवं पौत्र हरदास साथ थे। कुछ समय रहने के बाद शाहजादा सुलेमान सिकोह तो औरंगजेब द्वारा दिल्ली बुला लिया गया। लेकिन पृथ्वीशाह के आग्रह पर सुलेमान सिकोह इन दोनों प्रसिद्ध चित्रकारों शामदास और उसके पुत्र हरदास को गढ़वाल छोड़ गया। वहाँ रहकर उन दोनों ने अपनी मुगलशैली की चित्रकला की परम्परा को गढ़वाली शैली के रूप में परिमार्जित करके सामने रखा।

पर गढ़वाल शैली का दूसरा प्रमुख चरण मोलाराम की चित्रकला से अठाहरवीं शताब्दी के मध्यभाग से प्रारंभ हुआ है। थी गैरोला के मतानुसार उसकी आंरभिक कृतियों में पहिले दीन, हीन और प्रभाव रहित शैली का दर्शन होता है, और उन कृतियों में कवि होने के नाते कविता का माध्यम रखा था। किंतु उसकी कृतियों में धीरे-धीरे नई शिल्प-विधि और नये निर्माण के चिह्न प्रगट हुए। उत्कृष्ट प्रेम कथा से लेकर निष्पाप सौंदर्य का चित्रण और संगीत में लय को प्रगट करने के लिए रेखाओं का शुद्ध प्रयोग किया गया। उसके बने अनेक चित्र मिलते हैं। इनमें कलात्मकता कम है, लेकिन काव्य-कुशलता अधिक है। रेखाओं में कठोरता अधिक है, और चित्रों में भाव-व्यंजना एवं सजीवता कम है।

इस गढ़वाल-शैली पर मुगल शैली के साथ-साथ कांगड़ा एवं गुलेर शैली का प्रभाव भी स्पष्टतः झलकता है। १८वीं शताब्दी के प्रारम्भ से अंत तक के चित्रों का सूक्ष्मात्मक ढंग से अध्ययन करने के बाद थ्री गैरोला ने इन चित्रों को दो भागों मे बाँटा है। प्रथम भाग में लगभग २० सर्वोत्कृष्ट कृतियाँ हैं, जो अविदित ही चित्रकार की तूलिका से चिंतित किये गये हैं। इनमें काव्यात्मक कोमलता के साथ-साथ गुलेरी चित्र परम्परा का प्रभाव अधिक दिखता है। रंगों का संयोजन अच्छा है। छाया एवं प्रकाश का भी हल्का प्रयोग गुलेरी शैली की भाँति किया गया है। नारी चित्रों की रेखाओं में हल्का सौन्दर्य रहता था। दूसरे भाग में सामान्य कलाकारों की कृतियों को रखा गया है। इनमें से कुछ ता उत्कृष्ट कोटि की थीं। थ्री गैरोला के मतानुसार नारी रूप के समानान्तर पत्रहीन डालियों, छोटे घुमावदार पेड़ों, उत्तंग तारों की भाँति चमकते हुए पुष्पों के चित्रण, चक्राकृत जलधाराएं-ये थोड़े से उदाहरण इस सामान्य श्रेणी के लक्षण निर्धारित करते हैं।

गढ़वाल शैली के चित्रों में अधिकांशतः मोलाराम एवं माणकू तथा चैतू को व्यक्तित्व निहित हैं। गढ़वाली शैली की जानकारी के लिए इन चित्रकारों के विषय में कुछ जानकारी प्राप्त करना परम आवश्यक है, जो एन० सी० मेहता द्वारा प्रस्तुत हुई हैं।

मोलाराम : वंश का प्रभाव व्यक्ति के वातावरण की अपेक्षा अधिक पड़ता है। इस बात का सही प्रमाण मोलाराम के जीवन-पृष्ठों को पलटने से ज्ञात होता है। चित्रकला एवं वास्तुकला प्रेमी, मुगल सम्राट शाहजहाँ के दरबार में प्रसिद्ध चित्रकार विशनदास था, जो कि जाति का स्वर्णकार था। उसका पुत्र सामदास शाहजहाँ के सबसे बड़े पुत्र एवं चित्रकला प्रेमी दारा शिकोह के साथ रहता था। शाहजहाँ की मृत्यु के बाद दूसरे शहजादे औरंगजब का शासन प्राप्ति के लिए अन्य भाइयों के साथ गृह-युद्ध हुआ, जिसमें दारा शिकोह की बड़ी निदर्यता पूर्वक हत्या कर दी गई और शाहजहाँ के अन्य दोनों शहजादे भी औरंगजेब के

द्वारा इसी भाँति अपने मार्ग से सदैव के लिए हटा दिये गये। दारा शिकोह भयभीत शहजादा सुलेमान शिकोह अपने प्राणों की रक्षा के लिए अपने पिता की संरक्षणता मे रहने वाले चित्रकार सामदास एवं उसके पुत्र हरदास को लेकर गढ़वाल की ओर भाग गया एवं गढ़वाल के राजा पृथ्वीशाह (१६४६-१६६० ई०) के दरबार में जाकर शरण ली। लगभग डेढ़ वर्ष बाद शाहजादा सुलेमान शिकोह तो औरंगजेब के द्वारा सहानुभूति पूर्वक बुला लिया गया।पर पृथ्वीशाह ने शामदास एवं उसके पुत्र हरदास की चित्रकला के कौशल्य को देखकर शहजादे सुलेमान-शिकोह से बड़े ही आग्रहपूर्वक माँग लिया। इन्हीं कुशल-चित्रकार सामदास की पाँचवीं सीढ़ी में मोलाराम थे।

इनका जन्म लगभग १७६० ई० में हुआ। एक कुशल चित्रकार के साथ-साथ एक अच्छे कवि भी थे। अपनी काव्य-प्रतिमा को आधार मानकर इन्होंने चित्रों का निर्माण किया। अपनी काव्य-प्रतिमा एवं चित्रकला की कुशलता के आधार पर महाराज जयकृतशाह और उनके छोटे भाई प्रद्युम्नचंद के जमाने में उनके पास ६० गाँव की जागीर के अलावा ५ रु. प्रतिदिन की वृत्ति भी बंधी हुई थी। ७५ वर्ष आयु में इस कुशल चित्रकार एवं प्रसिद्ध कवि मोलाराम का देहान्त हुआ था। प्रतापशाह, ललित शाह, जयकृतशाह एवं प्रद्युम्नचंद के समय में उन्होंने अपनी तूलिका की ख्याति काँगड़ा और नेपाल तक पहुँचा दी। इनके अनेक चित्र प्रकाशित हो चुके हैं। उनके चित्रों में ''रास मंडल'', ''भगवान राम का अयोध्या छोड़ना'', 'लंका चढ़ाई', 'काली का असुर-संहार', 'मोर-प्रिया', 'भुवनेश्वरी का वरदान' अधिक आकर्षक हैं।

'रास मंडल' में राधा कृष्ण को नृत्य करते हुए बताया गया हैं, जो चारों ओर गोपियों के समूह से घिरे हुए है। राधा को प्रकृति का स्वरूप माना गया है, एवं कृष्ण को ब्रह्म के रूप में माना गया है। चित्र में सजीव सजीवता व स्वाभिवकता है, संगीत का श्रेष्ठ वातावरण है। जीवात्मा व परमात्मा के मिलन के अपूर्व दर्शन की अनुपम झांकी है।

'भुवनेश्वरी देवी का वरदान' नामक चित्रकला की उत्कृष्टता की दृष्टि से उतना महत्त्व का नहीं है। इसमें भुवनेश्वरी देवी से स्वयं चित्रकार द्वारा वरदान प्राप्त करते हुए चित्रित किया गया है।

माणकू : यह महाराज सुदर्शन शाह (१८१५-१८५८ ई०) के समय में थे। इसने ''गीत-गोविन्द'' ''बिहारी सतसई'' पर आधारित अनेक सुन्दर वित्रों का निर्माण किया था। माणकू को मोलाराम का शिष्य बताया जाता है। 'आँख-मिचौनी' वाला चित्र, जो श्री एन०सी० मेहता की पुस्तक ''स्टेडीज इन इनडियन पंटिंग' में प्रकाशित हुआ है, चित्रकार की तूलिका के चमत्कार का एक प्रारंभिक उदाहरण है। यह आज भी श्री नगर में सुरक्षित है। इसके अलावा उसने रामायण एवं महाभारत के आख्यानों पर आधारित भी अनेक चित्रों का निर्माण किया था। प्राकृतिक दृश्यों के आलेखन में वह बड़ा सिद्ध हस्त था। माणकू को चटकीले रंग अधिक भाते थे। चटकीले रंगों के संयोजन, पृष्ठभूमि को अलंकृत करने एवं प्राकृतिक दृश्यों के उभारने में वह बड़ा सिद्ध हस्त था।

चैतू : इसको भी मोलाराम का शिष्य बताया जाता है। यह भी महाराजा सुदर्शन शाह के समय में माणकू का ही साथी था। उसकी तूलिका से भी 'रामायण', 'महाभारत', 'रुक्मिणी-परिणय एवं कृष्ण की अन्य लीलाओं से संबंधित चित्र बने। उसके चित्रों में भक्ति, प्रेम, और श्रृंगार के दर्शन होते हैं। चित्रों में

काव्यात्मक अनुभूति दिखलाई पड़ती है। उसके चित्रों के पात्रों की भाव-मुद्राएं बड़ी ही सजीव व आकर्षक हैं। पृष्ठभूमि को अधिक अलंकृत करने की अपेक्षा वह अपनी सारी शक्ति चित्रों के पात्रों की सजीवता उत्पन्न करने में लगा देता था। बेष-भूषा आकर्षक होती। रेखाओं में गति व प्रवाह के साथ-साथ कोमलता रहती थी व सादे एवं हल्के रंगों का प्रयोग किया जाता था। यही उसके चित्रों की विशेषता है।

चम्बा शैली

पहाड़ी चित्रशैली के संदर्भ के अंतर्गत चम्बा शैली का भी महत्त्वपूर्ण योग रहा है। यह बड़ा दुर्भाग्य है, कि सुरक्षा के अभाव में और राजनैतिक परिवर्तनों के कारण यहाँ की मूल्यवान कृतियाँ बहुत कम संख्या में प्राप्त हो सकी हैं। पर अपने वैभवकाल में चम्बा शैली की अपनी स्वयं की एक अलग-वैशिष्टता थी, और इस विशिष्टता के लिए अपने युग की पहाड़ी चित्रकला को विभिन्न उपशाखाओं में वह बहुत प्रसिद्ध थी।

चम्बा के 'रंग महल' में चम्बा शैली के चित्र आज सुरक्षित हैं, जिनसे तत्कालीन राजाओं की कला-प्रियता एवं तत्कालीन चित्रकारों की तूलिका का कला-कौशल्य दिखाई पड़ता है। यद्यपि 'रंगमहल' की दशा आज स्वयं भी भग्नावशेष के रूप में है। पर वह अपने युग के वैभव, विकास और कला की समृद्धि का द्योतक है। इस 'रंगमहल' का श्री गणेश महाराजा उम्मेदसिंह (१७७८-६४ ई०) के समय में हुआ, पर बाद कला प्रिय शासकों में राजा जीतसिंह (१६८४) विशेष उल्लेखनीय है, और उसके समय में 'चम्बा शैली' के अंतर्गत उत्कृष्ट शैली के चित्रों का निर्माण हुआ। इसका प्रमुख कारण यह था, कि वह स्वयं एक अच्छा चित्रकार था। इसलिए उसने बाहर के श्रेष्ठ चित्रकारों को आमंत्रित कर, उनको सवोत्तम आश्रय प्रदान देकर सर्वोत्कृष्ट चित्रों का निर्माण करवाया था। यहाँ के चित्रों में अधिकांशतः भित्ति-चित्र हैं, और इन भित्ति-चित्रों में 'रामायण', 'महाभारत', 'भागवत 'दुर्गाशप्तशती', शिव-पार्वती और नायिका भेद से संबंधित अनेक विषयों से संबंधित आख्यान चित्रित हैं। इन भित्ति-चित्रों में रूप-सज्जा एवं अलंकरण की भरमार है। इन चित्रों के पत्तियों, पुष्पों, लताओं से अलंकृत किनारे भी विशेष आकर्षक हैं। इन चित्रों में मीनाकृति वाले नेत्रों की विशेषता है। रंगों में अधिकांशतः लाल, पीले, नीले रंगों का प्रयोग हुआ है। काले रंग का प्रयोग कम हुआ है। 'भागवत' के आधार पर सावन मास में झूला झूलने वाला दृश्य बड़ा ही सुन्दर और आकर्षक है और यह चित्र आजकल 'नेशनल आर्ट गैलरी-की शोभा बढ़ा रहा है।

सिक्ख शैली

इस शैली का क्षेत्र पंजाब तक ही सीमित रहा। १८वीं शताब्दी के मध्य में पंजाब में सिक्खों का सितारा चमका। छोटी-छोटी पहाड़ी रियासतें सिक्खों के बढ़ते हुए प्रभाव के कारण टिक न सकीं। लेकिन दुर्भाग्यवश उनका यह उत्कर्ष काल अधिक दिनों तक स्थिर न रह सका। चित्रकला की दृष्टि से महाराज रणजीत सिंह का काल सर्वश्रेष्ठ काल था। पहाड़ी रियासतों की शासन व्यवस्था कमजोर हो जाने एवं राजाओं द्वारा चित्रकारों को समुचित आश्रय न मिल सकने के कारण अधिकांश चित्रकार इधर-उधर भटकते रहे। इनमें से बहुतों को महाराज रणजीत सिंह ने आश्रय दिया। इन चित्रकारों द्वारा महाराजा रणजीत

सिंह की आज्ञा से लाहौर के राजप्रासाद के 'शीश महल' पर अनेक भित्ति-चित्र बनाये गये, जिनको सर्वप्रथम प्रकाश में लाने का श्रेय श्री एन० सी० मेहता को प्राप्त है और इस शैली के बहुत से चित्र श्री गांगुली ने 'अपनी रूपम्' में प्रकाशित किये हैं। सबसे रमणीय आलेखन 'बसत के चित्र में है। इन भित्ति-चित्रों के अलावा अनेक सिक्ख-गुरुओं एवं दरबार के प्रसिद्ध सरदारों एवं सिक्ख राजाओं के भी चित्र बनाये गये। इस शाखा के प्रसिद्ध चित्रकार 'गुरु मुखसिंह माने जाते हैं।

इस शैली में कोई निजी विशेषता नहीं थी, क्योंकि पहाड़ी कलम की उत्कृष्टता का समय बीत चुका था और पाश्चात्य शैली का प्रभाव बढ़ता जा रहा था। इस शैली में दोनों प्रभावों का समन्वय देखने को मिलता है।

अध्याय-6

बुन्देलखंड की चित्रकला
(१६वीं सदी से २०वीं सदी तक)

बुन्देलखण्ड को भारत में यह गौरव प्राप्त है कि उसने वास्तुकला, मूर्तिकला के साथ-साथ प्रागैतिहासिक काल से लेकर मध्यकाल तक ही अवधि में चित्रकला के क्षेत्र में अपना एक विशिष्ट स्थान बनाया है।

चित्रकला की दृष्टि से बुन्देलखण्ड बड़ा ही गौरवपूर्ण अतीत रखे हुए हैं। चित्रकला के विकास में तो बुन्देलखण्ड ने मानव-सभ्यता के विकास की ही परम्परा एक प्रकार से अपनायी है। इस क्षेत्र में प्रागैतिहासिक काल और आद्यैतिहासिक काल की चित्रकला के दर्शन उस रूप में देखने को मिलते हैं, जबकि आदि मानव अपनी अर्द्धविकसित सभ्यता के अंतर्गत पर्वतों की कन्दराओं और गुफाओं में रहा करते थे और वे अपने मनोभावों को इन गुफाओं की भित्तियों पर चित्रित किया करते थे। उनके ये चित्र उनके मानव जीवन से संबंधित शिकार एवं विविध प्रकार के पशुओं के रहा करते थे। बेतवा के किनारे नैदूर एवं पन्ना जिल में स्थित वृहस्पति कुंड की विशाल पर्वतीय गुफायें इस प्रकार की प्रागैतिहासिक चित्रकला के लिए कलानिधियां है। इन दो प्रमुख स्थानों के अतिरिक्त इस प्रकार के गुफा-चित्र (बाघाट-झांसी जनपद), होशंगाबाद, कैमूर की पहाड़ियों आदि स्थानों में देखने को मिलते हैं इन चित्रों में खनिज रंगों का ही अधिकांशतः प्रयोग हुआ है।

चंदेलकालीन चित्रकला

प्रागैतिहासककालीन चित्रकला के पश्चात् एक दीर्घकालीन अंतराल बुन्देलखण्ड की चित्रकला के रूप में देखने को मिलता है। इसका प्रमुख कारण संभवतः ऐतिहासिक सम्राटां की चित्रकला के प्रति उदासीनता रहा है। प्राचीन चित्रकला के नाम चंदेलकालीन मडावरा व मदनपुर (ललितपुर जनपद) के जैन मंदिर अवश्य ही एक अपवाद बने हुए हैं। इन मंदिरों की भित्तियों पर चिंहित चित्रों में भी मानव-जीवन से संबंधित विविध प्रकार की घटनाओं का प्रदर्शन है। चित्रों में गति, ओज एवं भाव-भंगिमाओं की श्रेष्ठता का अभाव है। यह चित्रकला लगभग बारहवीं शताब्दी से संबंधित है। चित्रकला के प्रति चंदेल शासकों की उदासीनता का मुख्य कारण उनकी वास्तुकला व मूर्तिकला के प्रति अपार रूचि रही है।

चित्रकला की विशेष उन्नति बुन्देलखण्ड में बुन्देल शासकों के समय से प्रारम्भ हुई है। बुन्देलखण्ड में विकसित चित्रकला के कारण यहाँ की कला को ''बुन्देलखण्डी चित्रकला'' अथवा ''बुन्देली चित्रकला'' की संज्ञा दी गई है। यद्यपि इस बुन्देली चित्रकला में स्वयं की विशिष्टतायें होते हुए भी मुगलकालीन और

राजपूतकालीन चित्रकला के प्रभाव स्पष्टतः दिखाई देते हैं। कहीं-कहीं तो ऐसा लगता है कि चित्र बुन्देली शैली के न होकर पूर्णरूपेण कांगड़ा और पहाड़ी शैली (राजपुत शैली) में ही मुखरित हो गये हों अथवा मुगलकालीन कलम से पूर्ण हों। इस प्रकार के गुणों से मुक्त होने पर भी वैसे देखा जायें, तो समस्त चित्रों में मौलिकता, सजीवता के भाव परिलक्षित होते हैं। भाव-भंगिमाओं का सुन्दर प्रदर्शन हुआ है। पृष्ठभूमि वातावरणानुकूल एवं वर्ण-संयोजन उच्च प्रकार की बन पड़ा है। चित्रों में 'विष्णुधर्मोत्तर पुराण' के 'चित्रसूत्रम्' में दिये गये निर्देशों को पालनपूररी तरह से हुआ है :

रूप भेदाः प्रमाण, भाव, लावण्ययोजनम्।
वर्णिकाभेद सादृश्यं, इति चित्रषड्कम्॥

बुन्देली चित्रकला (ओरछा)

बुन्देली चित्र-शैली के प्रमुखतः कुछ प्रसिद्ध स्थल रहे है। जैसे ओरछा, झांसी, दतिया, पन्ना। ओरछा तो बुन्दली चित्र शैली का एक प्रकार से गढ़ रहा है। यहां की चित्रकला का इतिहास लगभग तीन सौ वर्षों का लम्बा इतिहास है। इस चित्रकल का शुभारम्भ महाराज मधुकर शाह (१५५४-१५९२ ई०) काल से हुआ। उनके समय के बने चित्र बुन्देल शासकों की प्रथम राजधानी ओरछा के दुर्ग में स्थित महाराज मधुकरशाह द्वारा निर्मित राजमहल में देखने को मिलते हैं। बुन्देली शैली के श्रेष्ठतम उदाहरण मधुकरशह एवं उनकी महारानी गणेश कुंवर के व्यक्तिगत कक्षों में दृष्टव्य है। चूँकि महाराजा मधुकरशाह कृष्ण के अनन्य भक्त और महारानी गणेश कुंवर राम की भक्त-वत्सला थीं। अतः इन दोनों के कक्षों में भगवान राम व कृष्ण के जीवन से सम्बन्धित चित्रों का प्रदर्शन बहुलता से हुआ है। ये समस्त चित्र इन महलों की चतुर्दिक भित्तियों पर निर्मित है। समस्त चित्र के पर्याप्त रूप में मौलिकता एवं स्वाभाविक तथा उपयुक्त वातावरण से परिपूर्ण हैं, पर फिर भी बुन्देली कलम होते हुए राजस्थानी, विशेषतः कांगड़ा, पहाड़ी शैली और मुगल शैली के प्रभाव से मुक्त नही हो सकी है और कहीं-कहीं तो यह धोखा हो जाता है कि अमुक चित्र विशुद्ध रूप में राजस्थानी या मुगलशैली में ही डूबा हुआ है। लेकिन वैसे देख जाये, तो ये समस्त चित्र ओरछा में बुन्देली शैली में निर्मित समस्त चित्रों के मानो प्राण हैं। नायक-नायिका एवं समस्त पात्रों के मुख पर प्रदर्शित भाव-भंगिमा, ओज, विविध प्रकार के काव्यात्मक रसों का प्रदर्शन पूर्ण सजीवता लिए हुए है। पारदर्शी वस्त्रों में अंगों की सुकुमारता एवं कलात्मक-सौष्ठव अपने में पूर्णतः निहित किये हुए है। नेत्रों की रचना में कमल, खंजन, मीन और मृग आदि की सभी काव्यगत उपमायें साकार होती हुई दिखाई देती हैं।

ओरछा दुर्ग में बुन्देली चित्रकला की दूसरी कलम महाराज वीरसिंह देव प्रथम (१६०६-१६२७) ई० के समय की है। बुन्देली चित्रकला के उदाहरण दुर्ग में स्थित दरबारे-खास की छत तथा भित्तियों एवं स्तम्भों पर दृष्टव्य हैं। पर इन उदाहरणों में केवल पशु-पक्षियों एवं फूल-पत्तियों से युक्त आलेखन मात्र ही है। पशु-पक्षियों के प्रदर्शन में अवश्य ही कलाकारों की कला-प्रतिभा का परिचय देखने को मिलता है। पर सजीवता, सुकुमारता की दृष्टि से ये समस्त चित्र मधुकरशाह के समय की चित्रकला की अपेक्षाकृत कम प्रभावपूर्ण हैं।

ओरछा दुर्ग में ही उत्तर-पश्चिम की ओर वृक्षों के झुरमुट में उदासी व वीरानगी लिए हुए महाराजा रामशाह (१५९२-१६०६ ई०) के भ्राता महाराजा इन्द्रजीत सिंह की प्रेयसी एवं ओरछा की सुविख्यात नर्तकी व कवि केशव की परमप्रिय शिष्या प्रवीण राय के उस महल की खामोश दीवारों पर कुछ चित्र दिखाई देते हैं, जहाँ कभी स्वर-लहरियों तथा नूपुरों की मधुर-धवनि गूंजा करती थीं। पर इन चित्रों में भाव-मुद्राओं तथा ओज व गति का नितांत अभाव है।

ओरछा में बुन्देली चित्रकला की पराकाष्ठा के दर्शन महाराजा वीरसिंह प्रथम (१६०६-२७ ई०) द्वारा निर्मित एक ऊँचे स्थल पर स्थित उदास वातावरण में पल रहा लक्ष्मी जी का मंदिर है। इसी मंदिर की निर्माण-शैली में जितनी कौतूहलता है, उससे कहीं अधिक इस मंदिर की भित्तियों पर चित्रित चित्रकला में हृदय-ग्राह्यता है। मंदिर पर चित्रित यह चित्रकला पृथ्वी सिंह (१७३६-१७५२ ई०) की कला-प्रियता की दुहाई देते हैं। इस मंदिर की भित्तियों पर दो प्रकार की चित्रकला का प्रदर्शन हुआ है। इस प्रकार की चित्रकला उत्कीर्ण प्रधान चित्र हैं। कत्थई रंग की चिकनी पृष्ठभूमि पर प्रधानतः नायिकाओं के चित्र उत्कीर्ण करके बनाए गए हैं। वर्ण-संयोजनरहित विविध प्रकार की नायिकाओं में भाव-प्रधानता है। इस प्रकार के चित्र केवल द्वार पर ही चित्रित दिखाई देते हैं। मंदिर के अंदर चतुर्दिक भित्तियों एवं छतां पर धार्मिक आख्यानों पर आधारित अनेक चित्रों के अतिरिक्त अन्य प्रकार के चित्र भी चित्रित हैं। ऐसे चित्रों में 'गोपी चीर हरण' 'राम-रावण युद्ध' शेषशायी विष्णु 'गणेश-पूजा'' ''केश-सज्जा' आदि विशेष उल्लेखनीय हैं। सामाजिक चित्रों एवं विभिन्न राजाओं के व्यक्ति चित्रों में बुन्देलखण्ड के ठाकुरों, जैसी ठकुरासी उनकी मूंछों, दाढ़ी तथा उनके नेत्रों की बनावट में देखते ही बनती है। दो दौड़ते हुए कुत्तों वाले चित्र में तो बड़ी स्वाभाविकता एवं सजीवता है।

महारानी लक्ष्मीबाई के युद्ध का चित्र भी एक स्थल पर प्रदर्शित है। इससे यह प्रतीत होता है कि इस मंदिर की भित्तियों पर चित्रित चित्रकला महाराजा पृथ्वीसिंह के पश्चात् उन्नीसवीं शताब्दी में भी चलती रहीं। यहाँ के समस्त चित्रों को देखकर ऐसा लगता है कि ये चित्र भाव-भंगिमाओं के प्रदर्शन में तो अवश्य ही श्रेष्ठ उदाहरण कहे जा सकते हैं, पर कहीं-कहीं शारीरिक अनुपात में प्रदर्शित शिथिलता, चटकीले रंगों को कम करते हां। इन समस्त चित्रों में विविधता के दर्शन होते हैं। कुछ चित्रों में राजस्थानी व मुगल शैली का प्रभाव दृष्टिगोचर होता है, पर फिर भी यहां के चित्रों की स्वयं की चित्र-शैली का भारतीय चित्र-शैली में अपना एक विशिष्ट स्थान है।

दतिया की चित्रकला

बुन्देला राजधानी ओरछा की भांति बुन्देल-शासकों की अन्य नगरी दतिया का नाम भी चित्रकला की दृष्टि से बड़ा ही गौरवपूर्ण रहा है। १८वीं शताब्दी के अंत मे दतिया के राजा शत्रुजीत सिंह (१७६२-१८०१ ई०) चित्रकला के अदभुत प्रेमी थे। उनके काल में चित्रकला अपनी पराकाष्ठा पर पहुंच गई थी। उनके कुशल संरक्षण में हजारों की संख्या में मतिराम के 'रसराज' और ''बिहारी सतसई'' एवं 'रागमालाओं' के चित्र बने। इनके अतिरिक्त अनेक धार्मिक चित्र व राजा-महाराजाओं के अनेकों व्यक्ति-चित्र बने। इन चित्रों की शैली सर्वथा न्यारी ही रही है। आलेखन सीधा-सादा है और रंग-विधान भी सीधा-सादा है।

इसीलिए कहीं-कहीं चित्रों में राजस्थानी प्रभाव परिलक्षित होता है। भले ही भाव-व्यंजनाओ का कहीं-कहीं अभाव दिखता है। पर चित्रों के मुखों पर प्रदर्शित भाव अवश्य ही सजीव दिखते हैं। सम्पूर्ण रूप में चित्र. स्वयं की विशिष्टता रखने पर भी राजस्थानी अथवा मुगल शैली की श्रेष्ठता की कसौटी पर खरे उतरे है।

पर शत्रुजित सिंह के समय में चित्रकला की जो एक स्वच्छ परम्परा प्रचलित हुई, उसका निर्वाह उत्तरकालीन राजाओं यथा : भवानी सिंह, गोविन्द सिंह आदि के समय में भी चलता रहा। परवर्तीकाल में दतिया में हजारों की संख्या में अनेक प्रकार के चित्र बने, जो कला की विशिष्टताओं से परिपूर्ण थे। रंग-विधान, भाव प्रधान ये चित्र बाद में भारतीय कला भवन, बनारस के संग्रहालय में चले जाने पर तथा क्रेताओं के द्वारा क्रय किए जाने के कारण नगण्य रूप में रह गए हैं। पर शेष चित्रों को देखकर लगता है कि इन चित्रों में शैली की सजीवता, भाव-प्रधानता, हृदय-ग्राहयता एवं मौलिकता है, जैसी कि ओरछा के महाराज मधुकरशाह व महारानी गणेशकुंवर के व्यक्तिगत कक्षों की चित्रकला में मिलती है। इनचित्रों में कहीं स्वयं की विशिष्टता है तो कहीं पर ये पूर्णरूप में राजस्थानी व मुगल शैली में डूबे दिखाई देते हैं। ये चित्र ''राजमहल'' में देखने को मिलते हैं। यहां के चित्र अधिकांशत: राजाओं से संबंधित हैं।

ओरछा के पृथ्वीसिंह और दतिया के शत्रुजीत सिंह की काल-परम्परा में ही छत्रसाल महाराज का नाम भी विशेष उल्लेखनीय है। उनके द्वारा बसाई गई पन्ना राजधानी व अपने गुरु की पावन स्मृति में स्थापित प्रसिद्ध 'प्राणनाथ का मंदिर' की भित्तियों पर प्रदर्शित चित्रकला विशेष रूप से उल्लेखनीय है। यह मंदिर बाद में प्राणनाथ सम्प्रदाय वालों की कलाप्रियता के कारण जितना कलापूर्ण है उतना ही चित्रकला की दृष्टि से अनूठी निधि स्वरूप हैं। इस मंदिर की भित्तियों के ऊपर की ओर अधिकांशत: कृष्ण की जीवन-लीला से संबंधित चित्रों का प्रदर्शन हुआ है। ये कला की दृष्टि से पूर्ण हैं।

तालबेहट की चित्रकला

ललितपुर जनपद में तालबेहट 'ऐतिहासिक व कलात्मक दृष्टि से बहुत ही महत्त्वपूर्ण हैं। यहां पर बुन्देली चित्रकला के सर्वोत्कृष्ट उदाहरण चंदेरी के बुन्देला राजा देवीसिंह (१६२४-८२ ई०) द्वारा निर्मित 'नृसिंह मंदिर' में देखने को मिलते हैं। इऩ चित्रों में राम, कृष्ण के जीवन से संबंधित यथा राम की बाल लीला, दशरथ का दरबार, राम-लक्ष्मण का विश्वामित्र के साथ प्रस्थान, राम की बारात, यशोदा को परेशान करते बाल-कृष्ण, गोबर्धन धारण किये कृष्ण आदि, विष्णु के अवतार, हनुमान, गणेश, महादेव-उमा, दुर्गा, राम-रावण युद्ध आदि के चित्रों के अतिरिक्त नर्तकों, संगीत-बादकों आदि के चित्र एवं फल-फूल और अन्य वृक्षों के सुंदर व आकर्षक चित्र हैं। लेकिन अब उनके रंग नष्ट होते जा रहे हैं।

झांसी की चित्रकला (गुसाईंकालीन)

झांसी की चित्रकला का इतिहास भी १८वीं शताब्दी से ही प्रारम्भ होता है। १८वीं शताब्दी में चित्रकला का प्रारम्भ गुसाईंयों की कला-प्रियता से प्रारम्भ होता है। गुसाईंयों का शासनकाल यद्यपि कुछ वर्षों का ही रहा, पर वे वास्तुकला एवं चित्रकला के अभूतपूर्व प्रेमी थे। वे शैव-भक्त थे। अत: उन्होंने कई शैव-मंदिरों का निर्माण कराया। इन मंदिरों में गुसाई-कालीन चित्रकला के उदाहरण दो प्रकार के

मिलते हैं। एक तो मंदिरों की भित्तियों एवं छतों पर तथा दूसरे रूप में मंदिरों एवं उनकी समाध्यिों के रूप में निर्मित मंदिराकार समाधियों में चतुर्दिक छज्जों के नीचे टोड़ियों के बीच में लघु-चित्रों के रूप में वे चित्र देखने को मिलते हैं। टोड़ियों के बीच के लघु-चित्रों में केवल एक ही शैली दिखाई देती है। वह है-कत्थई रंग में सफेद रंग द्वारा उकेरी गई रेखाकृतियां। इन रेखा-कृतियों में विभिन्न प्रकार के पशु-पक्षी दृष्टिगोचर होते हैं। मंदिरों के अंत: भाग (प्राचीन भित्तियां एवं छतों) पर अधिकांशत: धार्मिक आख्यानों से सम्बन्धित चित्रों का प्रदर्शन हुआ है। ये चित्र झांसी में पानी की धर्मशाला के शिव मंदिर, ''तलैया मुहल्ला के शिव मंदिर एवं सैयद दरवाजे के बाहर स्थित गुसाईंयों के शिव-मंदिरों एवं उनकी समाधियों में दृष्टव्य है। तलैया मुहल्ले के शिव मंदिर में निर्मित धार्मिक चित्रों में रंगों के सुन्दर संयोजन के साथ-साथ रेखाओं में गति व ओज तथा भाव-प्रधानता हैं। यद्यपि तलैया मुहल्ला व सैंयर दरवाजे के बाहर मंदिरों में कुम्हारों तथा मुस्लिम आवास के कारण गुसाई चित्रकला धीरे-धीरे नष्ट होती जा रही है फिर भी तलैया क ''गौरीशंकर मंदिर'' तथा ''पानी की धर्मशाला के शिव मंदिर'' की चित्रकला सर्वश्रेष्ठ कलावशेष कही जा सकती है।

मराठाकालीन

झांसी में मराठों का शासनकाल बहुत समय तक रहा है। उसका कारण था कि जब छत्रसाल को मुगलों के विरुद्ध पूना के पेशवा बाजीराव द्वारा सहायता दी गई और छत्रसाल को विजय मिल गई, तब छत्रसाल ने पेशवा बाजीरव को कालपी, झांसी व बांदा क्षेत्र के संभाग विजय के उपलक्ष्य में दिये। पेशवा बाजीराव ने तब अपने सूबेदारों को झांसी में नियुक्त किया। सूबेदारों की परम्परा में इसी १८वीं शताब्दी में गोविन्द पंत, नारू शंकर, महादा जी गोविन्द, रघुनाथ हरि नेवालकर, शिवरामभाऊ हुए। शिवराम भाऊ के तीन पुत्र-कृष्णराव, रघुनाथ राव व गंगाधर राव (महारानी लक्ष्मीबाई के पति) हुए। शिवराम भाऊ की मृत्यु के पश्चात् कृष्णराव का पुत्र रामचन्द्र राव सन् १८१५ में झांसी का प्रथम महाराजा अंग्रेजां की ओर से घोषित हुआ। झांसी की मराठाकालीन चित्रकला प्रसिद्ध गणेश मंदिर, (बजरिया-गणेश बाजार), महालक्ष्मी मंदिर, रघुनाथ राव का महल (चाँद दरवाजा बाहर, नई बस्ती), रानी महल, शिव मंदिर (दुर्ग) आदि स्थानों में द्रष्टव्य थी व है। तत्कालीन चित्रकला के नाम पर अब गणेश मंदिर व रघुनाथ राव के महल के अवशेष ही रह गये हैं। महाराज गंगाधर राव (१८३८-१८५३ ई०) का शासन काल चित्रकला की दृष्टि से सर्वोत्कृष्ट काल था। इस काल में रानीमहल की समस्त चित्रकला, लक्ष्मीजी के मंदिर एवं मुरली मनोहर के मंदिर की चित्रकला तथ रघुनाथ जी के मंदिर की चित्रकला भित्तियों पर मुखरित हो उठी। उस काल के प्रसिद्ध चित्रकारों में सुखलाल, मगन, गिरधारी, जवाहर व मुगल खां एवं रमज़ानी आदि थे। इनमें सुखलाल तो सर्वप्रसिद्ध चित्रकार था। इन समस्त चित्रकारों ने न केवल भित्तियों पर अपनी श्रेष्ठ चित्र कला का प्रदर्शन किया, वरन् कागजों पर जल रंगों द्वारा अनेक प्रकार के चित्रों का निर्माण किया। इन चित्रकारों के चित्रों के विषय राम एवं कृष्ण विषयक के अतिरिक्त अनेक राजा-महाराओं एवं धनिकों के व्यक्ति चित्र तथा विविध प्रकार के आलेखन थे। खेद का विषय है कि केवल रानीमहल में रानी के व्यक्तिगत कक्ष की भित्तियों व जीनों की छतों पर कलापूर्ण आलेखनों के उदाहरण अवश्य देखने को मिलते हैं। इन आलेखों में कहीं-कहीं तो पूर्णत: मुगल चित्र-परम्परा के दर्शन होतें हैं। वैसे झांसी नगर

में यहां-वहां कुछ धनिकों एवं प्रतिष्ठित लोगों के यहां इस काल के जो चित्र प्राप्त हैं, वे चित्र-शैली की दृष्टि में स्वयं की विशिष्टता लिए हुए है। रंग-विधान सीधा सादा होते हुए प्रभावपूर्ण हैं। भाव-मुद्राओं, पृष्ठभूमि अंकन एवं तत्कालीनसामाजिक परिवेश तथा रेखा-सौष्ठव की दृष्टि से चित्रों में बड़ी ही सजीवता है।

सुखलाल

सुखलाल अपने समय का अप्रतिम व मौलिक चित्रकार था। उसने अपने जीवन में व्यक्तिचित्र (पोट्रेट) से लेकर धार्मिक प्रसंगों तथा देवी-देवताओं तथा विविध कथानकों पर आधारित चित्रों तथा भित्ति-चित्रों का कलापूर्ण चित्रांकन किया था। जिन्हें लेखक ने स्वयं अप्रैल, १९६४ ई० में उ०प्र० सूचना विभाग द्वारा प्रकाशित साहित्यिक पत्रिका ''त्रिपथगा'' में प्रकाशित ''उन्नीसवीं सदी का झांसी का अप्रतिम चित्रकार सुख लाल'' नामक लेख को तैयार करते समय स्थानीय रघुनाथ जी के मंदिर की छत एवं उसको चतुर्दिक भित्तियों पर बने चित्र, के अतिरिक्त कुछ कला-प्रेमी व्यक्तियों के कला-संग्रह में देखा था।

झांसी शहर मध्य बजाजा बाजार में स्थित रघुनाथ जी के मंदिर के महामंडप की ऊपरी छत पर चार बड़े-बड़े चित्र दर्शनीय थे। इन चार चित्रों में से एक राजा जनक के दरबार से संबंधित था। इस चित्र में संगीत के कार्यक्रम के प्रदर्शन से चित्र की शोभा और अधिक बढ़ गई थी। दूसरे चित्र में अयोध्या नगरी का वैभव तथा तीसरे चित्र में सरयू नदी के घाट के दृश्य अंकित थे और चौथे चित्र में राजा जनक के द्वार पर आई हुई राम की वारात और उसके अतिथ्य को सजीव चित्रांकन था।

चित्रों के धूमिल हो जाने के कारण शैली की स्पष्ट झलक तो स्पष्ट रूप समझ में नहीं आती थी, पर इन चित्रों के देखने से यह स्पष्ट प्रतीत होता था कि सुखलाल सामूहिक भीड़ के प्रदर्शन में बेजोड़ चित्रकर्मी था। चतुर्दिक भित्तियों में प्रदर्शित विविध प्रकार के चित्रों में कुछ चित्र निःसन्देह विशेष उल्लेखनीय कहे जा सकते थे। इनमें से एक चित्र बड़ा ही कौतूहल तथा कला व भावपूर्ण एवं उत्तम सूझ-बूझ का परिचायक था। यह चित्र गजारूढ़ कृष्ण का था। इस चित्र में यह विशेषता थी कि हाथी की संरचना विभिन्न मुद्राओं में प्रदर्शित कृष्ण की गोपिकाओं के एक-दूसरे को भुजाओं में अलिंगनवद्ध योजना से तैयार की गई थी। इन गोपिकाओं की वेश-भूषा में तत्कालीन मराठा शासक महाराजा गंगाधर राव व महारानी लक्ष्मीबाई के समयानुकूल समाज में प्रचलित महाराष्ट्रीय वेश-भूषा की स्पष्ट छाप दिखाई देती थी। लेकिन गोपिकाओं के अंग-प्रत्यंगों में जो लोच व कमनीयता का प्रदर्शन हुआ था, वह बड़ा ही हृदयाकर्षक व सजीव था। यह चित्र उत्तरी दिशा की भित्ति पर रूपायित किया गया था। चित्र मौलिकता में अप्रतिम था। दूसरे चित्र में बीच में महारानी लक्ष्मीबाई को दिखाया गया है एवं उनके दाई ओर महाराजा गंगाधर राव तथा बाईं ओर उनके श्वसुर शिवराव भाऊ दिखाये गये थे। भाऊ के मुख पर डाढ़ी शोभित थी। पर दोनों के सिर पर मराठा-पगड़ी शोभायमान थी। महारानी के इस चित्र में उनका चेहरा कुछ अधिक लम्बाई लिए गोल बताया गया था।

सुखलाल के बनाये चित्र राष्ट्रकवि मैथिली शरण गुप्त के यहाँ भी वर्तमान में द्रष्टव्य हैं। उनकी बैठक में राम और सीता के दो चित्र (वस्ट) बड़े ही भावपूर्ण व सजीव हैं। राम के एक हाथ में तीर है।

एवं वे कलापूर्ण मुकुट के साथ ही विविध प्रकार के आभूषणों से अलंकृत हैं। इसी प्रकार सीता के आभूषणों का अलंकरण भी सुन्दर है। चित्रां में रंग-विधान सजीवतापूर्ण है। हल्के शेड (छाया) से अवयवों को और अधिक वास्तिविक बनाया गया है। साथ ही में रेखाओं का अंकन चित्र के रंग-विधान के सौन्दर्य को बढ़ाने में और अधिक सक्षम हो गया है। रचना-शैली में पूर्णरूपेण भारतीयता प्रदर्शित हुई है।

झांसी शहर के ही सेठ पन्नालाल (महाराज गंगाधर राव के समय के चार-पाँच प्रसिद्ध श्रेष्ठिनों में से एक) के सुपुत्र सेठ राम जी दास (मुहल्ला पन्नालाल) की बैठक में पाँच चित्र देखने को मिले। इन चित्रों में एक चित्र राम-दरबार, दूसरे चित्र में शिव-दरबार, तीसरे चित्र में लक्ष्मी-दरबार का प्रदर्शन हुआ है। चौथे चित्र में १६ गोपिकाओं के साथ कृष्ण को रासलीला करते हुए बताया गया है।

ये चित्र अधिक बड़े न होकर लगभग १२ ईंच लम्बे व लगभग ९ ईंच चौड़े हैं। इन चित्रों में जल-रंगों का ही प्रयोग हुआ है। और चित्रों में इतने आकर्षक ढंग से रंग लगाये गये हैं कि वे बिल्कुल ताजे लगे प्रतीत होते हैं पात्रों के अवयवों मे सुडौलता व सजीवता लाने क लिए हल्के रूप में छाया (शेड) का प्रयोग किया गया है। इन चित्रों का चित्रकार जवाहर था।

इन चित्रों मे बुंदेली, मुगल व मराठा तीनों शैलियों का प्रभाव परिलक्षित होता है। वेष-भूषा में जहां कहीं-कहीं महाराष्ट्रीयन प्रभाव की झलक है, वहीं पृष्ठभूमि में प्रदर्शित भव्य महल एवं वृक्षादि के चित्रांकन में राजस्थानी (राजपूत) शैली का प्रभाव स्पष्टतः दिखता है। इसी प्रकार गुरु वशिष्ट एवं अन्य गुरुजनों मे प्रदर्शित डाढ़ी-मूँछों में विशुद्ध रूप से बुंदेली शैली का प्रभाव दिखता है।

सुखलाल के चित्रों की परम्परा में दीपचंद स्वर्णकार के यहाँ प्राप्त दो लघु-चित्र विशेष रूप से उल्लेखनीय कहे जा सकते थे। इन लघु-चित्रों में एक चित्र चार ईंच लम्बा व तीन ईंच चौड़ा था। इस चित्र में ''श्री'' शब्द काली स्याही से रंगा हुआ था। इस चित्र की काली पृष्ठभूमि पर ''शंकर भगवान का दरबार'' चित्रांकित था। इतने छोट चित्र में प्रदर्शित सभी आकृतियों में भाव एवं मुद्रायें तथा शारीरिक अनुपात व रंग-विधान में बड़ी वास्तिविक्ता थी।

दूसरा चित्र, जो लगभग नौ ईंच लम्बा व सात ईंच चौड़ा, ''राम'' शब्द काली स्याही से चित्रित था। इस काली पृष्ठभूमि में राम के दरबार का चित्रांकन था। इस चित्र में विशेषतः राम व सीता के भाव देखते ही बनते थे। इन चित्रों में राजस्थानी मुगल तथा बुंदेली शैलियां का प्रभाव था। पर अन्य चित्रों की भाँति इन चित्रों में भी सजीवता लाने की दृष्टि से हल्की सी छाया (शेड) का प्रयोग किया गया था।

मगन

मगन के साथ गिरधारी के चित्र ग्वालियर के गोर्की मंदिर की भित्तियों पर कभी थे, लेकिन अब उनका वहाँ नामो-निशान भी नही है। लेकिन झांसी के इतिहासकार स्व० डॉ० भगवानदास गुप्त के निवास पर मगन के चित्र रूपायित थे। ये चित्र उनके पिता श्री घनश्याम दास गुप्त के समय में बनवाये गये थे।

ऐतिहासिक चित्रों में रानी झांसी की शोभा यात्रा, एवं सिंधिया से होने वाला युद्ध विशेष उल्लेखनीय थे। इन चित्रों में बुन्देली तथा तत्कालीन आंग्ल कला का मिश्रित प्रभाव परिलक्षित होता था।

मगन के द्वारा उत्कृष्ट चित्रकारी डॉ० गुप्त के निवास के कक्ष में लगभग। ४० फुट लम्बी तथा १० फुट चौड़ी भित्ति पर देखने को मिली थी। इस विशाल भित्ति पर भागवत, रामायण के विविध प्रसंगों पर आधारित कला व भावपूर्ण चित्रों का सफल चित्रांकन हुआ था। भागवत पर आधारित चित्रों में वेणु-वादक कृष्ण, राधा के चरण दबाते कृष्ण, कृष्ण का कालिय-दमन एवं द्रोपदी के चीर-हरण के समय कृष्ण द्वारा चीर का बढ़ाया जाना जहाँ विशेष रूप से उल्लेखनीय थे, वहीं रामायण पर आधारित चित्रों में परशुराम-सहस्त्रार्जुन युद्ध, धनुष यज्ञ, राम-रावण युद्ध, राम-लक्ष्मण को कंधों पर ले जो हुए हनूमान, राम-दरबार तथा रावण-दरबार प्रमुख रूप से उल्लेखनीय थे।

अन्य देवी-देवताओं के चित्रों में गणेश, सिंह-वाहिनी दुर्गा, मयूरारूढ़ा कुबेर, शिव-पार्वती एवं शेषशायी-विष्णु आदि चित्र बड़े ही स्वाभविक, मौलिक सजीव व कलापूर्ण थे।

इन समस्त चित्रों में बुन्देली शैली के साथ-साथ तत्कालीन मराठा शैली दोनों का मिश्रित प्रभाव था। पर ये समस्त चित्र अब डॉ० गुप्त के छः वर्ष पूर्व निधन होने के पश्चात उस विशाल व कलापूर्ण भवन के स्थान पर आवासीय भवन के साथ शॉपिंग-कम्पलैक्स बन जाने के कारण नष्ट हो चुके हैं। केवल मगन की चित्रकारी की कुछ स्मृतियाँ ही शेष रह गईं हैं।

झांसी के मंदिरों में चित्रकला की परम्परा

बीसवीं शताब्दी के अंत में लक्ष्मी-दरवाजे बाहर स्थित सोने राव के मंदिर की बाह्य भित्तियों एवं गर्भगृह की चतुर्दिक भित्तियों पर अवश्य ही बुदेली चित्रकला के कुछ स्मृतियों स्वरूप चित्र देखने को मिलते हैं। गर्भगृह के अंदर कृष्ण एवं उनके जीवन से संबंधित प्रसंगों पर आधारित चित्रों के अतिरिक्त बाह्य भित्तियों पर अशोक वाटिका मे सीता व हनूमान जैसे कुछ धार्मिक चित्रों, के साथ ही विभिन्न रियासतों के राजाओं, महाराजओं के चित्र (वस्ट) बने हुए हैं। महाराजाओं के चित्रों में उनके मुख की ओजस्वी मुद्रा के अतिरिक्त विभिन्न प्रकार की मूँछों तथा पगड़ियों की शोभा देखते ही बनती है। रंग-विधान, भावों की दृष्टि एवं तत्कालीन समाज में प्रचलित वेश-भूषा का उत्तम प्रदर्शन है।

लेकिन ये चित्र उचित रख-रखाव व कुम्हारों के आवास से धूमिल होकर नष्ट होने वाली स्थिति में हैं।

अन्य स्थानों की चित्रकला

श्रेष्ठ चित्रकला के नाम पर धुबेला (म०प्र० के छतरपुर जिला के अंतर्गत) में (निर्मित पन्ना के महाराजा छत्रसाल का विशाल व भव्य राजप्रासाद, जहाँ अब कलचुरिकालीन हिन्दू तथा जैन-प्रतिमाओं का संग्रहालय स्थापित है। पर इसी प्रासाद के एक कक्ष में लगभग चार फुट चौड़ा एवं छः फुट लम्बा एक भव्य, आकर्षक तथा संजीव चित्र महाराजा पृथ्वी सिंह की वारात से संबंधित लगा हुआ है। जिसमें घोड़ों व हाथियों एवं अश्वारोहियों की भीड़ के साथ राजसी वैभव से संयुक्त राज-परिवार जन आदि के चित्रण में इतनी सजीवता है कि देखते ही बारात का सचमुच आभास होता है।

अश्वों की चाल व उनके पैरों की माँस-पेशियाँ देखते ही बनती है। इसी प्रकार हाथियों के हौदों तथा उसके नीचे लटकने वाली मखमली व जटित झूलें भी कम प्रभावपूर्ण नहीं हैं। हाथियों की मंथर गति के साथ उनकी उठी हुई सूडों में मानो खुशी का एक आंतरिक आनन्द ही छिपा है।

इस चित्र में सर्वाधिक प्रभावोत्पादक चित्रण है-घोड़ों की टापों से उठती हुई धूल के गुवार, जो आसमान में फैले हुए हैं। रंग-विधान व भाव-मुद्राओं एवं सजीवता व मौलिकता की दृष्टि से चित्र बड़ा मनमोहक है।

बुन्देलखण्ड में ओरछा के बुन्देला शासकों में तृतीय शासक मधुकर शाह (१५५४-१५९२ ई०) ने अपने आठ पुत्रों (जिनमें से तीन पुत्र मुग़लों के युद्ध में मारे गये थे) में से शेष बचे पांच पुत्रों रामशाह, वीर सिंह देव (प्रथम), (जो मधुकर शाह की मृत्यु के बाद ओरछा के शासक बने) के अतिरिक्त अन्य तीन पुत्रों को विभिन्न स्थानों की जागीरें प्रदान कीं थीं, एवं अन्य रियासतों बिजावर, बिजना, टहरौली, टोड़ी फतेहपुर, बरूआसागर, चिरगांव आदि के अतिरिक्त कुछ नई बनी रियासतों जैसे समथर (जिला झांसी), जगम्मनपुर (जिला जालौन) के साथ ही छतरपुर, आदि स्थानों में भी वहां के किलों में बने राज-प्रासादों की भित्तियों पर बड़े अच्छे चित्र अंकित हैं। विशेषतः समथर, टहरौली, टोड़ी फतेहपुर में। ये चित्र उन्नीसवीं व बीसवीं सदी की स्मृतियां स्वरूप हैं।

अध्याय-7

मुग़ल काल

(१५२६ ई०-१८५७ ई० तक)

जिन दिनों भारत में राजस्थानी शैली अथवा राजपूत शैली का जन्म हो रहा था, उन्हीं दिनों १४८३ ई० में मुगल साम्राज्य का संस्थापक बाबर मध्य एशिया की छोटी सी रियासत फर्गाना के शासक उमर शेख मिर्जा के यहाँ पैदा हुआ था। वह महान विजेता एवं प्राकृतिक सौंदर्य प्रेमी था। वह माता की ओर से चंगेज खाँ अर्थात् मंगोल वंश का एवं पिता की ओर से तैमूर वंश का था। इसलिए उसकी धमनियों में दो वीर जातियों का रक्त प्रवाहित हो रहा था। अत: उसका वीर होना स्वाभिवक ही था। तैमूर एक बहुत बड़ा संहारक होते हुए भी कला-प्रेमी था। जहाँ वह किसी नगर को लूटता था, वहाँ उस नगर के कलाकारों को अपने साथ ले जाता था। इस प्रकार बाबर में कलाप्रियता के गुण प्रारंभ ही से आना स्वाभिवक ही था। इस महान विजेता और कला प्रेमी बाबर ने भारत की राजनैतिक छिन्न-भिन्नता देखकर १५२५-२६ ई० में दिल्ली के शासक इब्राहिम लोदी को परास्त कर भारत में मुगल साम्राज्य की नींव को स्थापित किया था।

मुगल सम्राज्य के पहिले भारत के मुस्लिम शासन में चित्रकला की पृष्टिका का ज्ञान प्राप्त कर लेना भी अति आवश्यक है।

पूर्व पीठिका

कुरान के ५२वें सुरा में कहा गया है, ''शराब, द्यूत (जुआ) प्रतिमाविधान और भविष्य कथन ये सब शैतान की कार्यवाहियाँ हैं। इन चीजों से मुसलमानों को बचना चाहिए।'' हदीस के अनुसार कयामत के दिन चित्रकार को घोर नरक भोगना पड़ता है, क्योंकि उसने परमात्मा की शक्ति के विरुद्ध मनुष्य कृत वस्तुओं में प्राण संचार करने का दु:स्साहिस किया है।सर टामस आर्नल्ड के मतानुसार इस्लाम धर्म में यही मनोभवना कला के प्रति अरुचि व तिरस्कार उत्पन्न करने का कारण रही। प्रारंभ में इस्लाम धर्म के अनुयायी यहूदी थे, जिनके ह्रदयों में प्रतिमाओं तथा चित्रों के प्रति बहुत ही उदासीनता, तिरस्कार एवं दुर्भाव बह रहा था, यही कला के प्रति हीनता की संभावना का कारण हो सकता है। इन्हीं कारणों से चित्रालेखन या प्रतिमाविधान करने का जिन्होंने भी दु:स्साहस किया, उन्हें दुष्परिणाम भोगना पड़े। मानी के धर्म का प्रभाव सदियों तक ईरान और पश्चिमी एशिया में छाया रहा, पर उसे भी ईरान के बादशाह शाह बहराम की ओर से ईसा की भाँति शूली पर लटकना पड़ा था, क्योंकि मानी धर्म प्रचारक के साथ स्वयं एक कुशल चित्रकार था और उसने धर्म-ग्रंथों को चित्रमय करने का दु:स्साहस किया था।

इस प्रकार चित्रकला के प्रति यह तिरस्कार भारत में गुलाम वंश, खिलजी वंश, तुगलक वंश, सैयद और लोदी वंश के शासकों में भी रहा। उन्होने कला के क्षेत्र में वास्तुकला के अंतर्गत दिल्ली एवं दिल्ली के बाहर प्रांतों में विभिन्न इमारतों का निर्माण तो कराया, पर चित्रकला के क्षेत्र मे वे प्राय: मौन व उदासीन ही रहे।

पर तैमूरया वंश ने तो, जो प्रारंभ ही से साहित्य, संगीत और कला प्रेमी रहा है, चित्रकला का विशेष उद्धार ही किया है। यदि कहा जाय कि तैमूर ने चित्रकला के बीज बोये, बाबर और हुमायुँ ने उनको सींचा और अकबर तथा जहाँगीर ने उसको पल्लवित कराया, तो यह बात कोई अत्युक्ति न होगी। तैमूर ने स्वयं अपने समरकन्द के उद्यान भवन में बहुत ही सुंदर भित्ति-चित्रों का निर्माण कराया था, जिनकी तुलना मानी के चित्रों से एवं चीन के कलाभवनों से की गई है।

बाबरकालीन चित्रकला

बाबर जिस प्रकार तलवार का धनी था, वै ही वह कलम का धनी था। उनके अपनी आत्मकथा 'बाबरनामा' (तुज़के-बाबरी) में मनुष्यों के नख-सिख, प्रकृति एवं स्थावर-जंगम जगत के ऐसे सजीव व सच्चे चित्र-शब्दों द्वारा व्यक्त किये हैं, कि ऐसा प्रतीत हो उठता है, जैसे वह एक पहुँचा हुआ चित्रकार रहा, जिसने रंगों व तूलिका का प्रयोग न कर शब्दों का प्रयोग किया हो। वह चित्रकला का कुशल कला-पारखी एवं समीक्षक था। उसने अपनी ''आत्म कथा'' में ईरानी कला के श्रेष्ठ चित्रकार 'विहजाद' की बड़ी सुन्दर एवं विशद् समीक्षा करते हुए लिखा है-''उसको डाढी विहीन चेहरे का सुन्दर चित्रण करना ठीक नहीं आता था, क्योंकि गर्दन अनुपात से अधिक लम्बी हो जाती थी।'' वैसे विहजाद के चित्रों से वह बहुत अधिक प्रभावित था।

हुमायुँकालीन चित्रकला

हुमायुँ भी बाबर की भाँति अपने पिता का सच्चा पुत्र कला के लिए सिद्ध हुआ। कुछ लोगों का कथन है, कि उसका यह कला-प्रेम ईरान आवास के फलस्वरूप हुआ था, पर यह धारणा अक्षरश: सत्य नहीं है। कला-प्रेम उसका परंपरागत गुण था। हुमायुँ में कलात्मक-भावना की कमी नहीं थी, पर ईरान-वास के समय वह ईरान की चित्रकला से, जो कि उस समय काफी उन्नति पर थी, प्रभावित हुआ था। प्रसिद्ध चित्रकार विहजाद की मृत्यु हो गई थी, पर इसकी कला पर आधारित उसका स्कूल जीवित था। उसके शिष्य आगा मीराक, सुलतान मुहम्मद, तथा मुजफ्फर अली अपनी प्रसिद्धि के शिखर पर थे।

ईरान में वह इन लोगों से काफी प्रभावित हुआ तथा उसने प्रसिद्ध चित्रकारों के चित्रों को भी देखा। तबरेज में हुमायुँ का परिचय मीर सैयद अली, जिसका पिता मनसूर, बदरख्शां का निवासी था, एक कुशल चित्रकार था। तबरेज मे विहजाद के निर्देशन में चित्रकला की सूचना पाकर वह अपने पुत्र के साथ बदख्शां से तबरेज आ गया था। यहाँ मीर सैयद अली ने चित्रकला में विशेषता प्राप्त की। यह कवि भी था तथा ''सेदाई'' के उपनाम से कविता भी करता था। तबरेज में हुमायुँ की मुलाकात ख्वाजा अब्दुस्समद नामक एक अन्य चित्रकार से हुई। यह शिराज के गवर्नर शाहशुजा के वजीर ख़्वाजा निज़ामुल्मुल्क का पुत्र था।

अब्दुस्समद उस समय चित्रकला एवं सुलेख के लिए काफी प्रसिद्ध हो चुका था। हुमायुँ ने उसे अपनी सेवा में स्वीकार करने के लिए आमंत्रित किया, पर उस समय हुमायुँ का स्वयं का (क्योंकि वह ईरान के बादशाह का कृपा पात्र था) कोई स्वतंत्र अस्तित्व न रखने के कारण अब्दुस्समद ने हुमायुँ का निमंत्रण स्वीकार नहीं किया, पर हुमायुँ के काबुल पर पुनः अधिकार कर लेने पर अब्दुस्मद तथा मीर सैयद अली ने १५५० ई० में हुमायुँ की सेवा स्वीकार कर ली। (अकबरनामा, पृ० २८२) इन दोनों चित्रकोरों द्वारा हुमायुँ की सेवा स्वीकार करना मुगल काल की चित्रकला के इतिहास का स्वर्ण दिन था। मुगल चित्रकला का वास्तिविक श्री गणेश इसी दिन से होता है।

हुमायुँ तथा अकबर ने इन कलाकारों से चित्रकारी की शिक्षा प्रारंभ की थी। मुगल सम्राटों में चित्रकला में रुचि का यह स्पष्ट प्रमाण है। हुमायुँ जीव-विज्ञानी भी था। सुंदर पक्षियों के चित्रण कराकर उन्हें अपने संग्रह में रखना उसे बड़ा रुचिकर लगत था। इसी प्रवास के समय में एक दिन वह अपने खेमे में नहाने के लिए वस्त्र पहिने बैठा था, कि इतने में ही वहाँ एक सुंदर पक्षी उड़ता हुआ आ पहुँचा। हुमायुँ ने उसको पकड़कर उसके परों को कैंची से काट डाला और तस्वीर बनवाकर उसको छोड़ दिया।

हुमायुँ ने इन चित्रकारों को फारसी की प्रसिद्ध पुस्तक 'दास्ताने अमीर हमज़ा को चित्रित करने की आज्ञा दी थी। प्रारम्भिक योजना के अनुसार सौ-सौ चित्रों की बारह जिल्दों में पुस्तक को चित्रित करना था अर्थात् १२०० चित्र बनाने की योजना थी। कार्य बहुत कठिन था। सात वर्षों के अथक परिश्रम के बाद इन लोगों नेचार जिल्दें तैयार की। (आइने अकबरी, पृ० ११५) ये चित्र कपड़े पर बने हैं और बड़े आकार के हैं। चित्रों की सइज २२" ×२८¼" तक हैं। इन चित्रों में ईरानी विशेषत: विहजाद की शैली का स्पष्ट प्रभाव दिखाई देता है, फिर भी यत्र-तत्र भारतीयता की झलक दिख जाती है। जैसा कि ताराचन्द ने अपनी पुस्तक "इन्फ्लुएन्स ऑफ इस्लाम औन इंडियन कल्चर" पृष्ठ २६० पर इस संबंध में लिखा है "यहाँ तक कि हुमायुँकालीन प्रारंभिक चित्रों के विषयों में विशुद्ध भारतीय भावना का प्रतिबिम्ब झलकता था। प्राकृतिक दृश्यांकन, जैसे बादलों, चट्टानों, जल, वृक्षों, पशुओं आदि के साथ-साथ स्थापत्य तक में तैमूरी शैली की स्पष्ट झलक है, पर उनमें भारतीयता की आत्मा अवश्य झलकती थी।" इसका कारण हुमायुँ का वर्षों भारत में रहना था।

इन चित्रों को दोनों चित्रकारों ने अन्य सहयोगियों की सहायता से बनाया। इस कार्य के प्रारम्भ होने के कुछ दिन बाद हुमायुँ ने भारत में अयोग्य एवं निर्बल सूर वंशीय उत्तराधिकारियों के कारण उत्पन्न हुई राजनैतिक स्थिति का लाभ उठाकर भारतकी ओर अपनी विजय यात्रा का अभियान चला दिया, इस कारण वह इस कार्य को ठीक प्रकार से निगरानी न कर सका, फिर भी काम चलता रहा। हुमायुँ के साथ-साथ ख्वाजा अब्दुस्समद तथा मीर सैयद अली भी भारत मे आये थे। हुमायुँ के समय में तो हुमायुँ को इच्छित कार्य पूर्ण न हो सका, पर हुमायुँ की मृत्यु के बाद अकबर ने हुमायुँ क अपूर्ण कार्य को पूरा कराया और जिसके पूर्ण होने में पच्चीस वर्ष लगे थे।

इन दोनों चित्रकारों ने अकबर के समय में विशेष प्रसिद्धि प्राप्त की थी। अब्दुस्समद तो पशु-पक्षी के चित्रण में और मीर सैयद अली ग्राम्य एवं प्राकृतिक दृश्यांकन में धनी थे। अब्दुस्सद सुलेख़ लिखने में भी अद्वितीय था। पोस्ते के बीज पर इसने कुरान का पूरा ११२वाँ सुरा लिख दिया था। इसी कारण अकबर ने इसे 'शीरीं कलम' की उपाधि दी थी।

इस प्रकार बाबर तथा हुमायुँ के समय में जो भी चित्र बने, उनमें पूर्णतः ईरानी शैली का प्रभाव ही था, क्योंकि इन दोनों की संरक्षणता में उस समय के चित्रकार ईरान के निवासी ही थे। इन चित्रकारों का भारतीय चित्रकारों से कोई संपर्क भी स्थापित नहीं हुआ था। अतः उनकी चित्र-परम्परा में अपनी अलग ही विशिष्टताएं थीं।

ईरानी-शैली की विशेषताएं

(*i*) ईरानी चित्रकारों का विषय समाज एवं प्रकृति से संबंधित था।

(*ii*) स्त्री-पुरुषों का चित्रण अलंकारिक होता था।

(*iii*) प्रकृति-चित्रण में स्वाभिवकता को स्थान देते थे।

(*iv*) कल्पनाओं की अभिव्यक्ति की बहुत कमी थी। चित्रकार आलेख्य मात्र को नक्काशी मानता था और इसलिए नदी, पर्वत, वृक्ष से लेकर पशु-पक्षी एवं मनुष्य तक का चित्रण नक्काशी के रूप मे अलंकारिक रूप में हुआ।

(*v*) ईरानी कला में नाज़ुकपन, सुबुकपन का आधिक्य है। फलतः उसमें प्रकांडता एवं भीड़भाड़ का अभाव रहता है।

(*vi*) रेखाओं में गति हाते हुए भी भारतीय गोलार्द्ध नहीं है। इसी प्रकार उनमें परिपक्वता व जीवन्तता का भी अभाव है।

(*vii*) चित्रकार जहाँ जो रंग लगाना जरूरी होता है, लग तो जाता है, परंतु उनमें छाया और प्रकाश लगाकर, अंकित वस्तु की ऊँचाई-निचाई नहीं दिखा पाता। परिणाम यह होता है, कि रंगीन चित्र भी रंग भरा हुआ सपाट रेखा-चित्र मात्र रह गया है।

मुगलशैली का प्रादुर्भाव

मुगल शैली का वास्तिविक प्रवर्त्तक बाबर का पौत्र और हुमायुँ का पुत्र अकबर था। अकबर बड़ा ही दूरदर्शी एवं कुशल राजनीतिज्ञ था। वह अशोक की भाँति धार्मिक-सहिष्णु व्यक्ति था, इसीलिए वह अपनी ''सुलह कुल नीति'' के द्वारा हिन्दुओं और मुसलमानों के बीच चल रहे धर्म-संबंधी बैमनस्य को दूर करके उनमें एकता और बंधुत्व की भावना उत्पन्न करना चाहता था और इसी पृष्ठभूमि पर वह भारत का एक छत्रधारी शासक होना चाहता था। इसके साथ ही साथ वह ईरानी और भारतीय कला एवं संस्कृति का समन्वय करके एक नया रूप पैदा करना चाहता था और वह अपने इस उद्देश्य में वह सफल भी रहा। उसने ईरानी कला को भारतीय कला में सरोवार करके ''मुगल शैली'' का प्रादुर्भाव उसी भाँति किया, जिस भाँति कनिष्क के समय में मूर्तिकला में भारतीय एवं यूनानी कला के सम्मिश्रण से ''गांधार शैली'' प्रथम शताब्दि में जन्मी थी। इसीलिए ''मुगल शैली'' का वास्तविक प्रणेता अकबर ही माना जाता है। इस मुगल शैली में ईरानी पन की अपेक्षा भारतीयपन अधिक था।

अकबरकालीन चित्रकला

अकबर चित्रकला के क्षेत्र में अपने पूर्वज बाबर एवं हुमायुँ से भी आगे बढ़ गया। उसने प्रारंभ ही से चित्रकला की शिक्षा अब्दुस्समद से सीखी थी और जीवन भर संगीत-कला, वास्तुकला एवं साहित्य

के साथ-साथ चित्रकला को विशेष रूप से प्रोत्साहन दिया। अकबर चित्रकार को ईश्वर तक पहुँचाने वाला साधन समझता था। इस संबंध में 'आईने-अकबरी' में एक स्थान पर लिखा है-''मुझे तो ऐसा लगता है, कि ईश्वर को पहिचानने के लिए चित्रकार एक अनोखा मार्ग है। जब वह किसी वस्तु ने की आकृति बनाता है, और एक के बाद एक अंग-प्रत्यंग बनाता जाता है, किंतु अंतत: उसमें जान नहीं डाल पाता, तो हटात् उसका ध्यान ईश्वर की ओर आकर्षित हो जाता है।''

अकबर ने अपनी किशोरावस्था में ही चित्रकारी का अभ्यास किया था। इस संबंध में जहाँगीर ने अपने ''आत्म चरित्र'' में एक मनोरंजक घटना इस प्रकार लिखी है-''अकबर के सिंहासनरूढ़ होने पर १५५६ ई० में जब दिल्ली के पूर्व शासक हेमू ने विद्रोह किया और अंत में वह पकड़कर उनके (अकबर के) सामने लाया गया, तो खानखाना के पिता बैरमखाँ ने, जो अकबर का अभिभावक व सेनापति था, प्रार्थना की कि हजरत इस काफिर को मारकर ''गिजा'' (धर्मगुरु) के पुण्यभागी बनें। तब आपने (अकबर ने) फरमाया, कि मैं तो इसके पहिले ही टुकड़े-टुकड़े कर चुका हूँ। काबूल में जब मैं अब्दुस्समद से चित्रकारी सीखता था, तो एक दिन मेरी कलम से एक ऐसी तस्वीर निकली, जिसके अंग-प्रत्यंग छिन्न-भिन्न थे। एक पार्श्ववर्ती ने पूछा-''यह किस की सूरत है?'' तो मेरे मुँह से निकल पड़ा-''हेमू की।''

अकबर बड़ा ही दूरदर्शी और कुशल राजनीतिज्ञ के साथ-साथ एक सफल कूटनीतिज्ञ भी था। उसने अपने पिता हुमायुँ के दीर्घकालीन निर्वासित जीवन में उठाई गई मुसीबतों के पश्चात ईरान के बादशाह की सहायता से १५ वर्ष बाद भारत की खोई हुई मुग़ल सत्ता को शेरशाह सूरी के वंशजों से किस प्रकार छिनाई थी, देखा था, व यह भी सुन रखा था, कि किस प्रकार उसके पितामह बाबर ने भारत में मुगल वंश की नींव को स्थापित किया था। लेकिन चार-साढ़े चार वर्षों तक ही वह राजसत्ता का सुख भोंग सका था।

इसलिए अकबर ने अपने पिता और पितामह के अधूरे स्वप्नों को पूरा करने के लिए ही यह सोच लिया था, कि हिन्दू बाहुल्य क्षेत्र में और विशेषत: राजस्थान के राजपूत जैसे दृढ़-प्रतिज्ञ एवं अपने बचन और अपनी शान-बान व आन के लिए मर-मिटने वाले राजपूतों के हृदयों में अपनी धार्मिक-उदारता व सहिष्णुता की नीति से ही अपने तथा मुगल-सत्ता के सुदृढ़ीकरण एवं विस्तार के लिए स्थान बनाकर ही सफलता प्राप्त की जा सकती है। अत: उसने इतिहास प्रसिद्ध 'सुलह-कुल'' की नीति का सहारा लेकर हिन्दुओं तथा मुसलमानों के बीच चल रहे धर्म-सम्बन्धी बैमनस्य को दूर कर उनमें एकता, सद्भाव व बंधुत्व के भाव लाने के लिए भारतीय संस्कृति को ईरानी संस्कृति से समन्वित कर कला और संस्कृति का एक नया रूप प्रदान करने की प्रक्रिया को राजपूत कन्याओं से स्वयं तथा अपने पुत्र सलीम के विवाह-संबंधों, राजपूतों को उच्च पदों पर नियुक्त कर, हिन्दू रीति-रिवाजों तथा हिन्दू-धर्म की मान्यता को स्वीकार करके सफल बनाया। उसके समय में मुग़ल कला ईरानी न होकर भारतीयता के रंग में आत्मसात होकर चित्रकला के साथ-साथ वास्तुकला के क्षेत्र में भी विकसित लेकर कला-जगत में एक नये प्रकाश-पुंज के रूप में उभरकर सामने आई। फतेहपुर सीकरी, आगरा में उसकी इस नवीन शैली में निर्मित वास्तुकला के श्रेष्ठतम उदाहरण आज भी श्रेष्ठता को प्रदर्शित करने में सक्षम हैं। फतेहपुर सीकरी में उसने बहुत से भित्ति-चित्र भी बनवाये थे, जिनके कुछ अंश आज भी देखने को मिल जाते हैं।

अकबर ने चित्रकला को विभिन्न रूपों में प्रस्तुत करने का सफल प्रयास किया। उसने फारसी के अनेक ग्रन्थों के साथ ही हिन्दू धर्म से संबंधित ग्रन्थों तथा हिन्दू प्रसिद्ध कथानकों को चित्रित कराया। उसने अपने दीर्घ शासन काल में ''हम्ज़ा'' के किस्सों के १४०० चित्र १२ जिल्दों में चित्रित कराये। इसके अतिरिक्त ''रज़्म नामा'', ''चंगेज नामा'', ''जफर नामा'', ''तैमूर नामा'', ''बाबर नामा'', ''आईने अकबरी'' जैसे प्रसिद्ध ऐतिहासिक ग्रन्थों के अतिरिक्त ''रामायण'' जैसे-हिन्दू धर्म-ग्रन्थ के अतिरिक्त ''नल-दमयन्ती'',''पंचतंत्र''''कलीला-दमन'' के नाम से के साथ-साथ''अमीर दानिश''एवं'अमीर हमजा'' आदि अनेक ग्रन्थों को चित्रित कराकर मुगल चित्रकला के नाम पर एक विपुल कला का अद्वितीय भंडार तैयार कराया, यह भंडार मुग़ल-कला की अमूल्य निधि है।

ये ग्रंथ अभी भी विभिन्न देशों के संग्रहालयों में देखने को मिलते हैं। यथा-''बाबर नामा'' और ''खमसा-ई-निजामी'' ब्रिटिश म्यूजियम में, ''अनवार-ई-निजामी'' ब्रिटिश म्यूजियम में, ''अनवार-ई-सुहेली'' रायल एशियाटिक सोसाइटी में, और एक नकल ब्रिटिश म्यूजियम में''लैला-मजनू'' इंडिया ऑफिस में और ''बहारेस्तान-ए-जामीं'' वाडलियन लाइब्रेरी (ऑक्सफोर्ड) में हैं। इन विदेशी संग्रहालयों के अतिरिक्त हमारे देश के विभिन्न संग्रहालयों में भी उसके समय के चित्र सुरक्षित हैं।

उसके समय में ''राग माला'' और ''बारह मासा'' के चित्र भी बड़ी संख्या में बनाये गये थे। श्री नानामल चमन लाल मेहता के मतानुसार उसके समय में मकतूब खां की अध्यक्षता में शाही पुस्तकालय लगभग २४००० हस्तलिखित पुस्तकों से शोभायमान था।

अकबर के समय में उसके मित्र और ''आईने अकबरी'' और ''अकबर नामा'' के प्रसिद्ध इतिहास लेखक अबुल फजल के मतानुसार चित्रकारों की संख्या १०० से भी अधिक थी, जिनमें हिन्दू तथा मुसलमान दोनों प्रकार के चित्रकार थे। ये सभी अपनी-अपनी शैली व कला के लिए विशेषज्ञ समझे जाते थे। इन चित्रकारों में कुछ तो अपनी कला के लिए इतने प्रसिद्ध थे, कि वे विहजाद और यूरोप के तत्कालीन चित्रकारों से टक्कर लेते थे। ऐसे सर्वश्रेष्ठ चित्रकारों में तब्रेज निवासी मीर सैयद अली, शीराज निवासी ख्वाजा अबुस्समद तथा इनके दो प्रिय शिष्य दशावन (दसवंत) और बसावन थे। ये दोनों हिन्दू चित्रकार जाति से कहार थे और चित्रकार बनने के पहले ये अकबर की पालकी उठाने का काम करते थे।

लेकिन जब गुणग्राही और कला-पारखी अकबर ने दसावन और बसावन की चित्रकला के प्रति गहन रुचि रखने की बात सुनी और जब उसने उन दोनों क़ी परीक्षा ली, तब उसने उन दोनों को उस कार्य से मुक्त कर ''शाही-चित्र शाला'' में चित्रकला में पूर्णता प्राप्त करने के उद्देश्य से मीर सैयद अली व अब्दुस्सद के संरक्षण में छोड़ दिया। बाद को वे दोनों ही बड़े प्रसिद्ध चित्रकार सिद्ध हुए। अबुलफजल ने एक स्थान पर इनकी प्रशंसा करते हुए लिखा है-''वे अपने उस्ताद से भी आगे बढ़ गये। विहजाद की भाँति वे चित्रकला में प्रवीण हुए और दुनिया के प्रसिद्ध चित्रकारों में उनकी गणना होने लगी।'' दुर्भाग्यवश दसवंत ने बाद में मस्तिष्क विकृत होने के कारण आत्महत्या कर ली थी। दसवंत के स्वतंत्र चित्र देखने को नहींमिलते हैं, पर बसावन के चित्र जयपुर के ''रज्मनामा'' मे देखने को मिलते हैं।

इन दो उस्तादों तथा दोनों चित्रकारों के अतिरिक्त ''आइने-अकबरी'' में अबुलफजल नेजिन १३ प्रसिद्ध चित्रकारों के नाम दिये हैं, वे इस प्रकार से हैं—केशव, लाल, मकुन्द, मिसकीन, फरूखवेग, माधो,

जगन्नाथ, महेश, खेमकरण, तारा, सांवला, हरिवंश तथा राम। इन चित्रकारों को अकबर ने कश्मीर, लाहौर, गुजरात आदि देशों से उनकी चित्रकला की प्रसिद्धि को सुनकर बुलाया था और उन्हें राजाश्रय प्रदान कर और भी अधिक कला-पारंगत बनाने का सुअवसर प्रदान किया वे वास्तव में अकबर की मनोभावना को सार्थक और सफलीभूत करने में सफल भी हुए। इन सभी चित्रकारों के चित्र अकबर के काल में बने हुए चित्रित-ग्रन्थों में देखने को मिलते हैं।

अकबर के समय में चित्रित ग्रन्थों के अतिरिक्त उसके आखेट-संबंधी चित्र, दरबार-संबंधी चित्र जैसे अनेक विषयों पर आधारित चित्रों का चित्रांकन बड़ी भी कुशलतापूर्वक हुआ। अकबर चित्रकारों को पूरा संरक्षण और प्रोत्साहन देता था। इसके परिणाम स्वरूप इन चित्रकारों ने अपनी-अपनी प्रतिभायें प्रदर्शित की, जो आज भी हमारे लिए चित्रकला के क्षेत्र में गौरवपूर्ण स्थान प्राप्त किये हुए हैं।

''आईने-अकबरी'' मैं इस सम्बन्ध में एक स्थान पर ऐसा उल्लेख है-''उनके (अकबर) इस पृष्ठ-पोषण से यह कला उन्नत हो रही है और अनेक चित्रकारों ने प्रसिद्धि प्राप्त की है। चित्रकला के दरोगा प्रति सप्ताह चित्रकारों के काम श्रीमान् के सम्मुख उपस्थित करते हैं और वे काम की उत्तमता के अनुसार कलाकारों को इनाम देते हैं और उनका वेतन बढ़ाते हैं।''

जहाँगीरकालीन चित्रकला

जहाँगीर भी अपने पिता की भांति ही उसी रंग में डूबा हुआ था। यह बात दूसरी है कि उसके समय में अकबर के समय में चित्रकला की जो अपर उन्नति विभिन्न प्रकार के ग्रन्थों में चित्रित असंख्य चित्रों तथा फुटकर विविध प्रकार के चित्रों के रूप में हुई, उतनी जहाँगीर के काल में उस प्रकार से नहीं हो पाई। उसके समय ग्रन्थो के चित्रांकन की परम्परा न होकर स्वतंत्र रूप में चित्र-निर्माण की परम्परा अवश्य ही प्रचलित रही, लेकिन जहाँगीर के समय की चित्र-शैली में एक उत्तम गति, प्रवाह तथा भावों की अभिव्यक्ति की श्रेष्ठता के साथ-साथ सजीवता एवं यथार्थता के दर्शन होते हैं। उसके समय की चित्रकला के विषय में यह विशेषता रही कि एक चित्रकार अपने फन या कला-प्रदर्शन के लिए एक वैशिष्ट्यता रखता था। यथा-पशु-पक्षियों के चित्रण में, बोर्डर (किनारे) बनाने में, मानवाकृति बनाने में प्रकृति-चित्रण आदि में।

दूसरे जहाँगीर का शासन काल केवल २२ वर्ष (१६०५-२७ ई०) ही रहा। इस बाईस वर्षों के अंतिम कुछ वर्षों में तो वह बीमारी अवस्था में ही रहा। शेष वर्षों में वह नूरजहाँ के प्रेम-विवाह के पश्चात् नूरजहाँ की राजनीति के आगे निष्क्रिय हो जाने तथा अपने पिता शहंशाह अकबर द्वारा विरासत में मिले सुदृढ़ और विस्तृत साम्राज्य की प्राप्ति तथा राजपूतों एवं बुंदेलखंड-के अपने अभिन्न मित्र ओरछा-नरेश वीरसिंह देव प्रथम (१६०६-२७ ई०) के सहयोग तथा हिन्दुओं की उदार-चित्त-भावना के कारण उसके समय में कोई विशेष राजनैतिक उथल-पुथल नहीं हुई, जिसके कारण ही उसके समय में चित्रकला की पर्याप्त उन्नति हुई । यह बात दूसरी है कि वास्तुकला के क्षेत्र में उसके समय में आगरा में निर्मित ''ऐतमाद्-उल्लना का मकबरा'' के अतिरिक्त ऐसी कोई कलापूर्ण इमारत नहीं बनी, जो वास्तुकला के क्षेत्र में अकबरकालीन

वास्तुकला की समता कर सकती। इसका कारण चित्रकला के प्रति जहाँगीर को अत्यधिक प्रेम का होना ही कहा जा सकता है।

उसके द्वारा स्वयं रचित ''तुजके-जहांगीरी'' में चित्रकारी के विषय जितना अच्छा लिखा है, उतना भारत के इतिहास में अन्यत्र ही शायद देखने को मिलें। इस ग्रन्थ के द्वारा यह विदित होता है कि यह बाबर व हुमायुँ की भाँति यात्रा में अपने साथ सदैव ही चित्रकारों को रखता था, जिनसे समय-समय पर वह चित्र बनवाया करता था। काश्मीर की यात्रा में मंसूर नामक प्रसिद्ध चित्रकार से वहाँ के पशु-पक्षी, वृक्षादि के चित्र बनवाये थे। जहाँगीर में स्वयं में चित्र-परीक्ष्ण की प्रतिभा बड़ी विलक्षण थी। चित्र को देखते ही उसकी चित्रशैली को देखकर ही वह चित्रकार का नाम बता देता था।

उसने अपने आत्मचरित में सिंहसनारोहण के चौदहवें वर्ष में लिखा है-''मेरी चित्र पंहिचानने की रुचि यहाँ तक बढ़ गई है कि प्राचीन तथा नवीन उस्तादों में से किसी एक का काम मेरे सामने देखने में आता है, तो मैं उसका नाम सुने बिना ही झट उसे पहचान लेता हूँ कि अमूक उस्ताद का यह बना हुआ है। यदि एक चित्र में कई चेहरे हों और हरएक चेहरा अलग-अलग उस्तादों का बना हुआ हो, तो मैं जान सकता हूँ कि कौन चेहरा किसने बनाया है। यदि एक चेहरे में आँख किसी के द्वारा बनी हो, भौंहें किसी के द्वारा बनाई गईं हों, तो भी मैं पहचान लूंगा कि बनाने वाले कौन हैं :''

उसके दरबार में कुछ चित्रकार तो अकबर के समय के ही प्रसिद्ध चित्रकार थे। जैसे-लाल, साँवला, मुहम्मद नादिर, फरूखवेग, राजा मनोहर आदि। पर इनके अलावा उसके समय के प्रसिद्ध चित्रकारों में चित्रकार उस्तार मंसूर, अबुलहसन, विशनदास, गोबर्धन जैसे कुछ चित्रकार विशिष्ट ही थे। इनमं मंसूर पशु-पक्षी बनाने में, विशन शबीह (पोट्रेट-व्यक्ति चित्र) बनाने में, गोबर्धन दरबार के दृश्य बनाने में अद्वितीय थे। फरुखवेग, मुहम्मद नादिर, मुराद स्याह कलम के धनी थे। मुगल काल में चित्र के साथ-साथ हाशिया पर आलेखन बनाने तथा उन पर लिखने का काम भी उसी श्रेष्ठता पर किया जाता था, जिस प्रकार से चित्र बनाने में श्रेष्ठता का प्रदर्शन होता था।

जहाँगीर ने अपने प्रसिद्ध चित्रकारों को प्रोत्साहित करने के लिए अनेक उपाधियों से विभूषित भी कर रखा था। यथा-मंसूर को ''नादिर-उल-असर'' (युग-शिरोमणि), अबुलहसन को ''नादिर-उल-जमाँ''।

जहाँगीर के समय में चित्रकला में यथार्थता तथा अनुकृति में सानुरुपता लाने का एक श्रेष्ठतम उदाहरण उस समय देखने को मिलता है; जब एक बार उसके दरबार में आये हुए एक विदेशी सर टामस रोने उसके समय के प्रसिद्ध चित्रकारों तथा उनकी चित्र-शैली की प्रसिद्धि को सुनकर जहाँगीर को एक व्यक्ति चित्र (पोट्रेट) दिखाकर उसकी अनुकृति बनबाने के लिए आग्रह किया। जहाँगीर ने उसके लिए कुछ समय मांगा।

जहाँगीर के आदेश से उस चित्र की छः अनुकृतियाँ तैयार कराई गई। उसने उन छः अनुकृतियां के साथ उस विदेशी चित्र को भी सम्मिलित कर टामस रो को अपना चित्र पहचान कर उठा लेने को कहा। उस विदेशी को उन चित्रों में एक जैसी सानुरुपता देखकर अपना चित्र पहचानकर निकालना मुश्किल पड़

गया। अंत में जहाँगीर ने स्वयं ही उसका चित्र निकालकर उसे उसको सुपुर्द किया। वह विदेशी भी ऐसा कला-चार्तुय देखकर हतप्रभ रह गया।

अकबर व जहाँगीर के समय की चित्रकला की कुछ विशिष्टतायें

(*i*) इन दोनों के काल के बने चित्रों में कलात्मकता के साथ-साथ सजीवता, मौलिकता, भावों की अभिव्यक्ति, अंग-प्रत्यंगों का अनुपात, रंग-विधान आदि में किसी प्रकार की कृत्रिमता नहीं है।

(*ii*) इस अवधि में बने मुगल-शैली के चित्रों में भारतीय-कला की आत्मा के दर्शन होते हैं। वृक्षों आदि के चित्रण और प्रकृति-चित्रण में राजस्थानी शैली की भी छाप दिखाई देती है।

(*iii*) नेत्रों की संरचना में एक विशेष आकर्षण रहता है तथा अंग-प्रत्यंगों में सुकुमारता व लावण्यता का पर्याप्त प्रदर्शन होता है।

(*iv*) अंगों पर पारदर्शी वस्त्रों का प्रदर्शन भी बड़ा स्वाभाविक व आकर्षक लगता है।

(*v*) आभूषणों के अलंकरण में काल का विशेष ध्यान रखा गया है। यथा-पगड़ी, परिधान आदि में।

(*vi*) हाशियों पर कलापूर्ण आलेखनों में पूर्ण रूप में ताजगी व सजीवता दिखाई देती है।

(*vii*) चित्रण में वातावरण को साकार उपस्थित करने में चित्रकार बड़े सफल रहे है।

(*viii*) रंग-विधान नयनाभिराम लगता है। रंगों में ऐसे रंगों का बचाव किया गया है, जो आँखों को रुचिकर प्रतीत न हों।

(*ix*) अपनी श्रेष्ठता तथा विविधता के कारण इन दोनों शासकों के समय की चित्रकला मुगल-शैली की उत्कृष्टता की पराकाष्ठा कही जा सकती है।

शाहजहाँकालीन चित्रकला

शाहजहाँ का काल भारतीय मुस्लिम इतिहास में ''स्वर्ण युग'' के नाम से जाना जाता है। उसका यह काम यश, ऐश्वर्य और वैभव तथा वास्तुकला के क्षेत्र में ''ताज'' जैसी विश्व प्रसिद्ध इमारत के अतिरिक्त दिल्ली के दीवाने-आम व दीवाने-खास जैसी इन्य इमारतों की निर्माण-परम्परा में आशातीत सफलता का काल था। ''दिल्ली के दीवाने खास'' की कलात्मकता व श्रेष्ठता के विषय में तो फारसी लिपि में एक दीवार पर एक वाक्य लिखा था, जिसका अर्थ था-''अगर पृथ्वी पर कहीं स्वर्ग है, तो बस यही है, यही है, यही है।''

शाहजहाँ के समय में चित्रकला की पूर्व प्रचलित परमपरा जीवित रही, पर उसको वह प्रोत्साहन व श्रेष्ठता की श्रेणी न मिल सकी, जो अकबर व जहाँगीर के समय में प्राप्त थी और न ही चित्रकारों को भी समुचित प्रोत्साहन मिल सका। इसके पीछे प्रमुख कारण उसकी वास्तुकला के प्रति गहन रुचि रखना ही था। चित्रकारों ने अपनी चित्रकला का प्रदर्शन सामन्तों और उच्च पदाधिकारियों के यहाँ जाकर किया। शाहजहाँ के श्वसुर आसफ खाँ ने लाहौर में अपने भवनों को उत्कृष्ट चित्रों से खूब सुसज्जित कर रखा था। इस सम्बन्ध में डॉ० ईश्वरी प्रसाद ने लिखा है-''ऐसे सुसज्जित एवं सुन्दर ढंग से चित्रित किए हुए भवन देश में बहुत कम मिलते थे।''

शाहजहाँ का ज्येष्ठ पुत्र दारा शिकोह तो चित्रकला से बहुत प्रेम रखता था। उसने अपनी बेगम नादिरा को विवाह के अवसर पर जो बहुमूल्य मुरक्का (चित्र-एलबम) भेंट किया था, वह अब भी इंग्लैंड के ''इंडिया ऑफिस'' के पुस्तकालय में सुरक्षित है। इस-''मुरक्का'' में १८ फूल और पत्तियों के सजीव चित्रों के साथ-साथ ३५ शबीह (चित्र), एक यूरोपियन चित्र की अनुकृति और ५ फारसी (ईरानी) शैली के अन्य चित्र एकत्रित हैं। समस्त चित्र एक से एक बढ़कर हैं और मुगल चित्रकला के गौरव की एक अनुपम निधि है।

इतना सब कुछ होते हुए भी शाहजहाँ के समय में चित्रकला की उन्नति हुई। उसके समय के प्रसिद्ध चित्रकारों में अनुपचित्तर, बिचित्तर, गोवर्धन, होनहार, बालचन्द और कल्याणदास के नाम विशेष रूप से उल्लेखनीय थे। इनमें भी विचित्तर के चित्र तो उसके समय की चित्रकला के सर्वोत्तम उदाहरण माने जाते हैं। इसके बने हुए चित्र अभी भी लंदन के साउथ केंग्सिटन म्यूजियम में और पेरिस के संग्रहालय में तथा ब्रिटिश म्यूजियम में उपलब्ध हैं। इस चित्रकार ने सभी प्रकार के चित्र बनाये थे और सभी चित्रों में सजीवता, मौलिकता तथा गतिशीलता की झलक दिखाई देती है। नानामल चमनलाल मेहता का तो यहाँ तक कहना है कि ''बिचित्तर के समान कोई चित्रकार मुग़ल काल में हुआ ही नहीं।''

औरंगजेब कालीन चित्रकला

औरंगजेब और उत्तर कालीन मुगल शासकों के समय की चित्रकला : शाहजहाँ के ४९-५० वर्षीय शासन काल के उत्तरार्द्ध में चित्रकला की अवनति के लक्षण दिखने लगे थे। उसका मुख्य कारण था-शाहजहाँ के द्वितीय पुत्र औरंगज़ेब द्वारा अपने ज्येष्ठ भ्राता दारा शिकोह को राजसत्ता के प्राप्त करने के उद्देश्य से गृह युद्ध का करना तथा अंतिम सात वर्ष तक औरंगजेब के नियंत्रण में बादशाह होते हुए भी एक नजरबंद कैदी के रूप में शाहजहां का अपने दुर्दिनों को बिताना।

इस गृह युद्ध तथा शाहजहाँ के दुर्दिनों के काल में स्वाभाविक था कि वास्तुकला व चित्रकला की अवनति होना। उस पर भी औरंगजेब के युवराज के रूप में होने पर उसकी संगीत कला तथा चित्रकला के प्रति उदासीनता होने के कारण संगीतकारों तथा चित्रकारों को भी अपनी जीविकोपार्जन हेतु मनसबदारों तथा उमरावों तथा तत्कालीन राजा-महाराजाओं के यहाँ जाकर शरण लेना पड़ी। चित्रकारों की दशा तो आगे चलकर बहुत ही दयनीय हो गई थी। शाहजहाँ के उत्तर शासन काल में आये हुए फ्रेंच यात्री तथा जौहरी टैवरनियर ने अपने वर्णन में लिखा है-''मालूम होता है कि कलाकार भी मनसबदारों और उमरावों की बेगारी में पकड़े जाते हैं और वेतन के स्थान पर उन्हें कोड़ों की मार प्रदान की जाती है।''

उसके इस कथन में कितनी सत्यता है अथवा कितनी अतिशयोक्ति है, पर इतना निश्चय है कि शाहजहाँ क शासन कालके उत्तरार्द्ध में चित्रकला की अवनति होने लगी थी एवं उस समय के बने चित्रों में सजीवता, भावों की अभिव्यक्ति तथा अंग-प्रत्यंगों के अनुपात आदि में अभाव आ गया था।

औरंगजेब तो इस्लाम धर्म का कट्टर अनुयायी था और धार्मिक नीति में वह अकबर के बिल्कुल ही विपरीत था। अकबर जहाँ चित्रकला को ईश्वर तक पहुँचने का एक उत्तम साधन मानता था, और इसी कारण वह चित्रकारों को सम्मान की दृष्टि से देखता था। यही कारण था, कि अकबर और जहाँगीर के

समय में चित्रकला की उन्नति का सूर्य मध्याह्न की भाँति चित्रकला-जगत में फैला, वही उन्नति का सूर्य औरंगजेब के शासन काल में एक प्रकार से अस्त हो गया था। दूसरे आरंगजेब की रुचि चित्रकला की जगह लिपिलेखन कार्य में अत्यधिक रही और यही कारण था कि औरंगजेब के शासन काल में "कैलीग्राफी" (लिपि-लेखन) की जितनी उन्नति हुई और लिपिकारों को जो सम्मान मिला, वह कभी भुलाया नहीं जा सकता। औरंगजेब ने अपने लिपि गुरु सैयद अली को शाही पुस्तकालय का अध्यक्ष बनाया था। औरंगजेब के काल का प्रसिद्ध लिपिकार अब्दुल बफी हद्ददाद था, जिसे औरंगजेब की तरफ से "याकूत-रकम" की उपाधि प्राप्त हुई थी। उसके समय में चित्रकारों की अपेक्षा लिपिकारों को अधिक सम्मान प्राप्त था।

औरंगजेब को सन् १७०७ ई० में मृत्यु होने के बाद अंतिम मुगल बादशाह बहादुरशाह द्वितीय के समय १८५७ ई० तक (सन् १८५७ ई० के सैनिक विद्रोह में बहादुरशाह के द्वारा क्रांति का नेतृत्व करने के अपराध में कैद करके रंगून भेज दिया गया था, जहाँ वह कैदी के रूप में कई वर्ष बिताकर मर गया) की १५० वर्षों की लम्बी अवधि में एक-एक करके कई मुगल बादशाह हुए। इनमें से अधिकांशतः अपनी निर्बलता, आयोग्यता और अकर्मण्यता तथा अहमदशाह अब्दाली व नादिर शाह ईरानी के आक्रमणों से मुगल साम्राज्य धीरे-धीरे सिमट कर दिल्ली तक ही रह गया। उस पर भी मराठों के बढ़ते हुए प्रभाव व अंग्रेजी-शासन के मायावी-जाल में फंसते हुए मुगल साम्राज्य बिल्कुल ही मृतप्रायः हो गया। ऐसी स्थिति में मुगल कला के नाम पर भी इन शासकों के समय में चित्रकला बिल्कुल ही मृतप्राय हो गई। इसका परिणाम यह हुआ कि मुगल साम्राज्य के पतन के बाद यह चित्रकला लखनऊ और हैदराबाद (दक्षिण) तथा राजस्थान पहुँच गई, जहाँ स्थानीय शासकों ने इस कला को प्रोत्साहन दिया। इसलिए यह मुगल कला बाद में स्थानीय कला होकर जगह-जगह पल्लवित होती गई और नवीन-नवीन शैलियों के नाम से जानी जाने लगी।

मुगल शैली की वैशिष्टतायें

मुगल शैली का बहुत बड़ा भाग चित्रों से भरा हैं। अनेक चित्रों के विषय दरबार, आखेट, युद्ध और ऐतिहासिक घटनाओं से सम्बन्धित हैं। घरेलू जीवन से सम्बन्धित तथा रहस्यमय चित्रों का सर्वथा अभाव रहा है। धार्मिक-आख्यानों तथा पौराणिक-कथाओं पर आधारित जो चित्र बने हैं, उनमें आध्यात्मिकता के दर्शन नहीं होते।

विषय की दृष्टि से मुगलकाल मे बने चित्र पाँच भागों में विभक्त किये जा सकते हैं :

(*i*) व्यक्ति चित्र

(*ii*) ऐतिहासिक घटनाओं तथा दरबारी जीवन के चित्र

(*iii*) वृक्षों, फल-फूलों और पशु-पक्षियों के चित्र

(*iv*) भारतीय पौराणिक तथा धार्मिक चित्र

(*v*) अभारतीय कथाओं के चित्र

वैशिष्टताओं के नाम पर मुग़ल-कला कल्पना की उड़ान के साथ-साथ यथार्थता, जीवन्तता, स्वाभाविकता, भाव-भंगिमाओं, कला की सूक्ष्मता व गहनता, अंगों के सानुपातीयकरण, रंग-विधान आदि में ईरानी शैली से बिल्कुल ही भिन्न है।

वस्तुओं में गोलाई, उभार आदि को स्पष्ट प्रदर्शन करने के लिए प्रकाश और अंधेरे (Light & Shade) का भली-भाँति प्रयोग किया गया है।

चित्रों के संयोजन का ढंग अपना अलग ही है, जो ईरानी शैली से सर्वथा भिन्न है। आकृतियाँ अधिकतर एक आँख वाले चेहरों (एक चश्मी) की ही बनी हैं।

इस शैली में पेड़ आदि के अलंकारिक डिजाइनों के स्थान पर प्राकृतिक दृश्यों के स्वाभविक चित्रण को ही अधिक महत्त्व दिया गया है।

वृक्ष, लता, पशु-पक्षी, नदी, पहाड़ आदि के चित्रण में बड़ी सजीवता दिखाई गई है।

चित्रण में फारसी वृक्षों व फल-फूलों का स्थान भारतीय वृक्षों व फल-फूलों ने लिया है। यथा-केला, बरगद (बट), पीपल आदि।

वस्त्रों तथा आभूषणों में भी भारतीयता की स्पष्ट छाप दिखाई देती है।

अध्याय-8

राजपूत और मुगल चित्र-शैलियों का तुलनात्मक अध्ययन

भारतीय इतिहास में ६४७ ई० में सम्राट हर्षवर्धन की मृत्यु के बाद ही भारत की राजनैतिक एकता जब छिन्न-भिन्न हुई। तब सारे भारत में अनेक राजवंशों का उदय हो गया और फिर इन राजवंशों में पारस्परिक प्रतिद्वन्दता का दौर प्रारंभ हुआ, जिसके परिणाम स्वरूप भारत में मुस्लिम शासन की स्थापना सन १२०६ ई० में गुलाम वंश के नाम से दिल्ली में स्थापित हुई और ३२० वर्षों की दीर्घावधि में गुलाम, खिलजी, तुगलक, सैयद और लोदी वंश ने शासन चलाया। सन १५२६ ई० में मुगल बाबर ने दिल्ली का अंतिम लोदी शासक इब्राहीम लोदी को पराजित व मारकर मुगल साम्राज्य की नींव जमाई, जिस नींव पर हुमायुँ, अकबर, जहाँगीर, शाहजहाँ और औरंगजेब तथा उत्तरकालीन मुगल शासकों तक की ३२१ वर्षों की अवधि में मुगल सल्तनत की जो भव्य इमारत बनी वह धीरे-धीरे कमजोर होते-होते सन् १८५७ ई० की क्रांति में अंतिम मुगल बादशाह बहादुरशाह द्वितीय के समय में अंग्रेजों के दिल्ली पर अधिकार करते ही सदा के लिए ही न केवल ढह गई, बल्कि भारत पराधीनता के बंधन में जकड़ गया।

इतिहास में इस उतार-चढ़ाव में जहाँ मुगल राजवंश ने अपने अच्छे-बुरे दिन देखे, उसी प्रकार राजपूताने में (वर्तमान राजस्थान) भी जयपुर, जैसलमेर, आमेर, बीकानेर, कोटा-बूँदी, नागौर, उदयपुर, मेवाड़ आदि अनेक ऐतिहासिक स्थानों में विभिन्न राजपूत राजाओं ने भी तमाम उतार-चढ़ाव देखे। मुगल सम्राट अकबर की धार्मिक व राजपूत नीतियों में परिवर्तन के होने पर जब राजपूत राजाओं से वैयक्तिक संबंध स्थापित हुआ, तब राजपूतों और मुगलों में पारस्परिक सांस्कृतिक संबंधों में भी सुधार हुआ। इन सुधारों में एक सुधार चित्रकला के क्षेत्र में भी हुआ और यह सुधार ही परिवर्तन के साथ-साथ समन्वय वाद का पोषक भी बना। इसलिए दोनों कालों की चित्रकला का जब सूक्ष्मात्मक अध्ययन किया जाता है, तो उसमें बहुत कुछ असामनतायें भी दृष्टिगोचर होती है। अब इन समानताओं व असमानताओं पर भी बिचार करना आवश्यक है, यथा–

समानतायें

(*i*) दोनों का काल एक समान ही रहा अर्थात् १५०० ई० -१७०० ई० तक। इसलिए दोनों शैलियों अपने-अपने क्षेत्रों में समानान्तर रूप से चलती रहीं। दोनों शैलियों में चित्रकला की पराकाष्ठा तब हुई, जब आश्रयदाता कला के पारखी तथा स्वयं कला प्रेमी थे।

(*ii*) दोनों शैलियों का एक दूसरे पर प्रभाव पड़ा, लेकिन दोनों ने अपना प्रथक-प्रथक अस्तित्व न जाने दिया एवं अपनी एक अलग ही पहचान रखी।

(*iii*) दोनों शैलियों में कुछ बिषय समान रहे। जैसे दोनों ही में धार्मिक और पौराणिक चित्रों का चित्रण हुआ।

(*iv*) दोनों शैलियों में चित्रकारों को राजाश्रय प्राप्त होने के कारण अपने-अपने आश्रयदाताओं के व्यक्ति-चित्रों, दरबारी-चित्रों, आखेट-चित्रों के अतिरिक्त प्रकृति-चित्रण तथा पशु-पक्षियों के चित्रण से संबंधित चित्र बनाना पड़ते थे। और दोनों शैलियों में सजीवता, स्वाभाविकता के दर्शन होते हैं।

(*v*) दोनों में रंग-संयोजन एक समान तथा सामंजस्यपूर्ण है।

(*vi*) दोनों शैलियों में भाव-मुद्राओं तथा हस्त-मुद्राओं के प्रदर्शन में चित्रकारों ने बड़ी सफलता पाई है। इन मुद्राओं में बड़ी सजीवता व स्वाभिविकता है।

(*vii*) दोनों शैलियों में रेखाओं की महत्ता पर बल दिया गया है तथा साथ ही में गोलाई आदि के प्रदर्शन में स्वाभिकता लाने के लिए हल्का छाया-प्रकाश (Light & Shade) का प्रयोग हुआ है।

असमानतायें

(*i*) मुगल शैली का विषय क्षेत्र राजपूत शैली के विषय की अपेक्षा संकुचित रहा। मुगल शैली का क्षेत्र केवल बादशाहों के व्यक्ति चित्र, दरबारी चित्र अथवा आखेट तक ही सीमित रहा। वे जनता से बहुत दूर रहे। जबकि राजपूत कालीन चित्रकार जन-साधारण के बीच जाकर उनके दैनिक जीवन ओर उसके क्रिया-कलाओं को चित्रों के माध्यम से साकार रूप प्रस्तुत करते थे। इसीलिए राजपूत शैली के घरेलू चित्र बहुत विख्यात हुए। गाँव, बाजार, पनघट खेत-खलिहान, के चित्रों के अतिरिक्त जुलाहा, सुनार, लुहार जैसे परिश्रमी श्रमिकों के चित्रों के निर्माण में राजपूत कालीन चित्रकारों ने अपनी तूलिका का कौशल इस प्रकार दिखाया है कि उस कौशल में सारा वातावरण व विषय-वस्तु साकार व सजीव उपस्थित हो उठा है। इन चित्रों के बनाने में चित्रकार ऐसे प्रतीत हेता है, जैसे वह एक साधारण प्राणी है और इन सबमें वह घुल-मिल गया है। उदाहरणार्थ-पनघट पर पनिहारिनों के स्वाभिवक दृश्य और किसी पथिक को पानी पिलाने या किसी वृक्ष के नीचे थके बटोही के विश्राम लेने, जैसे-चित्रांकन में उन सबको मुद्राओं से ऐसा। प्रतीत होता है, जैसे कि चित्रकार स्वयं उस अवस्था में उपस्थित हुआ है।

इसलिए मुग़लशैली जहाँ राजसी व दरबारी कला प्रतीत होती है, वहीं राजपूत शैली राजसी व दरबारी कला होते हुए भी जन-साधारण की कला भी रही। उस कला में जन-मानस स्वयं प्रगट होता दिखाई देता था।

(*ii*) मुग़ल-शैली में निर्मित हुए धार्मिक व पौराणिक चित्रों में न चाहते हुए भी ईरानी मिश्रित पुट दिखाई दे जाती है, जबकि राजपूत शैली में विशुद्ध हिन्दूत्व झलकता है। पात्रों की वेश-भूषा, आभूषणों के अलंकरण आदि में विशुद्ध रूप में भारतीयपन रहा है।

(*iii*) मुग़ल-कला में संसार का वैभव-विलास, दरबारी शान-शौकत, मनोरंजन का बाह्य आडम्बर तथा सांसरिक सुख का प्रदर्शन दिखाई देता हैं, जबकि राजपूत कला में जीवन की यथार्थता एवं आत्मा के दर्शन के प्रदर्शन के साथ-साथ चित्रकार के हृदय की आत्मानुभूति है, जो अपने जीवन की विभिन्न परिस्थितियों में जनता के बीच देखी है और स्वयं में अनुभव किया है।

(*iv*) मुग़ल-कला में चित्रकार बादशाह की आज्ञा से बँधा था, लेकिन राजपूत कला में चित्रकार राजा से बँधा होने पर भी स्वतंत्र था। इसलिए मुगल शैली बँधन युक्त रही, जबकि राजपूत शैली बंधन मुक्त रही।

(*v*) दोनों कलाओं में आखेट का प्रदर्शन बादशाह के शौक से संबंधित रहा, जबकि राजपूत शैली में यह प्रदर्शित हुआ है कि राजपूत वीर जाति होने के कारण शेर, चीते, आदि शिकार उनकी दिनचर्या थी, न कि शिकार का शौक।

(*vi*) पशु-पक्षियों तथा मनुष्यों एवं पेड़-पौधों के चित्रण में जो चेतनता दिखाई देती है, वह मुगल शैली में नहीं दिखाई देती है। राजपूत कलाकारों ने उनका सजीव चित्रण किया है। डा० आनंद कुमार स्वामी ने इस संबंध में लिखा है। ''राजपूत चित्रों में छोटी-छोटी पहाड़ियों अथवा तुषाराच्छादित हिमालय के तुंग श्रृंग बराबर दिखाई पड़ते हैं।''

(*vii*) मुगल शैली यथार्थता प्रधान है। आन्तरिक भावों की अपेक्षा उसमें लौकिक यथार्थता की ही प्रधानता है। पर राजपूत शैली में भावात्मकता तथा काव्यगत रसानुभूति एवं आत्मिक-अभिव्यक्ति अधिक उभरकर सामने आई है।

(*viii*) राजपूत शैली में इहलौकिक और पारलौकिक दृष्टिकोण धार्मिक, पौराणिक तथा सामाजिक चित्रों के माध्यम में स्पष्टतः झलकता है, जबकि मुगल शैली में परिलक्षित नहीं होता है।

(*ix*) मुग़ल शैली में पशुओं का चित्रण भावपूर्ण नहीं है, जबकि राजपूत शैली में उनके चित्रण में पशुओं के मुखों, नेत्रों तक में उनके हृदयगत भावों का प्रगतीकरण होता है। पशुओं की आत्मा में व्याप्त करूणा, स्नेह, प्रेम आदि के भाव स्पष्टतः दृष्टिगोचर होते हैं। गाय, बैल, मृग, मोर, कपि, शुक आदि के चित्रण तक में इस प्रकार की भावात्मकता प्रदर्शित करने में राजपूत चित्रकार बड़े सफल रहे हैं।

(*x*) दोनों शैलियों में रंग-संयोजन एक समान होते हुए भी उनके प्रयोगीकरण में असमानता है। राजपूत शैली में रंगों में सादगी है, जबकि मुगल शैली में चटकीलापन अधिक है। गोलाई आदि के प्रदर्शन में छाया-प्रकाश का प्रयोग राजपूत कला की अपेक्षा मुग़ल कला में अधिक है, जबकि राजपूत शैली में रेखाओं की महत्ता पर अधिक बल दिया गया है। रेखाओं में गति, प्रवाह व भाव-अभिव्यंजना निहित हैं।

मुगल शैली में रंग-संयोजन में ईरानी प्रभाव झलकता है, जबकि राजपूत शैली में ऐसा नहीं है।

(*xi*) राजपूत शैली में रंग-संयोजन तथा पात्रों के चरित्र-चित्रण एवं वातावरण के प्रस्तुतीकरण में कोमलता, सजीवता, मौलिकता, भावात्मकता मुगल शैली की अपेक्षा अधिक आकर्षक व मनोरम है।

(*xii*) दोनों शैलियों में हस्त्र-मुद्राओं का सफल प्रदर्शन हुआ है। लेकिन मुगल शैली में निर्मित हुए चित्रों में हस्त-मुद्राओं में वह लचक तथा कोमलता एवं शक्ति व सजीवता नहीं है, जो राजपूत शैली के चित्रों में प्रदर्शित हस्त-मुद्राओं में दिखाई देती है। राजपूत शैली के अंतर्गत मुद्राओं में अजन्ता के समान गति, शक्ति, कमनीयता, तथा लावण्यता एवं लचक विद्यमान है।

(*xiii*) मुगल शैली में अलंकारिक नमूनों व आलेखनों तथा कलापूर्ण हाथियों की भरमार है, जबकि राजपूत शैली में ऐसा कुछ नहीं है। वहाँ अलंकारिकता तथा कलापूर्ण हाथियों का नितान्त अभाव है। इस शैली में इन सबके स्थान पर स्वाभिकता, धार्मिकता के साथ-साथ हमारी प्राचीन संस्कृति अन्तर्निहित है।

(*xiv*) प्राकृतिक चित्रण में मुगल शैली एक प्रकार से नगण्य ही है। पर राजपूत शैली में प्रकृति व पशु-पक्षी के चित्रण में देव-स्वरूप की कल्पना को साकार रूप दिया गया है। यथा-कृष्ण को गाय चराते देखकर जनता में गाय के प्रति प्राचीन संस्कृति में गाय में देव रूप की कल्पना स्वतः जागृत हो उठती है। ऐसे बृहत् वट वृक्ष के साकार स्वरूप में वट को वृक्ष-देवता को कल्पना साकार हो उठती है। नारी के पात्र में 'यत्र नारी पूजयन्ते, रमन्ते तत्र देवता' वाली वेदवाणी चरितार्थ सिद्ध होती है।

(*xv*) मुग़ल कलाकारों तथा राजपूत कलाकारों का संयोजन अपने-अपने ढ़ंग का अलग-अलग रहा, जिनके कारणों में काल, स्थान, वातावरण और परिस्थिति मुख्य कारण रहे। लेकिन फिर भी राजपूत और मुगल-शासकों के पारस्परिक संबंधों के कारण दोनों ही कलायें एक-दूसरे से असमान होते हुए कई अर्थों में समान रहीं और इन शैलियों ने जो भी कला-निधि दी है, हमारे देश के लिए गौरव हैं।

अध्याय-9

लोक चित्रकला

शास्त्रीय कला से तात्पर्य उस चित्रकला से है, जिसका विषय-चित्रण चित्रकला विषयक ग्रन्थों में वर्णित निर्देशों के आधार पर होता है और लोककला जैसा कि नाम से स्पष्ट है-'जन-जीवन की कला।' इस कला में जन-जीवन की झाँकी का प्रतिबिम्ब दिखता है। आत्मा के अव्यक्त विचारों का ऐसा प्रदर्शन होता है, जिसमें चित्रकला-निर्माण विषयक निर्देशों की परिधि नहीं होती, मानसिक स्वतंत्र अनुभूति होती है। स्वान्तः सुखाय के लिए इस कला का जन्म होता है। इस लोककला में किसी व्यवसायप्रधान अथवा किसी व्यक्ति विशेष को रिझाने की भावना निहित नहीं होती । इसीलिए इस लोककला का जीवन शास्त्रोक्त चित्रकला से कहीं अधिक प्राचीन है। इस लोककला का सम्बन्ध उस काल से रहा है जब से पृथ्वी पर मानव-सभ्यता विकास के प्रारम्भिक स्तर पर खड़ी हुई थी। जैसे-जैसे मानव-सभ्यता का विकास होता गया, वैसे ही वैसे लोककला के स्तर का भी विकास शनैःशनैः होता गया और आज उसी का परिणाम है कि अपने देश में प्रत्येक प्रांत की अपनी भाषा व बोली के समान उसकी अपनी लोककला है। उसकी लोककला की अपनी मान्यता है।

लोककला प्रायः धार्मिक आख्यानों, धार्मिक परम्पराओं, धार्मिक प्रतीकों एवं काल्पनिक पौराणिक प्रसंगों के अतिरिक्त सामाजिक त्योहारों तथा सामाजिक मान्यताओं की पृष्ठभूमि पर आधारित होती है एवं इसका चित्रण शैल-गुफाओं की भित्तियों, कागजों (विशेषत:, हाथ द्वारा निर्मित कागजों), दीवारों पर जलरंगों तथा चबूतरों व भूमि-भाग पर धूलि-रंगों द्वारा चित्रित किया जाता है। इस प्रकार के चित्रांकन चालुक्यवंशीय नरेश सोमेश्वर द्वारा लिखित 'अभिलषितार्थ-चिन्तामणि' अथवा 'मानसोल्लास' के तृतीय अध्याय के प्रथम प्रकरण में वर्णित चार प्रकार के चित्रों-विद्धिचित्र (जिसमें वस्तु-विशेष या पात्र-विशेष का यथार्थकता लिए हुए चित्रण होता है) अविद्ध चित्र (जिसमें कल्पनाजनित चित्रण होता है), रस चित्र (काव्यात्मक नौ रसों से युक्त चित्रण) एवं धूलि-चित्र से संबंधित रहते हैं। इतना अवश्य है कि लोक-कला के अन्तर्गत बने चित्रों में (प्रतीकात्मक छोड़कर) रसों के नाम पर अधिकांशतः शान्त रस के ही दर्शन होते हैं।

बुन्देली लोक-कला की परम्परा

बुन्देलखण्ड अपनी भौगोलिक स्थिति के कारण सघन वनों की हरीतिमा एवं विन्ध्याचल पर्वत तथा उसकी शृङ्खलाओं की प्राकृतिक सुन्दरता में डूबी हुआ है। यहाँ का इतिहास प्राचीनता से संबद्ध है। यहाँ

सभ्यता के आवरण में जब मानव आदिम-अवस्था में पाषाण युग में अपना जीवन बिता रहा था, एवं वृक्षों के नीचे या शैलाश्रयों में निवास कर रहा था, तथा सभ्यता के विकास-क्रम की प्रथम सीढ़ी भी नहीं चढ़ा था, उस समय मानव ने अपने अवकाश के क्षणों में शैल-गुफाओं की छतों, दीवारों और बड़े-बड़े शिला-पट्टों पर अनेक खनिज-रंगों से लोककला के नाम पर अपने हृदय के अंदर छिपे हुए भावों को अपने सामाजिक-वातावरण की पृष्ठभूमि में सर्वप्रथम मुखरित किया। चूँकि उस मानव जाति का जीवन-यापन शिकार पर आधारित था, इसलिए उसके चित्रकला के विषय अधिकांशतः शिकार से सम्बन्धित ही रहे। पशुओं में बैल, साँड, साँभर, हिरण, चीतल, घोड़े, बाघ, हाथी, मोर, नीलगाय आदि के चित्र प्रदर्शित हुए हैं। कहीं पर हिरण, साँभर, मोर आदि का शिकार करते हुए बताया गया है और कहीं पर मोरों को नृत्य करते हुए। कहीं पर नील गायें एवं उनके साथ पुरुष समूह बताया गया है। कहीं पर हाथियों व हाथियों युद्ध बताये गये हैं। कहीं पर सामाजिक चित्रों में माँ-बेटा, युद्ध के लिए प्रस्थान करते हुए योद्धा गण, कहीं पर नृत्य करते हुए पुरुष एवं महिलायें, प्रदर्शित हुई हैं। ये चित्र अधिकांशतः गेरू और काले रंग से बनाये गये हैं और कहीं पर सफेद, हरे, पीले, लाल रंगों का भी प्रयोग देखने को मिलता है। पर इन चित्र-वस्तुओं के चित्रण की विविधता में कई शताब्दियों की लम्बी अविकसित मानव-सभ्यता का इतिहास छिपा हुआ है।

ये चित्र चित्रकला के इतिहास में प्रागैतिहासिककालीन चित्रकला के रूप में प्रसिद्धि प्राप्त किये हुए हैं। एवं इनका विस्तृत क्षेत्र उत्तर प्रदेश में मिर्जापुर के विन्ध्याचल के पूर्वी पर्वतीय अंचल एवं सोन नदी की घाटी से लेकर दूसरी ओर नर्मदा नदी एवं विन्ध्याचल के पश्चिमी अंचल तक फैला हुआ है, जिसमें मध्यप्रदेश में स्थित छतरपुर जनपद में देबरा, सागर जनपद में आबचन्द, नरयावली आदि, होशंगाबाद जनपद में आदमगढ़, बरखेड़ा पंचमढ़ी आदि, सीहोर में कठौनियाँ, करड, आदि, पन्ना जनपद में पांडव-प्रपात, रायसेन जनपद में भीमपेठ, उदयगिरि, रामछज्जा की गुफायें, नर्मदाघाटी में नुतलीखोह और उत्तर-प्रदेश में स्थित मिर्जापुर जनपद में लिखुनियाँ, बाँदा जनपद में मानिकपुर, झाँसी जनपद में बाघाट आदि अनेक स्थानों के पर्वतीय गुफाओं के सहस्त्रों चित्रों में प्राचीनतम लोककला की अनूठी झांकी का प्रदर्शन देखने को मिलता है। ये समस्त शैल-गुफा चित्र ब्राडिक ने अपनी कला-विषयक पुस्तक 'दी हिस्टोरिक पेन्टिंग' के आधार पर अमेरिका व यूरोप के प्रागैतिहासिक शैल-गुफा चित्रों की परम्परा के बाद के माने हैं।

इस प्रागैतिहासिक काल के पश्चात मानव-सभ्यता के उत्तररोत्तर विकास क्रम में भारतीय इतिहास के पृष्ठों में अंकित अनेक राजवंशों के सैलाबी उतार-चढ़व के साथ ही इतिहास-प्रसिद्ध अनेक राजपूत राजाओं एवं मुगल बादशाहों के साथ-साथ अनेक आंचलिक राजाओं की कलाप्रियता के नाम पर यथार्थ वादी एवं मौलिक चित्रकला ने अपनी स्वयं की विशिष्टताओं को अपने अंक में समेट कर जिस द्रुत गति से प्रगति की, उसी द्रुत गति से विभिन्न प्रदेशों में अपनी भौगोलिक परिस्थितियों में पलने वाले मानव-समाज ने धार्मिक-आख्यानों एवं सामाजिक मान्यताओं के नाम पर लोककला का विकास किया, जिसमें क्षेत्रीयता के आधार पर विविधता के दर्शन भी निरन्तर होते रहे। लोककला की इस परम्परा में बुन्देलखण्ड का अपना अलग ही महत्व है।

शादी के समय बुन्देलखण्ड में लोककला की उत्कृष्टता देखने को मिलती है। इस लोककला का आधार द्वार एवं उसके आस-पास की भित्तियाँ ही होती हैं। प्रमुख द्वार अथवा द्वारों के मध्य में उन गणेश

का सर्वप्रथम चित्रांकन होता है, जिन्हें 'शिवपुराण' (रूद्रसंहिता-कुमार खण्ड, अ० ३०) के अनुसार शिव द्वारा पार्वती-पुत्र के कटे हुए सिर के स्थान पर नवजात गज के शीर्ष लगाकर उन्हें पुनः जीवित करके उन्हें गणपति (गणों के अधीश्वर) होने तथा देवताओं मे सर्वप्रथम पूजे जाने का वरदान प्राप्त हुआ था। गणेश के आस-पास उनकी दो पत्नियों स्वरूप दो शक्तियों-सऋद्धि एवं सिद्धि को अंकित किया जाता है।

दीवालों पर मुख्य द्वार अथवा द्वारों के आस-पास घटधारिणी बनाई जाती हैं। स्त्री सौभाग्य की सूचक होती है एवं घट सुख-सम्पति एवं जीवन की पूर्णता का प्रतीक है। घड़े में भरा हुआ जल जीवन या प्राण का रस है। उसके मुख पर लहराती हुई पत्तियाँ और पुष्प जीवन के नानाविध आनन्द व उपभोग हैं। मानव ही पूर्ण घट है, जिस प्रकार विराट विश्व भी पूर्ण घट है। ये दोनों ही पूर्णता के सूचक हैं। नारी को जहाँ शक्ति स्वरूपा और प्रकृति का घोतक बताया गया है, उसी प्रकार घट सम्पूर्ण ब्रह्मांड का प्रतीक है। घट की महत्ता को वेदों और पुराणों ने एवं जैन व बौद्ध धर्मों ने स्वीकारा है। इस घड़े पर पत्तियों का प्रदर्शन प्रकृति से उत्पन्न हरीतिमायुक्त वृक्ष, पौधे आदि से संबंधित माना गया है। इन गणेश व घटधारिणी के अतिरिक्त गजारोही व अश्वारोही का प्रदर्शन भी पौराणिक चिंतन का साकार स्वरूप है। ऐरावत नामक गज और उच्चश्रवा नामक अश्व समुद्र मंथन में निकले चौदह रत्नों में दो रत्न स्वरूप थे। गज का सम्बन्ध वैसे लक्ष्मी से और बौद्ध धर्म में बुद्ध की माता महामाया को दिये स्वपन में दिखने से सम्बन्धित है। गज सुख-समृद्धि तथा ऐश्वर्य का घोतक है एवं अश्व का सम्बन्ध मनुष्य के पौरुष से माना जाता है। लक्ष्मी को चित्रों में जहाँ गजों द्वारा अमृत-घटों की अजस्त्र धार से सिंचित होते प्रदर्शित किया जाता है, वहीं हिन्दू मूर्तिकला में अश्व अथवा हय का संबंध विष्णु से जोड़ा गया है और इसी कारण उनके हय-मुख धारण करने पर वे मूर्ति-कला में 'हयग्रीव' के नाम से जाने जाते हैं। इन प्रधान चार प्रकार के चित्रण के अतिरिक्त फिर अन्य चित्रण में मृग का शिकार करते हुए शिकारी तथा झाड़ू लिए स्त्री के चित्रों की भी अपनी अलग ही प्रासांगिकता है। यहाँ तेज गति से कुलाचें भरने वाले मृग को उस मन का प्रतीक माना गया है, जिसे नियंत्रित होना बहुत आवश्यक है। उसके नियंत्रण से ही इन्द्रिय-निग्रह का होना संभव है।

इसी प्रकार झाड़ू लिए स्त्री से तात्पर्य है- मन की शुद्धि। मन की शुद्धि से ही आत्म-ज्ञान प्राप्त होता है और तभी उस आत्म-ज्ञान से ईश्वर की प्राप्ति संभव है। हिन्दू-दर्शन को यह उत्कृष्ट भावना इन दो चित्रों में अंतर्निहित है। इन चित्रण के अंकन में अनपढ़ व कम पढ़ा लिखा लोक चित्रकार भी अनभिज्ञ होता है। ये तो उनकी मनोभावना की अभिव्यक्ति ही भाव है। लेकिन इन चित्रण के पीछे जो हमारा भारतीय दर्शन छिपा हैं, उसे सोचने व समझने को बात है।

अन्य प्रकार के चित्रों में राम-सीता पाणिग्रहण या शिव अथवा शिव-पार्वती आदि के चित्र बनाये जाते हैं।

दीवाली पर बाजारों में बिकने वाले 'पन्नों' की भी अपनी एक अलग ही परम्परा है। ये चित्र कागज पर ४" × ६" से लेकर ६" × ८" तक में बनते हैं और इनमें लोक-शैली में गणेश, गजयुक्त लक्ष्मी का ही प्रायः चित्रण होता है। रंगीन छोटे पन्नों पर चित्रित लोक-कला के लिए कृष्ण-जन्माष्टमी पर बाजारों में

बिकने वाले पन्नों का भी एक विशिष्ट स्थान है। इन पन्नों पर डलिया में नवजात कृष्ण को यमुना से पार करते हुए प्रदर्शित किया जाता है। अथवा कृष्ण को कालिय-दमन करते हुए तथा नाग-पत्नियों को कृष्ण से कालिय-नाग को मुक्त करने की प्रार्थना करते हुए बताया जाता है।

इन दोनों पर्वों पर बिकने वाले पन्नों तथा विवाहोत्सव पर घर के द्वार की भित्तियों अथवा विशेष पर्वों यथा शिवरात्रि अथवा रामनवमी आदि पर्व पर मंदिर की बाह्य भित्तियों पर किए गये चित्रांकन प्राय: पीढ़ियों से चले आ रहे लोक-चितेरों के द्वारा ही होते हैं। इतना अवश्य है कि अब परम्पराओं के गत चित्रण में आधुनिकता की पुट अवश्य आ गई हैं।

लोक कला के नाम पर विभिन्न पर्वों और जन्मोत्सव के समय गृहणियों द्वारा दीवाल पर गोबर का लेप करके फिर उस पर पिसे चावलों के घोल द्वारा प्रतीकात्मक आकृतियों के अंकन में इन गृहणियों के हृदय में समाई सुखानुभूति की जो झलक दिखाई देती है, वह अपने में मौलिक व लोक शैली के उत्तम साक्ष्य हैं।

इस प्रकार की लोक कला में सर्वप्रथम दीवाली पर्व का चित्रांकन होता है। दीवाल पर चावल के घोल के अतिरिक्त कुछ अन्य रंगों का प्रयोग भी होता है। इसमें तोतों, नागों, मूँज की बेलों के अतिरिक्त खाद्य-पदार्थ-सिंघाड़े और कचरियों की बेलों के आलेखन चौखटों पर होता है। तत्पश्चात कुछ प्रतीक स्वरूप अन्य आलेखन भी होता हैं। यथा-सबसे ऊपर तीन घट, जो त्रिदेवों व त्रिलोक के प्रतीक स्वरूप हैं। इसके बाद सत्रह छोटी-छोटी पुतरियाँ का चित्रांकन होता है, जो संभवत: अष्ट-दिक्पालों इन्द्र, अग्नि, वायु, वरूण, कूवेर, यम, ईशान व नैऋति तथा नवग्रह (सूर्य, चन्द्र, मंगल, बुध, गुरु, शुक्र, शनि, राहु व केतु) के प्रतीक स्वरूप हैं। इनके प्रदर्शन से ग्रहणी द्वारा इन सभी देवों से अपने परिवार के सुख-ऐश्वर्य व शान्ति की याचना प्रदर्शित होती है।

इनके अतिरिक्त फिर खाली जगह भरने के लिए हुरसा-बेलन, ककई-ककवा, मोर, तुलसी-घरूआ, गणेश, सूर्य, चन्द्र, स्वस्तिक, गगरा, रेवा (टोंटीदार लोटा), राजा-रानी, फूल तथा अमावस्या स्वरूप एक देवी आकृति आदि का सफल चित्रांकन किया जाता है। वैसे देखा जाए, तो यह अमावस्या-देवी जो प्रदर्शित होती है, वह संभवत: 'ऋग्वेद' में वर्णित अमावस्या की उस देवी की परिकल्पना है, जिस देवी से अपने व परिवार के सुखी जीवन की याचना की गई है।

दीवाली की भाँति ही सौभाग्यवती स्त्रियों द्वारा पति के स्वस्थ जीवन व उनकी दीर्घ-आयु की कामना हेतु 'करवा चौथ' पर दीवाल पर गोबर के लेपन के बाद चावल के घोल द्वारा कलापूर्ण चौकोर आलेखन के चित्रांकन की भी परम्परा अपने में विशिष्ट ही है। चौखटे में सूर्य, चन्द्र गणेश, शिव-पार्वती तुलसी, स्याऊ-शीतला(देवी) कमल दल से युक्त घट, मोर, नाग, तथा ज्योमैतिक आलेखनों से युक्त दो नसैनीसहश बड़े चित्रण, जिनके शीर्ष पर खड़े होती दो आंकृतियाँ एवं निम्नभाग में कलापूर्ण चौक।

लोक-कला के रूप में इन प्रमुख कुछ लोक-चित्रण के अतिरिक्त अघोई आठें (अष्टमी), हरछट, नाग-पंचमी, देवो-ठान, भैया-दोज जैसे कुछ अन्य पर्वों पर भी प्रतीकात्मक विविध प्रकार के चित्रण देखने को मिलते हैं। यथा-नाग-पंचमी पर गोबर के लेपन पर लाल गेरू के घोल से पाँच नाग-आकृतियों

का अंकन। अघोई आठें पर एक कलापूर्ण चौखटे में आठ पुतरियों के आलेखन। इसी भाँति हरछट पर (बालक के जन्म दिवस के रूप में) सूर्य-चन्द्र, बलराम व उनके आयुध मूसल के साथ ही अन्य पाँच आकृतियाँ।

बुन्देलखण्ड की लोक चित्रकला की भाँति मध्य-प्रदेश व छत्तीसगढ़ क्षेत्र में रहने वाले आदिवासियों की महिलाओं द्वारा लोक-कला के नाम पर सैकड़ों वर्षों से जो लोक-कला का प्रदर्शन चला आ रहा है, वह भी भारतीय लोक-कला के इतिहास में गौरवपूर्ण अध्याय कहे जा सकते हैं और प्रसन्नता की बात है कि म०प्र० का आदिवासी कला एवं संस्कृति विभाग आदिवासी कला के प्रोत्साहन तथा उसे प्रकाश में लाने के लिए बड़ा सार्थक कार्य कर रहा है। प्रदर्शननियों के माध्यम से गोंड, भील, संथाल आदि जातियों की अनपढ़ महिलाओं द्वारा चित्रित कृतियों को जगह-जगह प्रदर्शित कराकर उस लोक-कला को जन-जन तक के मानस को छूने का सफल प्रयास किया जा रहा है।

लोक-कला के ये स्वर्णिम अध्याय न केवल बुन्देलखंड, मध्य प्रदेश तक ही सीमित नहीं हैं। बल्कि वर्तमान में छत्तीसगढ़, महाराष्ट्र व बिहार, बंगाल, उत्तर प्रदेश, हिमाचल प्रदेश, मालवा, आन्ध्र प्रदेश आदि लगभग सभी प्रांतों में अपने-अपने ढंग की अलग ही लोक-चित्र-परम्परा है । इनमें महाराष्ट्र को रंगोली एवं बिहार की मधुबनी कला तो बहुप्रसिद्ध है।

उत्तर प्रदेश के उत्तरीय पर्वतीय तराई वाले वृहत क्षेत्र में नैनीताल, देहरादून, अलमोड़ा से लेकर गोरखपुर तक की लम्बी पट्टी में थारु, भोटिया, जानसारी जैसे जन-जातियों की संस्कृति देखने को मिलती है। इन लोगों में गायन-वादन, नृत्य व चित्रकला की वह अभिरुचि दिखाई देती है, जो कभी उनके पूर्वजों द्वारा बनाये गये शैल-चित्रों में नृत्य की विभिन्न मुद्रायें चित्रित की गईं थीं।

आज के युग में ये जातियां अर्ध-विकसित अवस्था में भी अपने घरों की दीवारों पर घुड़-सवार, हाथी-सवार, कहारपालकी, सामान्य एवं वन्य पशुओं की अतिरिक्त कलश, विविध प्रकार के आलेखन, बेल-बूटे बनाने में अपनी कला-अभिरुचि को प्रदर्शित करती हैं।

लोक कला के नाम पर मालवा व निमाड़ में 'मांडले' एवं बंगाल में ''अल्पना'' की अपनी एक अलग ही विशिष्टता है, जिसका विस्तृत वर्णन ''उपसंहार'' में किया गया है।

अध्याय-10

आधुनिक काल (पुनरुत्थान का काल)

प्रकृति का यह शाश्वत नियम है कि जहाँ प्रातः और मध्यान्ह के बाद सायंकाल व उसके पश्चात् रात्रि का तिमिर भी पृथ्वी पर अपना साम्राज्य फैलाता है, वहीं उसी प्रकार विभिन्न प्रसिद्ध राजवंशों को उत्थान और पतन के चक्र में बनते और मिटती हुई अवस्थाओं में से गुजरना पड़ता है। मुगल साम्राज्य के गौरव पूर्ण शासन और राजपूत कालीन कलाप्रिय शासकों के संरक्षण में जहाँ मुगल व राजपूत कला अपने-अपने चरमोत्कर्ष पर पहुँच गई थी, वहीं इन मुगल शासकों तथा राजपूत शासकों की शक्ति के ह्रास के साथ ही भारतीय चित्रकला का पतन प्रारंभ हो गया था। शासकों के संरक्षण के अभाव में कुशल चित्रकार यहाँ-वहाँ जीविकोपार्जन के लिए भटकते फिरे । उनका सीमित क्षेत्र व्यक्ति-चित्र बनाना ही रह गया। उन चित्रकारों की सृजन शक्ति का प्रायः लोप हो गया।

मुगल शासकों के समय में पुर्तगाली, फ्रांसीसी, अंग्रेज, डच आदि विदेशी जातियों ने व्यापार के नाम पर अपनी बगुलाई नीति के द्वारा अपना जाल दक्षिण व पूर्व के क्षेत्रों से फेंका। इन सभी व्यापारिक कम्पनियों में अंग्रेज अधिक सफल हुए। उन्होंने 'ईस्ट इंडिया कम्पनी' के नाम पर भारतीय राजनीति में व्यापार के साथ-साथ राजनीति में हस्तक्षेप करना भी प्रारंभ कर दिया। दैव योग से लार्ड क्लाईब जैसा चतुर राजनीतिज्ञ व कूटनीतिज्ञ भारत में अंग्रेजी साम्राज्य की जड़ो को अप्रत्यक्ष रूप में फैलाने में एक वरदान सिद्ध हुआ। बंगाल जैसे उर्बरक व आर्थिक दृष्टि से सम्पन्न प्रदेश में कलकत्ता में व्यापारिक कम्पनी के नाम पर चल रही अंग्रेज ईस्ट इंडिया कम्पनी ने १७५७ ई० में इतिहास प्रसिद्ध प्लासी के युद्ध में तत्कालीन बंगाल के नबाव सिराजुद्दौला को हराकार तथा मीरजाफर व मीर कासिम को उसके स्थान पर नबाव बनाकर जिस प्रकार से भारतीय राजनीतिक में प्रवेश किया, उस प्रारंभिक प्रवेश को ओर भी अधिक बल मिला सन् १७६५ ई० के बिहार के बक्सर के युद्ध में , जिसमें क्लाईव ने संधि के द्वारा बंगाल, अवध, के नबावों के साथ-साथ तत्कालीन मुग़ल बादशाह शाह आलम को अपने शिकंजे में कस लिया।

क्लाईव इंग्लैंड चला गया। उसके बाद वारेन हेस्टिंग्ज से लेकर लार्ड डलहौजी (१८४८-५६ ई०) एवं उसके पश्चात के काल में इंग्लैंड की सरकार के अधीन चल रहे शासन में धीरे-धीरे जहाँ अंग्रेजी साम्राज्य सम्पूर्ण भारत में संधियों कानूनों आदि के माध्यम से फैलना शुरू हुआ, वहीं अंग्रेजी सभ्यता व संस्कृति की जड़ें भी भारत में फैलना प्रारंभ हुई। शिक्षा के नाम पर सर्वप्रथम कलकत्ता, मद्रास, बम्बई में विश्वविद्यालयों की स्थापना की गई और उसी शिक्षा के साथ-साथ कला में भी (वास्तु, मूर्ति व चित्र कला)पाश्चात्य शैली का प्रसार-प्रसार हुआ। अभी तक भारतीयता के रंग में डूबी हुई चित्रकला पाश्चात्य

कला की चकाचौंच में भटक गई। अंग्रेजी शिक्षा के प्रसार के साथ-साथ पाश्चात्य कला के प्रसार-प्रसार के लिए बम्बई, मद्रास, कलकत्ता और लाहौर में आर्ट स्कूल खोले गये। इन कॉलेजों में विद्यार्थियों को यूरोपियन ढंग से चित्रकला सिखाई गई। इस शैली में मुख्य परिवर्तन रेखाओं के स्थान पर रंगों द्वारा प्रकाश और छाया के माध्यम से वस्तु-विषय को प्रदर्शित करना था। मुगल शैली व राजपूत शैली में जो भारतीय-आत्मा मुखरित होती थी, उसका प्राय: लोप हो गया। इस प्रकार भारत में एक नई शैली का पदार्पण हुआ। इस शैली में चित्रों का सृजन जल रंगों के साथ-साथ तैल रंगों (Oil Colours) के द्वारा प्रारम्भ हुआ। नवीन शैली की चकाचौध ने भारतीयों का मन मोह लिया। दक्षिण में मैसूर निवासी **राजा रवि वर्मा** पहले चित्रकार थे, जिन्होंने इस शैली को अपनाकर नये सफल प्रयोग किये। उन्हें भारत में इस नवीन शैली का जनक माना जाता है। उन्होंने सभी विषयों पर चित्र बनाये। नवीन शैली में रंगों के प्रयोग के बाद भी उनके विषय भारतीय ही रहे और वेशभूषा में उन्होंने महाराष्ट्रीयता को अंगीकृत किया। राजा रवि वर्मा की चित्र-परम्परा का फिर सभी जगह निर्वाह हुआ। इस प्रकार पश्चिमी सभ्यता के प्रभाव में देश तथा कला इतनी विभोर हो गई कि कला में भारतीयता बिल्कुल ही लोप हो गई। पश्चिमी कला के इन सिद्धान्तों पर कला का शिक्षण कार्य इस प्रभावपूर्ण ढंग से आरंभ हुआ कि कला को भावी उन्नति के मार्ग भी बंद होते दिखाई देने लगे।

पुनरुत्थान की जागृति

पर भाग्य की बात, कि शीघ्र ही कला के इस पतन की प्रतिक्रिया प्रारंभ हो गई। इसका प्रमुख श्रेय ई० बी० हैबेल, और कला गुरु अवनीन्द्र नाथ ठाकुर एवं डा० आनन्द कुमार स्वामी को है। कलागुरु अवनीन्द्र नाथ के अथक परिश्रम से भारतीय कला में युगान्तर परिवर्तन आया,वहीं अनेक पुस्तकों का प्रकाशन भी हुआ। जहाँ एक ओर भारतीय चित्रकला में आंदोलन की यह वेगवती धारा वह रही थी, वहीं दूसरी ओर हमारी भारतीय चित्रकला का गौरव बढ़ाने वाले अजन्ता, और बाघ जैसे स्थानों के भित्ति-चित्रों की अनुकृतियाँ भी तैयार की गईं, ताकि देश-विदेश में प्राचीन भरतीय चित्रकला की उत्कृष्टता का दिग्दर्शन हो सके। १९०७-०८ में एम० एन० आप्टे, एम० एस० भाँड आदि द्वारा बाघ की कृतियाँ एवं १९११-१५ में लेडी हैंरिघम की अध्यक्षता में नंदलाल बसु व अजित कुमार हलदार जैसे भारत के प्रसिद्ध कलाकारों के अथक परिश्रम द्वारा अजन्ता की कृतियाँ मुखरित हो साकार हो उठीं। अजंता के चित्रों ने अमृता शेरगिल को तो इतना मोह लिया, कि उन्होंने उसी प्रेरणा से अनेक चित्रों का निर्माण कर डाला।

इसी समय जब राष्ट्रीय आन्दोलन ने महात्मा गांधी की सफल नेतृत्व में जोर पकड़ा, तो उसका प्रभाव भी भारतीय चित्रकला पर पड़े बिना न रहा। महात्मा गाँधी के आवाहन पर जहाँ राष्ट्रीय नेताओं ने स्वतंत्रता की अग्नि को प्रज्जवलित किया, वहाँ नन्दलाल बसु व कनु देसाई जैसे चित्रकार भी स्वतंत्रता की भावना से ओत-प्रोत हो गये। उनकी तूलिकाओं से भारतीय जनता की कसक, विषाद, उत्पीड़न और बहिष्कार की भावना उनके बने चित्रों में जागृत हो उठी।

भारत स्वतंत्र हुआ और हिन्दी साहित्य में रहस्यवाद, छायावाद, प्रयोगवाद, प्रतीकवाद की भांति कला में भी अनेक वादों का जन्म हुआ। अंतर्राष्ट्रीय संबंध स्थापित होने के कारण भारतीय कलाकारों को विदेश में जाकर अपनी भारतीय कला व अपने विचारों के प्रगतिकरण का अवसर प्राप्त हुआ, वहीं दूसरी ओर भारतीय चित्रकार वहाँ की कला से भी प्रेरित हुए बिना ने रह सके।

उदाहरणार्थ के० एस० कुलकर्णी, कौशिक को संयुक्त राष्ट्र तथा स्पेन में उत्तर पाषाण के पाये जाने वाले शैल-चित्रों से जहाँ अधिक बल मिला, वहीं प्राणनाथ के चित्रों को जापानी चित्रकार हिरोशिमा के चित्रों से अधिक प्रेरणा मिली। माखनदत्त गुप्त ने जहाँ मिश्र की कला से प्रेरणा ली, वहीं शोलोज मुकर्जी फ्रांस की चित्रकला से अधिक प्रभावित हुए और राजपूत कला के तत्वों को फ्रांस की चित्रकला से समन्वित करके एक नया रूप दिया। अवनि सेन और केवल कृष्ण ने दृश्य-चित्रण में परम्परा से दूर रहकर पाश्चात्य प्रभाव के वर्णात्मक प्रभाव को अधिक बल दिया। कहने का तात्पर्य यह है कि अनेक भारतीय चित्रकार विदेश में प्रचलित चित्र कला की विभिन्न विधाओं एवं आधुनिक कला में प्रचलित अनेक वादों के मनोहर जाल में फँसे बिना न रह सके। और इसी का परिणाम हुआ कि भारत में भी आधुनिक कला के भँवर जाल में भारतीय चित्रकार फंस गये। भारत के अनेक चित्रकार प्रचलित प्रयोगवाद, प्रतीकवाद, घनवाद, अभिव्यंजनावाद, प्रकृतिवाद, आदि की विभिन्न शैलियों में चित्रों का निर्माण कर रहे हैं। और कुछ तो करके दुनियाँ से भी चले गये । लेकिन उनकी कृतियाँ देश-विदेश के संग्रहालयों में देखने को मिल-जाती हैं। प्रचलित आधुनिक कला आज बहुत तीव्र गति से भारत में अपनी जड़ें फैला चुकी है। प्रारंभ में देश के प्रमुख तीन महानगरों कलकत्ता, बम्बई, एवं दिल्ली में यह आधुनिक कला का सूत्रपात हुआ। कलकत्ता के नये प्रगतिशील कलाकारों ने अपने ग्रुप को 'कलकत्ता ग्रुप' की संज्ञा दी। इस ग्रुप के चित्रकार युग की वैज्ञानिकता के प्रति सचेत रहे और परम्परावाद के घोर विरोधी होते हुए भी मानवता के महान उपासक रहे। इस ग्रुप का प्रारम्भ १९४३ ई० में अकाल पीड़ित बंगाल में हुआ। इस ग्रुप के चित्रकारों में रथीन मित्र, गोपाल घोष, सुनील माधव सेन, परितोष सेन, आशु प्राण कृष्णपाल आदि प्रमुख रहे।

बम्बई के कलाकारों में, जो किसी वर्ग विशेष से प्रभावित न होकर स्वच्छन्द बिचारधारा के पोषक रहे और ऐसे कलाकारों में के० के० हैब्बर, माधव सातवलेकर, अहिवासी आदि प्रमुख रहे। इन कलाकारों के अतिरिक्त एक वर्ग एम० एफ० हुसेन (मकबूल फिदा हुसेन), रजा, पदमसी आदि कलाकारों का रहा, जो अपने को प्रगतिशील वर्ग का मानता था और उन्होंने इस सम्बन्ध में अनेक कृतियों को जन्म भी दिया। सौभाग्य है कि आज इस वर्ग के एम० एफ० हुसेन अंतर्राष्ट्रीय स्तर पर आधुनिक कला-जगत के शीर्ष एवं कलाकार के रूप में अभिनंदनीय हो गये हैं। राजधानी दिल्ली में भी कलाकारों के एक वर्ग ने किसी विशेष वाद अथवा वर्ग के अंतर्गत कार्य न करके अपनी कला को विभिन्न रूपों में प्रस्तुत किया। ऐसे कलाकारों में भवेश सान्याल, केवल कृष्ण, सतीश गुजराल, वीरेन दे, शैलोज मुखर्जी, दिनकर कौशिक आदि प्रमुख रहे।

इन तीन महानगरों के अतिरिक्त बाद में अन्य नगरों में भी इसी प्रकार की परम्परा प्रचलित इुई और कई कलाकारों ने इस क्षेत्र में आशातीत सफलता अर्जित की। ऐसे कलाकारों में एन० एस०, बेन्द्रे (बड़ौदा), के० एस०, कुलकर्णी (वनारस), रामचन्द्र शुक्ल (वनारस), आदि प्रमुख रहे।

आज यह आधुनिक कही जाने वाली कला बड़ी ही विवाद और आलोचना का विषय बनी हुई है। क्योंकि परम्परावादी हर समय इसका इसलिए विरोध करते हैं कि इस आधुनिक काल में 'विष्णु धर्मोत्तर पुराण' के 'चित्रसूत्रम्' में वर्णित चित्रकला के 'षडांग'(६ अंग-रूपभेद, सादृश्यं, भाव, लावण्य, सादृश्यं और वर्ण अर्थात् रंग विधान) नहीं हैं। उनकी दृष्टि में इन छः प्रमुख तत्वों के बिना आधुनिक कला पंगु

है। उसमें भावोद्दीपन करने की ऐसी क्षमता भी नहीं है, कि चित्र को देखकर दर्शक के हृदय में काव्यगत नौ रसों-में प्रमुखतः करुणा, श्रृंगार, शांत, वीभत्स, वीर रसों की अमृतोपय धारा स्वतः ही प्रभावित हो उठे, जैसे कि अजन्ता, राजपूत या मुगल अथवा अन्य प्राचीन भारतीय चित्र-शैली में निर्मित हुए चित्रों को देखकर वह उठती है। उनकी दृष्टि में आधुनिक कला निर्जीव है, प्राणहीन है। उसमें शास्त्रीय संगीत के विभिन्न रागों में डूबी हुई गायन-शैली के शाश्वत प्रभाव के सामने आज की पाश्चात्य गायन-शैली में डूबे हुए अशाश्वत व हृदयंगम करने की क्षमता विहीन प्रभावहीन की भांति है, जो किसी अंधे को लकड़ी के सहारे मार्ग बता देने जैसी एक कला है।

पर आधुनिक कला के पोषकों का तर्क इसके बिल्कुल विपरीत ही है। उनकी दृष्टि में आधुनिक चित्रकला राजा-महाराजाओं और बादशाहों के आदेशों से मुक्त-विहीन है। नियमों के बंधनों में जकड़ी हुई नहीं है। आधुनिक चित्रकला में न तो समाज व नियमों का बंधन है, न धर्म, जाति, सम्प्रदाय का भय या बन्धन है और न किसी राजनैतिक दल का प्रभाव हैं, वरन् वह तो चित्रकार के हृदय की वह अनुभूति है, जो समाज व धर्म और राजनीति के क्षेत्र में देखता है और वही अनुभूति ही फिर चित्र के माध्यम से मुखरित हो उठती है। 'आधुनिक कला आत्मा की खोज है। उसकी आत्मिक सुखानुभूति है। उसमें प्राण हैं, कलाकार की आत्मा है।' ये विचार रहे हैं—सुप्रसिद्ध कला-विशारद श्री दिनकर कौशिक के।

वस्तुतः देखा जाये, तो आधुनिक कला में कबीर का आध्यात्म है, रहस्य है, जो ऐसे समझने की बात है जैसे -ज्यों तिल माँहि तेल है, ज्यों पत्थर में आग। तेरा साईं तुज्झ में, जाग सके तौ जाग।

इसलिए आधुनिक कला का भी अपना बर्चस्व है, अपनी एक विशिष्टता है और उस वैशिष्टयता में बिचारों की अनुभूति, रंगों का संयोजन एवं लावण्य है। भारत में कला के इस पुनर्जागरण में बंगाल का बड़ा ही ऐतिहासिक महत्त्व है। कला के प्रति यह जागरण अद्वितीय था, पर इसमें कुछ त्रुटियाँ रह गई थीं। डा० सतीश चन्द्र काला के मतानुसार 'शैली तो अजंता के आधार पर रही, पर भावना भारतीय दुःखवाद के अनुकूल रही। इस कारणकलाकारों ने सदैव मंदे व धूमिल रंगों का प्रयोग किया। प्रारंभ में ये सभी चित्र नैराश्य भावना से ओत-प्रोत हैं। उनके अवलोकन से ऐसा प्रतीत होता है, कि भारतीय समाज का जीवन के प्रति नैराश्य या हार का दृष्टिकोण रहा है। इसके अतिरिक्त इस युग के कलाकारों के विषय भी सीमित रहे। पुराणों एवं महाकाव्यादि से ही वे प्रेरणा लेते रहे। उन्हें न तो वर्तमान में और न ही उन्होंने भविष्य में कोई रूचि रखी। इसिलिए यह कला जीवन से कुछ हटकर रही। पर इन सब बातों के बाद भी सब कलाकारों का कार्य ठोस रहा, क्यों कि उनके विचारों व विश्वासों में भारतीयपन था।''

पर देश की संस्कृति के साथ अपने शास्त्रीय संविधान को प्रमुखता देने वाले एवं आधुनिक भारतीय चित्रकला में क्रांति उत्पन्न करने वाले प्रमुख कलाकारों में स्व० गगनेन्द्र नाथ टैगोर, स्व० रवीन्द्रनाथ टैगोर, स्व० अमृत शेरिगल व यामिनी राय विशेष उल्लेखनीय हैं। कवि व चित्रकार रवीन्द्रबाबू की कृतियाँ में जहाँ एक ओर सुकुमारता, लालित्य का प्रभाव है, वहाँ दूसरी ओर भयंकर संघर्षों का प्रतिबिम्ब भी झलकता है। गगनेन्द्र नाथ टैगोर द्वारा चित्रित आकृतियाँ रहस्यवाद से परिपूर्ण हैं। अमृत शेरगिल के चित्रों में परम्परागत भारतीय चित्र-शैलियों का सामंजस्य देखने को मिलता है। यामिनि राय के चित्रों में जहाँ एक दृढ़ता व सादगी है, वहाँ दूसरी उनके चित्रों में भारतीय कला के दर्शन के साथ-साथ बंगाल के पटवा लोगों को लोक कला की प्राचीन परम्परा व कला का सौन्दर्य-बोध भी है।

अध्याय-11

आधुनिक एवं सम-सामयिक चित्रकार

ई० बी० हैबेल

भारत में 'बंगाल स्कूल' वा बंगाल शैली की स्थापना के साथ यूरोपीय कला का व्यापक प्रचार हुआ, उसके जनक ई० बी० हैबेल थे। हैबेल साहब उस समय कलकत्ता आर्ट कॉलेज के प्रिंसिपल थे। यद्यपि वे भारतीय चित्रकला की श्रेष्ठता को स्वीकार करते थे, पर फिर भी उन्होंने समय और परिस्थिति को देखते हुए यूरोपीय उपकरणों के साँचे में ढ़ालकर भारतीय परम्परा को नये रूप में सामने रखा। इस कार्य में उन्होंने उस समय के प्रसिद्ध चित्रकार श्री अवनीन्द्र नाथ टैगोर का पूर्ण सहयोग प्राप्त किया। इन दोनों कलाकारों की नवीन शैली का प्रारंभ में बड़ा विरोध हुआ, पर बाद में वह विरोध शान्त हो गया और अनेक कलाकारों ने फिर उस शैली का हृदय से स्वागत किया और उस शैली का व्यापक प्रचार व प्रसार हुआ।

अवनीन्द्र बाबू

अवनीन्द्र बाबू का जन्म १८७१ ई० स्थान के प्रसिद्ध ठाकुर परिवार में हुआ। बाल्यकाल से ही उन्हें इटालियन कलाकार श्री गिल हार्डी से कला की शिक्षा प्राप्त करने का अवसर प्राप्त हुआ। इसके साथ-साथ उन्हें रवीन्द्र नाथ टैगोर व राजा रवि वर्मा की ओर से भी बहुत प्रेरणा प्राप्त हुई। इसलिए वे एक सफल चित्रकार के साथ-साथ एक अच्छे साहित्यिकार भी सिद्ध हुए थे।

अवनीन्द्र बाबू के सामने दो मार्ग थे। एक राजा रवि वर्मा की परम्परा का निर्वाह करना और दूसरा था-उनके स्वतंत्र विचार व्यक्त करने का, जिनकी पृष्ठभूमि में गिलहार्डी एवं हैवेल महोदय के विचारों का बीजारोपण हुआ था अंत में वे स्वतंत्र विचारों का बीजारोपण हुआ था। अंत में वे स्वतंत्र विचारों को लेकर कला के क्षेत्र में देश की परम्परा को लेकर सामने आये।

पहले उन्होंने रवि वर्मा की प्रेरणा से 'विद्यापति' व 'चंडीदास' के गीतों से उद्धृत अनेक दृष्टांत चित्रित किये, पर बाद में उन्होंने मुग़ल एवं राजपूत शैलियों के अध्ययन करने के पश्चात भारत माता, बुद्ध-जन्म, बुद्ध और सुजाता, तिष्यरक्षिता, ताजमहल और शाहजहाँ की मृत्यु नामक शीर्षक के अंतर्गत अनेक चित्र बनाये, जिनमें भारतीयपन अधिक था। कला के विदेशी तत्त्वों के पक्षपाती होने के साथ-साथ उनमें राष्ट्र-प्रेम की भावना अधिक थी। उन्होंने अपने बड़े भाई श्री गगनेन्द्र नाथ ठाकुर के सहयोग से राष्ट्र

प्रेम की भावना कला के माध्यम से जागृत करने के उद्देश्य से 'इंडियन सोसाइटी ऑफ औरियन्टल आर्ट' नामक संस्था की स्थापना सन् १९१० ई० में की। इसके प्रथम सभापति लार्ड किचनर बनाये गये। प्रारम्भ में इस संस्था में अंग्रेज और भारतीय चित्रकारों की संख्या ३५ थी। अंग्रेज चित्रकारों में जे० पी० पुलर, पर्सी ब्राउन, सरजान वुड सैफ जैसे चित्रकार शामिल थे। इस संस्था के तत्त्वावधान में एक प्रदर्शनी का आयोजन भी हुआ। इसी बीच दो जापानी चित्रकारों टैकन और हैसीदा से आपकी भेंट हुई। उनके सम्पर्क में आने से आपने अपनी कला में 'वाश टैक्नीक' अपनाई। उनका यही प्रयोग चित्रकला के क्षेत्र में आगे चलकर बड़ा प्रसिद्ध हुआ, जो बीसवीं सदी के अंत होने के कुछ समय पूर्व तक खूब चला। उनका यह सफल प्रयोग 'बंगाल शैली' में एक नई जागृति का प्रारम्भ था। १९१० ई० तक अपने कालिदास के 'मेघदूत', उमर खरयाम की रूबाईयों आदि विषयों पर आधारित अनेक चित्रों के साथ-साथ सामाजिक विषय के चित्रों का पर्याप्त रूप में निर्माण किया, जिनमें ''वाश टैक्नीक'' का प्रयोग भली प्रकार से हुआ।

कुछ सीखने और उस सीख पर क्रियान्वन के लिए भिन्न-भिन्न शैलियों को आत्मसात करके उन्हें अपनी सूझ-बूझ से मौलिकता में डालकर उनका प्रमुख उद्देश्य रहा। इसीलिए उनकी चित्रकला की लम्बी यात्रा चीनी, ईरानी, जापानी, यूरोपीयन जैसी विदेशी कला-शैलियों के साथ-साथ अजन्ता, मुग़ल और राजपूत जैसी भारतीय शैलियें का समावेश करती हुई अंतिम लक्ष्य मौलिकता पर जाकर स्थिर हो गयी। इन सबमें उनका प्रमुख झुकाव अजन्ता की चित्रकला की ओर रहा एवं वही उनकी कला-क्रान्ति में एक प्रेरणा की स्त्रोत बनी। इसीलिए उनकी कला में आकृतियों में सादृश्य, अनुपात, रंग-विधान में अजन्ता की परम्परा का किसी न किसी रूप में दिग्दर्शन होता है।

वे भावुक चित्रकार रहे। इसलिए उनकी भावुकता उनके चित्रों में मुखरित हो उठी है। 'शाहजहाँ का गुजरना' इस दृष्टि से उनकी एक अनुपम व श्रेष्ठ कृति है। चित्र का विषय करूणापूर्ण हैं। चित्र की सजीवता एवं रेखाओं की गति तथा भावों का प्रदर्शन दर्शक को करुणा रस में डूबने को बाध्य कर देता है। कुछ चित्रों में हास्य-रस भी प्रदर्शित हुआ है। जैसे 'पानी के बुलबुलों को बनाता हुआ बालक'

उनकी अन्य कला-निधियों में 'टीयर ऑन लॉस्ट लीफ', 'दी ड्रीम ऑफ दी ताज', 'माँ', 'वियोगिनी', 'प्रेयसी संथालयुवती, 'बुढ़िया' जैसी कुछ कृतियाँ अमर हैं।

उनकी पहली शिष्य-परम्परा में नंदलाल बसु, समरेन्द्र नाथ, सुरेन्द्र नाथ गांगुली ए० के० हलदार व एक दक्षिणी के० बैंकटप्पा एवं एक मुस्लिम कलाकार हकीम खाँ थे।

अवीनन्द्र बाबू के परवर्ती शिष्यों में शैलेन्द्रनाथ दे, क्षितीन्द्र नाथ मजूमदार, शारदाचरण उकील, प्रमोद कुमार चटर्जी, वीरेश्वर सेन, देवोप्रसाद राय चौधरी, पुलिन विहारी दत्त, मुकुल चन्द दे आदि उत्साही युवक कलाकार थे। भारतीय कला के महत्त्वपूर्ण पहलू, जो काल के थपेड़ों से थोड़े ध्वस्त नजर आ रहे थे, वे इन लोगों की कला से जीवित हो गये और विभिन्न कलाशैलियों एवं स्कूलों के अग्रगण्य प्रतिष्ठापकों के रूप में उन्होंने कला में आस्था विश्वास और निष्ठा जगाई।

पंजाब में समरेन्द्र नाथ गुप्त,मैसूर में के० वैंकप्पा, मद्रास में देवीप्रसाद राम चौधरी, देहली में शारदाचरण उकील, इलाहाबाद में क्षितीन्द्रनाथ मजमूदार लखनऊ में असित कुमार हलदर व सुधीर

खास्तगीर, राजपूताने में शैलेन्द्र नाथ डे, बम्बई में पुलिन विहारी दत्त कलकत्ता में नंदलाल बसु व मुकुल दे ने शिल्प विधि की विभिन्न विधियाँ, उसके विशेष और मूल आधारों को हृदयंगम कर अर्वाचीन कला परम्परा को आर्थिक, व्यापक एवं सक्षम बनाने में साधना लीन रहे।

रवीन्द्रनाथ टैगोर

विश्व कवि का जन्म भी जोरासांको(कलकत्ता)२ मई १८६१ ई० को हुआ था। साहित्यिक रूप में इनकी ख्याति तो थी ही , पर कला के क्षेत्र में भी वे अग्रगणणीय हैं। गुरुदेव को भारत की आधुनिक कला का प्रथम कलाकार माना जाता है। उन्होंने जिस शैली को अपनाया, उसमें पूर्णतः भारतीयता का छाप थी, और उस पर अवनीन्द्र बाबू के सिद्धान्तों को कोई प्रभाव नहीं था। उनके चित्रों में उनका स्वतंत्र चिन्तन एवं उनकी मौलिक सूझ दिखाई पड़ती है। उनके संबंध में कुमारिल स्वामी का कथन है–''उनके समस्त चित्रों के मुझे निकट से देखने का सौभग्य प्राप्त हुआ। उन्होंने अपनी शैली का स्वयं ही निर्माण किया। उनके चित्रों में रेखाओं का अभिनव प्रयोग और रंगों का कुशल सम्मिश्रण जिस ढंग से हुआ है, वह नितान्त मौलिक है। उनके चित्रों में बच्चों की मुक्त प्रकृति बोलती है।'' उन्होंने अपनी कई वर्षों की कला-साधना के बीच लगभग २ हजार चित्र बनाये, जिनमें से अनेक चित्रों ने अधिक ख्याति प्राप्ति की।

'शान्ति-निकेतन ' जैसी विश्व-प्रसिद्ध संस्था चलाने का श्रेय उन्हीं को हैं। इस संस्था ने विख्याति प्राप्त अनेक चित्रकारों को जन्म देकर उन्हें कला-जगत में चमकाने में आशातीत सफलता प्राप्त की।

नंदलाल बसु

आचार्य अवनीन्द्र नाथ ठाकुर ने जिस कला-शैली को अपनाया, उसका सफल प्रचार व प्रसार उनके परमप्रिय शिष्य नंदलाल बसु ने किया। उनका जन्म सितम्बर १८८३ को बिहार प्रान्त के हवेली खड़गपुर नामक ग्राम में हुआ। उनकी चित्रकला के प्रति रूचि उनके बाल्यकाल से ही थी। कॉलेज का अध्ययन छोड़कर वे अवनीन्द्र बाबू का शिष्यत्व ग्रहण करने के लिए कलकत्ता गये। वहाँ उन पर अवनीन्द्र बाबू की पूर्णतः छाप पड़ी। बाद में वे गुरुदेव द्वारा स्थापित ''विचित्रा कलाशिल्य केन्द्र'' एवं अवनीन्द्र बाबू द्वारा स्थापित ''औरियन्टल स्कूल ऑफ आर्टस'' के प्रिंसिपल नियुक्त हुए। बाद में गुरुदेव १९२२ ई० में उन्हें कला विभाग का अध्यक्ष बनाकर शांतिनिकेतन ले गये। अनेक कला विषयक महत्त्वपूर्ण कार्य करने के बाद अजन्ता तथा बाघ के भित्तिचित्तों की प्रतिकृतियाँ भी अपने अनेक शिष्यों के सहयोग से चित्रित कीं। इससे उनकी ख्याति और भी अधिक फैल गई। राष्ट्रप्रेम की भावना भी उनमें सबसे अधिक थी। महात्मा गाँधी के बुलाने पर उन्होंने लखनऊ, फैजपुर और हरिपुर में हुए अखिल भारतीय कांग्रेस के अधिवेशनों के पंडाल संजाने का कार्य किया। गुरुदेव के साथ १९२४ ई० में वे चीन गये। उनके भारतीय शैली के विचारों से वहाँ के बड़े-बड़े कलाकार बड़े प्रभावित हुए। उनके चित्रों में विभिन्न शैलियों का प्रयोग देखा गया है। उनके चित्रों के हल्के रंगों व रेखाओं की गति ने चित्रों में बड़ी सजीवता उत्पन्न की है। उनकी रेखाओं में बड़ा बल व ओज है। अपने मित्रों व सहयोगियों को भेजे जाने वाले सहस्त्रों कार्डों में भी उनके बने रेखाचित्र मुखरित से जान बड़ते हैं। उन्होंने अपने जीवन काल में सहस्त्रों चित्रों का निर्माण किया, जिनमें सती, शिव का विष-पान, शिव-सती, वीणा-वादिनी', स्वप्न सुजाता, विरहणी उमा, मेघ,

संथालिन आदि कुछ प्रमुख चित्र उनकी कला के सर्वोत्तम साक्ष्य हैं। उनके चित्रों के संबंध में सुप्रसिद्ध कलाविद् डा० वासुदेव शरण अग्रवाल का कथन हैं-

''उनके द्वारा अंकित तय करती हुई पार्वती को देखकर ऐसे लगा, जैसे कि उस चित्र में पार्वती नहीं वरन भारतीय-संस्कृति स्वयं मूर्तिमयी हो गई है।''

कला के पुनरुत्थान काल के सर्वाधिक प्रसिद्ध चित्रकार होने के बाद भी आपकी कला विदेशी शैलियों से पूर्णत: मुक्त रही, जो उनकी कला-शैली की विशिष्टता थी। आपका भी मुख्य प्रेरणा-स्रोत अजन्ता ही रहा। अजन्ता की भाँति ही उनके चित्रों की रेखाओं में जीवन व गति है। चित्रों के विषय बुद्ध धर्म की कथायें व पौराणिक हिन्दू धर्म एवं अन्य प्रसंगों से संबंधित हैं। ऐसे सुविख्यात कलाकार की मृत्यु अप्रैल १९६६ ई० को हुई।

यामिनी राय

बंगाल स्कूल के प्रभाव से मुक्त होकर अपनी स्वतंत्र विचारधारा के बल पर भारतीय चित्रकला की जिस स्वस्थ परम्परा को आगे बढ़ाया, इसमें यामिनीराय व अमृताशेरगिल का नाम सबसे अग्रगणनीय हैं। यामिनीराय का जन्म १८८७ ई० में पश्चिमी बंगाल में हुआ। उन्होंने कला में प्रचलित पश्चिमी तत्त्वों को घृणा की दृष्टि से देखा और उन्होंने अपने देश की परंपरा एवं संस्कृति के प्रभाव से युक्त अपनी स्वयं की चित्रशैली को जन्म दिया और इस दिशा में उन्होंने नये-नये अनुसंधानों को अपनी कला शैली में प्रमुखता दी। इसका परिणाम यह हुआ कि आधुनिक कला को भी एक नई दिशा मिली और आधुनिक कलाकारों को भी एक नई चेतना मिली। कला की इस प्रवृत्ति की ओर मुड़ने में बंगाल के पटवा लोगों की लोककला का अधिक महत्त्व था। पहिले वे पाश्चात्य शैली के एक सफल चित्रकार थे, पर जब उन्होंने कालीघाट के पटवाओं की लोककला का सूक्ष्मात्णक दृष्टि से अध्ययन किया, तो वे उस कला से बड़े प्रभावित हुए और वाद में वे उसी कला की ओर उन्मुख हो गये। उनके हल्के सादा रंग व रेखाओं में वड़ा बल, सजीवता व ओज है। अंडाकार मुखाकृति, व चेहरे से बाहर बड़े-बड़े मीनाकार नेत्र उनकी चित्रशैली की प्रमुख पहिचान है।

क्षितीन्द्रनाथ मजमूदार

आधुनिक कला-जगत में वर्तमान पीढ़ी के कलाकारों में श्री मजमूदार का नाम विश्व-विख्यात रहा है। श्री मजमूदार भी अपनी बाबू की परवर्ती शिष्य-परम्परा के प्रमुख शिष्य हैं। उनके चित्रों में हल्के सीधे सादा रंग जहाँ हृदयग्राही प्रभाव डालते हैं, वहीं उनमें रेखाओं, बारीकीपन एवं सौष्ठव द्वारा बड़ी ही सजीवता और मौलिकता दिखाई देती है, उनके चित्र भी विभिन्न प्रसंगों के साथ-साथ धार्मिक आख्यानों से संबंधित हैं। भावमुद्राओं की दृष्टि से उनके चित्र बड़े ही अनुपम हैं। इस प्रकार के चित्रों में बुद्ध का गृहत्याग, 'विरहणी राधा की दशा' आदि अधिक लोकप्रिय हैं। उन्होंने अनेक अलंकारिक चित्र भी बनाये हैं। ऐसे चित्रों में 'यमुना और शकुन्तला' विशेष उल्लेखनीय हैं! बंगाल के पुनर्जागरण के क्षेत्र में आपका भी बड़ा सहयोग है। आपने भी श्री अबनी बाबू की शिष्य परम्परा का पूर्णत: निर्वाह करते हुए भारतीय

प्राचीन कला एवं संस्कृति का बड़ा अच्छा प्रसार-प्रचार अपने चित्रों द्वारा किया। आप इलाहाबाद विश्वविद्यालय में कला-विभाग के अध्यक्ष के रूप में रहकर कलासाधना में तल्लीन रहे।

अलमेलकर

अलमेलकर बम्बई क्षेत्र के प्रतिष्ठित कलाकार रहे। उनकी कला लोककला के रूप में अधिक सफल रही है, जिसमें कांगड़ा, मुगल और दक्षिण शैलियों के भाव निहित हैं। उनके चित्रों में श्रेष्ठ रंगविधान होते हुए रेखाओं में बड़ी गति है। उनके अनेक चित्रों को विभिन्न प्रदर्शनियों में पुरस्कृत होने का सौभाग्य प्राप्त हुआ है। भारत की अनेक लब्ध प्रतिष्ठ पत्रिकाओं में समय-समय पर आपके चित्रों का प्रकाशन होता रहा है, जिनसे उनकी चित्र-शैली की स्वायता का अनुमान लगाया जा सकता है।

सुधीररंजन खास्तगीर

श्री खास्तगीर का जन्म १९०७ में कलकत्ता में हुआ। शांतिनिकेतन से कला की शिक्षा ग्रहण कर उन्होंने अपनी कला-साधना की। कई वर्ष आपने लखनऊ के राजकीय कला महाविद्यालयों में प्रिंसिपल के पद को सुशोभित किया। उन्होंने भारतीय कला-जगत को बहुत बड़ा योगदान दिया। आपके चित्रों में वही विशेषतायें दीख पड़ती हैं, जो अवनीन्द्र बाबू के चित्रों में थी। जो कुछ उन्होंने उनसे सीखा, उसको सफलता पूर्वक आपने अपनी कृतियों में प्रदर्शित किया, किंतु उनके चित्रों में भारतीय शैली की आत्मा के साथ-साथ विदेशी शैलियों का आवरण भी रहा।

अमृता शेरगिल

आधुनिक चित्रकारों में प्रसिद्ध चित्रकार यामिनी राय के बाद अमृता शेरगिल का नाम विशेष रूप से उल्लेखनीय है। इनका जन्म १९९३ ई० में हँगरी में हुआ था। उनके पिता भारतीय थे और माता हैंगेरियन थी। पेरिस की चित्रकला का अध्ययन करने के बाद १९३४ ई० में वह भारत आई और भारत के प्रमुख स्थानों का भ्रमण करके यहाँ की संस्कृति का अध्ययन किया। अजन्ता की चित्रकला एवं कुषाणकालीन मूर्तियों का प्रभाव उनकी चित्र-शैली पर बहुत पड़ा। इसलिए उनके बने चित्रों में भारतीय आत्मा के स्वरूप के साथ-साथ परम्परागत भारतीय चित्रशैलियों, भित्ति चित्रों और पश्चिमी आधुनिक कला-प्रवृति का सामंजस्य देखने को मिलात है। उनके चित्रों ने आधुनिक भारतीय चित्रकला में एक महान परिवर्तन किया। उनके प्रारंभिक चित्रों में भारत के दुःख-दारिद्रय, पीड़ा व सामाजिक स्थिति का सही दिग्दर्शन होता है। उनके चित्रों में विषय की नवीनता, टैकनीक की ताजगी, रंगों की स्वच्छता और रेखाओं का प्रवाह है। उनके चित्र बड़े ही भावपूर्ण हैं। उन्होंने अनेक चित्रों का निर्माण किया जिनमें युवतियाँ, वरवधू का श्रृंगार ग्रामीण पहाड़ी स्त्रियाँ, भिखमंगे आदि प्रमुख हैं। उनकी चित्र-शैली से भी आधुनिक चित्रकारों को बड़ा बल मिला है। उनका १९४१ ई० में ही अल्प आयु में निधन हो गया।

देवीप्रसाद चौधरी

मद्रास राजकीय कला स्कूल के प्रधानाचार्य श्री देवीप्रसाद राय चौधरी वर्तमान युग के प्रमुख कलाकार माने जाते रहे। वे आचार्य अवनीन्द्र बाबू के योग्य शिष्यों में गिने जाते थे। चित्रकला के साथ-

साथ मूर्तिकला पर भी उनका उतना ही अधिकार था। वे भारतीय एवं पाश्चात्य शैली के समन्वय में विशेष रूचि रखते थे, पर फिर भी उन्होंनें भारतीय संस्कृति को जनता के समक्ष अपने चित्रों द्वारा रखने का बड़ा प्रयत्न किया। जहाँ वे भारत के विभिन्न वर्गों की सामाजिक दशा से प्रभावित हुए हैं, वहीं वे प्रकृति के नैसर्गिक सौंदर्य को भी देखकर आत्मविभोर हो उठे। इसीलिए उनके चित्रों में हर प्रकार की साम्रगी देखने को मिलती है। जहाँ हिमालय के प्राकृतिक दृश्य में प्रकृति की सुरम्यता दिखाई देती है, वहीं नैपाल, भूटान, तिब्बत तथा भारतीय स्त्रियों के चित्रण में तथा मछुआरों जैसे निम्न वर्गीय लोगों के जीवन से संबंधित चित्रों एवं अन्य सामाजिक चित्रों के माध्यम से तत्कालीन समाज का सही चित्रण भी उनके द्वारा निर्मित चित्रों में मुखरित हो उठता है।

उन्हें किसी विशेष शैली से बँधकर रूचि कर नहीं लगा। इसलिए उन्होंने स्वयं अपना एक मार्ग अपनाया। उनका बाह्य रूप भले ही पाश्चात्य प्रभाव से प्रभावित रहा हो, पर भारतीयता को अपने अंतरंग में संजोकर रखा। इसीलिए वे वास्तव में यथार्थवादी कलाकार के रूप में जाने जाते रहे। आपने जो समाज में देखा, वही उनकी अंतर्रात्मा ने स्वीकारा और फिर वही तूलिका के माध्यम से चित्रित हो उठा। आपकी प्रेरणा के स्त्रोत अतीत के राम और कृष्ण नहीं रहे, वरन् तत्कालीन समाज की परिस्थितियाँ और इन परिस्थितियाँ के बीच जीने वाला मानव-समाज रहा।

आपको पूर्व और पश्चिम की सामंजस्यवादी नीति सदैव भ्राती रही। बंगाल स्कूल की पाश्चात्य कला से घृणा करने की एकांगी प्रवुत्रि में आपने अंधविश्वास नहीं किया और न ही उसमें आत्मसात होने का मन बनाया। इसीलिए उन्होंने अपने विषयों को भारतीय रखकर चित्रों में छाया, प्रकाश रंगों के संयोजन के द्वारा यथार्थता व सजीवता में प्रस्तुत करने का सार्थक प्रयास किया। उनकी रेखाओं में सजीवता के साथ-साथ नवीनता की छाय रही।

आपके मानव-चित्रण अद्वितीय हैं एवं नारी-चित्रण में सिद्ध हस्त कलाकार के रूप में जाने जाते रहे। ऐसे चित्रों में 'दूतन' 'अभिसारिका' 'क्यूरिओसिटि' (आकांक्षा), क्षत्राणी आदि कुछ चित्र बड़े प्रसिद्ध हैं। आपके अन्य चित्रों में 'सन्ध्या ज्योति', 'मुसाफिर', जीवन-सन्ध्या' भी प्रमुख चित्रों की श्रेणी के अंतर्गत आते हैं। प्रारंभ में उनके चित्रों में जल-रंगों का प्रयोग हुआ, लेकिन बाद में तेल-रंगों का उपयोग हुआ। भारत सरकार से उन्हें कला के क्षेत्र में 'पद्म-भूषण की उपाधि से भी सम्मानित किया गया।

असित कुमार हलदार

हलदार कला-गुरु अवनी बाबू के अतिरिक्त बसु व टैगोर के प्रमुख शिष्यों में से एक थे। कला की शिक्षा समाप्त करके वे शांति निकेतन में ही कलाविभाग के अध्यक्ष हुए। बाद में वे 'जयपुर स्कूल ऑफ आर्ट्स' और 'गव० कॉलेज ऑफ आर्ट्स एंड क्राफ्ट' लखनऊ के प्रिंसिपल पद पर आसीन रहे।

उन्होंने भारतीय कला के पुनरुत्थान में भी बड़ा योगदान किया। इसीलिए उनकी कला-कृतियों में पुनरुत्थान संघर्ष के साथ-साथ भारतीय परम्परा का अद्भूत समन्वय देखने को मिलता है। अजन्ता, बाघ, जोगीमारा की गुफाओं के भित्ति चित्रों की प्रतिलिपियाँ बनाकर देश-विदेश के कला-प्रेमियों के हृदयों में भारतीय-चित्रकला की श्रेष्ठता का दिग्दर्शन कराया। इसके अलावा उन्होंने पौराणिक-आख्यानों से

संबंधित चित्रों का निर्माण करके भारतीय धर्म को जनता के समक्ष प्रस्तुत करने का सफल प्रयास किया। इनके प्रसिद्ध चित्रों में 'उमर खरयाम', 'मेघदूत', 'ऋतुसंहार, 'राम और गुह', 'प्रकाश और लय', आदि विशेष उल्लेखनीय हैं।

उनके अनेक चित्र देश-विदेश के संग्रहालयों में सुरक्षित हैं। उनके चित्रों में अनूठे रंग-संयोजन के साथ-साथ माधुर्यव रेखाओं में बल, गति दिखाई देती है एवं आपकी कला में भारतीय कला की आत्मा का प्रतिबिम्ब झलकता है।

मुकुल दे

मुकुल दे ने भी अवनी बाबू की शिष्य-परम्परा से बहुत कुछ सीखा है! वे शान्ति निकेतन के एक सफल छात्र रहे। मुकुल दे उन कुछ इने-गिने चित्रकारों में से रहे, जो एक लम्बे समय से 'परम्परागत शैली' में परम्परागत विषयों पर प्रयोग करते रहे और जो चित्र कला के माध्यम से लोक जीवन, लोक दृश्यों को उभारते रहे। उनके रेखा-चित्रों में बंगाल के लोक-जीवन और बंगाल शैली की छाप है। भारतीय जीवन और पौराणिक प्रसंगों पर आधारित चित्रों के अंकन में भारतीयता की गहरी छाप है। उनके इकरंगी अंकन अधिक प्रभाव शाली हैं। 'गंगास्नान' पालदार नौकायें आदि में वह एक रंग में ही कई तरह की रंगतें उत्पन्न कर सकने में बड़े सफल रहे हैं। उनके चित्र भी कई प्रदर्शनियों में प्रशंसित हुये हैं।

कुमारिल स्वामी

तेलगाना के एक कृषक परिवार में जन्में हुये कुमारिल स्वामी बंगाल स्कूल के पुराने एवं प्रमुख कलाकारों एवं आचार्यों में हैं। प्रारम्भ में शारदा उकील स्कूल में शिक्षा प्राप्त करके बाद में शान्ति निकेतन में आचार्य नन्दलाल बसु के संरक्षण में शिक्षा का विस्तृत अध्ययन किया। उनके चित्रों में कला का गाम्भीर्य और भारतीय संस्कृति की आत्मा मुखरित हो उठती हैं। उनके चित्रों में भारतीय जन-जीवन की झाँकी के साथ-साथ प्रकृति के नैसर्गिक-सौन्दर्य का भी दर्शन होता है। उनके अधिकांश चित्र टेम्परा में निर्मित हैं तथा उनके चित्रों में जहाँ रंग की सादगी व सरलपन है, वहीं रेखाओं का सौष्ठव भी बड़ा आकर्षक है। कला के आधुनिक वादों के बन्धनों से मुक्त उनके चित्र अनेक प्रदर्शिनियों में प्रशंसित व पुरस्कृत हो चुके है।

के० के० हैब्बर

आधुनिक कलाकारों में श्री हैब्बर का नाम विशेष उल्लेखनीय है उनकी कृतियाँ काफी लोक प्रियवा अर्जित कर चुकी हैं। उनकी इस लोकप्रियता का कारण उनकी शैली में गत नवीनतायें एवं विभिन्न कला का प्रयोग है।

मकबूल फिदा हुसेन (एम० एफ० हुसैन)

सन् १९१६ ई० में जन्मे मकबूल फिदा हुसैन, जो कला जगत् में एम० एफ० हुसेन के नाम से अंतर्राष्ट्रीय प्रसिद्धि के शिखर पर पहुँच चुके हैं, आज के सम-सामयिक चित्रकारों में भारत के गौरव हैं एवं आधुनिक कला-शैली के कलाकारों के लिए आदर्श एवं प्रेरणा के स्त्रोत हैं।

बम्बई की दीवारों पर चित्रों के निर्माण से अपना कला-जीवन का प्रारम्भ करने वाले हुसैन पिकासो जैसे विश्वविख्यात कलाकार से प्रेरणा लेकर अपनी अनूठी भाव अभिव्यक्ति, अद्‌भूत सूझ-बूझ कर प्रयोग

करके कला में नये-आयाम देकर जिस प्रकार से अपनी स्वयं की अनुपम रंग-संयोजन के माध्यम से अर्ध-शताब्दि से अधिक काल की कला-यात्रा पर निरन्तर बढ़ते रहे, उसी का सुखद परिणाम रहा, कि वे मौलिकता, भाव-व्यंजना तथा रंग-विधान के क्षेत्र में अपनी एक अलग ही पहचान बनाने में सफल हुए। उनके चित्र जहाँ धनिकों व कला-प्रमियों के लिए अनुपम कला-निधि के रूप में शोभनीय व संग्रहणीय हैं, वहीं वे लोग उन्हें संग्रहीत करके अपने को गौरवान्वित किये हुए है।

सन् १९६६ ई० में उन्होंने दिल्ली के इन्द्रप्रस्थ इस्टेट पर ८० फूट की ऊँचाई पर एक विशालतम चित्र में हस्ताक्षर के बीच में उभरने वाले अर्धनारीश्वर के चित्र की कल्पना को साकार रूप देकर जो अपने भावों का प्रदर्शन जनता के समाने किया, बस वही चित्र उनकी कला-यात्रा के लिए ऐसे कीर्ति-स्तम्भ के रूप में मील का पत्थर सिद्ध हुआ कि हुसेन फिर सारे विश्व को कला-पारखियों की दृष्टि में ऐसे चढ़ गये, कि फिर यूरोप, अमेरिका, जापान, चीन आदि स्थानों में उनकी चित्र-प्रदर्शिनियाँ लगीं और उनको आशातीत सफलता मिली और वह आशातीत सफलता ही धीरे-धीरे सारे विश्व में सूर्य के बढ़ते हुए प्रकाश की भांति फैलती ही गई ।

सन् १९६७ ई० में उन्होंने अन्तर्राष्ट्रीय फिल्म-समारोह में अपने एक वृत्त चित्र 'थ्रू दी पेन्टर्स' का प्रदर्शन करके जहाँ भारत का प्रतिनिधित्व किया, वहीं उस फिल्म के सफल फिल्मांकन के रूप में उनको विशेष सम्मान भी मिला, जो उनकी चित्रकला की सफलता के साथ एक और नया आयाम जुड़ा फिल्मांकन में एक सबसे बड़ा प्रयोग उन्होंने अपनी प्रेरणा व सिने जगत की सुप्रसिद्ध सिने-तारिका माधुरी दीक्षित को लेकर बहुचर्चित फिल्म 'गजगामिनी' का निर्माण अभी कुछ समय पूर्व ही पूरा किया और प्रसन्नता की बात है कि वह दिसम्बर २००० ई० में होने वाले बम्बई के अंतर्राष्ट्रीय फिल्म समारोह में प्रदर्शित करने के लिए चुनी गई।

उनके चित्रों में विषयों की विविधता तथा प्रयोगों का सफलांकन है। लोक-कलाओं की परम्परा से लेकर प्रतीकवाद, धनवाद, रहस्यवाद, आदि सभी कुछ को आम्मसात करके वे समाज व धर्म तथा राजनीतिक स्वरुप देने में वे बड़े सिद्धहस्त हैं। देश-विदेश से अनेक सम्मान प्राप्त हुसेन भारत सरकार में राष्ट्रपति की ओर से राज्य-सभा में अभी कुछ ही समय पूर्व नाभित सदस्य भी रह चुके हैं।

सतीश गुजराल

भारत के पूर्व प्रधान मंत्री श्री इन्द्र कुमार गुजराल ने जिस प्रकार से राजनीति में प्रवेश करके एक सर्वोच्च पद को प्राप्त करके नाम व यश अर्जित किया, वहीं उनके भ्राता सतीश गुजराल ने कला के क्षेत्र में सफलता की सर्वोच्च ऊँचाई तक पहुँचने में सफलता पाई और उस सफलता के परिपार्श्व में छिपी है उनकी अनवरत कला-साधना, परिश्रम्, धैर्य, अदम्य उत्साह, नई सूझ-बूझ व अन्तर्मन की अभिव्यक्ति। १९२५ ई० में जन्मे गुजराल ने भारत में विभाजन के बाद बम्बई के सर जे० जे० स्कूल ऑफ आर्टस् से शिक्षा प्राप्त की। तत्पश्चात एडवांस पेन्टिंग और म्यूरल टैकनिक्स मेक्सिको से उन्होंने डिप्लोमा प्राप्त किया। उनके चित्रों की प्रदर्शनियाँ मेक्सिको, न्यूयार्क, लंदन आदि विदेशी स्थलों के अतिरिक्त भारत के सभी बड़े शहरों -बम्बई दिल्ली आदि में लगीं और प्रशंसित हुईं। देश-विदेश के संग्रहालयों की शोभा

बनने में भी उनके चित्रों ने सफलता पाई। कला-जगत में वे अनेक बार प्रशंसित व सम्मानित भी समय-समय पर होते रहे हैं।

उनकी कृतियों में अभिव्यक्तिवाद और प्रतीकवाद की उत्तम पुट हैं। लेकिन इनकी कला-कृतियाँ हृदयग्राही होने के साथ-साथ बड़ी सजीव, मौलिक, आकर्षक हैं। इनके चित्रों में सामाजिक जीवन के साथ-साथ बड़ी सजीवता व मौलिकता हैं। इनके चित्रों में सामाजिक जीवन के अंतर्गत शोषकों और शोषितों का सुन्दर व यथार्थ चित्रण है। उनके कुछ चित्रों में भयानक रस का भी प्रयोग हुआ है। उनके चित्रों में केश-विन्यास, और रंगों की योजना विशेष आकर्षक रहती है।

कनु देसाई

आज कनु देसाई भले ही शरीर से नहीं हैं, पर उनके चित्रों में तथा अपने समय की सुविख्यात रही फिल्मों में दिये गये कला-निर्देशन के रूप में उनकी आत्मा अवश्य ही दिखती थी। 'राम राज्य' बैजू बाबरा' मीराबाई, झनक-झनक पायल बाजे, गीत गाया पत्थरों आदि फिल्में उनकी कला के माध्यम से आत्मअभिव्यक्ति के प्रदर्शन में फिल्म-जगत में सर्वश्रेष्ठ मानी जाती रहीं। फिल्म-जगत में वे अपने समय के सफलतम कला-निर्देशक माने जाते रहे।

गुजरात में जन्म कनु देसाई ने अपने बाल्य काल की कला-अभिरुचि को गुजरात विद्यापीठ से विधिवत अध्ययन के द्वारा पूरा किया और फिर वहीं बाद में उसी विद्यापीठ में प्राध्यापक से जीवन प्रारंभ करके विभागाध्यक्ष तक के पद पर पहुँचकर अपनी कला में निखार पैदा किया। उनके चित्र धार्मिक एवं सामाजिक विषयों पर अधिकांशतः आधारित है। लेकिन उन्होंने अपनी कला के माध्यम से जन-साधारण में राष्ट्रीय चेतना पैदा करने के लिए भी परतंत्र भारत में अनेक चित्र बनाये और इस राष्ट्रीय चेतना के पीछे थी-उनकी भारतीय स्वतंत्रता की छटपटाहट, जो इनके अन्तर में उन्हें झकझोरती थी। उस पर भी जब वे महात्मा गाँधी और पं० नेहरु के सम्पर्क में आये, तब यह छटपटाहट चित्रों के रूप में उभरी। जनता का शोषण, उत्पीड़न, घुटन, संत्रास सभी कुछ उनके चित्रों द्वारा सामने आया। उनके चित्रों में रंगों का सुन्दर संयोजन है, वहीं रेखाओं में गति ओज व कोमलता है, साथ ही में यथार्थता व सजीवता। उनके प्रसिद्ध चित्रों में मीरा का विषपान, मेरे तो गिरधर गोपाल, मछुवा लड़की आदि कुछ चित्र प्रमुख रूप से उल्लेखनीय रहे।

सम-सामयिक अन्य कुछ चित्रकार

इन प्रमुख सम-सामयिक चित्रकारों के अतिरिक्त आज के वर्तमान युग में अंतर्राष्ट्रीय ख्यातिप्राप्ति चित्रकारों एम० एफ० हुसेन तथा सतीश गुजराल के अतिरिक्त यथार्थवादी एवं आधुनिक कला के अनेकों चित्रकारों की एक लम्बी तालिका है, जो देश के विभिन्न क्षेत्रों से जुड़े हुए हैं। इस लम्बी तालिका में कुछ नाम बहुत चर्चित हैं और उनमें से लगभग सभी ने देश के विभिन्न स्थानों में एकल व सामूहिक प्रदर्शनियों में भाग लिया। वे प्रशंसित, सम्मानित भी हुए। इनमें के कुछ को विदेश में जाकर अपनी कला-प्रदर्शनी के माध्यम से अंतर्राष्ट्रीय कला-जगत में भी गौरव पाने का अवसर मिला है। ऐसे चित्रकारों में मनजीत

बाबा, अर्पणा कौर, अनुपम सूद, हीरा नंदानी, मनोहर कौल, जोगेन्द्र चौधरी, मनु पारिख, पटवर्धन एवं कोल्ट एवं चन्द्रकांत धाड़गे आदि प्रमुख नाम है।

वर्तमान युग में उपरोक्त आधुनिक कला के बहुचर्चित चित्रकारों के अतिरिक्त लगभग सातवें व आठवें दशक तक परम्परावादी, यथार्थवादी, प्रयोगवादी तथा पाश्चात्य पद्धति में समन्वित चित्रकला के नाम पर भी देश में बहुत से ऐसे चित्रकार हुए, जिन्होंने अपने समय की सुप्रसिद्ध साप्ताहिक पत्रिकाओं **'धर्मयुग' साप्ताहिक हिन्दुस्तान** में अपने चित्रों को प्रकाशन के माध्यम से एवं प्रदर्शनियों में चित्रों के प्रदर्शन करके कला-जगत में अपना नाम उज्जवल किया। इनमें से कुछ ने विशुद्ध रूप में स्वतंत्र चित्रकार रहकर कला साधना की और कुछ कला-महा-विद्यालयों तथा विश्वविद्यालयों में रहकर स्वयं में कला साधक के रूप में चर्चित हुए एवं अपनी शिष्य-परम्परा में अनेक शिष्यों को कला का प्रशिक्षण देकर उनके माध्यम से सम्पूर्ण देश में कला का विस्तार करके भी यश कमाया। ऐसे कुछ प्रसिद्ध चित्रकारों में के० एस० कुलकर्णी, रामचंद्र शुक्ल (बनारस) क्षितीन्द्र नाथ मजमूदार, (इलाहाबाद) प्रो० सी० भरतरिया (कानपुर), प्रो० राजपूत (ग्वालियर), रणवीर सिंह विष्ट व योगेन्दर कुमार योगी (लखनऊ) प्रो० बी० पी० कम्बोज (आगरा) एन० एस० वेन्द्रे (बड़ौदा), एम० आर० अचरेकर, माधव सातवलेकर (बम्बई) आदि विशेष रूप से उल्लेखनीय रहे। इनमें से योगीजी ललित कला एकादमी (उ०प्र०) लखनऊ के अध्यक्ष पद पर शोभयमान रह चुके हैं। कुछ को छोड़ कर शेष काल-ग्रसित हो गये हैं।

इन उपरोक्त कुछ कलाकारों के नामों के इसी दशक में स्वतंत्र रूप में चित्रकार रहकर जिन्होंने कला-साधना की, उनमें से बी० प्रभार, रामगोपाल विजयवर्गीय (जयपुर) कालीचरण (झांसी) रामकुमार, मुलगाँवकर, एस० एम० पंडित व जे० पी० सिंहल, (बम्बई), जगदीश मित्तल (सम्पादक- कला-पत्रिका, कल्पना), जगन्नाथ, बी० मित्रा, देवलालीकर (गीता प्रेस-गोरखपुर), चेतन, दलाल जैसे अनगिनत नाम हैं। इनमें से कुछ के संदर्भ कला-साधना के विषय में जानने के लिए प्रस्तुत किए जा रहे हैं यथा।

के० एस० कुलकर्णी

पूना के बेलग्राम में सन् १९१८ ई० में जन्मे श्री कुलकर्णी आधुनिक भारत के उन महत्त्वपूर्ण कलाकारों में से एक रहे हैं। जिन्होंने अपनी दीर्घकालीन कला-साधना के द्वारा भारतीय चित्रकला को अंतर्राष्ट्रीय महत्व तथा ख्याति दिलाने में आशातीत सफलता आर्जित की। उनके चित्रों के प्रदर्शन देश-विदेश के अनेक प्रमुख स्थानों जैसे-दिल्ली, बम्बई, मद्रास, कलकत्ता, हैदराबाद के आदि के अतिरिक्त लन्दन, न्यूयार्क, ब्राजील, जापान मैक्सिको, सोवियत रुस, वाशिंगटन, काहिरा आदि प्रसिद्ध स्थानों में हुए। कई अंतर्राष्ट्रीय चित्र-प्रदर्शनियों में वे पुरस्कृत एवं सम्मानित भी हुए। सन् १९४७ ई० में लंदन में आयोजित अंतर्राष्ट्रीय चित्र-प्रदर्शनी में इन्हें कॉस्य पदक प्राप्त हुआ।

सन् १९४० ई० में बम्बई के जे०, जे० स्कूल आर्ट्स से डिप्लोमा प्राप्त करके उन्होंने कला-साधना में अपने को समर्पित कर दिया। वे, अपने परिश्रम व साधना के बल पर ही बनारस हिन्दू विश्व विद्यालय में 'डीन ऑफ फैकल्टी ऑफ आर्ट्स' भी रहे।

एम० एस० वेन्द्रे

म० प्र० के इन्दौर नगर में जन्मे और 'स्टेट स्कूल ऑफ आर्ट्स' से कला की शिक्षा प्राप्त करके बड़ौदा विश्वविद्यालय में कला-विभाग के अध्यक्ष पर रहे। देश की कई कला-संस्थाओं से वे जुड़े। कई

बार सम्मानित व पुरुस्कृत भी हुए। उनकी भी कई प्रदर्शनियाँ लगी एवं समय-समय पर तत्कालीन प्रसिद्ध पत्रिकाओं में उनके चित्र भी प्रकाशित हुए। उनके चित्रों में रंगों की सादगी तथा रेखाओं में गति व प्रवाह और कला-सौष्ठव एवं भावों की प्रधानता उल्लेखनीय रही। उनके चित्रों में भारतीय समाज के दर्शन होते हैं, लेकिन आधुनिक कला के बढ़ते हुए प्रभाव से वे भी अपने को मुक्त नहीं रख सके और उन्होंने भी प्रतीकवाद, प्रयोगवाद के साँचे में अपने को ढाल लिया।

रामचन्द्र शुक्ल

आधुनिक चित्रकला के क्षेत्र में रामचंद्र शुक्ल का नाम भी विशेष रूप में लिया जाता है। आपने आजीविका के नाम पर वनारस हिन्दू विश्वविद्यालय में कला-विभाग से अपने को जोड़ा। आपके चित्र सभी विषयों पर और सभी शैलियों में बने। उनकी कला-साधना का प्रारम्भ भारतीय धार्मिक व सामाजिक प्रसंगों पर आधारित चित्रों के निर्माण से हुआ और अंत आधुनिक कला पर जाकर हुआ। विशेषता यह रही कि आप सभी विधाओं को चित्र-परम्परा में बड़े सफल रहे। आपके चित्रों में रंगों का सुन्दर संयोजन, भावों की प्रधानता तथा सजीवता व मौलिकता देखने को मिलती थी। उनके रेखाचित्रों में भी बड़ी प्रभावोत्पादक उत्कृष्ट भावना तथा गति व प्रवाह देखने को मिलता था।

आधुनिक कला के नाम पर भी आपने अपना एक स्थान बनाया। कलाकार के साथ-साथ आप कला-विषयक लेखों के निबन्धकार तथा समीक्षक के रूप में भी जाने जाते रहे। 'कला की आधुनिक प्रवृतियाँ' उनकी एक बहुत ही शोधपरक व महत्त्वपूर्ण पुस्तक है।

एस० एम० पंडित

फिल्म-क्षेत्र बम्बई की नगरी में एस० एम० पंडित, मुलगाँवकर तथा एम० आर० अचरेकर के नाम व्यवसायिक कलाकार के रूप में बहुचर्चित रहे। लेकिन ये तीनों कलाकार अपनी-अपनी कार्य-शैली के लिए प्रसिद्ध रहे। व्यवसायिक दृष्टि से तीनों ही एक समान रहे। एस० एम० पंडित के चित्रों में राजा रवि वर्मा की कार्यशैली की पूर्ण छाप थी। उनके चित्र धार्मिक व पौराणिक आख्यानों पर आधारित रहे। उनके चित्रों में चित्रकला के षडांग (रूपभेद, प्रमाण अर्थात अंग-पत्यंगों में सानुपत माप, भाव, लावण्य, साहश्यं तथा वर्ण अथवा रंग-विधान) का पूर्णरूपेण पालन हुआ है। उनके चित्र तैल-रंगों तथा जलरंगों व पोस्टर कलर्स के माध्यम से बने। उनके चित्रों में ब्रुश के हाई स्ट्रोक्स की टैकनिक अपने में विलक्षणता तथा सजीवता व मौलिकता के नाम पर बड़ी प्रभावपूर्ण रही। उनके चित्रों को बड़ी-बड़ी व्यवसायिक कम्पनी ही क्रय करने के लिए आतुर रहती थीं। उनके असंख्य चित्रों में 'सन्ध्या' 'उषा', 'विश्वामित्र और मेनका' 'तपस्विनी पार्वती' आदि कुछ चित्र बहुचर्चित रहे ।

मुलगाँवकर

मुलगाँवकर भी परम्परावादी और यथार्थवादी चित्रकार रहे। उनके चित्र मूलतः जलरंगों द्वारा ही बने एवं उनके चित्रों का विषय विशेषतः धार्मिक ही रहा। उनको प्रसिद्धि दिलाने में 'धर्मयुग' का विशेष योगदान रहा। इसी धर्मयुग के बाद वे फिर चित्रों के प्रकाशन से भी जनता के प्रिय चित्रकार बने। उन्होंने रंगों के मिश्रण में विदेशी पद्धति 'स्प्रे-पद्धति' को अपनाया। इस पद्धति से चित्र बनाने की पद्धति में वह

सबसे प्रथम चित्रकार माने जाते हैं। उन्होंने 'मंगलदीप' नामक एक वार्षिक कला व साहित्यिक पत्रिका के प्रकाशन का भी शुभारंभ किया, जिसमें उनके बने चित्रों का मुख्य रूप में प्रकाशन होता था। इस पत्रिका की परम्परा आज जीवित नहीं है।

एम० आर० अचरेकर

जे० जे० स्कूल ऑफ आर्ट्स से डिप्लोमा प्राप्त कर उसी में कला-शिक्षक बन गये। आपकी कला से प्रभावित होकर ही राजकपूर जैसे सुप्रसिद्ध निर्माता व निदेशक ने उन्हें अपने आर० के० प्रोडक्शन में मुख्य कला निदेशक के रूप में रखा। राजकपूर की प्रारम्भिक सभी फिल्मों में उनका कला-निर्देशन देखने को मिलता है।

रेखाचित्रों के क्षेत्र में तो उनकी एक अलग ही पहचान थी। वे अधिकांशतः चारकोल पेन्सिल से चित्र बनात थे। लेकिन उन रेखाचित्रों में बड़ी सजीवता तथा समानुपातिक माप-परिमाप तथा भावों की प्रधानता रहती थी। उनकी लिखी हुई कला विषयक एक पुस्तक 'फ्री हैंड डाइंग' (तीन भाग) कला के शिक्षार्थियों के लिए अपने समय की बहुचर्चित पुस्तक थी।

रामकुमार

उस समय के चित्रकारों में रामकुमार का नाम अपनी एक विशिष्ट कला-पद्धति के लिए बहुचर्चित था। उनके चित्रों का माध्यम जल-रंग ही था, लेकिन उन रंगों का प्रयोग वे इस प्रकार करते थे, जैसे रंग कागज पर बहा दिये गये हों और उस बहाव में रंगों के मिश्रण की अपनी एक अलग ही प्रक्रिया थी। इस पद्धति से चित्र बनाने में संभवतः वे अपने युग के प्रथम व अंतिम चित्रकार ही थे। उनकी कार्य शैली को अपनाकर चित्र बनाना वास्तव में एक टेढ़ी खीर ही था। उनके बहते हुए रंगों के मिश्रण में बिषय-वस्तु को खोज निकालना भी आधुनिक कला में प्रयुक्त हुए प्रतीकवाद व रहस्यवाद से कम नहीं था। उनके चित्रों का प्रकाशन 'धर्मयुग' में बहुत हुआ और उसी से वे बहुचर्चित भी हुए।

रामगोपाल विजयवर्गीय

राजस्थान में उत्पन्न हुए विजयवर्गीय ने 'शांति निकेतन' से शिक्षा ग्रहण की और आजीविका के लिए 'जयपुर कला विद्यालय' में नियुक्त हो गये। उनके चित्रों में परम्परावादी तथा यथार्थवादी छाप रही। उन्होंने अधिकांशतः चित्र जल-रंगों द्वारा ही विविध विषयों पर बनाये। उनके चित्रों का प्रकाशन भी 'धर्मयुग' जैसी प्रतिष्ठित पत्रिकाओं में प्रचुर मात्रा में हुआ।

उनके चित्रों में भारतीय कला व आत्मा के दर्शन होते हैं। उन्होंने अपने को आधुनिक वादों के चक्र से प्रायः मुक्त ही रखा। उनके रंगों मे सादगी है, पर रेखाओं में गति व प्रवाह तथा जीवन है। उनके चित्रों में राजपूत कला की कमी-कमी झलक दिख जाती रही। लेकिन फिर भी उनके चित्रों में स्वाभिवकता, मौलिकता के साथ-साथ सजीवता व भावात्मकता के दर्शन होते हैं। उनके चित्र भी अनेक प्रदर्शनियों में प्रशंसित व पुरस्कृत हुए हैं। राजस्थानी चित्रकला के अध्ययन के लिए उनके द्वारा लिखित पुस्तक 'राजस्थानी चित्रकला' बहुत ही उपयोगी व सारगर्मित है। वे 'पद्मश्री' से भी विभूषित हो चुके हैं।

रणवीर सिंह विष्ट

गढ़वाल के पहाड़ी वातारण में जन्मे रणवीर सिंह अपनी कला-साधना के द्वारा ही लखनऊ के 'कॉलेज ऑफ फाईन आर्ट्स' में आजीविका के नाम पर प्राध्यापक बने और बाद में उसी कॉलेज के प्राचार्य होकर सेवानिवृत्त हुए।

छठवें व सातवें दशक के पूर्वार्द्ध में वे यथार्थवादी व परम्परावादी चित्रकार रहे। उनके चित्र विभिन्न पत्र-पत्रिकाओं में जहाँ प्रकाशित हुए, वहीं उनके चित्रों की प्रदर्शनियाँ भी लगीं जिनमें वे प्रशंसित व पुरस्कृत हुए।

सातवें दशक के उत्तरार्द्ध में वे अपने को आधुनिक कला के नये प्रयोगों से नहीं बचा सके। परिणाम यह हुआ कि एक यथार्थवादी व परम्परावादी चित्रकार प्रयोगवादी चित्रकार बन गया।

कालीचरन

वीरांगना महारानी लक्ष्मीबाई की शौर्य, स्थली झाँसी को यह गर्व है कि बींसवीं सदी के पूर्वार्द्ध एवं उत्तरार्द्ध के प्रारंभिक काल में अनेक प्रतिभाओं ने जन्म लेकर झाँसी को गौरवान्वित किया। उदाहरणार्थ हॉकी के जादूगर मेजर ध्यानचंद, संगीतकार उस्ताद आदिल खाँ, एवं मेरे द्वय गुरुवर प्रथम मूर्तिकार व चित्रकार तथा झाँसी की क्रांति के जनक व चन्द्रशेखर आजार के परम सहयोगी स्व० मा० रूद्रनारायण एवं देश के सुप्रसिद्ध चित्रकार स्व० कालीचरन।

कालीचरन एक ऐसे चित्रकार रहे, जिन्होंने प्रकाशित चित्रों के माध्यम से सारे देश में ख्याति अर्जित की। वे राजा रवि वर्मा की शैली से प्रभावित थे। उनके अधिकांशतः चित्र धार्मिक-प्रसंगों पर ही बने। राम के अनन्य भक्त होने के करण उन्होंने अपनी चित्रशाला का नाम ही 'श्री राम चित्रशाला' रखा और अपनी इस चित्रशाला के माध्यम से अनेक योग्य व कुशल चित्रकार बनाये, जिनमें लेखक स्वयं एक प्रिय शिष्य के रूप में अनेक वर्षों तक उनके सानिध्य में रहा।

उनकी प्रारंभिक कला की शिक्षा मा० रूद्रनारायण के शिष्यत्व में हुई। चूँकी मा० रूद्रनारायण काँग्रेसी और क्रान्तिकारी बिचार धारा के व्यक्ति थे। इसी विचार धारा में बहकर उन्होंने एक स्कूल राष्ट्रीय पाठशाला (स्थापित १९१७ ई०, वर्तमान में एस० पी० आई० इंटर कॉलेज के नाम से विख्यात)से चार वर्ष नौकरी करने के बाद सन् १९२२ ई० में महात्मा गाँधी के झाँसी आगमन और आवाहन पर नौकरी छोड़ दी। तत्पश्चात आजीविका के नाम पर चित्रकला व काम के नाम पर देश-सेवा व्रत। ऐसे गुरु के सानिध्य में रहने पर कालीचरण पर भी राष्ट्रीयता का प्रभाव पड़ा। बाद में उन्होंने कानपूर के स्वतंत्रता संग्राम-सेनानी स्व० मा० रूप किशोर कपूर (कानपुर) की चित्रशाला जाकर अपना सम्पर्क स्थापित कर लिया। और उन्हीं के साथ रहकर फिर 'चित्रशाला देहरादून' व 'चित्रशाला मँसूरी' तथा 'श्री राम चित्रशाला (झाँसी) में कला-साधना में लग गये। उनके लगभग ४० वर्ष के कार्यकाल में असंख्य धार्मिक व सामाजिक तथा पोट्रेट (व्यक्ति चित्र) एवं राष्ट्रीय चित्र बने। चित्रों की प्रकाशन-श्रृंखला में सबसे पहला चित्र 'धनुषधारी राम' सन् १९३५ ई० में दिल्ली से छपा, जिसने उनको ऐसी ख्याति दिलाई, कि फिर मृत्यु

पर्यन्त (सन् १९७० ई०) उनके अनेक चित्र छपे। ये चित्र जल रंगों व तेल रंगों दोनों ही माध्यम से बने। रंगों के संयोजन तथा सजीवता व भावत्मकता के प्रदर्शन में उनकी कोई तुलना नहीं थी। राम अथवा सीता-राम, कृष्ण अथवा राधा-कृष्ण के चित्र के सम्मुख जाकर दर्शक का सिर श्रद्धा के कारण बिना झुके नहीं रह सकता था। उनके असंख्य चित्रों में कृष्ण का गौ-पूजन, प्रतीक्षा, हंस-दमयन्ती, सूरदास के श्याम-मनोहर, गोपाल-कृष्ण, रूप का अंत, ईद का चाँद, राम का शिव-पूजन, मीरा का विष-पान आदि कुछ चित्र बहुचर्चित रहे।

चित्रकला में नये प्रयोग ने करके वैसे विभिन्न विधियों को अपनाने में उन्हें विशेष रूचि रहती थी। इसलिए उन्होंने मूँगफली के छिलकों द्वारा अनेक चित्र बनाये। इनमें महात्मा गाँधी, पं० जवाहरलाल नेहरु, महात्मा बुद्ध बड़े ही प्रसिद्ध रहे। काले कंधों की तीलियों से बना चित्र 'शृंगार' भी उनके ऐसे ही प्रयोगों में एक नया प्रयोग था। कालीचरन जैसे देश के प्रसिद्ध चित्रकार व झांसी के गौरव का निधन ९ फरवरी १९७० को पचपन वर्ष की आयु में हो गया।

चन्द्रकान्त घाड़गे 'चन्द्र'

झांसी के ही आयु में बहत्तर वर्षीय हृदय से कवि एवं तूलिका के धनी चन्द्रकान्त घाड़गे लकीर से हटकर एक ऐसे चित्रकार हैं, जो परम्परावादी, यथार्थवादी चित्रकार के साथ नवीनतम, प्रयोगवादी आधुनिक चित्रकार के रूप में देश के वर्तमान चित्रकारों में अपना एक स्थान बनाये हुए हैं।

बाल्यकाल से ही चित्रकला का जो बीज आरोपित हुआ, वह बिना किसी कलागुरु के शिष्यत्व के सिंचन के ही कला-विषयक विभिन्न लेखकों की पुस्तकों के अध्ययन और भारतीय व विदेशी चित्रकारों के प्रकाशित चित्रों को ही एक सशक्त मार्ग-दर्शक मानकर रेलवे विभाग की सेवा करते हुए भी तन्मयता से चित्र-साधना में एक मौन-साधक के रूप में जुट गये और ४० वर्ष की आयु तक पहुंचते-पहुचे दर्जनों चित्रों को मूर्तमान कर डाला।

फिर अपने को चित्रकला और विद्यमान कलाकारों के बीच आकलन करने की दृष्टि से सन् १९७३ ई० में सर्वप्रथम प्रदर्शनी दिल्ली की ''इण्डियन फाइन आर्ट्स एण्ड क्राफ्ट सोसाइटी'' में लगाई और उससे उन्हें काफी प्रोत्साहन मिला, साथ में आत्म-बल भी बढ़ा। फिर उन्होंने अगले वर्ष ''त्रिवेणी कला संगम'', दिल्ली, सन् १९९३ व ९४ ई० एवं ९५ में ए० आई० एफ० ए० एस० आर्ट गैलरी, इंदौर में सन् १९९९ ई० में सूरत में तथा झांसी में कई प्रदर्शनियां लगाईं। सन् १९८२ ई० में ''जहांगीर आर्ट गैरली, बम्बई में सहभागिता प्राप्त करने का अवसर प्राप्त हुआ। इन प्रदर्शनियों में मिले ''कमेन्ट्सों'' ने उन्हें और भी अधिक प्रोत्साहित किया।

उनके चित्रों में रंगों की सुकुमारता, नेत्रों को सुखानुभूति के साथ रंगों का जहां सुसंयोजन है, वहीं प्रकृति के नाना रूप के साथ आज के युग में उसके दोहन में उसकी छटपटाहट व अव्यक्त अंतर्वेदना दिखती है। उनके चित्रों में पौरुष, संवेग, उत्साह के साथ-साथ उत्पीड़न, संत्रास, घुटन आदि सभी कुछ दिखता है।

(अ) भारतीय चित्रकला की उत्तरोत्तर प्रगति तथा उसमें विभिन्न प्रयोग

भारतीय चित्रकला की उत्तरोत्तर प्रगति तथा उसमें विभिन्न प्रयोगों की अपनाने की परम्परा के निर्वाहन में देश की स्वतंत्रता की प्राप्ति के पश्चात् प्रकाशित होने वाली अपने समय की कुछ प्रसिद्ध साप्ताहिक और मासिक व त्रैमासिक पत्रिकाओं का बहुत बड़ा व महत्वपूर्ण योगदान रहा है। इन पत्रिकाओं में ''धर्मयुग'', ''साप्ताहिक हिन्दुस्तान'' ने सर्वाधिक प्रचार-प्रसार करने में अपूर्व सहयोग दिया। इन दोनों साप्ताहिकों ने सम्पूर्ण देश के नवोदित चित्रकारों से लेकर अपने समय के लब्ध प्रतिष्ठित चित्रकारों के जीवन-वृत्त के साथ-साथ उनके द्वारा बनाये गये चित्रों का प्रकाशन करके जनता के सम्मुख रक्खा। इससे अनेकानेक चित्रकारों की कृतियां चित्रकला-प्रेमियों को उपलब्ध हुईं। यह बात दूसरी है, कि इन दोनों पत्रिकाओं में ''धर्मयुग'' में रंगीन ऑफसेट के माध्यम से चित्रकारों के रंगीन चित्र प्रकाशित होते थे, जबकि ''साप्ताहिक हिन्दुस्तान'' में रेखाचित्रों में लिथो पद्धति से सपाट रंग का प्रयोग करके उन्हें रंगीन बनाया जाता था। इस प्रकार के रेखाचित्रों में चित्रकार की कुशलता उसके रेखांकन में स्पष्टत: परिलक्षित होती थी। गति, भाव व देहयष्टि आदि सभी कुछ रेखाओं की सुस्पष्टता, सौंदर्यात्मकता के अंकन की क्षमता से प्रगट होती थी।

इन दोनों पत्रिकाओं ने साठवें व सत्तरहवें दशक में अनेकों चित्रकारों की कृतियों से परिचय कराया। ऐसे चित्रकारों की श्रृंखला तो बड़ी लम्बी है, जिनमें उस समय के सर्वप्रसिद्ध चित्रकार मुलगांबकर, रामकुमार, जो अपनी कलात्मक वैशिष्ट्यता के लिए विख्यात थे, के अतिरिक्त ऐसे भी कुछ चित्रकार रहे है जिन्होंने उस समय की प्रचलित ''वाश टेकनिक'' (जो अब लुप्तप्राय: ही है) के अतिरिक्त अपनी विशिष्ट कलात्मकता पद्धति से कला-प्रेमियों को अपनी ओर आकर्षित किया। उनके चित्रों में पाश्चात्य व भारतीय कलात्मका के समन्वय के साथ ही रंगों का सुंदर संयोजन, भावों की रसानुभूति, सभी कुछ मनमोहक लगता है। ऐसे चित्रकारों में भी अनेक चित्रकार हैं, पर कला-वैशिष्टयता के तौर पर हमने कुछही श्रेष्ठ चित्रकारों को उदाहरण स्वरूप प्रस्तुत किया है।

चेतन

चेतन के प्रकाशित चित्रों में वाश टैक्निक में ''रूप गर्विता'' में जहां सौंदर्य की किसी अनूठी रूपसी की मनोमुग्धकारी छवि के दर्शन होते हैं, वहीं ''बुद्ध के गृहत्याग'' में श्रृंगार के अंतर्गत वियोग में करुणा के अथाह सागर के साथ ही सांसारिक सुख-सम्पदा व राजसिक यश-वैभव को ठुकराकर सिद्धार्थ (जो बुद्धत्व प्राप्त कर बुद्ध बने थे) के मन में इस असार व नाशवान संसार की जीवन की सत्यता का बोध कराने व मानव-समाज के कल्याण की भावना जागृत कराने की लालसा को अपनी अंतर्रात्मा में समाहित करके रात्रि के गहन अंधकार में पत्नी यशोधरा के परित्याग के कठोर व साहसिक तथा उद्देश्यपरक दृढ़ संकल्प की सुंदर अभिव्यक्ति का सफल प्रस्तुतीकरण है।

सम्पूर्ण चित्र में गहरे नीले रंग में रात्रि का गहन अंधकार छिपा हुआ है। बायें ऊपर की ओर बुद्ध करे कमण्डल हाथ में लिए एवं जटायुक्त साधू वेश में सत्य-मार्ग की खोज में जाते हुए प्रदर्शित किया

गया है। उनके पीछे छूटे हुए पद-चिह्नों पर आभूषणों का बिखराव है, जिससे उनके द्वारा राजसिक वैभव के त्याग का बोध होता है।

नीचे एक मसनद के सहारे बाहुओं पर अलंकृत जूड़ा युक्त यशोधरा शोकाकुल अवस्था में बैठी हुई है। यहां राजसिक वातवरण का प्रस्तुतीकरण हुआ है। मसनद के समीप में ही सर्पाकृति से मण्डित एक सिमई (दीपदान) है, यह प्रतीक है–रात्रि के अंधकार को दूर करने के साथ-साथ निरंतर होने वाले दिन-रात के रूप में बीतने वाले काल (समय) का, जो जीवन का सात्त्विक सत्य है।

विरही यशोधरा के चित्रण में चित्ताकर्षक रंगविधान है एवं करुणा व विरह का अनूठा रस-प्रवाह है।

दलाल

''धर्मयुग'' में प्रकाशित अनेक चित्रकारों में कला की दृष्टि से एक नाम और उल्लेखनीय है और वह नाम है–दलाल का। उनके चित्रों में प्रकाशित एक चित्र ''कृष्ण की रास-लीला'' का उल्लेख ही उनकी चित्रशैली की पहचान के लिए काफी होग।

इस चित्र में किसी एक विशेष पद्धति का प्रयोग न होकर अनेक चित्रकारों की चित्र-शैलियों के साथ-साथ प्राचीन प्रचलित चित्र-परम्पराओं का प्रयोग करके एक नया स्वरूप ही प्रदान किया गया है। कृष्ण व गोपिका की नेत्र-संरचना में कांगड़ा और मुग़ल शैली जैसी मादकता व आकर्षण है, वहीं परिधानों की पारदर्शिता में भी यही प्रभाव है। मुखों की भाव-मुद्राओं में जहां आत्मानुभूति है, वहीं हस्तु-मुद्राओं में स्वाभाविकता के साथ-साथ कमनीयता व लचीलापन है। चोलियों में कसा हुआ यौवन व कटि-भाग एवं लहराते हुए घांघरों में स्वाभाविक आकर्षण है। केशों के प्रदर्शन में चोटी व विविध प्रकार के जूड़े बताये गये हैं।

रावल

किसी परम्परावादी व यथार्थवादी चित्र-परम्परा अथवा किन्हीं विशेष चित्रकारों की चित्र-शैली को आदर्श मानकर उसके अनुरूप चलने की परम्परा से हटकर अपनी एक नई शैली को अपनाकर जिन कलाकारों ने कला-जगत् में अपना एक अलग ही स्थान बनाया, उनमें बी० प्रभा व रावल हैं। इन दोनों में भी, बी० प्रभा ने अपनी मजबूत पकड़ बनाने में पर्याप्त सफलता अर्जित की।

ये दोनों चित्रकारों के चित्रों में प्रमुख विशेषता रही-रेखाओं के महत्त्व को न अपनाकर सीधे-साधे रंगों के संयोजन से ही चित्राकृतियों को बनाकर उन्हें प्रस्तुत करना। उनके चित्रों में ''विष्णुधर्मोत्तर पुराण'' के ''चित्रसूत्रम्'' के ''षडांग'' के दर्शन नहीं होते। उनके चित्रों में कोई चित्रकला-विषयक नियमों का बंधन न होकर सीधे-सादे सपाट रंगों का प्रयोग हुआ है। शारीरिक अनुपातिक-माप का प्रतिनिधित्व भी नहीं है। उनकी ग्रीवा व हाथ तथा पैर आदि सभी के प्रदर्शन में देखने को नहीं मिलता। उनके ये अंग अपेक्षाकृत अधिक लम्बाई लिए हुए होते हैं।

मुखों की संरचना में भी कोई अनुपात नहीं। चौड़ाई लिए हुए मुख, जिनमें निस्तेज बड़ी-बड़ी आंख।

परिधान के नाम पर–सीधे सादे–सपाट वस्त्र। चित्रों में ऐसा कोई चित्ताकर्षण नहीं, जिससे दर्शक एक टक उसे देखता रह जाए, पर चित्र–शैली में अपनी एक अलग प्रकार की वैशिष्ट्यता के कारण इन दोनों के चित्रों का अपना एक अलग प्रकार का ही महत्त्व है।

लक्ष्मण वर्मा

लक्ष्मण वर्मा के चित्र अपनी सूझ–बूझ व अपनी स्वयं की शैली में लोक–कला व सम–सामयिक प्रचलित परम्परा के सुंदर समन्वय के साथ मौलिकता के नाम पर अपनी एक अलग ही पहचान बनाने में सफल रहे। इसका एक सुंदर उदाहरण उनके एक चित्र ''शृंगारमयी'' का है। इस चित्र में जहां रूपसी की मीनाकृति आंखें व शुक नासिका में कलात्मक सौंदर्य झलकता है, वहीं पृष्ठभूमि में प्रदर्शित वृक्ष की पत्तियों में राजस्थानी कलम की पुट दिखाई देती है।

रंगों के संयोजन एवं मनोभावों का, जो उसके नेत्रों की संरचना में परिलक्षित हुआ है, सुंदर प्रदर्शन है।

साप्ताहिक हिन्दुस्तान

''साप्ताहिक हिन्दुस्तान'' में प्रकाशित चित्रकारों की श्रृंखला तो वैसे बड़ी लम्बी है, पर उनमें भी विशिष्ट चित्रकारों में दुर्गादास चटर्जी, गौरांग चरण, श्री माली, उदयगिरि, सोमाभाई पटेल, उमेश, लेखक (डॉ० महेन्द्र वर्मा), तूलिकी, ओमप्रकाश, योगेन्द्र कुमार लल्ला, सूरज सदन, वीरेन्द्र ''राही'', रवीन्द्र, जगदीश, एस० कृष्ण, आईउद्दीन, मदनमोहन शर्मा, प्रेमलता हसीजा आदि कुछ चित्रकारों के नाम ही उल्लेखनीय हैं। इनमें भी योगेन्द्र कुमार 'लल्ला', दुर्गादास चटर्जी, गौरांगचरण एवं सूरज सदन तथा एस० कृष्ण तो अपनी विधा के लिए अलग ही पहचान रखते थे। जैसे योगेन्द्र कुमार लल्ला की रेखाओं में सुदृढ़ता के साथ ही नारी की सौंदर्यमयी देह–यष्टि, मीनाकृति तीक्ष्ण नयन, हस्त–मुद्राओं में ''उंगलियों'' की कोमलता व लचीलापन देखते ही बनता है। ये अपने समय के प्रसिद्ध चित्रकार के रूप में सर्वमान्य रहे।

दुर्गादास चटर्जी के चित्रों में चौड़े मुख में मीनाकृति आंखों में यामिनी राय की झलक के साथ–साथ एक मदहोशी की झलक तो दिखती ही है, पर धोती के पहनावे में बंगालीपन के साथ–साथ कहीं–कहीं होने वाला फहराव भी बड़ा ही मनमोहक लगता है।

गौरांगचरण

गौरांगचरण की चित्रकला में रेखाओं का ही वर्चस्व है। रेखाओं में बड़ी गतिशीलता के साथ–साथ भाव एवं सादृश्य प्रदर्शन की पूर्ण क्षमता है।

तूलिकी व सूरजसदन

तूलिकी के चित्रों में रेखांकन की अपनी एक अलग ही विशिष्टता है। तूलिकी के चित्रों में एक चित्र धनुर्धारी ''राम'' विशेष रूप से उल्लेखनीय इसलिए है, क्योंकि इसमें अंग–सौष्ठव के प्रदर्शन में प्रकाश

एवं छाया (लाइट एण्ड शेड) का प्रयोग भी काले-बिन्दुओं के माध्यम से किया गया है, जिससे चित्र में बड़ी सजीवता व मौलिकता आ गई है।

सूरज-सदन

सूरज-सदन के चित्र अधिकांशत: व्यक्ति चित्र (पोर्ट्रेट) थे और उनके बनाने में क्रिओन पेंसिल का प्रयोग हुआ है। कहीं-कहीं उन्होंने काली स्याही व काले रंग के शेड्स देकर शारीरिक अवयवों को वास्तिविकता का रूप भी दिया है, जिससे चित्रों में मौलिकता के साथ सजीवता भी स्वाभाविक रूप से उत्पन्न हो गई है।

उमेश

उमेश के चित्रों में लोक-कला की परम्परा में प्रयोगवादी पुट के समावेश के साथ ही सौंदर्य-बोध का दिग्दर्शन है। उनके चित्रों का मुख्य आकर्षण मीनाकृति नेत्रों के साथ-साथ हस्त एवं पाद (पैरों) की मुद्राओं में देखने को मिलता है। साथ ही में अधोवस्त्र के प्रदर्शन में भी प्रतीकवाद का प्रतिबिम्ब स्पष्ट दिखाई देता है। इसे सारी वैशिष्ट्यतायें उनके चित्र ''वार्तालाप में देखने को मिलती है और यह चित्र ही उनकी चित्रशैली की पहचान है।

सोमाभाई पटेल

सोमाभाई पटेल की चित्रशैली भी उमेश की भांति होते हुए भी अपने में मौलिकता लिए हुए है। उनके द्वारा मुखों की संरचना में नेत्रों के आकर्षक सौंदर्य के साथ ही भावों की प्रधानत: रहती है। उदाहरणस्वरूप उनका एक चित्र ''गुपगुप वार्ता'' ही पर्याप्त है।

अन्य प्रसिद्ध पत्रिकाओं द्वारा कलाकारों का परिचय

जहां एक ओर ''धर्मयुग'' और ''साप्ताहिक हिन्दुस्तान'' (क्रमश: बम्बई व दिल्ली) जैसी देश की प्रसिद्ध पत्रिकाओं द्वारा अनेक नामी व नवोदित कलाकारों के जीवन एवं उनके कलाकृतियों के सम्बन्ध में कला-प्रेमियों को बहुत कुछ सोचने-समझने को मिला, वही ''गीता प्रेस, गोरखपुर'' द्वारा प्रकाशित ''कल्याण'' (मासिक एवं वार्षिक रूप में, जो अब भी धार्मिक आस्थावान और पठन-पाठन में अभिरुचि रखने वालों के लिए एक आवश्यक पत्रिका है) और ''इण्डियन प्रेस प्रयाग'' (इलाहाबाद) द्वारा प्रकाशित श्री महावीर प्रसाद द्विवेदी और तत्पश्चात् सर्वश्री देवीदत्त शुक्ल व श्रीनाथ सिंह द्वारा सम्पादित मासिक पत्रिका ''सरस्वती'' (लेखक के स्वयं के संग्रह में सन् १९१२, १४ एवं १९३४ ई० के प्राप्त अंक) के माध्यम से भी कुछ पुराने ऐसे चित्रकारों की कृतियां प्राप्त होती हैं, जिनसे बीसवीं सदी के पूर्वाआर्धशती के काल में प्रचलित एक ऐसी परम्परा का ज्ञान होता है, जिसमें चित्रकारों की अपनी स्वयं की एक शैली थी, जिसमें भाव-प्राधान्य के साथ-साथ मौलिकता व सजीवता थी। रंगों का संयोजन बड़ा मन-मोहक था। प्राय: जल रंगों का ही प्रयोग हुआ है। हाँ, इतना अवश्य है कि शारीरिक अनुपात में अनुरूपता की पुट कहीं-कहीं दिखाई देती है। उदाहरणस्वरूप-''सरस्वती'' के (१ नवम्बर, १९१२ ई०) अंक में प्रकाशित ''कैकयी और मंथरा''। वृद्धा मंथरा के बालों की सफेदी, उसके चेहरे के भाव और एक हाथ

उठाकर समझाने की मुद्रा के साथ-साथ पर्यंक पर मसनद के सहारे अर्धलेटी अवस्था में एक हथेली पर रखे हुए कैकयी के मुख पर प्रदर्शित भाव में बड़ी ही सजीवता है। लेकिन मंथरा की लम्बाई चेहरे के अनुपात से कहीं अधिक है। यह बात दूसरी है कि वातावरण में चित्र बड़ा ही आकर्षक है।

इसी प्रकार का एक अन्य चित्र ''यमुना बगाहन'' (मार्च, १९२१ ई०) का एवं दूसरा चित्र ''अहल्या'' (१ जुलाई, १९१२) का है। इस चित्र में वन के धूमिल वातावरण में बाल बिखराये हुए संन्यासिनी या साध्वी जैसी दिखने वाली अहिल्या के मुख पर प्रदर्शित सौम्यता व शान्ति के भावों की मोहक छवि है।

हाँ, एक चित्र ''श्मशान में हरिश्चन्द्र और शैव्या'' वातावरण, भावों तथा मुद्राओं एवं रंगों के मनोरम व कोमलता में एक आकर्षण एवं मनोभावों के उद्वेगों की दृष्टि से अपूर्व है। श्मशान में अपने कर्त्तव्य पालन में दृढ़ी हरिश्चन्द (एक हाथ में डंडा लिए हैं और दूसरा हाथ कमर पर रखे हैं) भूमि पर रोती हुई अवस्था में अपनी गोद में लिटाये मृतक पुत्र को एक टक बड़े ही विस्फारित नेत्रों से देख रहे हैं। दूसरी ओर दु:खी शैय्या को शुल्क न देने पर विवशता से सिर उठाये मानो हरिश्चन्द्र से कुछ याचना सी करते हुए जो भाव मुख पर चित्रकार की तूलिका द्वारा प्रदर्शित किए गये हैं, वे नि:संदेह बड़े ही हृदयविदारक बन गये हैं।

सरस्वती के अधिकांशत: चित्रों में चित्रकारों के नाम न दिये जाने एवं उनके स्पष्ट हस्ताक्षर न दिखने के कारण चित्रकारों की तत्कालीन प्रचलित शैली का अनुमान अवश्य ही लग जाता है। पर हाँ, एक चित्रकार शम्भूनाथ मिश्र का नाम अवश्य ही उनके चित्रों के साथ देखने को मिलता है। उनके द्वारा बनाये चित्रों में भी रंगों की सामंजस्यिक-परम्परा अन्य चित्रों की भांति ही है, पर उनके चित्रों में भाव-अभिव्यंजनाओं के साथ-साथ हस्त एवं पाद (पैरों) मुद्राओं की श्रेष्ठता के अतिरिक्त शारीरिक अंगों में सानुपातिक का उत्तम प्रदर्शन है। उनके चित्रों में ''चित्रलेखन'' चित्र में लहंगा व धोती पहने हुए दो महिलाओं द्वारा दीवार पर एक सुसज्जित हाथी का चित्रण (दिसम्बर १९३४ ई०) ''शिवाजी का पलायन'' (शिवाजी अपने अपने शम्भा जी के साथ किस प्रकार से तत्कालीन मुग़ल बादशाह औरंगजेब के कैदखाने से प्रहरी (पहरेदार) की उपस्थिति में फलों के बड़े-बड़े टोकरों में छिपकर निकल गये थे, इस ऐतिहासिक तथ्य का प्रदर्शन इस चित्र में बड़ी मौलिक सूझ-बूझ के साथ बड़ी सजीवता से रूपायित किया गया है) नामक ये दो चित्र बहुत ही उच्च कोटि की श्रेणी में माने जा सकते हैं।इसी प्रकार एक अन्य चित्र श्री सुधीन्द्र नाथ साहर का ''श्री कृष्ण का द्वारिका प्रवेश'' है। इस चित्र में ''श्री विष्णुधर्मोत्तर पुराण'' के ''चित्रसूत्रम्'' में वर्णित उत्तम चित्र में ''षड़ांगों'' (रूपभेद, सादृश्यं, प्रमाण या शारीरिक अंग-अनुपात, भाव, लावण्य और रंगों का सुंदर संयोजन) का पूर्ण रूप से पालन हुआ है। दो घोड़ों के सुंदर रथ पर कृष्ण का गमन होते हुए दिखाया गया है। आगे-आगे तुरई (रमतूला, एक प्रकार का वाद्य) तथा एक अन्य व्यक्ति को शंख बजाते हुए चलते दिखाये गये हैं। उनकी विदाई के समय उनके ग्वाल-बालों को विभिन्न मुद्राओं में दिखाया गया है। इन मुद्राओं में बड़ी ही स्वाभाविकता व सजीवता है।

दूसरी पत्रिका ''कल्याण'' है। इसमें तो बी० के० मित्रा, भगवान् व जगन्नाथ के रंगीन व श्वेत-श्याम चित्र प्रत्येक अंक व वार्षिकांक में स्थाई तौर पर प्रसंगानुसार प्रकाशित होते रहे हैं। जब कभी देवलालीकर

के चित्र भी छपते थे। इनकी चित्र-शैली उपरोक्त तीनों स्थायी चित्रकारों की अपेक्षा भिन्न थी। उनके रंगों के संयोजन में अपनी एक विशिष्ट छाप थी, जिससे उनके चित्र अपने ही आप पहचान में आ जाते थे। शेष तीनों चित्रकारों के सैकड़ों रेखाचित्र, श्याम-श्वेत व रंगीन चित्र प्रकाशित हो चुके हैं। उदाहरणार्थ-एक चित्र ''श्री चैतन्य महाप्रभु'' (बी० के० मित्रा) का प्रस्तुत किया गया है।

अन्य प्रसिद्ध पत्रिकाओं में ''त्रिपथगा (मासिक, सूचना विभाग, उ०प्र०, लखनऊ), ''नवनीत'' (मासिक-बम्बई), ''कादम्बिनी'' (दिल्ली) ''ज्ञानोदय'' (कलकत्ता), कल्पना (हैदराबाद) आदि के अतिरिक्त केन्द्र व प्रांतीय स्तरीय कला, अकादमी द्वारा प्रकाशित पत्रिकाओं में निरंतर सभी विधाओं के कलाकारों व उनकी कृतियों से परिचय कराया गया। उपरोक्त वर्णित पत्रिकाओं में ''नवनीत'' को छोड़कर शेष सभी पत्रिकायें बंद हो चुकी हैं पर जो कलाप्रेमी हैं, वे यदि अपनी कला-प्रियता के तौर पर अपने संग्रह में रखे हुए हैं, बस वे ही उन पत्रिकाओं के साथ तत्कालीन चित्रकारों की कृतियों की स्मृतियों को ताजा कर देती हैं।

(ब) लोक जीवन से जुड़ी चित्रकला के प्रकार

प्रथम अध्याय में कला कितने प्रकार की होती है और उन विविध कलाओं में भी चित्रकला कितने प्रकार की होती है, इस पर बहुत कुछ लिखा जा चुका है। लेकिन आदिम का जन-जातियों से लेकर समय के बदलते चक्र के साथ-साथ सभ्यता के विकास क्रम में मानव-समाज का अर्ध-विकसित समाज अर्थात् निम्नवर्गीय समाज में अपने शरीर के अंग-प्रत्यंगों पर एक विलक्षण कला को मृत्यु के अंतिम क्षण तक जिस स्थायित्व रखने की परम्परा जीवित है, तो वह कला है-''गुदना''।

यह गुदना मूलतः देश के विभिन्न भागों में विशेषतः मध्य प्रदेश, मालवा, उड़ीसा, छत्तीसगढ़, बुंदेलखण्ड, बस्तर और हिमालय पर्वत की तराई वाले क्षेत्रों में विशेषतः नैनीताल, लखीमपुर खीरी, गोंडा, बहराइच, गोरखपुर से लेकर बिहार के चम्पारन और दरभंगा जिलों में रहने वाली प्राचीन जनजातियों में विशेष रूप से प्रचलित है। गुदना की यह कला किसी समय विदेशों में पौलिनिशिया में भी अपनी चरम सीमा पर थी। आस्ट्रेलिया और अफ्रीका में यह गुदना-कला आज भी आदिम स्वरूप में विद्यमान है। अफ्रीका में तो जिस व्यक्ति के जितने अधिक चिह्न पाये जाते है, वह उतना ही अधिक युयुत्सु तथा साहसी समझा जाता है। मध्य प्रदेश (जिसमें बुंदेलखण्ड के क्षेत्र भी सम्मिलित हैं) में भी, गोंड, भूमिया, मोघिया, बेंगा आदि जन-जातियां, छत्तीसगढ़ में विशेषतः सरगुजा, मण्डला, बिलासपुर की अगरिया जनजाति के अतिरिक्त अन्य जन-जातियों यथा-कोखा, सांवस, गोंड, बिजवार, कंवर, भुजिया, कमार आदि में गुदना का प्रचलन सर्वाधिक है। दूत कला के विषय में ''चौमासा'' (भोपाल, फरवरी-जून, ९१) में बड़े विस्तार से दिया गया है।

गुदना की प्रथा कब से प्रारंभ हुई, यह तो निश्चित तौर पर नहीं कहा जा सकता है। क्योंकि इसके संबंध में भिन्न-भिन्न विद्वानों के अपने मत है, जिनके पीछे इन जन-जातियों की अपनी-अपनी मान्यतायें हैं। बैरियर एल्विन की पुस्तक **''ट्राइवल मिथ ऑफ इण्डिया''** (पृ० ६०५) में गोदना से संबंधित एक

मिथक, जो छत्तीसगढ़, बस्तर और उड़ीसा के व्यापक क्षेत्र में समान रूप से प्रचलित है, वह इस प्रकार से है–''पुराने जमाने में जब गुदना का प्रचलन नहीं हुआ था, तब यमराज को इस बात का पता लगाने में अत्यधिक कठिनाई होती थी, कि मृतक व्यक्ति स्त्री है अथवा पुरुष। तब इसके लिए उन्होंने एक युक्ति सोची और काजल से अपनी ही बहू के अंगों पर सर्वप्रथम कुछ चिह्न अंकित करके उन्हें सुई चुभा-चुभाकर गोद दिया। इन चिह्नों के गुद जाने पर बहू और अधिक सुंदर दिखने लगी। गुदने पर बहू को जो दर्द हुआ था, उसके शांत हो जाने पर फिर उन्होंने अपने पुत्र व बहू को मनुष्य लोक में एक सारंगी देकर गुदना के प्रचार-प्रसार के लिए भेज दिया। और फिर इन दोनों ने गांव-गांव घूमकर शरीर को गुदवाने का प्रचार-प्रसार किया। चूंकि प्रारम्भ में आदिम-जातियों का सब जगह बाहुल्य था। अतः उनमें सर्वप्रथम इस गुदने की प्रथा प्रचलित हुई, जो अब भी विद्यमान है।''

गोड़ों में गुदना की उत्पत्ति की कथा कुछ दूसरे प्रकार से दी गई है जो उपरोक्त ''वेरियर एल्विन'' ने अपनी उसी पुस्तक में (पृ० ४७८) में इस प्रकार से दी है–

''एक बार महादेव ने सभी देवताओं को भोज पर आमंत्रित किया। उस भोज में सब देवताओं के साथ गौंड देवता भी सम्मिलित हुए। देवतागण अपनी-अपनी पत्नियों के साथ आये थे। सभी देवियां पार्वती के साथ पृथक समूह में एक ओर भूमि पर बैठकर भोज के साथ बातें कर रहीं थीं। भोज के बाद जब गौड़ देवता वहां से जाने को तैयार हुए, तो देवियों के समूह में वे अपनी पत्नी को नहीं पहचान सके और भूल से उन्होंने पार्वती के कंधे पर हाथ रखकर उनसे चलने को कहा। इस पर पार्वती को क्रोध से चीखने लगीं। परंतु महादेव जी वस्तु-स्थिति को समझ गये और इस घटना पर हंसने लगे और उन्होंने पार्वती को समझाया भी, कि यह भूलवश हो गया है। पर पार्वती जी का क्रोध शांत नहीं हुआ। अंत में उन्होंने एक युक्ति सोची, जिससे दुबारा फिर ऐसी भूल न हो। उन्होंने प्रत्येक जाति के लिए पहचान हेतु पृथक्-पृथक् गोदना-अभिप्राय निर्धारित किये और उन अभिप्रायों को देवियों के अंगों पर खुदवाया, जिससे कि उनकी पृथक्-पृथक् पहचान हो सके और तब से सभी जातियों की देवियां अपने-अपने चिह्न अंगों पर गुदवाने लगीं।'' इस प्रकार दुनिया में गुदना का प्रचलन प्रारम्भ हुआ।

लेकिन-जन जातियों में गुदना गुदवाने के पीछे उनकी अपनी अलग-अलग धारणायें हैं। मध्य प्रदेश व बुंदेलखण्ड और मालवा की स्त्रियों का यह विश्वास है कि गुदना स्त्रियों के आभूषणों के रूप में एक सौंदर्य है, जिन्हें कोई चुरा नहीं सकता और मरने पर जब संसार में सब कुछ छूट जाता है, पर गुदना अंत समय में उसके शरीर के साथ होता है। अतः गुदना एक भौतिक अलंकरण नहीं है, बल्कि वे आत्मा के अलंकरण हैं। इसलिए मरने के बाद भी वे आत्मा के साथ ईश्वर तक पहुंचते हैं।

बेंगा जनजाति संसार में गुदना सबसे अधिक प्रिय है। केवल गुप्तांगों को छोड़कर शरीर का ऐसा कोई भाग नहीं, जो गुदा न हो। उनका मानना है कि यदि कोई नारी यहां नहीं गुदवाती, तो भगवान् के सामने उसे सब्बल (भूमि खोदने का लोह का एक लम्बा व नुकीला हथियार) से खुदवाना पड़ता है।

इस जनजाति में एक सामाजिक मान्यता यह भी है कि गुदना से स्त्री का सम्मान बढ़ता है। अधिक गुदवाने वाली स्त्री का ससुराल में विशेष सम्मान होता है। इसके साथ ही मायके में (कन्या के

माता-पिता का घर) में लड़की का न गुदवाना निर्धनता का द्योतक हैं। इसलिए गुदवाना स्त्री का एक धर्म है। आठ साल की उम्र से ये खुदवाना शुरू करती हैं और विवाह के बाद भी गुदवाती रहतीं हैं।

पश्चिम मध्यप्रदेश के झाबुआ, गुजरात, राजस्थान में, एक बड़ी जनजाति भीलों की है एवं बुंदेलखण्ड में छत्तरपुर, टीकमगढ़ व ललितपुर एवं ग्वालियर, मुरैना, शिवपुरी आदि स्थानों में सहारिया नामक जनजाति है। ये जाति अपनी उत्पत्ति रामायणकालीन शबरी से मानती है। ये भी गुदना को शरीर का अलंकरण व धर्म समझती हैं। कोई-कोई जनजाति गुदना एक जादू-टोना भी मानती हैं, जिससे दुष्ट आत्मायें अपना प्रभाव नहीं डाल पातीं। गुदना गुदवाने में असहनीय पीड़ा होती है। अत: गुदना की यह पीड़ा स्त्री के प्रजनन काल में सहायक सिद्ध होती है। ऐसी भी एक मान्यता है। कुछ जन-जाति गुदना को एक काला कुत्ता मानती हैं, जिसकी कोई परछाई नहीं होती। मोघिया जन-जाति गुदना सुहाग के लिए शुभ मानने के साथ सौंदर्य, वृद्धि तथा आत्मा की सुरक्षा का एक माध्यम मानती हैं।

गुदना की परम्परा के पीछे कुछ अन्य कारण भी जन जातियों में प्रचलित हैं। यथा-जातीय पहचान के प्रतीक के रूप में। शरीर पर मोटापे की बीमारी के अतिरिक्त अन्य प्रकार की बीमारियों से बचाव हेतु भी, क्योंकि खून में बीमारी से लड़ने की ताकत बढ़ जाती है। इसके अतिरिक्त दुष्ट ग्रहों का प्रभाव नहीं पड़ता।

लेकिन अधिकांशत: जन-जातियों के लिए गुदना शारीरिक-सौंदर्य है, क्योंकि सौंदर्य वृद्धि के लिए जहां सम्पन्न स्त्रियों के पास आभूषणों का प्रचलन है, वहीं इन जन-जातियों के पास गुदना से बड़ा आभूषण क्या हो सकता है? वैसे भी आज के इस युग में अपने पति को आकर्षित करने स्त्री-समाज में अपनी सम्पन्नता को प्रदर्शित करने से लेकर किसी पर्व पर या पूजा-अर्चना के समय स्त्रियों को नये परिधान पहनकर सजने-संवरने की परम्परा प्रचलित है।

यदि देखा जाए, तो शरीर को सजाने की परिपाटी मानव-समय में आदिम युग से ही रही है। जैसे-जैसे मानव-समाज सभ्यता के विकास की ओर बढ़ता गया, वैसे-वैसे स्त्री के नख, शिख, सौंदर्य को उसके श्रृंगार के रूप में माना जाने लगा। यही श्रृंगार बाद में शास्त्रीय व्याख्या में सोलह श्रृंगार के रूप में प्रचलित हो गया। ये सोलह श्रृंगार अलग-अलग समय में भिन्न-भिन्न रहे हैं, लेकिन अंग राग, काजल अथवा अंजन, अलता (पैरों में माहुर लगाना) होंठों पर मिस्सी, नाक में नथ या मोती, माथे पै बिंदिया, हाथों में मेंहदी, ठोड़ी या गाल पर तिल का निशान आदि श्रृंगार के रूप में आवश्यक मान लिए गये और ये ही बढ़ते-बढ़ते गिनती में सोलह हो गये। इनमें वेणी (चोटी-गुंथन) जुड़े में फूल लगाना, हाथों में रंग-बिरंगी चूड़ियाँ, कंगन, आदि गले में हार या पुष्प-माल, कानों में झूमर या कर्णफूल, बाहों में भुजबंध, कटि में कटिबंध, पैरों में पाँयजेब जैसे आभूषणों को उन्हीं सोलह-श्रृंगार में मान लिया गया।

गुदना विषय

गोदन या गुदना भले ही जन-जातियों का सौंदर्य-अलंकरण है, और प्रत्येक-जन जातियों में गुप्तांगों को छोड़कर शरीर के अंग-प्रत्यंगों पर गुदने की परम्परा है, पर फिर भी प्रत्येक जन-जाति में गुदने के विषयों में एवं उसके चित्रांकन की विधि में थोड़ा बहुत अंतर है और उसके पीछे उनकी अपनी मान्यतायें

हैं। जैसे मध्य प्रदेश की **भारिया** जन जाति मस्तक पर बिन्दु, कोण और बराबर आड़ी खड़ी रेखायें गुदवातीं हैं। दोनों भौहों पर धनुषाकार बनवाती हैं। यही उनकी विशेष पहचान होती है और यह अंकन विवाह के पूर्व प्रत्येक लड़की को करवाना आवश्यक होता है।

इसी प्रकार **मोधिया** स्त्रियां चेहरे की सुंदरता बढ़ाने के लिए ठोड़ी पर तीन बूंदा, नाक पर एक बूंदा, आंखों के ऊपर फूल-पत्तियां की बेल तथा उनके बाहरी सिरे के कोने पर सांप की जीभ की तरह तीन लकीरें बनवाती हैं। लेकिन डूंगरपरिया गोत्र की मोधिया स्त्रियां आंखों के किनारे पर ये तीन लकीरें नहीं बनवाती हैं, क्योंकि इनके कुल देवता सहजराम की मृत्यु सर्प के काटने से हुई थी।

भूमिया स्त्री सीधी और बांकी लकीरों के प्रति आकृष्ट होती हैं। ये लकीरें भी कई ईंच लम्बी व मोटी होती हैं। इनके गुदना की आकृतियां बिंदियों, बांकी लकीरों, चौखानों, वृत्तों, त्रिकोणों के संयोजन द्वारा बनाई जाती हैं।

सहरिया महिलायें कपाल (माथे) पर अर्धचंद्र टीका, जिसके बीच में बिन्दी होती है, गुदवाती हैं। नाक पर चार दाने, त्रिभुजाकार रूप में दायें नथुने पर गुदवाये जाते हैं, जिसका अर्थ चार कोठी अनाज से होता है। कनपटी पर सात-सात दाने हरित बन-प्रान्तर के रूप में गुदवाये जाते हैं। गाल पर एक तिल बनाया जाता है, जब कि ठोड़ी पर गोल एक दाना बनाया जाता है, जो पूर्ण चंद्र का प्रतीक होता है।

मण्डला क्षेत्र की **गोंड और बेंगा** स्त्रियां अपने अंगों पर सघन गोदने गुदवातीं हैं। कुछ स्त्रियां अपने पैरों के तलुओं और एड़ियों पर भी गोदने गुदवाती हैं, जिनमें त्रिकोणाकार में बायीं ऐड़ी पर धरती माता और दायें पांव के तलबे पर पद्म देव का अभिप्राय-चिह्न अंडाकार आकृति में गोदवाने का चलन है। इन अभिप्राय-चिह्नों के गुदवाने का उद्देश्य है कि अपने लोक-देवताओं से अपने पैरों की रक्षा करना और उनमें शक्ति का संचार रहना, ताकि वे दूर तक पैदल जा सकें। इसके अतिरिक्त वे दोनों पैरों के पंजों व उनके संधि-स्थलों और उंगलियों पर एक-एक बिन्दु का गोदन गज-करणदेव के अभिप्राय-चिह्न की दृष्टि से कराती हैं, ताकि उनके पैरों के पंजे हाथी के पंजों के समान सुदृढ़ व शक्तिशाली रहें, जिससे वे स्त्रियां सुदूर स्थानों तक भारी वजन लेकर आ-जा सकें।

मध्यवर्ती भारत की अधिकांश जन-जातियां और विशेषतः बहुसंख्यक गोंड़ जनजाति की स्त्रियां जंघा के सामने अश्व (घोड़ा देव) एवं पीछे की ओर अश्व (घोड़े) की जीन तथा भुजा के ऊपरी भाग और कंधों के बीच में हनुमान की आकृति के अभिप्राय-चिह्न गुदवाती हैं। इन अभिप्राय-चिह्नों में अश्व दैवीय शक्ति के प्रतीक रूप में जंघाओं को पुष्ट रखने और हनुमान जी से पुट्ठों को बलिष्ठ रखने की भावना अंतर्निहित है।

इसी प्रकार **बेंगा स्त्रियां** मस्तक के बीचों-बीच अंग्रेजी के "व्ही" आकार में चूल्हे का अभिप्राय-चिह्न और उसके बीच में अग्नि के रूप में एक बिन्दु एवं चूल्हे के दोनों ओर तीन-तीन बिन्दु गुदवाती हैं। ये बिन्दु अन्न की ढेरी के प्रतीक हैं। इन अभिप्राय चिह्नों से तात्पर्य हैं-कि उनके यहां अन्न का भण्डार भरा रहे और चूल्हा जलते रहे, ताकि उन्हें भूखा न रहना पड़े।

भील स्त्रियाँ हथेली के पीछे की ओर या बाँह पर ''राम का मुकुट'' और ''चौक'' गुदवाती हैं। इसी प्रकार दाहिने हाथ के अंगूठे के पीछे वाले भाग पर बिच्छू व बायें हाथ के अंगूठे के पीछे वाले भाग पर कमल का फूल गुदवाया जाता है। बिच्छू को छोड़कर शेष तीनों अभिप्राय-चिन्ह तो सामान्यत: रूप में माने गये हैं, पर बिच्छू का अभिप्राय-चिन्ह .(जो अधिकांशत: जन-जातियों की स्त्रियों में गुदवाया जाता है) वस्तुत: प्रजनन की भावना उत्तेजित करने में पुरुष के पौरुष-चिन्ह शिश्न से प्रथम संभोग के समय होने वाले कष्ट के प्रथम अनुभव के साँथ ही प्रजनन के समय होने वाली पीड़ा का प्रतीक स्वरूप माना जाता है।

कहने का तात्पर्य है कि सभी जन-जातियों में अभिप्राय-चिन्हों, जो अंग-प्रत्यंगों पर गुदवायें जाते हैं, के पीछे अपनी-अपनी अलग-अलग मान्यतायें हैं। लेकिन इतना अवश्य है कि प्रत्येक जन-जाति का प्रत्येक अंग-प्रत्यंग विभिन्न आकृतियों के गोदन से भरा हुआ अलंकृत रहता है। इन आकृतियों में शंकर जी, हनूमान जी, राम-कृष्ण, देवी से लेकर लोक देवी-देवताओं के प्रतीक स्वरूप में पुतरे-पुतरियां से लेकर सिंह, अश्व, मोर, मछली, तोता, बिच्छू, सांप, कमल, गमला, फूल-पत्ती के अतिरिक्त वर्गाकार, आयताकार, वृत्ताकार तथा मुकुटाकार रूप में सामान्य प्रकार के आलेखनों के साथ-साथ अलंकारिक आलेखनों तथा अनेक प्रकार के बिन्दुओं व लकीरों आदि के अंकन प्राय: सभी जन-जातियों की स्त्री-जाति में मिलते हैं। इनमें से कुछ अंकन बड़े ही कलात्मक ढंग पर होते हैं। गुदना-गोदन का कार्य अधिकांशत: स्त्रियां ही करती हें। पुरुषों से गुदवाना कम पसन्द है। गुदना में पत्तियों के रस में रंग मिलाकर मसाला तैयार किया जाता है और सुई की नोंक के द्वारा उसको गोदन के रूप में गोदा जाता है।

स्त्रियों की अपेक्षा पुरुषों में भी गुदवाने की प्रथा है, पर वह अपेक्षाकृत बहुत ही कम हैं और वह भी शौक के रूप में। पुरुष वर्ग कलाई पर नाम के साथ किसी देवता या फूल-पत्ती के गोदन से ही अपनी संतुष्टि कर लेते हैं।

जन-जातियों में प्रचलित यह गुदने की प्रथा उत्तर-प्रदेश, मध्य प्रदेश, मालवा, छत्तीसगढ़ आदि प्रदेशों में निम्न और पिछड़े वर्ग की स्त्रियों में भी व्यापक रूप में फैली। पर उनमें यह गोदन हथेली के ऊपर, कलाई और बांह और ठोड़ी पर ही अधिकांशत: होता है। पुरुष वर्ग में कलाई पर कही प्राय: यह गोदन देखा जाता है। गुदने का कार्य प्राय: गांवों, कस्बो के मेलों में हुआ करता है और अब तो कुछ वर्षों से मशीन द्वारा गुदने का काम होता है।

सुसंस्कृत व विकसित मानव-समाज की लोक कला

भारत के प्राय: सभी प्रदेशों में और प्रत्येक क्षेत्र में किसी भी शुभ कार्य के लिए घर के द्वार, आंगन और दीवारों तथा पूजा-स्थल पर मंगल चित्र और विभिन्न प्रकार के आलेखन बनाये जाते हैं। इस प्रकार चित्रण को दक्षिण व पश्चिम भारत में विशेषत: महाराष्ट्र में **रंगोली** तथा पूर्वी भारत में बंगाल के अन्य भागों में ''**अल्पना**'' एवं निमाड़ व मालवा में ''**माण्डले**'' की संज्ञा दी गई है। अब यह बात दूसरी है कि इन तीनों में से रंगोली का प्रचलन तो चित्रकला का एक भाग मानकर प्रतियोगिता के रूप में सम्मिलित भी कर लिया है।

अल्पना

अल्पना में जो रूपायन किया जाता है, वह सदैव ही कुछ विशेष आकृतियों का मिला-जुला चित्रण होता हे, जो परम्परागत चला आ रहा है। किसी भी मंगल कार्य के उपलक्ष्य में चाहे वह पारिवारिक, सामाजिक या धार्मिक हो, अल्पना का अंकन एक प्रकार से अनिवार्य अंग समझा जाता है एवं स्त्रियों व कन्यायें उसे आंकने में सहर्ष लग जाती हैं और मंगल कार्य समाप्त होते ही आंगन या देहलीज या पूजा-स्थल पर बनी अल्पना को कुछ समय या एक-दो दिन बाद धो-पोंछकर साफ कर दिया जाता है।

अल्पना बनाने के पूर्व स्थल को धो-पोंछकर अथवा गोबर-लेपन के बाद सूख जाने पर भीगे और पिसे हुए चावल के घोला से फिर अल्पना का आलेखन किया जाता है। सूख जाने पर वह आलेखन फिर चमक उठता है।

इस अल्पना के अंकन में कमल, शंख, देवी के चरण, मयूर, मछली, दर्पण, कंघी, अनाज की बालें, उल्लू, तितली के अतिरिक्त फूल-पत्तियों से युक्त किनारी-डिजाइन या वृत्ताकार व वर्गाकार डिजाइन बनाईं जाती हैं। डिजाइनों का अंकन तो विशुद्ध रूप में अलंकारिक रूप में होता है, पर कमल, शंख, देवी के चरण विशुद्ध रूप में धार्मिक व आध्यात्मिक मान्यताओं के प्रतीक स्वरूप हैं। यथा-कमल व शंख दोनों ही समुद्रमंथन से निकले हुए चौदह रत्नों में से दो रत्न हें। कमल पुष्प-राज के साथ सौंदर्य, कमनीयता एवं शोभा में सर्वाधिक प्रिय पुष्प माना जाता हे। इन्हीं गुणों के कारण भगवान् व देवी के नेत्र, मुख व चरणों की तुलना कमल से की गई है। कमल ही देवी-देवताओं का आसन भी हे। दूसरा रत्न शंख, जो **''पाञ्चजन्य शंख''** के नाम से समुद्र से प्रगट हुआ, वह विष्णु के चार लांछनों में से एक प्रिय लांछन है। शंख सुख-समृद्धि, यश-वैभव, समस्त प्रकार की निधियों का प्रदाता माना गया है। शंख-ध्वनि से ही किसी देवी-देवता का सम्मान किया जाता है। दूसरे देवी के बहुभुजी होने पर उनके हाथों में गृहीत अनेक आयुधों व लांछनों में एक लांछन शंख भी होता है। अत: कमल के साथ शंख भी धर्म से जुड़ा हुआ प्रतीक है।

उल्लू, लक्ष्मी का वाहन है, दूसरे वह रात्रि में जागता है। अत: अनाज के भण्डार की रक्षा के लिए वह एक प्रतिहारी के रूप में एक प्रतीक स्वरूप है। मयूर सर्वाधिक सौंदर्यपूर्ण पक्षी है, उसकी कलगी कृष्ण के मुकुट में लगी रहती है, इसीलिए भगवान् कृष्ण को ''मोर-मुकुट'' भी कहा जाता है। दूसरे मयूर शिव के दूसरे पुत्र कार्तिकेय का वाहन भी है। अत: हिन्दू धर्म की दृष्टि से मयूर एक धार्मिक प्रतीक है। संभवत: यही दृष्टिकोण बंगाली-समाज में मयूर के अंकन में रहा हो।

मछली भले ही बंगाली-समाज का भोज्य पदार्थ हो, जिसके कारण मछली को उस समाज ने अल्पना में स्थान दिया हो। पर हिन्दू धर्म में विष्णु के दसावतारों में प्रथम अवतार ''मत्स्यावतार'' ही माना गया है। दूसरे सृष्टि-रचना में जब सर्वत्र जल ही जल था, तब प्राणियों की उत्पत्ति के समय मत्स्य का उत्पन्न होना भी मत्स्य की महत्ता को बढ़ाने में एक सक्षम साक्ष्य है।

अनाज के बालें उत्तम खेती से, कंघी व दर्पण सौंदर्य की दृष्टि से सामाजिक परिवेश तथा फूल-पत्तियों का अंकन प्राकृतिक सौंदर्य-बोध से सामजंस्य रखता है।

रंगोली एवं माण्डले

रंगोली वस्तुतः महाराष्ट्र और गुजरात तथा माण्डले निमाड़ एवं मालवा की लोक कला है। इन लोक-कलाओं में जन-जातियों की लोक-कला का प्रतिबिम्ब नहीं है, वरन् सभ्य, सुसंस्कृत, सम्पन्न तथा मध्यम सभी वर्गों में प्रत्येक शुभ कामों में इन कलाओं का उपयोग होता है। रंगोली का प्रचालन तो अब व्यापक रूप में मध्य प्रदेश, उत्तर प्रदेश आदि प्रदेशों में काफी बढ़ गया है।

रंगोली दुद्धी (सफेद पत्थर) के चूर्ण तथा भींगे चावल के बने हुए घोल से बनती हैं, (जबकि माड़ले गेरू और खड़िया के चूर्ण (पाउडर) से बनते हैं। इन दोनों कलाओं में फूल-पत्तियों से लेकर वर्ग, आयत और वृत्त की मुख्य संरचना के साथ ही उनको फिर त्रिभुजों, षट्भुजों, अष्टभुजों आदि के विभक्तिकरण से नाना प्रकार के अन्य रेखांकनों के माध्यम से, जो कलात्मकता लिये हुए आलेखनों का जो रूपायन होता है, वह बड़ा ही आकर्षक व मनोरम लगता है।

इन दोनों प्रकार की कलाओं में बने हुए विभिन्न प्रकार के आलेखन हाथ के अंगूठे और उसकी समीपवर्ती बीच की उंगली दोनों के सहारे चूर्ण को बुरक कर बनाये जाते हैं तथा रंगोली के बनाने में चावल के घोल को रुई के फाये का सहारा लिया जाता है।

आज के विकसित समाज में रंगोली में अब रंगीन चूर्ण (पाउडर) का भी उपयोग होने लगा है, पर वह केवल प्रतियोगिताओं आदि के समय।

नौरता

बुंदेलखण्ड में और उत्तर प्रदेश, मध्यप्रदेश के क्षेत्रों में नवदुर्गा के पर्व पर नौ दिन चबूतरे पर सुअटा की मूर्ति के नीचे चबूतरे पर क्वारी कन्यायें भी रंगीन पाउडर से विभिन्न प्रकार के आलेखन बनाती हैं, जो देखने में बड़े आकर्षक लगते हैं।

और अंत में–

(अपने युग की कला का एक प्रवर्त्तक)

राजा रवि वर्मा

बीसवीं शताब्दी की पूर्वार्द्ध शताब्दी के बाद भारतीय चित्रकला में तत्कालीन और उसके कुछ समय पश्चात् तक और यहां तक कि आज के वर्तमान युग में ; जब चित्रकला हिन्दी-साहित्य में प्रचलित अनेक वाद (प्रयोगवाद, घनवाद, प्रतीकवाद आदि) के रूप में प्रचलित है फाईन आर्ट्स के नाम पर चित्रकारों ने ''चित्रसूत्रम्'' के ''षडांगों'' के अनुरूप जिस चित्र-परम्परा को अपनायें व अपना रहे हैं, उसके जन्म दाता एक प्रकार से **राजा रवि वर्मा** ही माने जाते हैं। वह सन् १८४८ में केरल की वर्तमान राजधानी त्रिवेन्द्रम से लगभग ४०-५० कि.मी. दूरी पर स्थित किलिमापुर में धार्मिक व सांस्कृतिक वातावरण वाले परिवार में उस समय पैदा हुए थे, जब अंग्रेजी साम्राज्य के शिकंजे में भारत पूरी तरह से जकड़ चुका था एवं शिक्षा व भारतीय संस्कृति पर अंग्रेजी शिक्षा व सभ्यता-संस्कृति का पाश्चात्य प्रभाव निरंतर बढ़ता जा रहा था। यहां तक कि कला पर भी।

उन्नीसवीं शताब्दी के पूर्वार्द्ध के इस अंतिम समय में तब दिल्ली में अंतिम मुग़ल बादशाह बहादुर शाह द्वितीय शासन कर रहा था। वह केवल नाम मात्र का बादशाह रह गया था। जिस समय, राजा रवि वर्मा पैदा हुए थे, उसी वर्ष लार्ड डलहौजी (१८४८-५६ ई०) भारत का गवर्नर जनरल होकर आया था। उसकी राज्यों की अपहरण नीति एवं अन्य शोषण नीति के कारण ही सन् १८५७ ई० का विद्रोह हुआ। यह बात दूसरी है, कि उस क्रान्ति का प्रभाव दक्षिण भारत पर बिल्कुल ही नहीं पड़ा। इसलिए वहां अनेक स्वतंत्र राज्य होने पर भी शन्ति का वातावरण रहा, जिससे दक्षिण भारत में धर्म के साथ-साथ कला व संस्कृति के प्रचार-प्रसार में किसी प्रकार का व्यवधान नहीं हो पाया।

राजा रवि वर्मा जिस प्रांत केरल में पैदा हुए थे, वह प्रकृति की सुरम्यता का बड़ा ही धनी प्रांत था। राजा रवि वर्मा का परिवार एक प्रकार से सम्पन्नता में किसी राजा से कम नहीं था। उनके घर में हाथी, घोड़े गाय-बैलों से लेकर विभिन्न प्रकार के पक्षी-वृन्द थे, जो वृक्षों पर बैठकर चहचहाया करते थे। बाल-सुलभ मन प्रकृति की सुरम्यता के साथ-साथ पशु-पक्षियों की संरचना आदि से बड़ा प्रभावित होता और वे फिर उनको अपनी कल्पना से चित्र बनाया करते। उनका प्रारंभिक चित्र-कर्म दीवारों पर पशु-पक्षियों के चित्रण से प्रारम्भ हुआ।

उनके मामा राज वर्मा उस समय एक अच्छे चित्रकार थे। उनकी स्वयं की रंगशाला थी। जहां वे बच्चों को चित्र बनाना सिखाते। उन्होंने रवि वर्मा में एक अच्छे चित्रकार होने के लक्षण देखकर उन्हें मार्ग-निर्देशन देना प्रारंभ किया। और कुछ समय बाद वे चित्रकला में बड़े, सफल हो गये। उनकी चित्रकला में और निखार आये, इसके लिए राज वर्मा त्रावणकोर के कलाप्रिय राजा जो उनकी चित्रकला के कारण उनसे बड़े प्रभावित थे और उनका सम्मान करते थे, के पास रवि वर्मा को लेकर पहुंच गये। राज वर्मा इस बात को जानते थे, कि त्रावणकोर के राजा के यहां विदेशी चित्रकार आते हैं और राज-परिवार के व्यक्तियों के चित्र बनाकर अच्छा परिश्रमिक लेकर चले जाते हैं क्योंकि उस समय इन विदेशी चित्रकारों ने यह समझ लिया था कि उनकी इटैलियन शैली में वास्तविकता लाने के लिए किस प्रकार से शेड-लाइट का प्रयोग रंगों के सम्मिश्रण व संयोजन करके राजाओं को आकर्षित किया जा सकता है। अत: वे विभिन्न राजाओं-बादशाहों के यहां जाकर चित्रों का सृजन किया करते थे।

रवि वर्मा इस प्रकार से त्रावणकोर पहुंच गये। वहां उनको रंगशाला में तमाम विदेशी चित्रकारों की कृतियां देखने को तथा पुस्तकालय में चित्रकला-विषयक देशी व विदेशी चित्रकारों एवं पाश्चात्य शैली में बने चित्रों की जानकारी मिली। इस प्रकार प्राप्त जानकारी के अनुसार फिर उन्होंने चित्र बनाना शुरू किया। ऐसे ही समय उनकी भेंट राजा के माध्यम से एक विदेशी चित्रकार से हुई, जो वहां चित्र बनाने आया था। राजा ने उससे रवि वर्मा को कुछ मार्ग-निर्देशन देने का आग्रह किया। उस आग्रह को वह लालच वश टाल तो नहीं सका। लेकिन उसने रवि वर्मा को कुछ नहीं बताया। पर रवि वर्मा ने उससे रंगों के सम्मिश्रण की विधि देख-देखकर अवश्य सीख ली। और पोट्रेट (व्यक्ति चित्र) में सजीवता कैसे लाई जाती है, इस तथ्य को भी भली-भांति जान गये।

बस फिर क्या था? रवि वर्मा घर लौट आये। और उन्होंने नई विधि का चित्रों में प्रयोग करना शुरू

कर दिया। उन्होंने ही सर्वप्रथम दृष्टि क्रम (पास की वस्तु बड़ी व अधिक स्पष्ट व दूर की वस्तु दूरी के अनुपात में उतनी ही छोटी दिखना) की पद्धति को प्रकृति व समस्त प्राणी मात्र के प्रदर्शन में अपनाकर, पाश्चात्य शैली में रंगों के सम्मिश्रण के प्रयोग करके पात्रों में सानुमातिकता का ध्यान करते हुए उपयुक्त वातावरण एवं सादृश्य के प्रस्तुतीकरण के साथ-साथ भावाभिव्यक्ति तथा हस्त व पाद-मुद्राओं आदि के प्रदर्शन में जिस प्रकार से चित्रों में मौलिकता, सजीवता पैदा, की वही पद्धति उन्हें प्रसिद्धि के शिखर पर धीरे-धीरे पहुंचाती गई और उनकी एक ऐसी अलग पहचान बनी, जो तत्कालीन व आने वाले चित्रकारों के लिए एक मार्ग-दर्शक के रूप में सिद्ध हुई और वे एक ''युग प्रवर्त्तक'' बन गये।

उन्होंने फिर ऐतिहासिक, धार्मिक, सामाजिक चित्रों पर प्रसंगानुसार ऐसे अनेकों चित्रों का सृजन किया, जो उन्हें मद्रास, बम्बई, पूना, बड़ौदा, मैसूर आदि अनेक स्थानों के अतिरिक्त आस्ट्रिया, इंग्लैण्ड तक में प्रसिद्धि दिलाने में सहायक सिद्ध हुए। बड़ौदा व मैसूर के तत्कालीन महाराजाओं द्वारा तो वे विशेषरूप से सम्मान के पात्र बने।

उनके बने चित्र राज-भवनों तथा धनिकों की हवेलियों की भव्यता में चार-चांद जैसे शोभायमान हुए। उनके चित्रों की श्रृंखला बड़ी लम्बी है। पर उदाहरणस्वरूप-पैर से कांटा निकालती शकुन्तला, हंस-दमयन्ती, मवाली युवती, श्रीकृष्ण और बलराम, आश्रम के वन में हिरण व दो सखियों के साथ दुष्यन्त की स्मृति में खोई लेटी हुई शकुन्तला, मन्दोदरी (मंदिर के बाहरी द्वार पर उपस्थित पूजा का थाल लिए हुए पूजार्थनी के द्वारा याचक को कुछ देती हुई मुद्रा में), सरस्वती विश्वामित्र-मेनका आदि कुछ चित्र ही उनके युग-प्रवर्त्तक सिद्ध होने के लिए पर्याप्त व सक्षम निधियां हैं।

ऐसा युग पुरुष का देहान्त सन् १९०६ को हुआ। लेकिन देहावसान के बाद भी छोड़ गये, वे अनेकों चित्र, जिनसे लोगों ने प्रेरणा ली और सफल चित्रकार बने।

मेरे कला-गुरु स्व० कालीचरण वर्मा (निधन ९ फरवरी, १९७० ई०), एवं उनके भी गुरु स्व० मा० रुद्रनारायण (१८८६-१९५६ ई०) भी उन्हीं राजा रवि वर्मा की शैली के ही अनुयायी रहे। और हमें यह सौभाग्य भी प्राप्त हुआ, जब हमने मा० रुद्रनारायण के संग्रह में रखे हुए चित्रों में से एक चित्र ''मन्दोदरी'' की अनुकृति सन् १९४८ ई० में बनाई। यह चित्र आज भी मस्तिष्क में साकार हो उठता है-

इस चित्र में मराठी वेश-भूषा में पुजारिन की भावपूर्ण मुख-मुद्रा, तथा दान देने वाले हाथ की मुद्रा, याचक का हाथ फैलाकर मांगने की तथा उसके मुख पर प्रदर्शित याचना की मुद्रा के साथ-साथ मंदिर का बाह्य अलंकृत भाग सभी में जो पूर्ण सजीवता दिखती थी, वह आज भी मस्तिष्क में याद है।

संदर्भ-ग्रन्थों की तालिका

(१) हिस्ट्री ऑफ फाइन आर्ट्स इन इंडिया एंड सीलोन (वी०ए० स्मिथ)

(२) इंडियन पेन्टिंग-पर्सी ब्राउन

(३) भारतीय चित्रकला-श्री रायकृष्णदास

(४) भारत की चित्रकला-श्री नानमल चमनलाल मेहता

(५) इंडियन पेन्टिंग-ई०बी० हैवेल

(६) चित्र दर्शन-प्रो०डी०पी० धूलिया

(७) भारतीय चित्रकला-श्री वाचस्पति गैरोला

(८) भारतीय चित्रकला-श्री इकबाल बहादुर देवसरे

(९) कला की ओर-प्रो०एम०के० वर्मा

(१०) आर्ट एंड ट्रेडीशन-ए०के० हलदार

(११) अजन्ता के चित्रकूट-राय कृष्ण दास एंव राय आनंद कृष्ण

(१२) अजन्ता-पब्लिकेशन डिवीजन, दिल्ली

(१३) अजन्ता और एलोरा (विश्वभारती प्रकाशन-नागपुर)

(१४) विष्णु धार्मोत्तर पुराण (चित्रसूत्रम्)

(१५) कामसूत्र (वात्सायन)

(१६) बाल्मीकि रामायण

(१७) महाभारत

(१८) आईने-अकबरी

(१९) जहाँगीर नामा (तुज़के जहाँगीरी)

(२०) तुजके-बाबरी

(२१) हुमायुँ नामा

(२२) इतिहास प्रवेश-(श्री जयचंद विद्यालंकार)

(२३) मुस्लिम रूल इन इंडिया-डॉ० ईश्वरी प्रसाद

(२४) भारत की युग-यात्रा-श्री रामचरण विद्यार्थी

(२५) मुगलकालीन भारत - डॉ० आशीर्वादी लाल श्रीवास्तव

(२६) भारतीय संस्कृति और उसका इतिहास-श्री सत्यकेतु विद्यालंकर

(२७) अकबर - बी० ए० स्मिथ
(२८) केम्ब्रिज हिस्ट्री ऑफ इंडिया
(२९) भारत का वृहत इतिहास (प्रथम भाग) - श्री नेत्र पांडेय
(३०) गुप्त साम्राज्य का इतिहास (भाग-२) - डॉ० वासुदेव उपाध्याय
(३१) त्रिपुरी-श्री हरिहर निवास द्विवेदी-(विद्यामंदिर-मुरार ग्वालियर(म० प्र०)
(३२) त्रिपथगा-(कला विशेषांक-१९६३-सूचना विभाग) उ० प्र० लखनऊ
(३३) अजन्ता और एलौरा (डॉ० रतन कुमार जैन) नागपुर
(३४) मुगलों के अंतर्गत बुन्देल खंड का आर्थिक व सामाजिक अनुशीलन (डॉ० भगवानदास गुप्त) हिन्दी बुक सेन्टर, नई दिल्ली)
(३५) भारतीय चित्रकला-आर० के० गौड़, रस्तोगी पब्लिकेशन, मेरठ
(३६) बुन्देल खंड का इतिहास-डॉ० महेन्द्र वर्मा, सुशील प्रकाशन, मेरठ
(३७) राजपूत पेन्टिंग्स-आनंद कुमार स्वामी (मोतीलाल बनारसी दास, दिल्ली)
(३८) बुन्देलखंड की चित्रकला-डॉ० महेन्द्र वर्मा (ईसुरी-वार्षिकांक १-१९८३ ई०) हिन्दी पीठ, सागर विश्वविद्यालय)
(३९) कला-विशेषांक-हिन्दी साहित्य सम्मेलन, प्रयाग
(४०) धर्मयुग (कला-विशेषांक)-नव० ४ सन् १९५४ ई०, बम्बई
(४१) ज्ञान सरोवर (भाग-२), सन् १९५८ ई० (शिक्षा मंत्रालय, भारत सरकार)

पत्रिकायें

(१) ज्ञानोदय (कलकत्ता) - लेख "बसौली-कुछ संदर्भ" ले० महेन्द्र वर्मा
(२) नवनीत (बम्बई), धर्मयुग (बम्बई)
(३) कादम्बिनी (मासिक) एवं साप्ता० हिन्दुस्तान (दिल्ली)
(४) कला-कुछ विचार-बिन्दु (डॉ० श्रीराम) दैनिक जागरण, झांसी-दि० १२-९-९४
(५) उत्तर प्रदेश, जुलाई, १९८२ ई० (आदिवासी अंक)
(६) चौमासा (फरवरी-जुन १९९१ ई०) भोपाल (म० प्र०) ले० श्याम परमार, पी० आर० शुक्ल, निरंजन महावर

शब्दानुक्रमणिका

अ

अकबर ५५, ८४, ८५, ८८, ८९, ९१, ९५
अकबरकालीन चित्रकला ८६
अकबरकालीन वास्तुकला ९०
अकबरनामा ८५
अंग-प्रत्यंग ११८, १३०
अंग-सूत्र ४१, ४५
अंग-सौष्ठव १२५
अगरिया १२७
अंडाकार मुखाकृति १११
अंतर्रात्मा १२२
अजंता ४, २२, २३, २८, ३३, ३७, ३९, ४२, ४५, ५४, १०५, १०७, १११
अजंता का आविष्कार २३
अजंता की चित्रकला ३१, ३३
अजंता के कला मंडप २४
अजंता के चित्रकार २४
अजंता के चित्रकूट २४
अजंता के भित्तिचित्र रंगविधान २२
अजंता-गुफा २४
अजित घोष के संग्रहालय ४१
अर्जुन १७
अट्टालिका १५
अथर्ववेद १४
अथाह सागर १२२
अदम्य उत्साह ११५
अर्ध-चित्र ९
अर्ध-चंद्र ६
अर्धचंद्र टीका १३०
अर्धनिमीलित नेत्र ६
अनवार-ई-निजामी ८८
अनवार-ई-सुहेली ८८
अनुपम सूद ११७
अनुपातिक-माप १२४
अनैतिहासिक अथवा ऐतिहासिक काल-चक्र १८
अप्सरा ५, २५
अपनी रूपम् ७३
अपभ्रंश ४४, ४५
अपभ्रंश शैली ४०, ४५, ४६, ६५
अपहरण नीति १३४
अर्पणा कौर ११७
अब्दुस्सद सुलेख ८५
अब्दुल बफी हद्ददाद ९३
अबिद्ध चित्र १०
अबुलहसन ९०
अबुलफजल नेजिन ८८
अभिव्यंजनावाद १०६
अभिव्यक्तिवाद ११६
अभिलषितार्थ-चिन्तामणि ९९
अभिलेख २१
अभिसारिका ११३
अभिज्ञान-शाकुन्तलम १२
अम्बर ६५
अम्बर शैली ५६
अमावस्या १०२
अमूक ९०
अमीर दानिश ८८
अमीर हमजा ८८

अमोघ कल्प १७
अमृत-घट ६, १०१
अमृता शेरगिल ११२
अरस्तू ३
अल्पना १०३, १३२
अलंकरण २
अलंकारिक आलेखन १३१
अलंकारिकता ९८
अलबर ५०
अलबर शैली ५६
अलमेलकर ११२
अलाउद्दीन खिलजी ४१
अलता १२९
अलिंगनबद्ध योजना ७९
अव्यक्त अंतर्वेदना १२२
अवधनरेश २४
अवनी बाबू ११३
अवनीन्द्र बाबू ३ए १०८
अवनीन्द्र नाथ ठाकुर ११०
अवनीन्द्र नाथ टैगोर १०८
अवशेष २०
अर्वाचीन कला ११०
अश्व १३०
अश्वारोही १०१
अशोक २१, ४३
अशोक बाटिका १५
अशोक वृक्ष २८, ३२
अष्टभुज १३३
अष्टावक्र ऋषि ४८
अस्त्र-शस्त्र १५
असावरी ५४
असित कुमार हलदार २३, ११०, ११३
अहल्या १२६
अहिवासी १०६
अक्षमाल ६
अज्ञात सभा २४

आ

आइने अकबरी ८५, ८७, ८८, ८९
आईउद्दीन १२४
आक-पुष्प ६
आकांक्षा ११३
आकाशचारी दिव्य गायक ३१
आँख-मिचौनी ७१
आखेट ९३
आगरा ८७
आगा मीराक ८४
आचार्य मम्मट ४९
आचार्य दंडी ४९
आजमगढ़ १००
आत्म चरित्र ८७
आत्मअभिव्यक्ति ११६
आदि देव ५४
आदिम-अवस्था १००
आद्यैतिहासिक काल ७४
आधुनिक एवं सम-सामयिक चित्रकार १०८
आधुनिक काल १८
आधुनिक कला १०६, ११८, ११९
आधुनिक कला-शैली ११५
आधुनिक चित्रकार १२१
आधुनिक चित्रकला ११८
आनंद कृष्णदास २७
आबचन्द १००
आभिजात्यवादी ३
आमेर ९५
आयत १३३
आयताकार १३१
आयुध मूसल १०३
आर० के० प्रोडक्शन ११९
आलेखन चौखट १०२
अशाश्वत १०७
आशु प्राण १०६
आशु प्राण कृष्णपाल १०६
आसफ खाँ ९१
आश्रम के वन में हिरण १३५

इ

इटैलियन शैली १३४
इण्डियन प्रेस, प्रयाग १२५

इण्डियन फाइन आर्ट्स एण्ड क्राफ्ट सोसाइटी १२१
इण्डियन सोसाइटी ऑफ औरियन्टल आर्ट १०९
इंडिया सोसाइटी २३
इन्द्र ११, १७
इन्द्रजीत १६
इन्द्रजीत सिंह ७६
इन्द्रिय-निग्रह ८, १०१
इब्राहिम लोदी ८३
इस्लाम धर्म ८३, ९२

ई

ई० बी० हैबेल १०५, १०८
ईद का चाँद १२१
ईरानी-इस्लामी चित्र २९
ईरानी शैली ९३
ईश्वरीय कृति १
ईशान १०२
ईस्ट इंडिया कम्पनी २३, १०४

उ

उत्पीड़न ११६, १२२
उत्साह १२२
उत्तरकांड १४, १६
उत्तर पाषाण १०६
उत्तर मध्य काल १८
उत्तर-रामचरित ४८
उत्तराध्ययसूत्र ४१, ४५
उदयगिरि १००, १२४
उदयपुर ५०, ९५
उदयन ४८
उद्वेग १२६
उदनिषद ५२
उद्योग पर्व १७
उपयोगी कला ३
उपनिषद १३
उमर खरयाम ११४
उमर चन्द ६४
उमर शेख मिर्जा ८३
उमा ६
उमेश १२४, १२५
उरोज-रचना २८
उल्लू, लक्ष्मी का वाहन १३२
उर्वशी ११
उषा ११, १४, ११८
उस्ताद मंसूर ९०

ए

ए० आई० एफ० ए० एस० आर्ट गैलरी १२१
ए० के० हलदार १०९
एन० एस० बेन्द्रे १०६, ११७, ११८
एन० सी० मेहता ५७
एम० आर० अचरेकर ११७, ११८, ११९
एम० एन० आप्टे १०५
एम० एफ० हुसैन १०६, ११४, ११६
एम० एस० भाँड १०५
एस० एम० पंडित ११७, ११८
एस० कृष्ण १२४
एडवांस पेन्टिंग और म्यूरल टैकनिक्स ११६

ऐ

ऐतमाद्-उल्लना का मकबरा ८९
ऐतिहासिक १३५
ऐलोरा २२, ३९, ४२, ४५, ४६

ओ

ओमप्रकाश १२, ७१, १२४
ओरछा ७५, ७७, ८२
ओरछा दुर्ग ७६
ओरछा-नरेश वीरसिंह देव प्रथम ८९

औ

औरियन्टल स्कूल ऑफ आर्टस ११०
औरंगजेब ६५, ७०, ७१, ९२, ९५, १२६
औरंगजेबकालीन चित्रकला ९२

ऋ

ऋग्वेद १३, १४, १०२
ऋगुवेद १०
ऋतु-वर्णन ५१
ऋतु-संबंधी ५४
ऋतुसंहार ११४
ऋद्धि एवं सिद्धि १०१
ऋषभनाथ ४३

क

क्यूरिओसिटि ११३
क्लाईव १०४
क्वारी कन्या १३३
ककई-ककवा १०२
ककुम्भ ५४, ५५
कंगन १२९
कंदरा १८, ५४
कंवर १२७
कत्यूरी एवं परमार वंशी राजवंश ६९
कथा-रत्न-संग्रह ४१
कथा सरितसागर ४५, ४९
कजरी बनों में हाथियों का पकड़ना ६०
कटि-प्रदेश २८
कटिबंध १२९
कर्णफूल १२९
कदली ४३
कदली-पत्र ९
कनकपाल ६९
कनपटी १३०
कनारी-डिजाइन १३२
कनिष्क २१, २६
कनु देसाई ११६
कनूराम ५८
कपाल १३०
कपिलवस्तु ३०
कबीर १०७
कमंडल ६
कमनीयता ९८
कमल १३१
कमल का फूल १३१
कमल दल ६, १०२
कमल-नयन ५, ६
कर्मकांड २१
कमार १२७
करड १००
करन सिंह ६५
करवा चौथ १०२
करुणा ३०, १०७, १२३
कल्पसूत्र ४१, ४४, ४५
कल्पना ११७, १२७
कल्याण १२५, १२७
कलकत्ता आर्ट कॉलेज १०८
कलकत्ता ग्रुप १०६
कलागुरु अवनीन्द्र नाथ के संग्रहालय ४१
कलचुरिकालीन हिन्दू ८१
कला-निर्देशन ११९
कला-पत्रिका ११७
कला-भवन काशी ४१
कलावशेष ७८
कला-विकास २
कला-शैली १११
कला-साधना ११२, ११५, ११७, १२०
कला-सौष्ठव ११८
कलीया-दमन ८८
कश्मीर ८९
कश्मीरी पंडित २
कार्तिकेय १३२
कामाद्दीपन भाव २७
कामदेव ८
कामदेव के चक्र ८
कामसूत्र २, ८, ४१
कामोद ५४
काँगड़ा ५०
काँगड़ा अथवा पहाड़ी शैली ५८
कांगड़ा और पहाड़ी शैली ७५
काँगड़ा कलम ५८, ६०, ६७
काँगड़ा शैली ५६, ५७
काँची ४६
काजल ३२
कादम्बिरी ४८
कादम्बिनी १२७
क्रान्तिकारी विचार धारा १२०
काल-कथा ४१
काल-ग्रसित ११७
काली का असुर-संहार ७१

काली स्याही १२५
कालीचरण ११७
कालीचरन १२०, १२१
काल्पनिक पौराणिक प्रसंग ९९
कॉलेज ऑफ फाईन आर्ट्स १२०
कालिदास ६, ११, १२, ६०
कालिम-मर्दन ५७
कालिय-दमन ८१, १०२
कालिया-दाह ५७
काव्य २
काव्य कला १८, ५४
काव्य प्रकाश ४९
काव्यकला ३, १३
काशीराज २८
किन्नर ४७
क्रिओन पेंसिल १२५
किरीट-मुकुट ६
किशन गढ़ शैली ५६
किशनलाल ५८
किष्किंधाकांड १४
कुक्कुट ३६
कुट्टनीमत ४०, ४९
कुंडल ४३
कुमार उपहार वर्मा ४९
कुमारदत्त ४९
कुमार नरवाहन दत्त ४९
कुमारपाल ४५
कुंभ ९
कुब्रेर १०२
कुमारिल स्वामी ११४
कुमार खण्ड १०१
कुमार संभव ६
कुषाण वंश २६
कुशान २६
कुवेर १५
कुन्तल केश-राशि ५
कुल देवता सहजराम १३०
कुशल ५८
के० एस० कुलकर्णी १०६, ११७
के० के० हैब्बर १०६, ११४
के० बैंकटप्पा १०९, ११०
केतु १०२
केदारा ५४
केवल कृष्ण १०६
केश-कर्तन २
केशव ५१, ८८
केश-विन्यास २२, ११६
केश-सज्जा २, ७६
केसरी सिंह ४३
कैकयी और मंथरा १२६
कैदखाने १२६
कैलाश पर्वत ५२, ५७
कैलीग्राफी ९३
कोकिल ३६
कोखा १२७
कोटा-बूँदी ९५
कोटा-बूँदी शैली ६०
कोणार्क ५०
कोमलता २८, ९८
कोयल ९
कोल्ट ११७
कौटिम्बिक-प्रेम ३०
कौरवों-पांडवों १४
कौशिक १०६
कृष्ण ५, ५०, ५१, ५२, ५७, ७७, ८१, ९८, १०६, १२१
कृष्ण अथवा राधा १२१
कृष्ण की रास-लीला १२३
कृष्ण-जन्माष्टमी १०२
कृष्णपाल १०६
कृष्ण लीला ५२
कृष्ण-राधा ५
कृष्णराव ७८
कृश उदर ८
कृशांगी ७

ख

ख्वाजा अब्दुस्समद ८४
खजुराहों की मूर्ति-कला २२
खड़िया १३३
खनिज-रंग १००
खम्भावती ५४, ५५
खमसा-ई-निजामी ८८
खुसरु परवेज २७
खेमकरण ८९
खिलजी ९५
खिलजी वंश ८४

ग

ग्वालियर के गोर्की मंदिर ८०
गंगाधर राव ७८, ७९
गंगा-मुख ६
गंगा-यमुना ५०
गंगास्नान ११४
गंज जातक ३०
गंधर्व-किन्नर ५
गगरा १०२
गगनचुम्बी २२
गगनेन्द्र नाथ ठाकुर १०९
गजगामिनी ११५
गज जातक ३०
गज-तुंड ९
गजयुक्त लक्ष्मी १०१
गजारूढ़ कृष्ण ७९
गजारोही १०१
गढ़वाल शैली ६९, ७०
गणपति १०१
गणेश ५, ७७, ८१, १०१, १०२
गणेश मंदिर ७८
गणेश कुंवर ७५
गणेश-पूजा ७६
गणेशकुंवर ७७
गणों के अधीश्वर १०१
गदा ६
गमला १३१
गर्भगृह २७
गरुड़ ३९
गव० कॉलेज ऑफ आर्ट्स एंड क्राफ्ट ११३
गवर्नर जनरल १३४
ग्राम्य-ललना ५३
ग्रिफिथ्स २३
ग्रीष्म ५३
ग्रीवा ८
गायक ४७
गायिका ३६
गायन २
गांडीव १७
गाथा विषयक ३३
गांधार शैली ८६
गिरजा ८७
गिरधारी ७८
गिरधारीदास ५८
गीत गाया पत्थरों ने ११६
गीत-गोविन्द ६, ४५, ५९, ६०, ६४, ६७, ६९
गीता प्रेस-गोरखपुर ११७
गीता प्रेस, गोरखपुर १२५
गुर्जर (गुजरात) शैली ४०
गुर्जर या गुजरात शैली ४४
गुर्जर शैली ४२, ४५
गुर्जर-शैली ४४
गुजरात ८९
गुजरात शैली ६२
गुजराती एवं संस्कृत छंद ४२
गुर्जरी ५४
गुदना १२८, १३०
गुदना एक भौतिक अलंकरण १२८
गुदना की प्रथा १२८
गुदना-कला १२७
गुनकारी ५४, ५५
गुप्त २६
गुप्त काल १, ३७
गुप्तकालीन चित्रकला २२

गुप्तकालीन सभ्यता ३३
गुप्तांग १२९, १३०
गुपगुप वार्ता १२५
गुफा-मंदिरों का निर्माण ३८
गुफा-चित्र १९; ७४
गुरु ७, १०२
गुरु मुखसिंह ७३
गुरु स्व० कालीचरण वर्मा १३५
गुरु स्व० मा० रुद्रनारायण १३५
गुरु सैयद अली ९३
गुरु अवनीन्द्र नाथ ठाकुर १०५
गुलाबराय ५८
गुलाम ९५
गुलाम वंश ८४
गुसाईंकालीन ७७
गुसाई-कालीन चित्रकला ७८
गेरू १९, ३२
गोंड १०३, १२७
गोंड और बेंगा १३०
गोदन १३०
गोपाल घोष १०६
गोपाल-कृष्ण १२१
गोपिका ३६
गोबर १०३
गोबर्धन ७७, ९०
गोविंद सिंह ५८
गोविन्द पंत ७८
गोपी चीर हरण ७६
गौ-पूजन १२१
गौरांग चरण १२४
गौरी ५४
गौरीशंकर मंदिर ७८
गृहत्याग ११२

घ

घटधारिणी १०१
घनवाद १०६, १३३
घनाश्री ५४
घांघर १२३
घुटन ११६, १२२

च

चकोर ३६
चक्र ६
चंगेज खाँ ८३
चंगेज नामा ८८
चंडीदास १०८
चतुर्दश स्वप्न ४३
चंदेलकालीन चित्रकला ७४
चन्द्र ७, १०२
चन्द्रकांत धाड़गे ११७
चन्द्रकान्त घाड़गे 'चन्द्र' १२१
चन्द्रशेखर आजाद १२०
चम्बा शैली ७२
चक्षु-चित्रण ४३
चक्षुचित्रण कटि-प्रदेश
चाँद दरवाजा बाहर ७८
चालुक्य २६
चालुक्यवंशीय नरेश
चार दृश्य २५
चारकोल पेन्सिल ११९
चेतन ११७, १२२
चैत् ७०
चैतू ५८, ७२
चोटी-गुंथन १२९
चौक १३१
चौमासा १२८
चौर पंचाशिक ४४
चितवन ७
चित्ताकर्षक १२३
चिरगांव ८२
चित्र ९
चित्रकर्म ४९
चित्रकला १, १८, २२, ४८, ५४, ९९, १३३
चित्रणी ८
चित्रपट ९, १०
चित्र-परम्परा १२३

चित्रफलक ९, १०
चित्र लक्षण ४९
चित्र-विद्या ४९
चित्र-शैली ६६, ८९, ११२, १२३, १२५, १२७
चित्र-साधना १२१
चित्र-सूत्र ४, ११, ४७, ४८
चित्रांकन १३०
चित्राभास ९
चित्रलेखन १२६
चित्रशाला ४८, १२०
चित्रशाला-गृहाणि १४
चित्रशाला देहरादून १२१
चित्रशाला मँसूरी १२१
चित्रसूत्रम् ७५, १०६, १२३, १२६, १३४

छ

छटपटाहट १२२
छतरपुर जनपद १००
छद्दन्त जातक २५, २८, ३०
छाया-प्रकाश ९६

ज

जगदीश १२४
जगदीश मित्तल ११७
जगन्नाथ ८९, ११७, १२७
जगन्नाथ जी का मंदिर ५०
जटा-जूट ६
जफर नामा ८८
जम्मू शैली ६६, ६७
जयकृतशाह ७१
जयदेव ६
जयपुर ५०, ९५
जयपुर कला ५६
जयपुर कला विद्यालय ११९
जयपुर शैली ५६
जयपुर स्कूल ऑफ आर्ट्स ११३
जल-रंग ११९
जल-विहार ५३, ६४
जवाहर ७८
जहाँगीर ८४, ८९, ९०, ९१, ९५
जहाँगीर आर्ट गैरली १२१
जहाँगीरकालीन चित्रकला ८९
जहाँगीरकालीन मुगल शैली ६७
जाड़ा ५३
जातक ३३
जाति-विवाद २१
जादू-टोना १२९
जानसारी १०३
जापानी चित्रकार हिरोशिमा १०६
जीभ १३०
जीवन-सन्ध्या ११३
जीवन-वृत्त १२२
जुलाहा ९६
जे० जे० स्कूल ऑफ आर्ट्स ११७, ११९
जे० पी० सिंहल ११७
जे० पी० पुलर १०९
जैन चित्रकला ४२
जैन धर्म २१
जैन-प्रतिमा ८१
जैन-प्रतिमा-विधान ४२
जैन-पोथि ४२
जैन शैली ४०, ४२, ४४, ४५, ६८
जैन साधू ४२
जैसलमेर ९५
जोगीमारा गुफा २०, २१
जोगेन्द्र चौधरी ११७
जोरासांको ११०

झ

झनक-झनक पायल बाजे ११६
झाँसी ७५
झाँसी की चित्रकला ७७
झाँसी जनपद १००
झूमर १२९

ट

टंक ५४
टहरौली ८२
ट्राइवल मिथ ऑफ इण्डिया १२८
टालस्टाय २

टिकुली ४३
टीयर ऑन लॉस्ट लीफ १०९
टैकन और हैसीदा १०९
टैगोर १
टोंटीदार लोटा १०२
टोड़ी फतेहपुर ८२

ठ

ठोड़ी ५४ए ५५, १३०

ड

डमरु ६
डॉ० आनन्द कुमार स्वामी ४२, ५०, ६७, १०५
डॉ० ईश्वरी प्रसाद ९१
डा० ब्लौच २१
डा० भोलानाथ तिवारी १, २, ३
डॉ० महेन्द्र वर्मा १२४
डॉ० मोतीचंद ४६, ६२
डा० वासुदेव शरण अग्रवाल १११
डा० श्याम सुंदरदास ३
डॉ० स्ट्रेला क्रेमरिश ४५
डूंगरपरिया १३०
डीन ऑफ फैकल्टी ऑफ आर्ट्स ११७

त

तंजोर ३८
तवंगी ७
तपस्विनी पार्वती ११८
तलैया मुहल्ला ७८
ताज ९१
ताज की वास्तु-कला २२
ताजमहल १०८
ताड़-पत्र ४३
तानपूरा ५८
तानसेन ५५
तालबेहट की चित्रकला ७७
तारा ८९
तारानाथ
तारुण्य ८४०
तीर्थंकर ४२
तीक्ष्ण नयन १२४
तुंग श्रृंग ९७
तुंगभद्रा ४६
तुगलक ९५
तुगलक वंश ८४
तुज़के-बाबरी ८४
तुजके-जहांगीरी ९०
तुरई १२७
तुलसी ५२
तुलसी-घरूआ १०२
तूलिकी १२४, १२५
तूलिका ३२
तिब्बती ६७
तिब्बती चित्र ६७
तिष्यरक्षिता १०८
तोता १३१
तेलंगाना ११४
तैमूर वंश ८३
तैमूर नामा ८८
तैमूरया वंश ८४
तैत्तरीय आरण्यक १४
तैल रंग १०५

थ

थ्रू दी पेन्टर्स ११५
थातकी ४३
थारु १०३

द

दतिया ७५
दरबार ९३
दरबारी शान-शौकत ९७
दतिया की चित्रकला ७६
दलाल ११७, १२३
दश वैकालिक ४५
दश-कुमार चरित ४९
दसावतार १३३
दामोदर गुप्त ४९
दामोदर गुप्ता ४०
दारा शिकोह ७०, ९२
दास्ताने अमीर हमज़ा ८५

दिव्यगायक २५
दिनकर कौशिक १०६, १०७
दी ड्रीम ऑफ दी ताज १०९
दीपक ५४, ५५
दीपदान १२३
दीवाने खास ९१
दीवाली १०१, १०२
दुःख-दारिद्र्य ११२
दुर्गा ५
दुर्गादास चटर्जी १२४
दुर्गा सप्तशती ४१, ७२
दुर्योधन १७, ४८
दुष्यन्त १२
दूत कला १२८
दूत-वाक्य ४८
दूतन ११३
द्यूत २
देबरा १००
देव ५१
देवगढ़ का दशावतार का मंदिर १
देवता ४७
देवतागण १२८
देव-परिवार ४
देव-पुरुष ३९
देवबाला ३९
देवलालीकर ११७, १२७
देवीदत्त शुक्ल १२५
देवी-देवता ६३, १३२
देवीप्रसाद राम चौधरी ११०
देवीप्रसाद चौधरी ११३
देवी महात्म्य ४५
देवी-रथ पुष्पक ११
देशकार ५४, ५६
देशी ५४
देसाराव ५४
देहावसान १३५
देवाधिपतिदेव ५४
देवोप्रसाद राय चौधरी १०९
दैवयोग २३
द्रोपदी ४८
द्रोपदी के चीर-हरण ८१

ध

धनुष यज्ञ ८१
धनुषधारी राम १२१
धर्मयुग ११७, ११९, १२२, १२३, १२५
धार्मिक ५८, १३५
धार्मिक आख्यान ९३, ९९
धार्मिक आस्थावान १२५
धार्मिक चित्र ५२
धार्मिक गीत-काव्य १३
धार्मिक-क्रांति का युग २१
धार्मिकता ९८
धार्मिक परम्परा ९९
धार्मिक प्रतीक ९९
धार्मिक-सहिष्णु ३७
धूमिल वातावरण १२६
धूम्राक्ष १६
धूलि-चित्र १०
धैर्य ११५

न

नगरम १०
नट ५४
नटराज ५४
नत्थू ५८
नर्तकी ४७
नन्द की कथा २५
नंदलाल बसु २३, १०९, ११०
नर्मदाघाटी १००
नरयावली १००
नरनारायण १०
नल गिरि प्रकरण २५
नल-दमयन्ती ८८
नवग्रह १०२
नवजात कृष्ण १०२
नवदुर्गा १३३
नवनीत १२७

नवीन शैली १०५, १०८
नसैनीसहश १०२
नाग ४७
नाग-कन्या ५८
नाग-पंचमी १०३
नाग-सम्राज्ञी २६
नागरम ४७
नागराज २६
नागराज सभा २४, २६
नागरीदास ६४
नागौर ९५
नाट्य २
नाट्य-कला १४
नाट्य-शास्त्र १४
नाप-परिमाप ४
नाया धम्म कहाओ ४८
नारायण ११
नारू शंकर ७८
नादिर-उल-जमा ९०
नादिर-उल-असर ९०
निजाम ३९
निजाम राज्य २२
निज़ामुल्मुल्क ८५
निमाड़ १३२, १३३
निशीथ चूर्णी ४५
निशीथ चूर्णा ४१
निहालचन्द ६४
नीति शतक ६
नुतलीखोह १००
नूरजहाँ ८९
नेपाल के राष्ट्रीय पुस्तकालय ४१
नेमिनाथ ४३
नेमिनाथ चरित्र ४१, ४५
नैर्ऋति १०२
नैसर्गिक ४
नैसर्गिक-सौन्दर्य ५, ११४
नौकाविहार ६४
नौरता १३३
नृत्य २
नृत्याचार्य ५४
नृसिंह मंदिर ७७

प

प्लासी के युद्ध १०४
पटवर्धन ११७
पठन-पाठन १२५
पठमंजरी ५४
पर्णकुटी ३०
पद्म ६
पद्मपाणि बोधिसत्व २४
पद्म-भूषण ११३
पद्मश्री १२०
पद्माकर ५१
पद्मावती ४९
पद्मिनी ८
पदमसी १०६
पद्ममीणि बोधिसत्व २६
पद्मपाणि बोधिसत्व २७, ३१
पनघट ९६
पन्ना ७५
पन्ना जनपद १००
पंचतंत्र ८८
पंचमढ़ी १००
पंचवटी ५
पं० जवाहरलाल नेहरु १२१
पं० वृजमोहन व्यास ६०
प्रकाश एवं छाया १२५
प्रकाश और लय ११४
प्रकाशन-शृंखला १२१
प्रकृति-चित्रण ८९
प्रकृतिवाद १०६
प्रजनन काल १२९
प्रजावति ३०
प्रतीकवाद १०६, ११६, ११८, ११९, १३३
प्रतीकवादी ३
प्रतीक्षा १२१
प्रदीपशाह ६९

प्रवीण ४९
प्रतिष्ठानुपुर ११
प्रतिज्ञा योगन्धरायण ४८
प्रमाण ११८, १२६
प्रमोद कुमार चटर्जी १०९
प्रयोगवाद १०६, ११८, १३३
प्रयोगवादी ११७, १२१
प्रयोगवादी पुट १२५
प्रद्युम्नचंद ७१
प्रहरी (पहरेदार) १२६
प्राकृतिक सौन्दर्य ४
प्रागैतिहासिक काल १३, १८, ७४
प्रागैतिहासिक मानव १९
प्रागैतिहासिक शैल-गुफा १००
प्रागैतिहासिककालीन चित्रकला १००
प्राचीन भित्तियां एवं छत ७८
प्राचीन भरतीय चित्रकला १०५
प्राणनाथ १०६
प्राणनाथ का मंदिर ७७
प्रांतीय स्तरीय कला १२७
प्रांतीय स्तरीय कला अकादमी १२७
प्रेमसूत्र ४८
प्रेमलता हसीजा १२४
प्रेयसी संथालयुवती १०९
प्रो० बी० पी० कम्बोज ११७
प्रो० राजपूत ११७
प्रो० सी० भरतरिया ११७
प्रो० सी० एन० झा ३७
प्रोषित पतिका ५७
पर्यंक १५, १२६
परम्परावादी ११७, ११८, १२०, १२१, १२३
परम्परागत शैली ११४
परमार वंश ६९
पराशर ७
परशुराम-सहस्रार्जुन युद्ध ८१
परितोष सेन १०६
परिव्राजिका कात्यायिनी ४९
पल्लव ३८
पर्वतमाला १५
पश्चिमी भारतीय शैली ४२, ४४
पर्सी ब्राउन ५५, १०९
पहाड़ी कला ३३
पहाड़ी चित्रशैली ७२
पत्र-लेखन ५७
पाञ्चजन्य शंख १३२
पाठशाला के दृश्य २५
पाद (पैरों) मुद्रा १२६
पानी की धर्मशाला के शिव मंदिर ७८
पाल शैली ४०
पालकी १५
पार्वती ५, ६, ३३, १०१, १११, १२८
पार्श्वनाथ ४३
पाश्चात्य कला १०५, ११३
पाश्चात्य पद्धति ११७
पाश्चात्य शैली १०४, १३४
पाषाण काल १८
पाषाण युग १००
पाँयजेब १२९
पांडव १७
पांडव-प्रपात १००
पिकासो ११५
पिगाढ़ १९
पिटक ३३
प्रिन्स ऑफ वेल्स म्यूजियम ६२
प्रि हिस्टोरिक भारत १९
प्रि हिस्टोरिक पेंटिंग १९
पीताम्बर ५
पीन पयोधर ८
पुजारिन १३५
पुरखू ५८
पुराकाल ११
पुराण १०, १३, ५२, १०७
पुरातत्त्व विभाग दिल्ली २४
पुरुरवा ११
पुरुष चरित्र ४१, ४५
पुलकेशिन सभा २४, २७

पुलिन विहारी दत्त १०९, ११०
पुष्प-गुंथन २
पुष्प-माल १२९
पुष्पक विमान १५
पुष्पसेज २
पूजार्थी स्त्रियाँ २४
पूर्ण विदान २४
पूतना-बध ६२
पूर्व पाषाण युग १९
पूर्व मध्य काल १८
पेशवा बाजीरव ७८
पैर से कांटा निकालती शकुन्तला १३५
पोट्रेट ६४, ९०, १२५, १३५
पोट्रेट (व्यक्ति चित्र) १३५
पौराणिक ५८
पौराणिक-कथा ९३
पौराणिक हिन्दू धर्म १११
पौरुष १२२
पृथ्वी सिंह ७६, ७७, ८१
पृथ्वीशाह ७०

फ

फतेहपुर सीकरी ८७
फत्तू ५८
फर्ग्यूसन २३
फरूखवेग ८८, ९०
फाईन आर्ट्स १३३
फारसी ८८
फीरोज तुगलक ४१
फूल १०२
फूल-पत्ती १३१
फ्रायड १
फ्रांस की चित्रकला १०६
फ्रांसीसी ३
फ्री हैंड डाइंग ११९

ब

बक्सर के युद्ध १०४
बंगाल शैली ६८, १०८, १०९
बंगाल स्कूल १०८, १११, ११३
बंगाली ५४, ५५
बंगाली-समाज १३२
बड़ौदा संग्रहालय ४१
बदरख्शां ८४
बनमाल ६
बनारस हिन्दू विश्व विद्यालय ११७
बम्बई आर्ट कॉलेज २३
बरखेड़ा १००
बरसात में राधा कृष्ण ६१
बरूआसागर ८२
ब्राडिक १९, १००
ब्रह्मा १०
ब्राह्मण १०, २७
बलराम १०३
बर्लिन म्यूजियम ४४
बसंत ५३, ५४
बसंत ऋतु १५, ४२
बसंत विलास ४४, ४५
बसंतविलास ४२
बसौली ५०
बसौली चित्र-शैली ६९
बसौली शैली ५६, ६६, ६८, ६९
बहादुरशाह द्वितीय ९५
बाघ ४, २२, ४२, ४५, ५४, १०५
बाघ की गुफा ३६
बाघ की चित्रकला ३३
बाघाम्बर ६
बाजूबंद ४३
बाँदा जनपद १००
बादामी २२, ३८
बाबर ८३, ८६
बाबरनामा ८४, ८८
बाम्बे-कोरियर २३
बाल्मिकि १४
बाल्मिकि रामायण १४
बाल्यकाल १२१
बालकांड १४
बाल-कृष्ण ५, ७७

बाल गोपाल स्तुति ४५
बाल-छवि ५
बाल-लीला ५, ५७
बारहमासा ५१, ६५, ६६
बाह्य आडम्बर २१
बिहारी ५१, ६८
बिच्छू १३१
बिजना ८२
बिजावर ८२, १२७
बिदुर पंडित जातक २४
बिन्ध्य पर्वत ८
ब्रिटिश म्यूजियम ५८, ८८
बिलावल ५४
बिहारी सतसई ७१, ७६
बीकानेर ५०, ९५
बीकानेर शैली ५६, ६५
बी० के० मित्रा १२७
बी० प्रभा १२३, ११७
बी० मित्रा ११७
बुँदेलखंड शैली ५६
बुद्ध २६, २७, ३०, ४२, १११, १२२
बुद्ध की विमाता २८
बुद्ध का उपदेश २५
बुद्ध के गृहत्याग १२२
बुद्ध धर्म २६
बुद्ध चित्र २५
बुद्ध जन्म के दृश्य २५
बुद्ध और सुजाता १०८
बुद्ध-जन्म २४, १०८
बुद्धत्व १२२
बुंदेलखंड ५०
बुंदेली शैलि ८०
बुध १०२
बुढ़िया १०९
बुन्देलखण्ड ७४
बुन्देलखण्डी चित्रकला ७४
बुन्देली चित्र-शैली ७५
बुन्देली चित्रकला ७४, ७५
बुन्देली शैली ८१
बुन्देली लोक-कला ९९
बुन्देला राजा देवीसिंह ७७
ब्रुश के हाई स्ट्रोक्स ११८
बूँदी शैली ५६
बूंदा १३०
बेरूल ३९
बेंगा १२७, १२९
बेस्सन्तर जातक २५, ३०
बेदसा की गुफा ३९
बेगम नादिरा ९२
बेलग्राम ११७
बैरियर एल्विन १२८
बैरमखाँ ८७
बैजू बाबरा ११६
बोधिसत्व २८, ३०
बोधसत्व की पृष्ठिकाएं २५
बौद्ध काल १८, २१, ३३, ३७
बौद्ध कालीन साहित्य ३३
बौद्ध धर्म २, २१, २२, २३, ३७
बौद्ध धर्म के प्रचारक भिक्षु २२
बौद्ध-प्रचारक २

भ

भक्ति-भाव ५१
भगवान बुद्ध २२
भगवान राम ४८
भगवान राम का अयोध्या छोड़ना ७१
भगवान् कृष्ण १३२
भरहुत २८
भरत १४
भर्तृहरि १, ६, ७, ८
भर्तृहरि-शतकम् ६
भवेश सान्याल १०६
भागीरथ ५२
भागवत ४५, ५९, ६५, ६६, ६७, ७२
भागवत पुराण ६४
भारिया १३०
भारत माता १०८

भारतीय इतिहास २२, ९५
भारतीय कला ४२, ११४
भारतीय चित्रकार १०५
भारतीय चित्रकला ४४, ५७, १२२, १३३
भारतीय एवं पाश्चात्य शैली ११३
भाषण-शास्त्र ३
भाव १०६, १२६
भाव-भंगिमा ४, २८
भाव-व्यंजना २३, ११५
भाव-अभिव्यंजना १२६
भावप्रर्दशन २२
भावात्मकता ९८, १२०
भावोद्दीपन १०७
भिखमंगे ११२
भिक्षा-पात्र ३०
भिक्षु २३
भिक्षुक ३०
भित्ति चित्र ११२
भित्ति-चित्र २३, ३८, ४२, ५०, १०५
भित्तिचित्र ९, २२
भीमपेठ १००
भील १०३, १३१
भुजिया १२७
भुवनेश्वरी देवी का वरदान ७१
भुजबंध १२९
भूमिया १२७, १३०
भैरव ५४
भैरवी ५४, ५५
भोटिया १०३
भोपाली ५४
भोलाराम ५८

म

मंसूर ९०
मंगोल वंश ८३
मंगल १०२
मंगलदीप ११९
मण्डला १२७
मत्स्यावतार १३३
मधुकर शाह ८२
मनोहर कौल ११७
मनसूर ८४
मन्दोदरी १३५
मनु पारिख ११७
मनजीत बाबा ११७
मयूर ३६
मगरमच्छ ८
मगन ७८
मल्लादित्र ४८
मल्लारी ५५
मल्लानारी ५४
मयूर पंखधारी कृष्ण ३६
मयूरारूढ़ा कुबेर ८१
मराठी वेश-भूषा १३५
मराठा-पगड़ी ७९
मराठाकालीन ७८
मस्तक पर त्रिपुंड ६
मदनमोहन शर्मा १२४
मछली ८, १३१, १३२
मवाली युवती १३५
मकुन्द ८८
मकबूल फिदा हुसेन १०६, ११४
मकराकृति कुन्डल ५
मध्य काल १८
मध्य एशियाई गांधार शैलि २९
मधु-माधवी ५४, ५५
मधुकरशाह ७५, ७७
मणि १५
महिष जातक २५, ३०
मस्तिष्क १३५
मतिराम ७६
महर्षि व्यास १७
महा हंस जातक २४
महायान २६
महाकाव्य १०७
महाकाव्य काल १४
महामाया २७, २८, ४२, १०१

महामाया स्वप्न २४, २५
महाहंस जातक ३०
महाभारत १४, १६, ५०, ५८, ६२, ६७, ६९, ७२
महाराज मधुकर शाह ७५
महाराज रणजीत सिंह ७३
महाराज सामन्तसिंह ६४
महाराजा मधुकरशाह कृष्ण ७५
महाराजा सामन्तसिंह ६४
महारानी गणेश कुंवर राम ७५
महारानी लक्ष्मीबाई ७८, ७९, १२०
महाशक्तिरूपा महामाया ९
महासंघ जातक २७
महादा जी गोविन्द ७८
महादेव ५४, १२८
महादेव-उमा, दुर्गा ७७
महावीर प्रसाद द्विवेदी १२५
महावीर स्वामी २१, ४२, ४३
महात्मा बुद्ध २१, ४२, १२१
महात्मा गाँधी १०५, ११०, ११६, १२१
महाजनक जातक २४
महालक्ष्मी मंदिर ७८
महेश ८९
माड़ले गेरू १३३
माणक ६९
माणकू ५८, ७०
माण्डले १३२, १३३
मारू ५४
मालवा शैली ५६
मानसपुत्र १०
मानसार १०
मानसोल्लास १०, ९९
मानव-समाज १२२
मानव-सभ्यता ७४, ९९, १००
मार्ग-निर्देशन १३५
माल्यग्रन्थि २
मालकोश ५४
मालविका १२
मालविकाग्निमित्र १२
मालश्री ५४
मालवा १२८, १३२, १३३
मानिकपुर १००
मालिश २
मार विजय २४, २६
माखनदत्त गुप्त १०६
मांडले १०३
मार्कण्डय पुराण ४१
माधो ८८
माधव सातवलेकर १०६, ११७
माधुरी दीक्षित ११५
मिथिला नरेश कुंभराज ४८
मिथुन २५
मिश्र की कला १०६
मिश्रम १०, ४७
मिसकीन ८८
मिर्जापुर जनपद १००
मीर सैयद अली ८४
मीरा का विष-पान १२१
मीराबाई ११६
मीनाकृति १२४
मुख-मुद्रा २८
मुख-मुद्रा १३५
मुखाकृति ७
मुद्रा २८
मुद्राओं २२
मुकुट ५५
मुकुटाकार १३१
मुस्लिम शासन ८३, ९५
मुनि कांतिसागर ४१
मुहम्मद नादिर ९०
मुरक्का ९२
मुराद ९०
मुसाफिर ११३
मुकुल दे ११०, ११४
मुकुल चन्द दे १०९
मुजफ्फर अली ८४
मुग़ल ४०

मुग़ल बादशाह १२६
मुग़ल बादशाह बहादुर शाह द्वितीय १३४
मुग़ल काल १८
मुग़ल एवं राजपूत शैलि १०८
मुग़ल-कला ९७
मुग़लशैली ९६
मुग्ध एवं कामासक्त ५३
मुगल ४, ३३, ५०
मुगल खां ७८
मुगलशैली का प्रादुर्भाव ८६
मुलगाँवकर ११८
मुगल कला ६२
मुगल चित्र-परम्परा ७९
मुगल राजवंश ९५
मुगल शासक १०४
मुगल शैली ४५, ६५, ६८, ७७, ८६, ९८
मुगल साम्राज्य ८३, १०४
मुगल सल्तनत ९५
मुगलकालीन और राजपूतकालीन चित्रकला ७५
मुगलशैली ७०, ७५
मूर्तिकला ३, १३, १८, ७४, १०१
मेघ १११
मेघ राग ५५
मेघदूत ६५, ११४
मेवाड ९५
मेवाड़ शैली ६२
मेघ राग ५४
मेजर ध्यानचंद १२०
मेनका १३५
मैथिलीशरण गुप्त ५
मोघिया १२७, १३०
मोघिया जन-जाति १२९
मोहिनजोदड़ो २०, २२
मोहिनजोदड़ो और हड़प्पा २०, २२
मोनियर बिलियम्स ३
मोर १०२, १३१
मोर-मुकुट १३२
मोर-मुकुट ५
मोर-प्रिया ७१
मोलाराम ७०, ७२
मौन-साधक १२१
मौलिकता ९८, १२०, १२५
मृदंग ३६
मृत्युलोक १०
मृग जातक २५, ३०

य

यक्ष ४७
यंत्र-निर्माण २
यम १०२
यमराज १०
यमुना बगाहन १२६
यमुना और शकुन्तला ११२
यथार्थवादी ११७, ११८, १२०, १२१, १२३
यथार्थवादी एवं आधुनिक कला ११६
यश-वैभव १२२, १३२
यामिनी राय १०७, १११
यशोधरा ३०
यशोधरा के परित्याग १२३
यशोदा ५२
यशोदा-कृष्ण ५२
याकूत-रकम ९३
याजदानी २७, २९
याचक १३५
युयुत्सु १२७
युधिष्ठिर १६
युग-शिरोमणि ९०
युग-प्रवर्त्तक १३५
यूरोपीय कला १०८
योग मुद्रा ६
योगेन्दर कुमार योगी ११७
योगेन्द्र कुमार लल्ला १२४
यौवन की सुगंध ७
यौवन व कटि-भाग १२३

र

रचना २२
रणवीर सिंह विष्ट ११७, १२०
रघुवंश ११

रघुनाथ ७८
रघुनाथ राव ७८
रघुनाथ राव का महल ७८
रघुनाथ हरि नेवालकर ७८
रज़्म नामा ८८
रजा १०६
रंग महल ७२
रंग-विधान १०६, ११५, ११८, १२३, २२
रंगीन चित्र १२७
रंगीन चूर्ण १३३
रंगशाला १३४
रंगोली १३२, १३३
रंगोली दुद्धी १३३
रमज़ानी ७८
रमतूला १२७
रक्तिम कमल ६
रथीन मित्र १०६
रसिक-प्रिया ६२, ६५, ६७, ६९
रति रहस्य ४५
रतिरहस्य ४१
रस-प्रवाह १२३
रसखान ५
रसचित्र १०
रसराज ७६
रवीन्द्र नाथ टैगोर १०८
रवीन्द्रबाबू १०७
रवीन्द्रनाथ टैगोर ११०
रवीन्द्र १२४
रत्न १५
रत्नावली ११
रहस्यवाद ११९
राधा १२१
राधा-कृष्ण ६०
राधामाधव ५७
राधाकृष्ण ६९
राय कृष्णदास २१, २४, ४०, ४१, ४२, ५७
राय आनन्द कृष्ण २४
राय सिंह ६५
रायसेन जनपद १००
रायल एशियाटिक सोसाइटी २३, ४१, ८८
राक्षस ४७
राम ४८, ५०, ७७, ८९, १२१, १२५
राम और गुह ११४
राम का मुकुट १३१
राम का शिव-पूजन १२१
राम कल ५४
रामकली ५५
राम-केकैयी १६
राम-कृष्ण १३१
राम-दरबार ८१
राम राज्य ११६
राम-रावण १४
राम-रावण युद्ध ७६, ८१
राम-सीता ५
राम-सीता पाणिग्रहण १०१
रामविहारी ५८
रामराज ३२
रामरज १९
रामशाह ७६, ८२
रामायण १४, ५०, ५८, ६२, ६९, ७२, ८८
रामछज्जा १००
रामकुमार ११७, ११९
रामकुमार मुलगाँवकर ११७
रामचंद्र शुक्ल ११७
रामचन्द्र राव ७८
रामचन्द्र शुक्ल ११८
रामचन्द्र शुक्ल १०६
रामनवमी १०२
रामगोपाल विजयवर्गीय ११७, ११९
रागिनी ५४
राहु १०२
राहुल ३०
राहुल समर्पण २५
रास मंडल ७१
रावण ११, १५, १६
रावण-दरबार ८१
रावल १२३
राज-प्रसादों की भित्ति १६
राजकमल प्रकाशन २४
राजकपूर ११९

राजमहल १५, ७७
राजपुत शैली ७५
राजपूत ३३
राजपूत काल १८, ५०, ५२
राजपूत कला ९७, १०४, १०६, ११९
राजपूत कला रागमाला ५२
राजपूत शासक १०४
राजपूत शैली ६८, ८३, ९६, ९८
राजपूत-पेंटिंग ६७
राजपूतकालीन चित्र-परम्परा ५०
राजप्रासाद ७३, ८१
राजा बलभद्रशाह ६९
राजा कल्याणपाल ६९
राजा महेन्द्रवर्मन ३८, ३९
राजा मनोहर ९०
राजा पृथ्वीशाह ७१
राजा फतेहशाह ६९
राजा रवि वर्मा १०५, १०८, १३३, १३४, १३५
राजा रायसिंह ६५
राजा रामसिंह ६१
राजा शत्रुजित सिंह ६८
राजा उदय सिंह ६१
राजा जयापीड़ ४९
राजा जीतसिंह ७२
राजा अर्जुनसिंह ६१
राजा अनूप सिंह ६५
राजा गुलाब सिंह ६९
राजा-रानी १०२
राजस्थान की और पहाड़ी चित्र-शैलि ४२
राजस्थानी काव्य ६०
राजस्थानी मुगल ८०
राजस्थानी चित्रकला १२०
राजस्थानी शैली ६२, ६७, ८३
राजस्थानी एवं बुंदेलखंडी चित्रकार ६७
राजवंश ९५
राजगुरु हेमराज के पुस्तकालय ४१
रानी महल ७८
रानीमहल ७८
राष्ट्र-प्रेम १०९
राष्ट्रकवि मैथिली शरण गुप्त ८०
राष्ट्रीय पाठशाला १२०
राष्ट्रीय चेतना ११६
राष्ट्रीय आन्दोलन १०५
राग ५४
राग-रागिनि ५१
रागमाला ५४, ६६, ६७, ७६
रुक्मिणी-परिणय ७२
रूपभेद ४
रूप का अंत १२१
रूप गर्विता १२२
रूपभेद १०६, १२६
रूपासनाचर्यम् ६२
रूपलता ४९
रूद्रसंहिता १०१
रेखा-सौष्ठव ४, ३१, ३२
रेखांकन १३३
रेखाचित्र १२७
रेवा १०२
रोमानी ३

ल

लंकाकांड १४
लंका चढ़ाई ७१
लंकापुरी ११, १५
लचीलापन १२४
लक्ष्मण बेंगरा २१
लक्ष्मण वर्मा १२४
लक्ष्मी ६
लक्ष्मीबाई ७६
ललित ५४
ललित कला ३
ललित कला एकादमी ११७
ललितपुर जनपद ७४
ललिता ९
ललितास्त्रवराजस्तोत्र ९
लाइट एण्ड शेड १२५
लालित्य १०७
लाहौर ८९
लाहौर संग्रहालय ६९
लार्ड किचनर १०९
लार्ड डलहौजी १०४, १३४

सीहोर १००
सीता ३३, ४९, १२१
सीता की अग्नि-परीक्षा ४८
सीता वेंगरा २१
सीता-राम १२१
सीताराम ६४
सुख-समृद्धि १३२
सुख-ऐश्वर्य व शान्ति १०२
सुखानुभूति १२२
सुखलाल ७८, ७९
सुकुमारता १२२
सुधीररंजन खास्तगीर ११०, ११२
सुरेन्द्र नाथ गांगुली १०९
सुदर्शन शाह ७१, ७२
सुदर्शनशाह ६९
सुकुमारता १०७
सुतसोम-जातक ३०
सुजाता १११
सुजाता प्रकरण २५
सुनील माधव सेन १०६
सुनार ९६
सुन्दर कांड १४, १५
सुअटा १३३
सुअलंकृत १४
सुलह कुल नीति ८६
सुलतान मुहम्मद ८४
सुलेमान सिकोह ७०
सूर्य १०२
सूर्य मन्दिर ५०
सूरदास ५, ५१, ५२, १२१
सूरज सदन १२४
सूरज-सदन १२५
सेदाई ८४
सैयद ९५
सैयद दरवाजा ७८
सोमेश्वर ९९
सोमदेव ४९
सोमाभाई पटेल १२४, १२५
सोलंकी वंश ४५
सोलह-शृंगार १२९
सौंदर्य-बोध १२५
सौंदर्य-अलंकरण १३०
सौंदर्यमयी देह-यष्टि १२४
सौतिया-डाह ३०
सौन्दर्य-बोध १०७
शृंगार १०७
श्रवर्णेन्द्रिय ३
श्रावक प्रतिक्रमण चूण ४५
श्री इकबाल बहादुर देनसरे ५०
श्री इवानशुकिन ४२
श्री इन्द्र कुमार गुजराल ११५
श्री बाला साहब पंत २४
श्री मंजुलाल मजूमदार ४५
श्री माली १२४
श्री पर्सी ब्राउन ५०
श्री रायकृष्ण दास २७
श्री राम चित्रशाला १२०, १२१
श्री राग ५४, ५५
श्री राग कमल ६८
श्री राग हर्ष ६८
श्री राग पोबार ६८
श्री राग चम्पक ६८
श्री रागाणि ६८
श्री सोनेश्वर १०
श्री सैयद अहमद २४
श्री कृष्ण का द्वारिका प्रवेश १२६
श्री वास्ती का चमत्कार २५
श्री चैतन्य महाप्रभु १२७
श्री एन० सी० मेहता ४२, ५८, ७१, ७३
श्री नानालाल चमनलाल मेहता ६७, ६९
श्री आर्च्चर महोदय ७०
श्री आनंदकुमार स्वामी ६२
श्री आनन्द कुमार स्वामी ६२
श्री गणेश महाराजा उम्मेदसिंह ७२
श्री गैरोला ४१, ४६, ५७, ६०
श्रीमद्‌भागवत ६९
श्रीफल ६
श्रीकृष्ण और बलराम १३५

श्रीनाथ सिंह ६२, १२५
शृंगार १२१
शृंगारमयी १२४
शृंगार रस ४७
शृंगार शतक ६

ह

हनुमान ५, १४, १५, ७७, १३१
हय-मुख १०१
हयग्रीव १०१
हंस ९, ३६
हंस जातक २५
हंस-दमयन्ती १२१, १३५
हकीम खाँ १०९
हम्ज़ा ८८
हरिवंश ५९, ८९
हरिवंश पुराण ११
हरित जातक २५
हस्ति जातक २५
हस्तिनी ८
हस्तिनापुर १२
हरीतिमा ९९
हरीतिमायुक्त वृक्ष १०१
हरा ३२
हरदास ७०
हर्ष ४८
हर्ष-चरित ४९
हर्षवर्धन ३७, ४०, ९५
हस्त्र-मुद्रा २८, ३२, ९८, १२४
हड़प्पा २०, २२
हास्य रस ४७
हॉकी के जादूगर १२०
हिंडोल ५४
हिंडोल राग ५५
हिमगिरि ४
हिरौंजी रंग १९
हिस्टोरिक पेन्टिंग १००
हिन्दी-साहित्य १३३
हिन्दू ५२
हिन्दू धर्म ३७, १३३
हिन्दू चित्रकला ५०
हिन्दू राज्य ४६
हिन्दू देवी-देवता ६२
हिन्दू-दर्शन १०१
हीरा नंदानी ११७
हीनयान २६
हीगेल ३
हुमायुँ ८४, ८५, ८६, ९५
हुमायुँकालीन चित्रकला ८४
हुरसा-बेलन १०२
हेमन्त ५३
हेमू ८७
होशंगाबाद जनपद १००
होली ५२
हृदयंगम १०७

क्ष

क्षत्राणी ११३
क्षान्तिवादिन २८
क्षान्तिवादिन जातक २४, २८
क्षितीन्द्रनाथ मजमूदार १०९, ११०, १११, ११७
क्षेमेन्द्र ४९

त्र

त्रिपथगा ७९, १२७
त्रिपिष्ठि शलाका ४५
त्रिपिष्टशलाका ४१
त्रिभंगी मुद्रा ५
त्रिभुज १३३
त्रिवलि ८
त्रिवेणी कला संगम १२१
त्रिशूल ६

ज्ञ

ज्ञानोदय १२७

✦✦✦✦

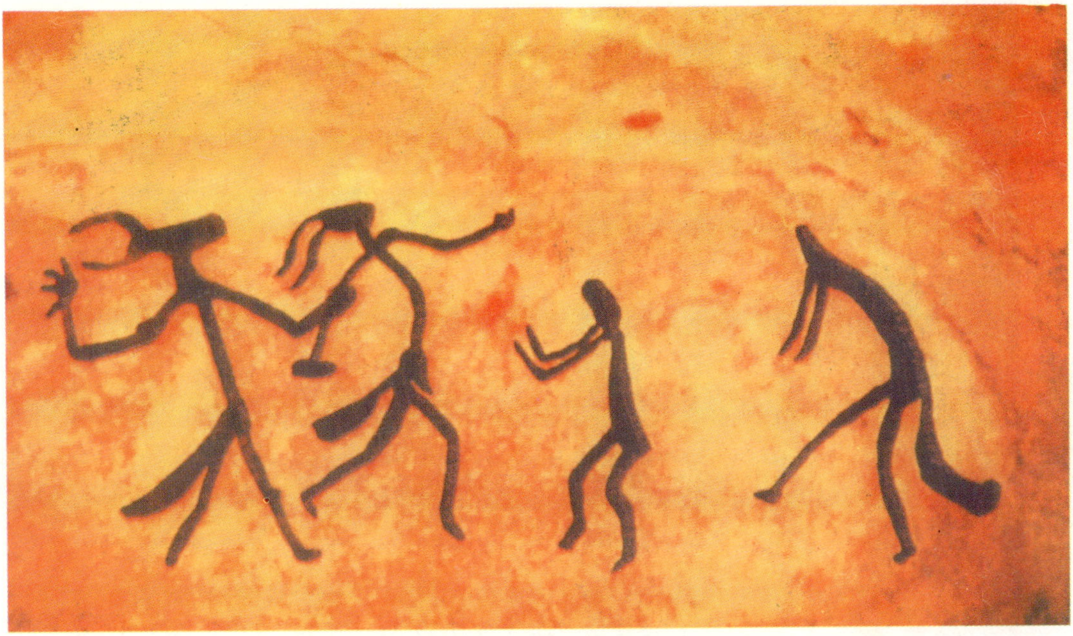

चित्र 1. प्रागैतिहासिक कला (भीमबेटिका)

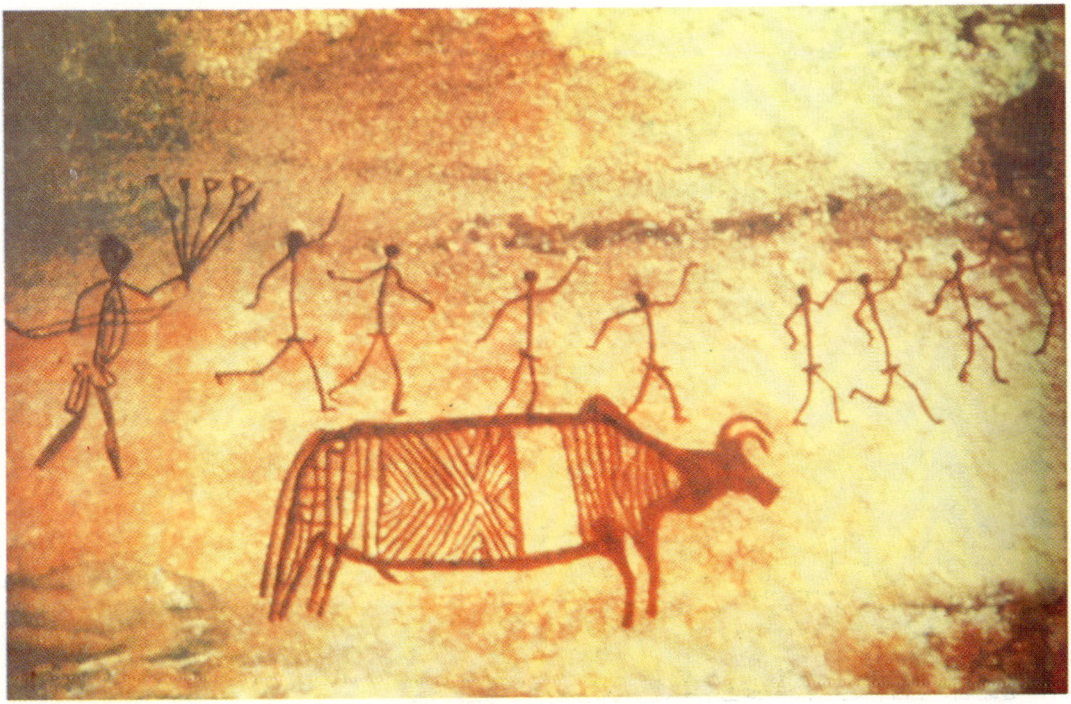

चित्र 2. प्रागैतिहासिक कला (भीमबेटिका)

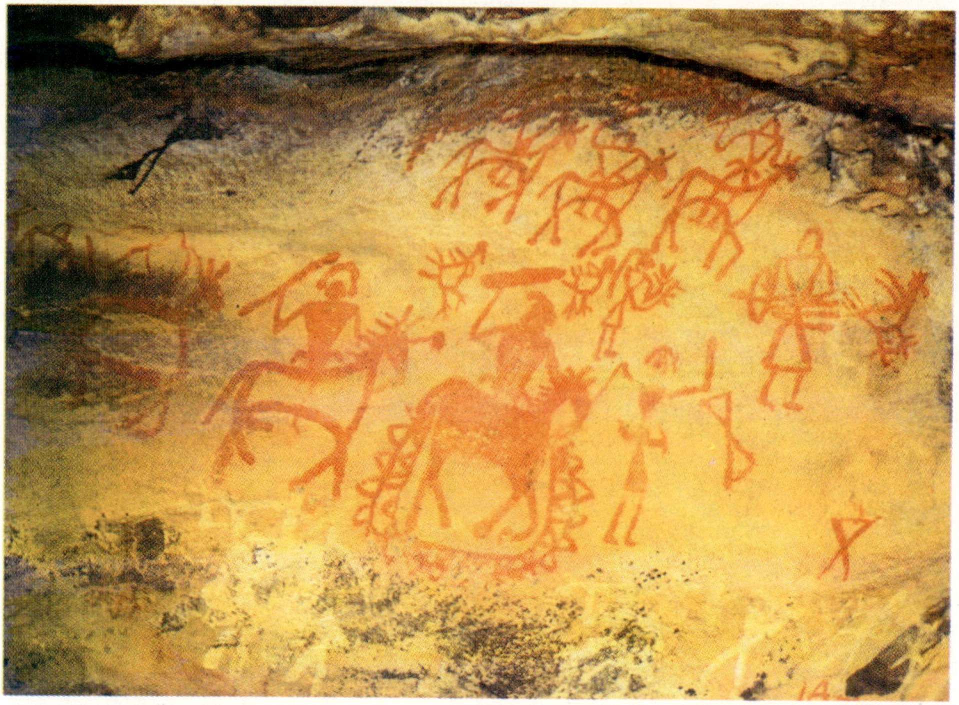

चित्र 3. प्रागैतिहासिक कला (भीमबेटिका) (शिकार करते हुए)

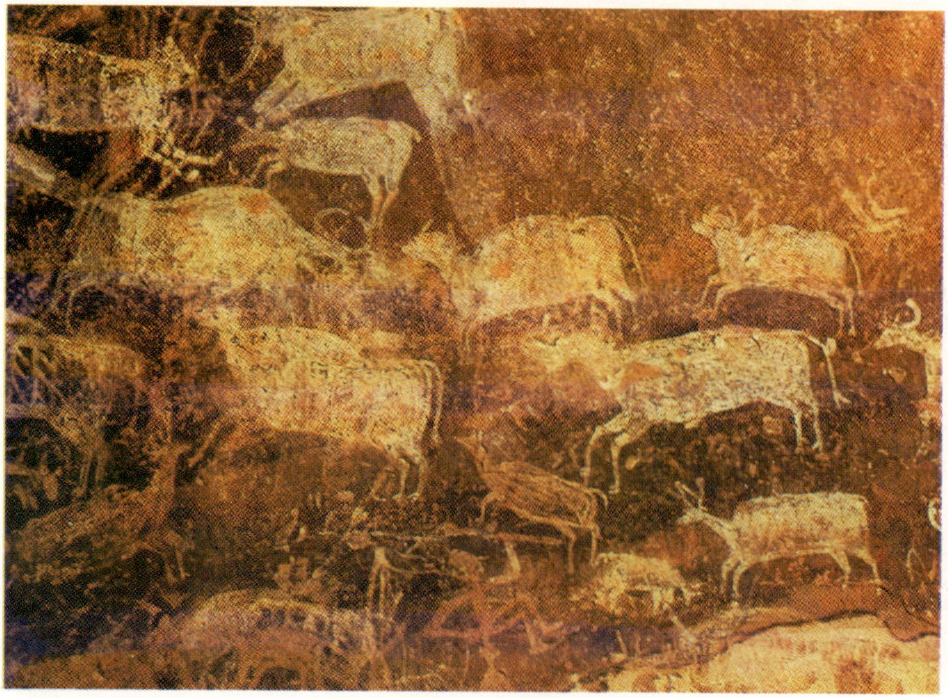

चित्र 4. प्रागैतिहासिक कला (भीमबेटिका) (हिरण समूह में)

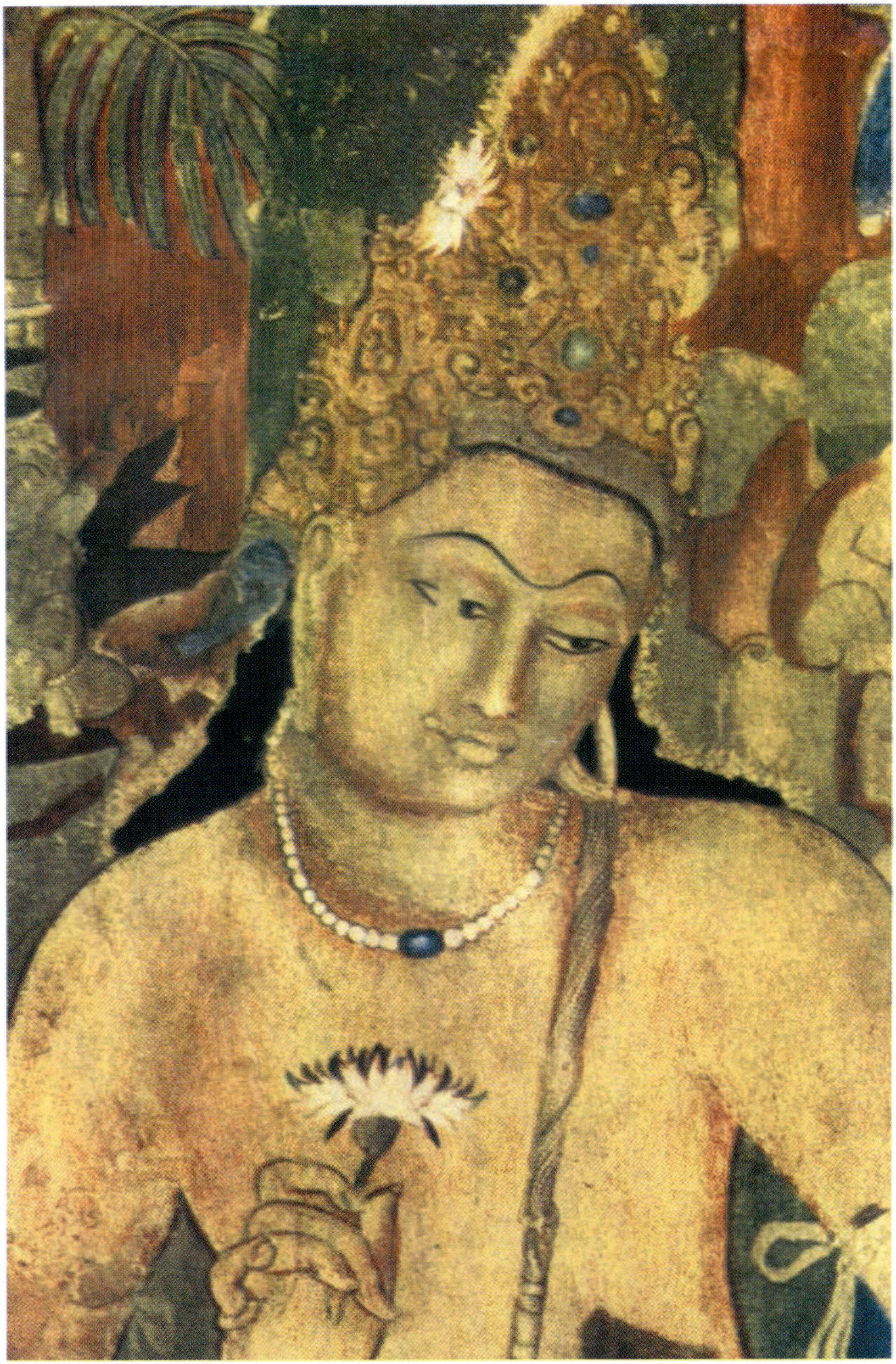

चित्र 5. पाणि बोधिसत्त्व, गुफा नं० 1 (अजन्ता)

アジャンター AJANTA

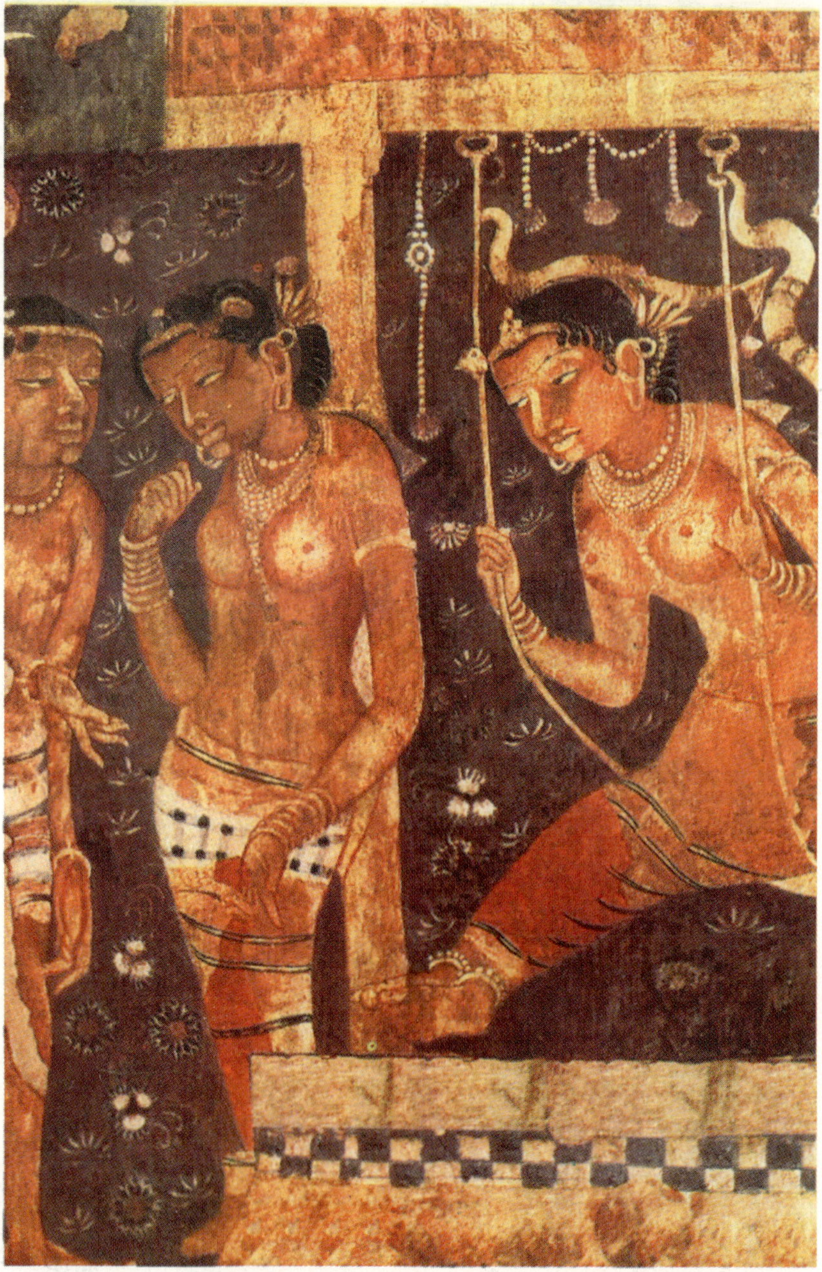

चित्र 6. राजकुमारी झूला झूलते हुए, गुफा नं० 2 (अजन्ता)

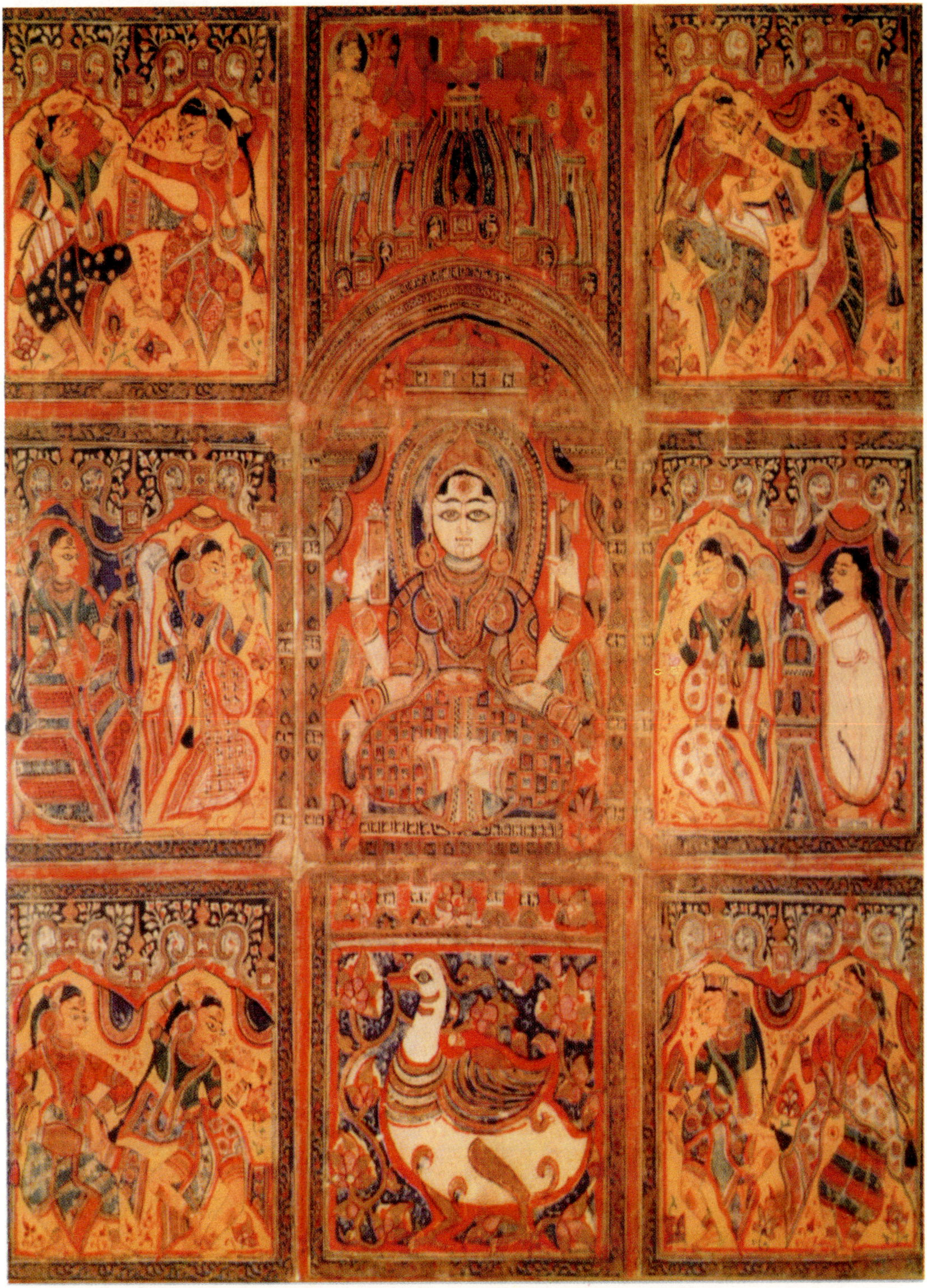

चित्र 7. जैन शैली, सरस्वती पाटा, पश्चिमी भारत, 1500 ई०

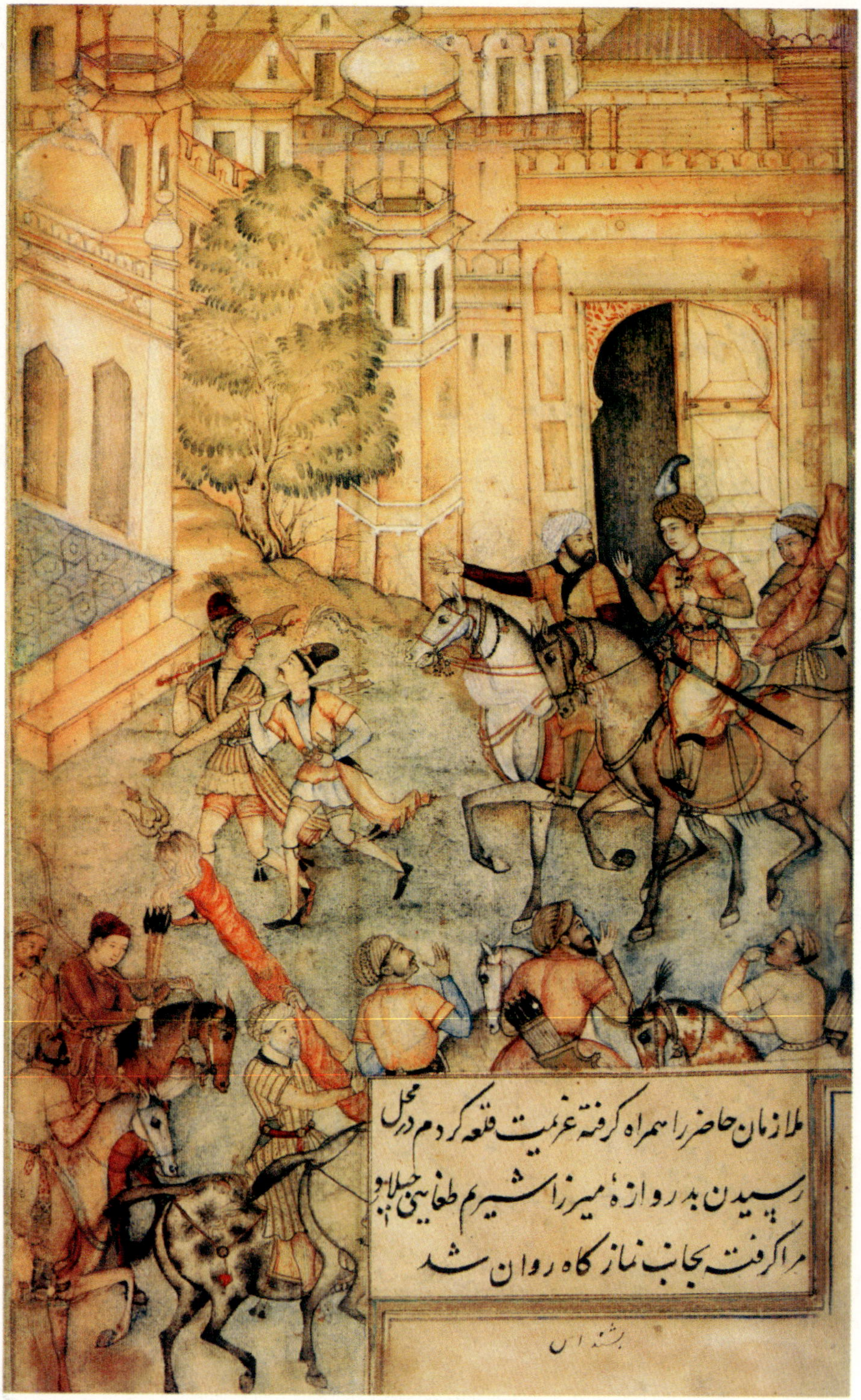

चित्र 8. राजा बाबर अंदीजान में आते हुए

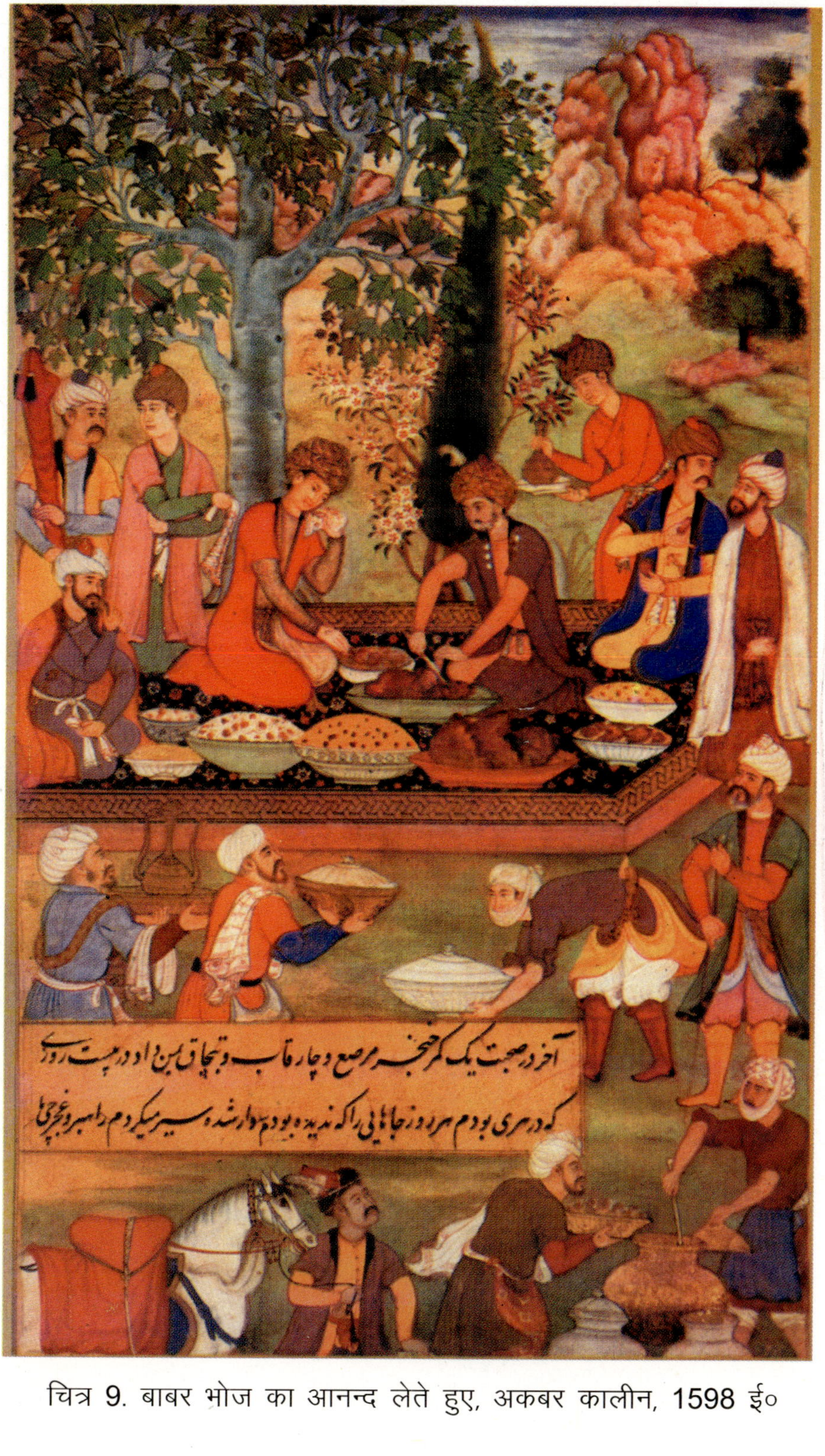

चित्र 9. बाबर भोज का आनन्द लेते हुए, अकबर कालीन, 1598 ई०

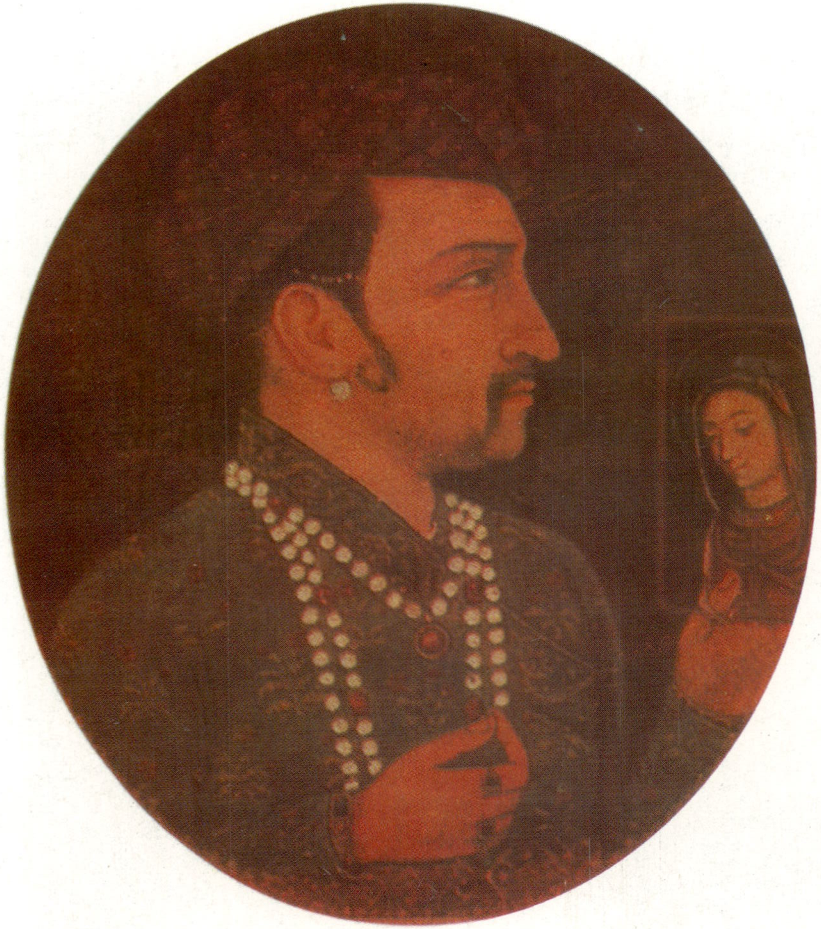

चित्र 11. सम्राट जहाँगीर, मुगल शैली

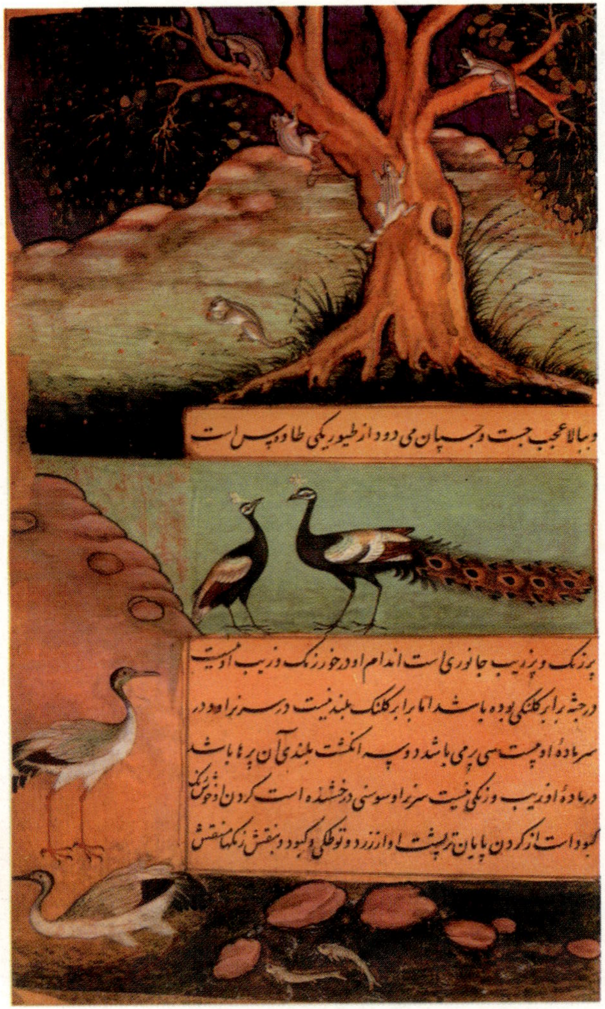

चित्र 10. मयूर, अकबर कालीन, मुगल शैली

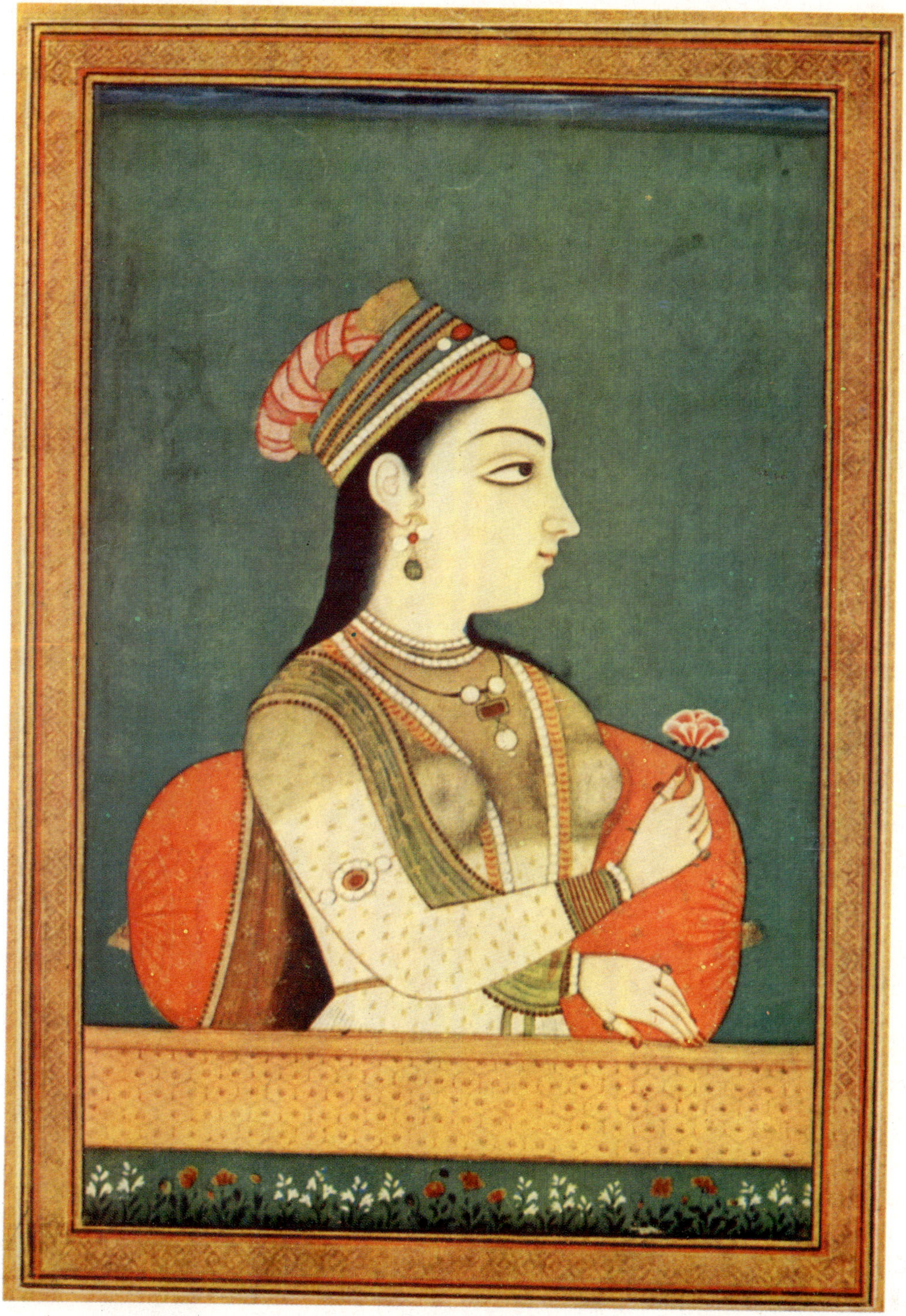

चित्र 12. प्रिस ऑफ वेहन्स संग्रहा से

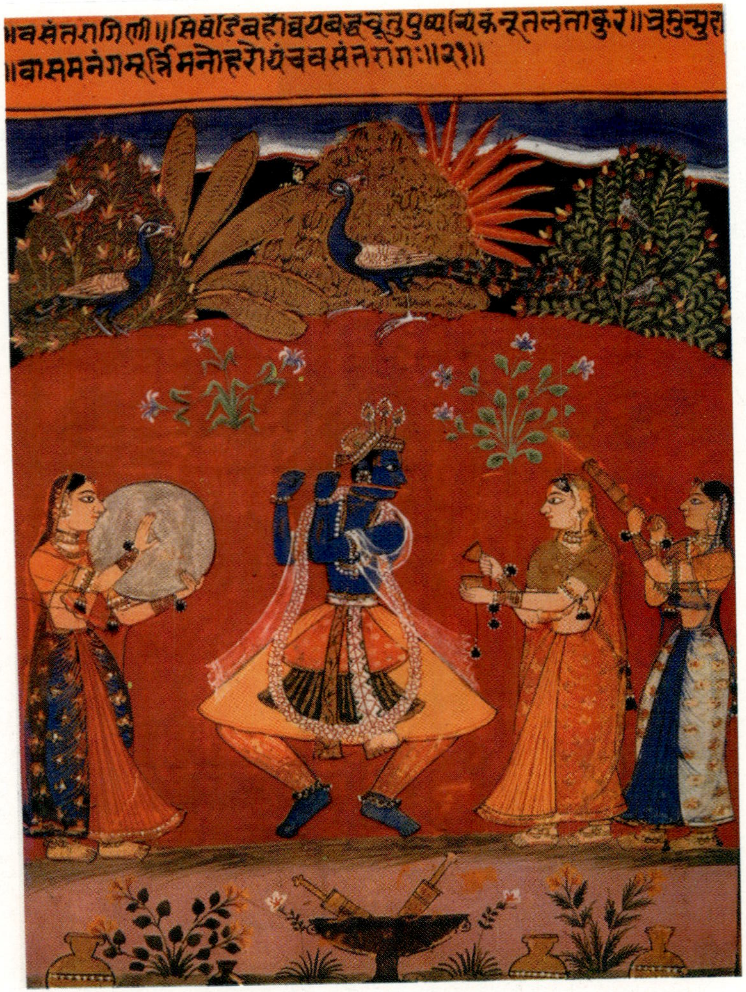

चित्र 14. कृष्ण राधा को मनाते हुए, मेवाड़ शैली, राजस्थान, 1750 ई०

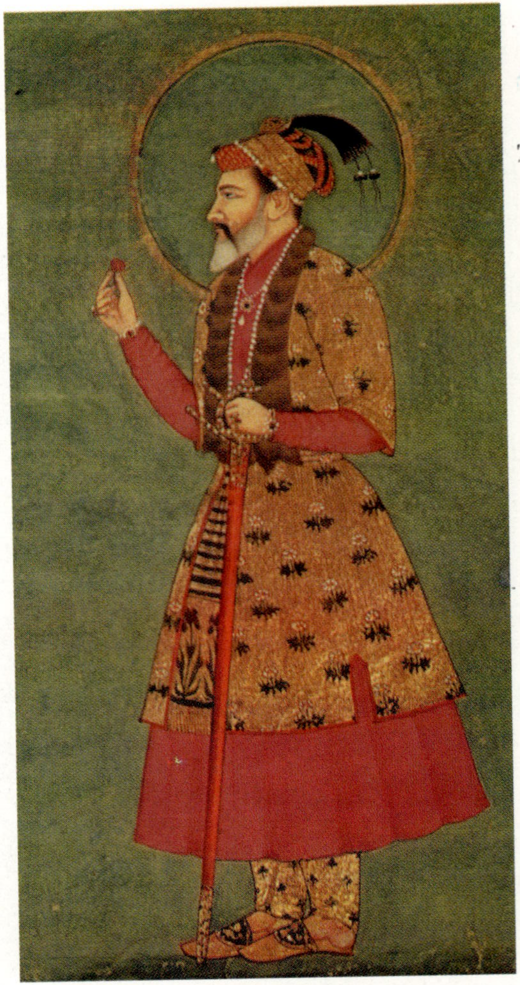

चित्र 13. सम्राट शाहजहाँ, मुगल शैली

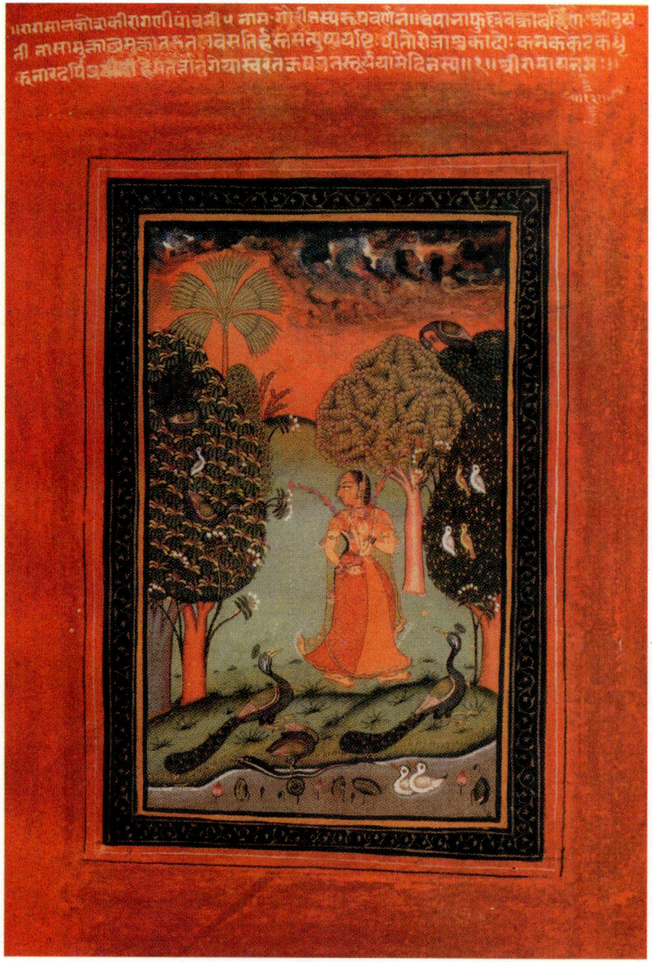

चित्र 16. रागिनी गौरी, राजस्थान, 1770 ई०

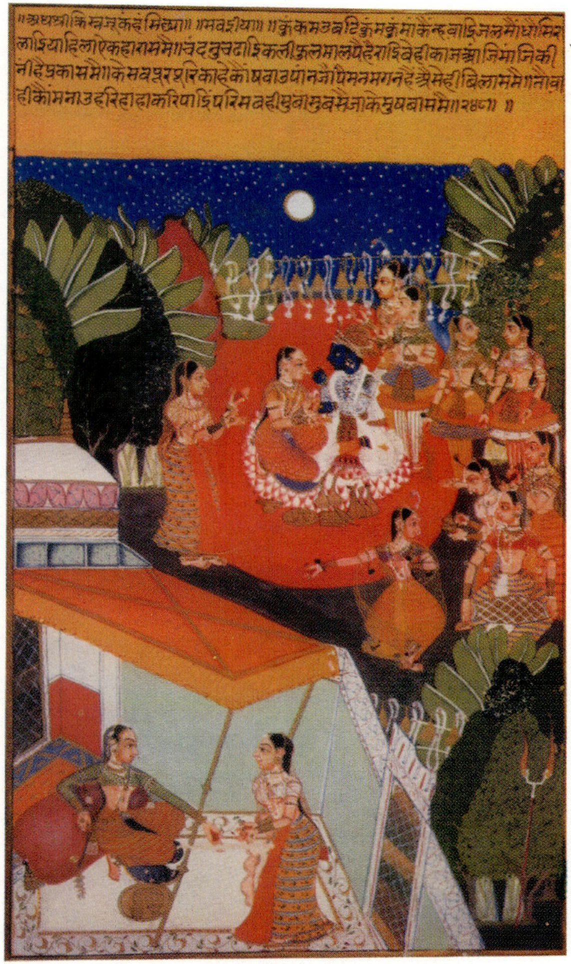

चित्र 15. कृष्ण गोपियों के साथ नाचते हुए, बूँदी शैली, 1700 ई०

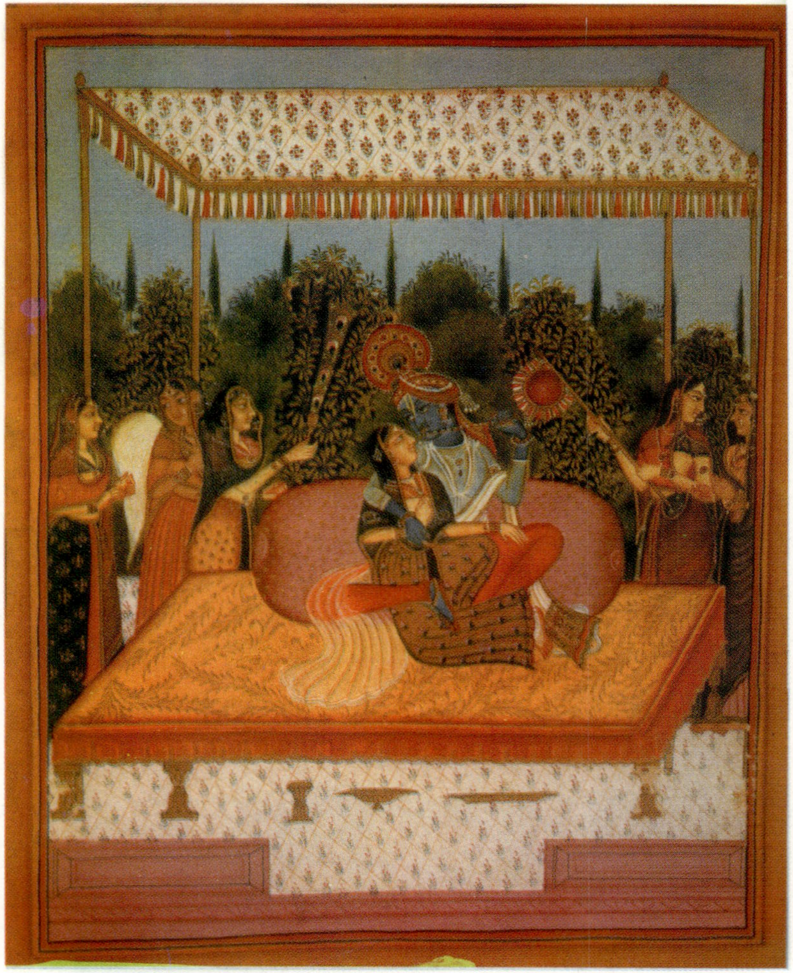

चित्र 18. राधा और कृष्ण बैठे हुए, दतिया, बुन्देल खण्ड, 1800 ई०

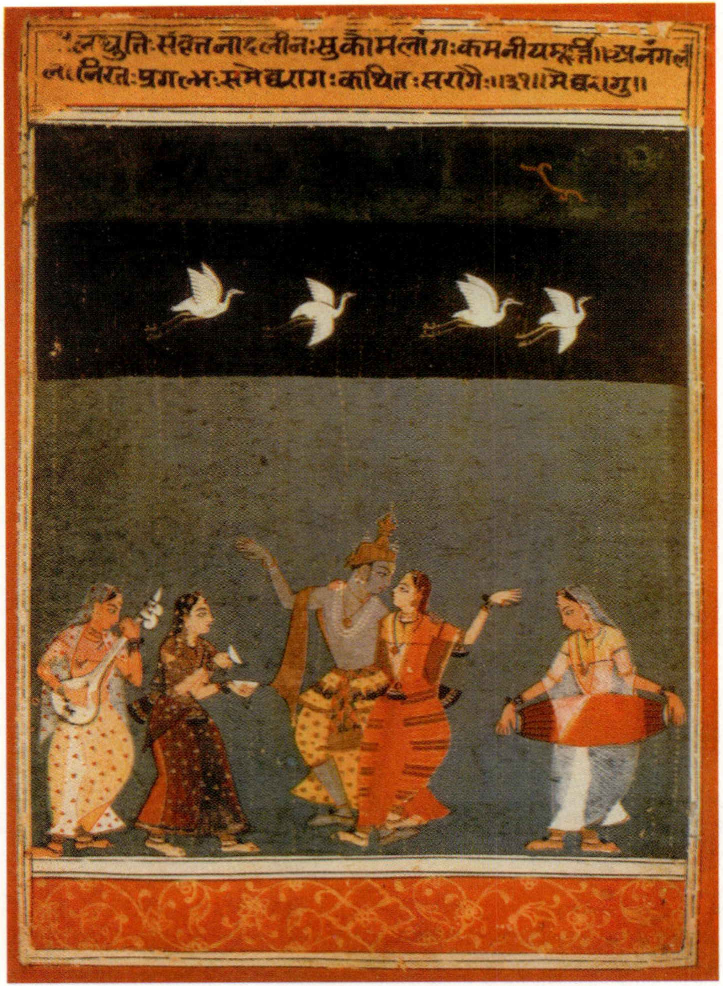

चित्र 17. राग मेघ, नरसिंहगढ़, मालवा, 1680 ई०

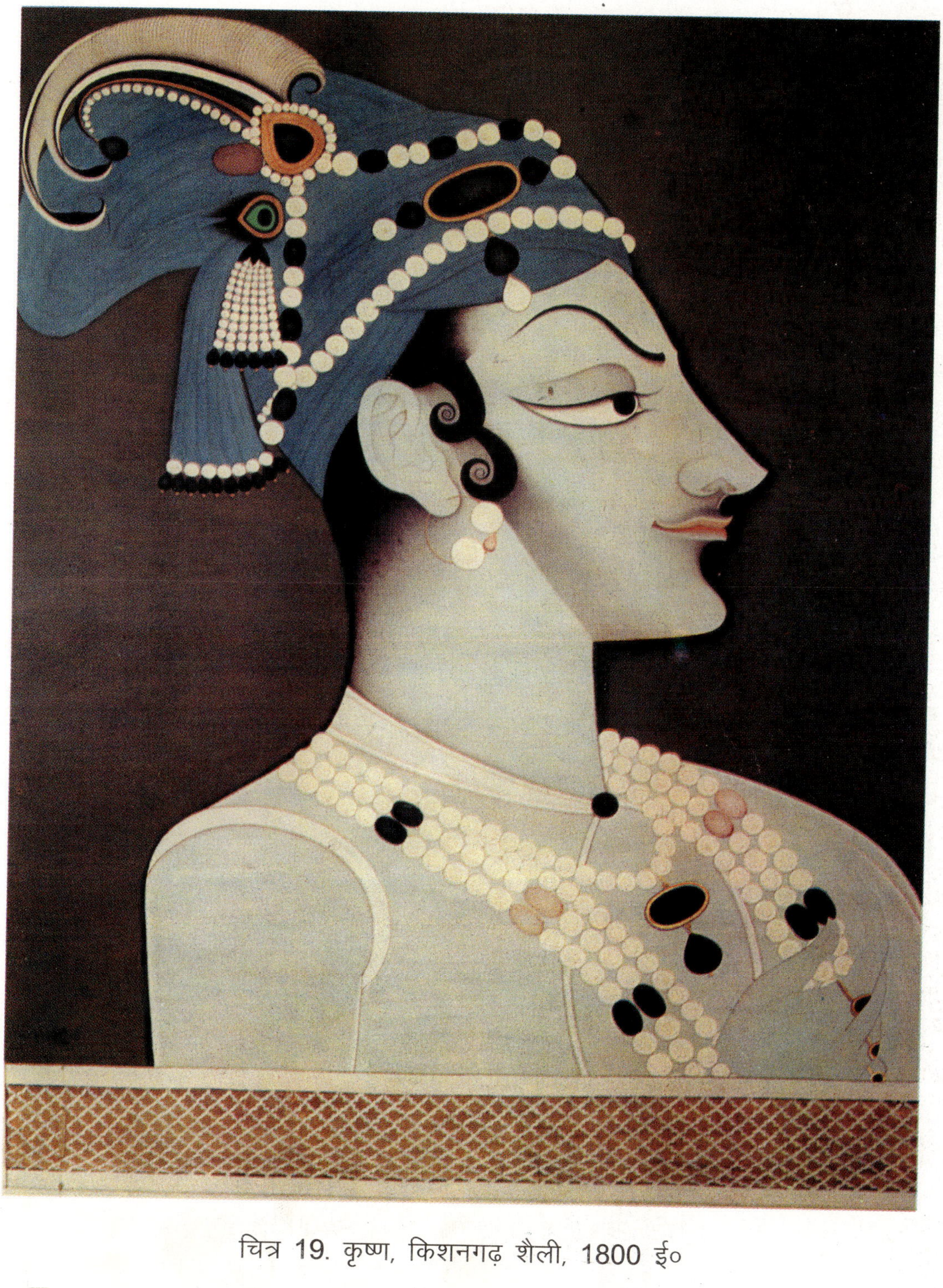

चित्र 19. कृष्ण, किशनगढ़ शैली, 1800 ई०

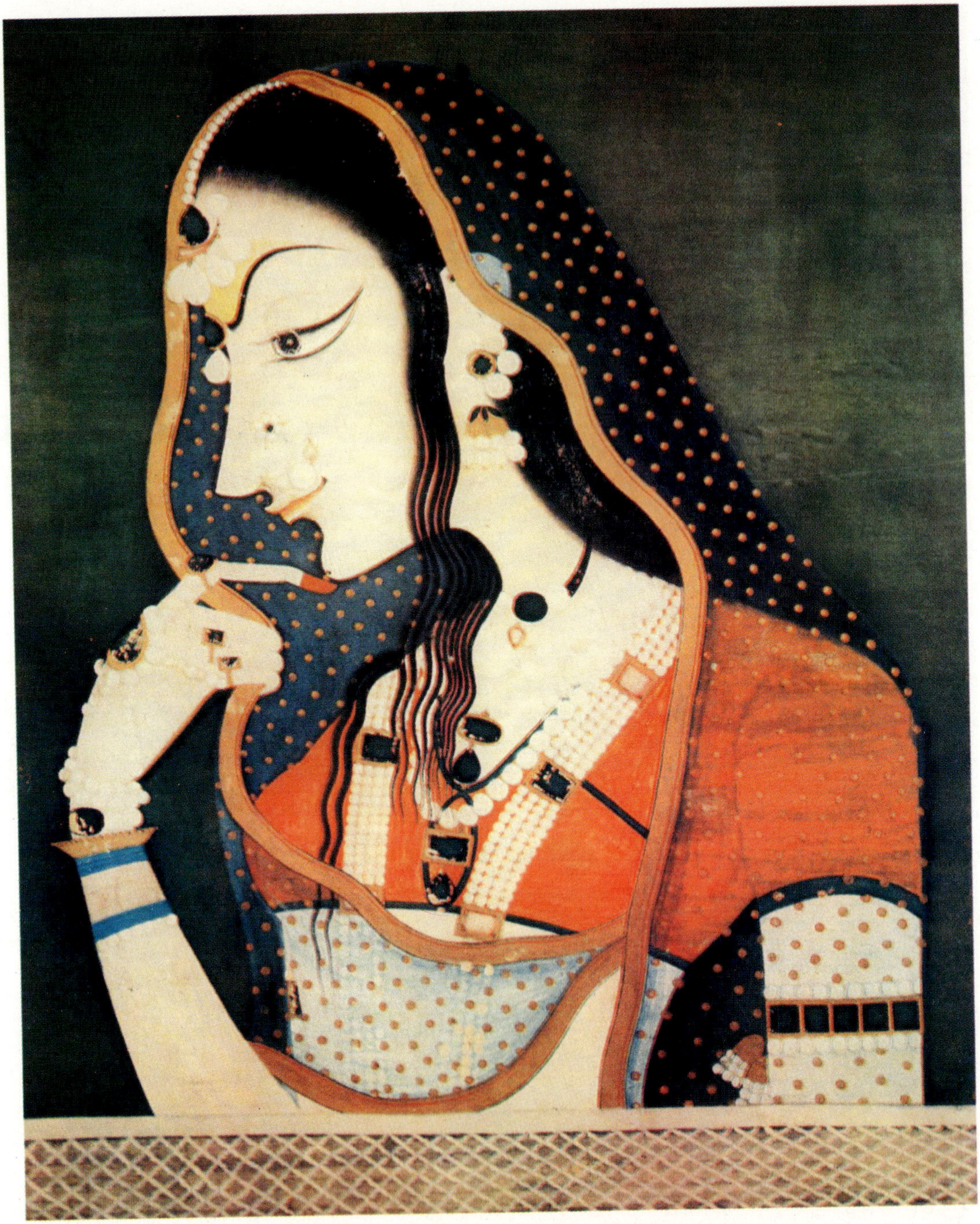

चित्र 20. राधा, किशनगढ़ शैली, 1800 ई०

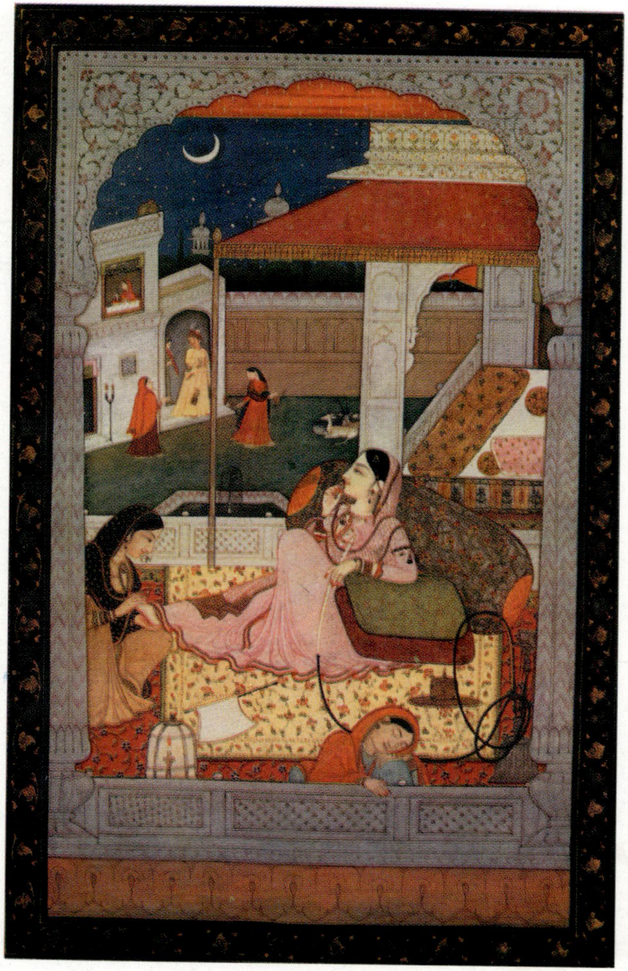

चित्र 22. एक स्त्री हुक्का पीते हुए
कांगड़ा शैली, पहाड़ी, 1800 ई०

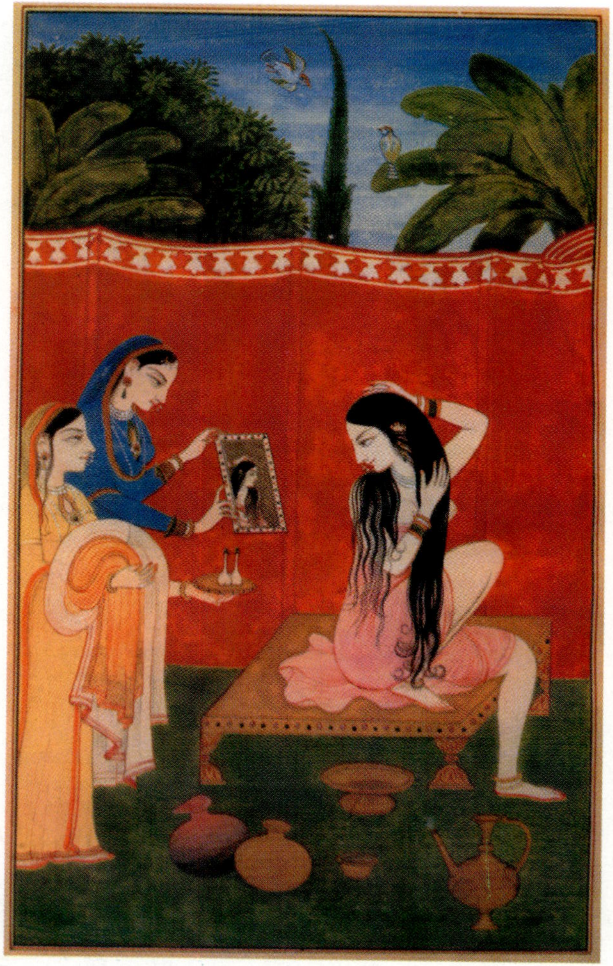

चित्र 21. शृंगार करती हुई स्त्री दर्पण के सामने
कांगड़ा, शैली, पहाड़ी, 1800 ई०

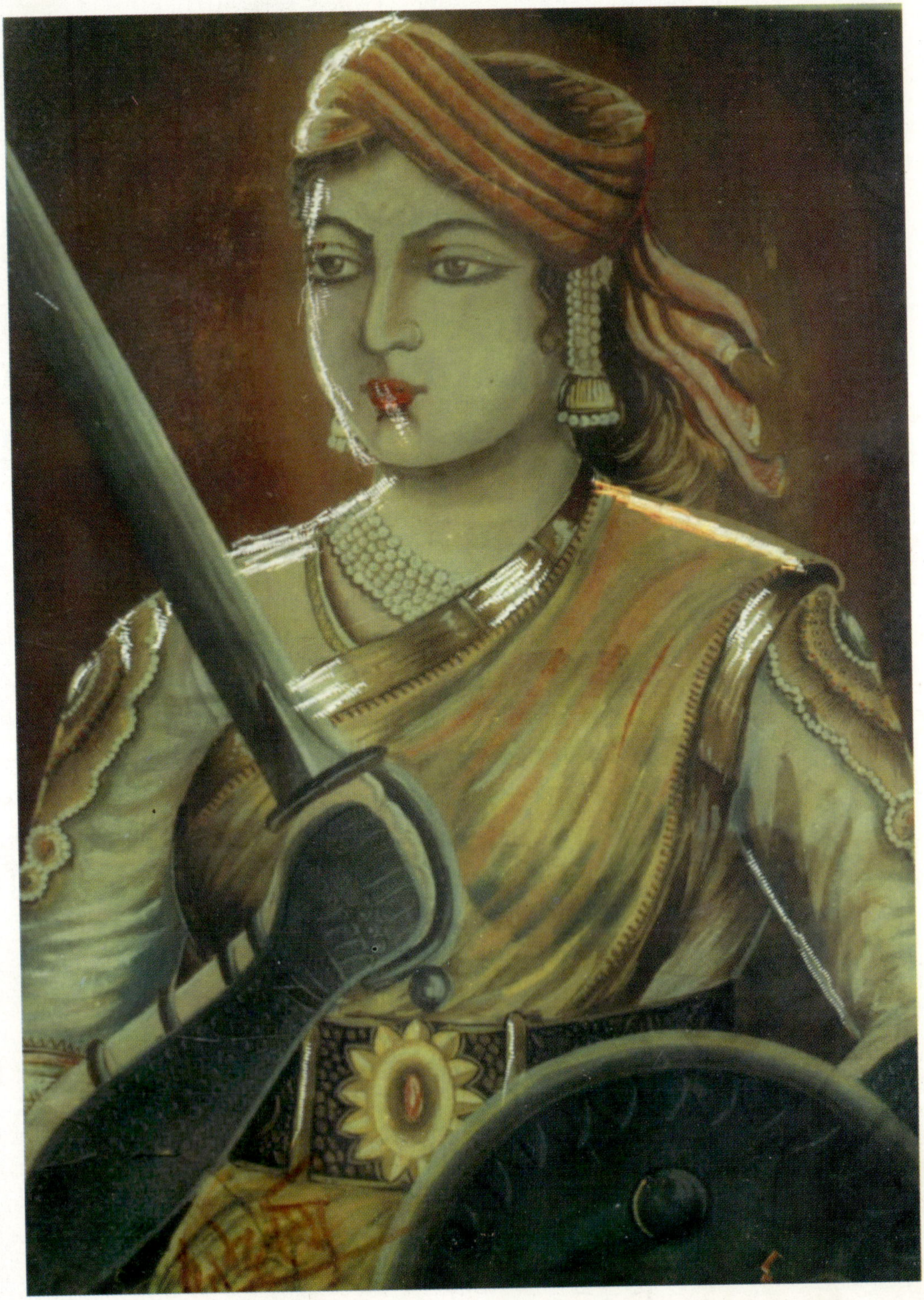

चित्र 23. लक्ष्मी बाई

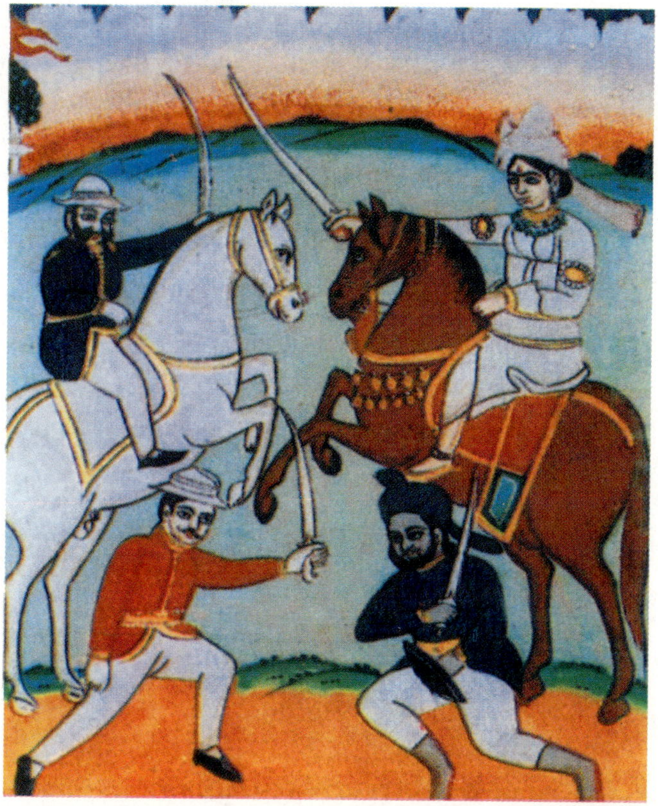

चित्र 24. बुंदेली शैली

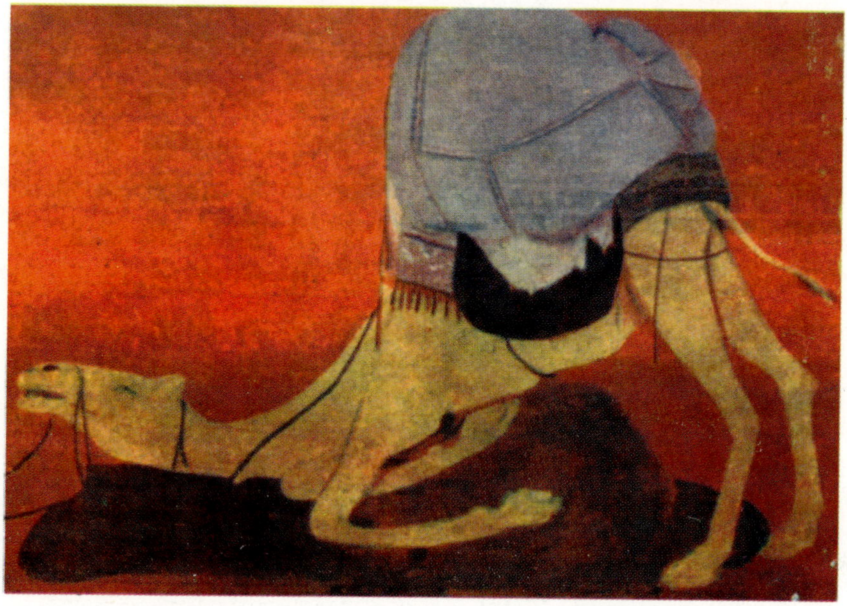

चित्र 25. यात्रा का अन्त (अवनीन्द्र नाथ ठाकुर)

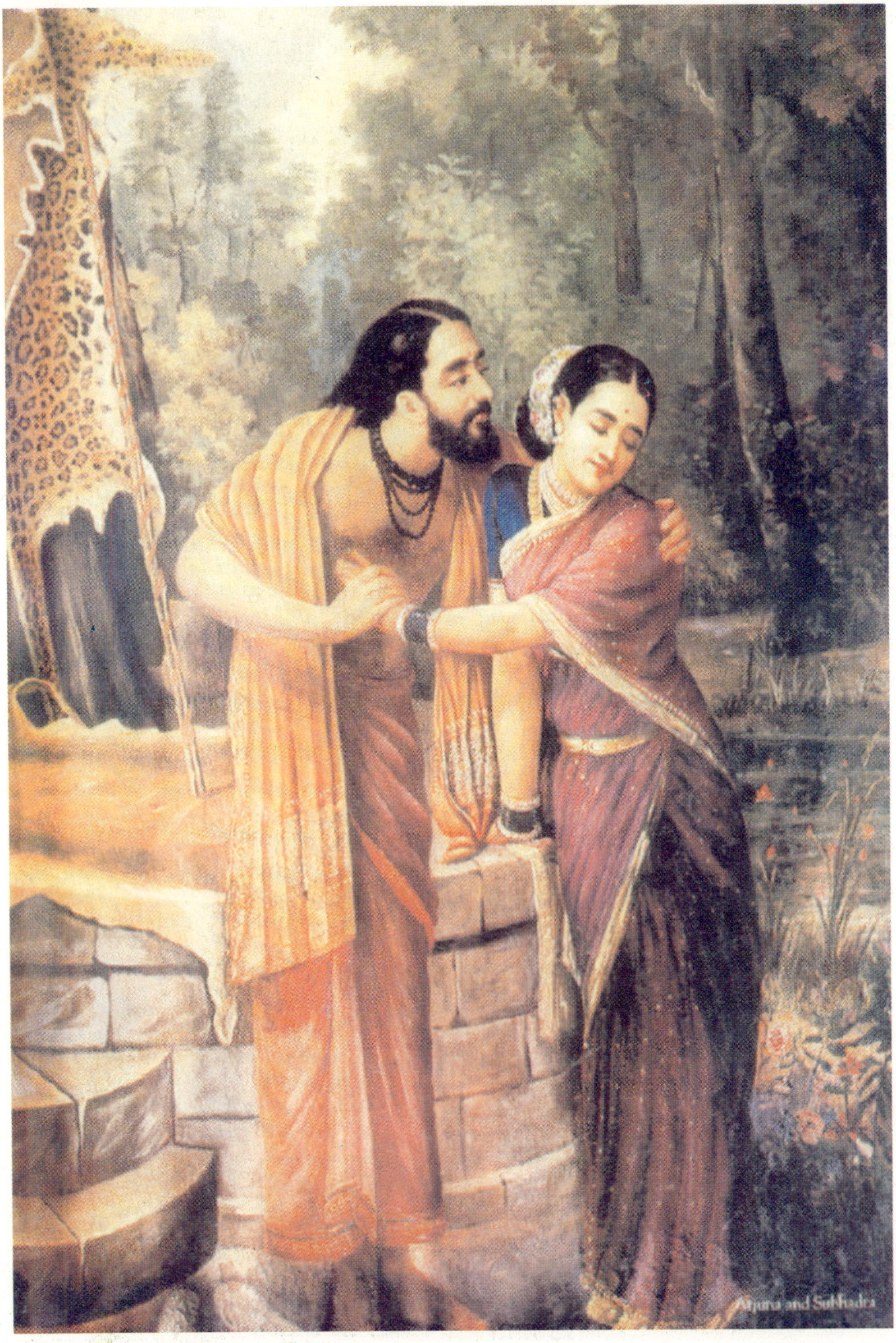

चित्र 26. अर्जुन एवं सुभद्रा

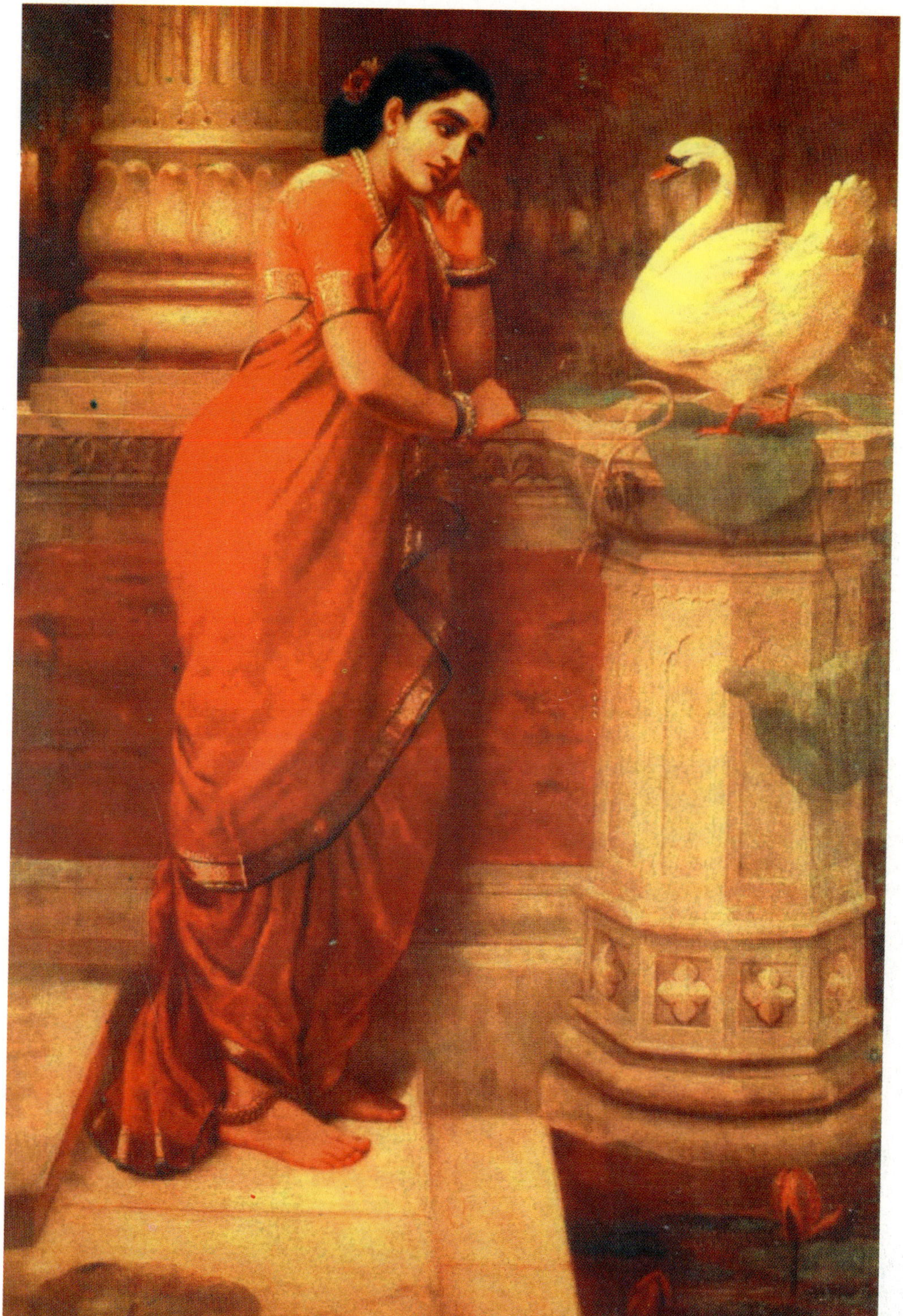

चित्र 27. हंस दमयन्ती

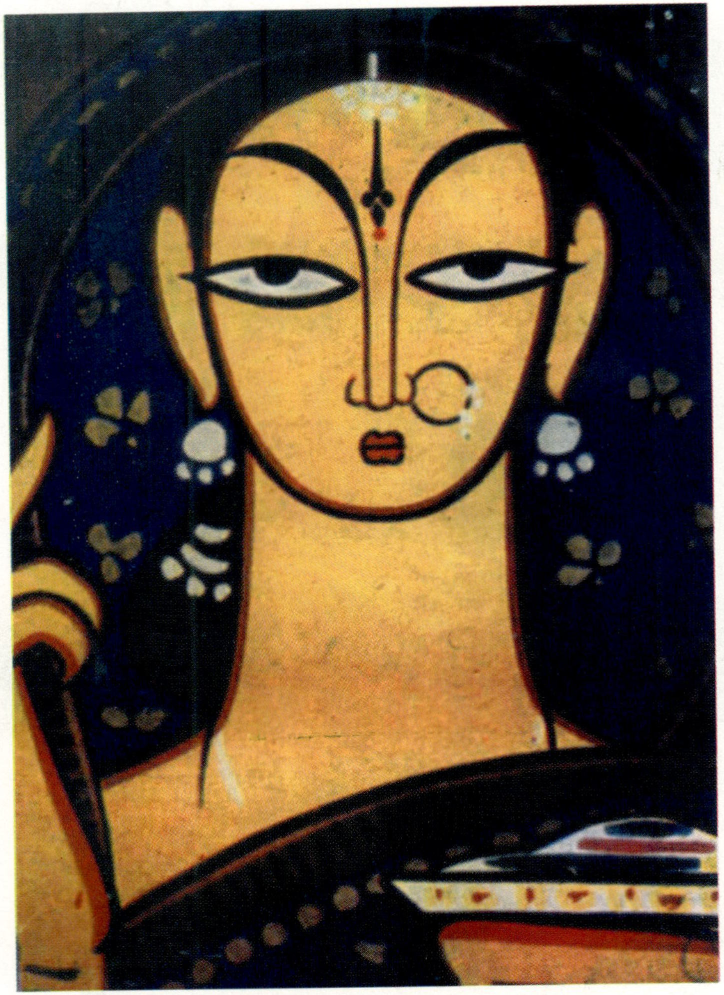

चित्र 29. बी श्रद्धांजलि (यामिनी राय)

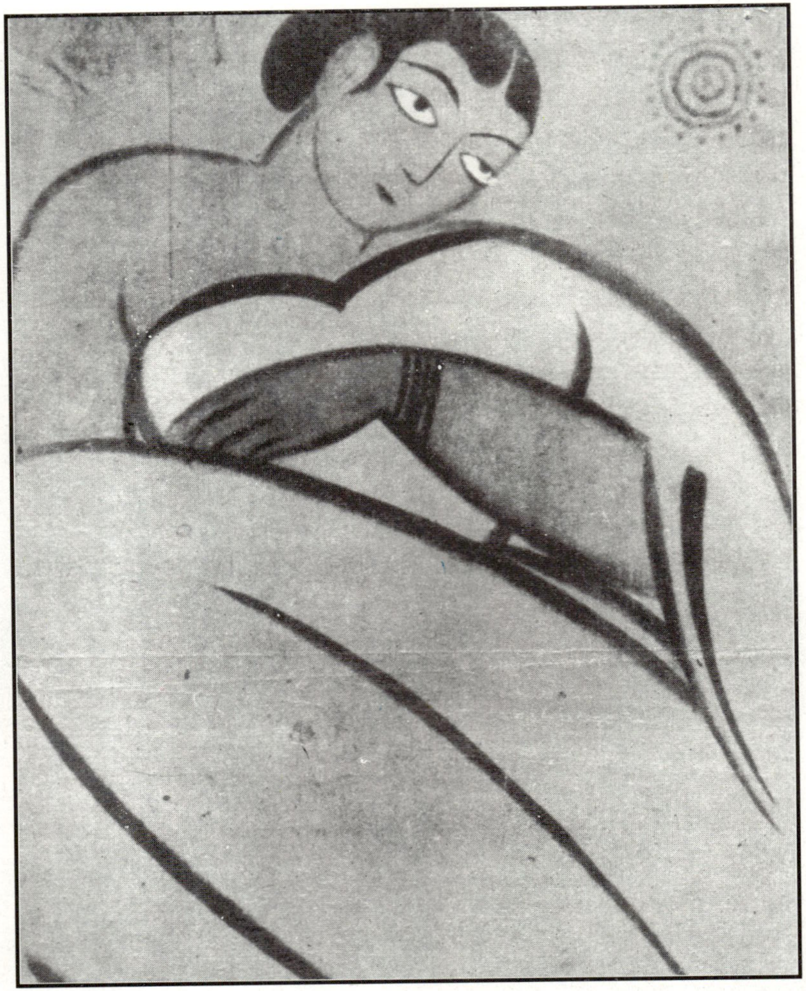

चित्र 28. चिन्तन (यामिनी राय)

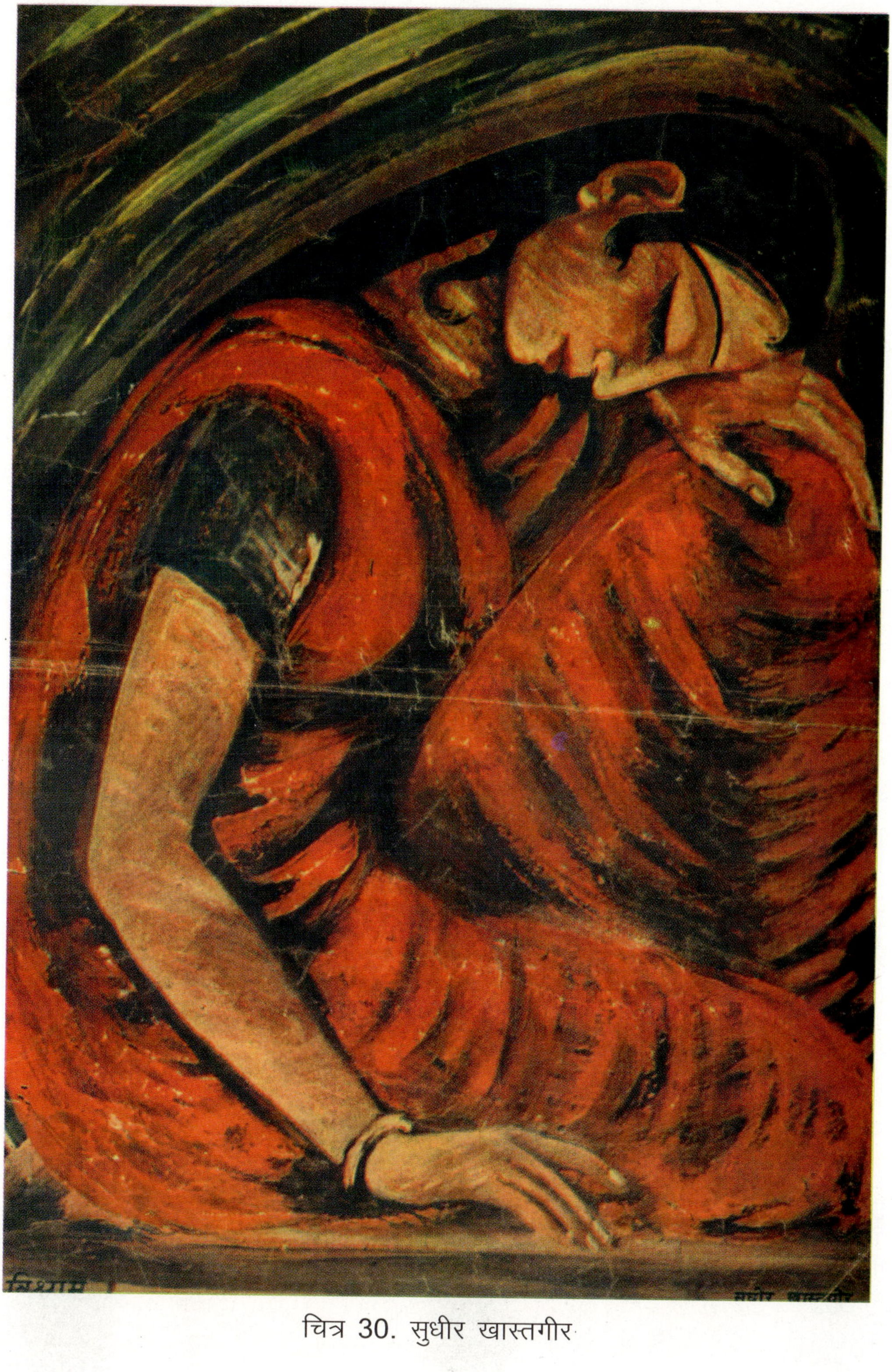

चित्र 30. सुधीर खास्तगीर

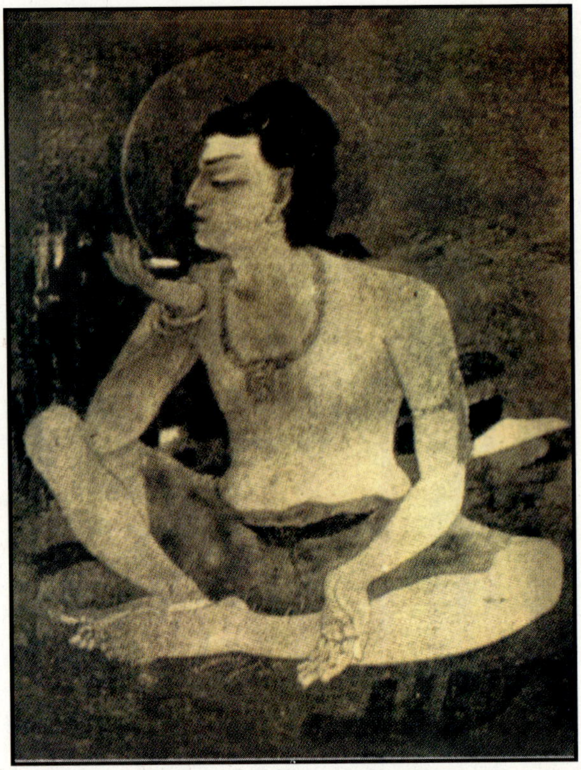

चित्र 31. नन्द लाल बासु

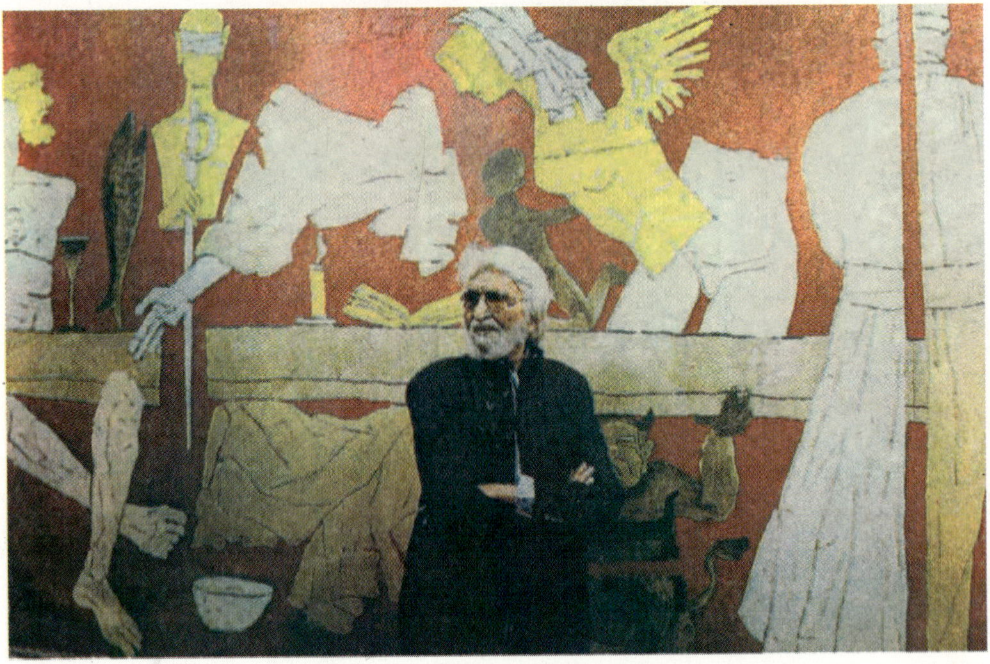

चित्र 32. मुकबल फिदा हुसैन

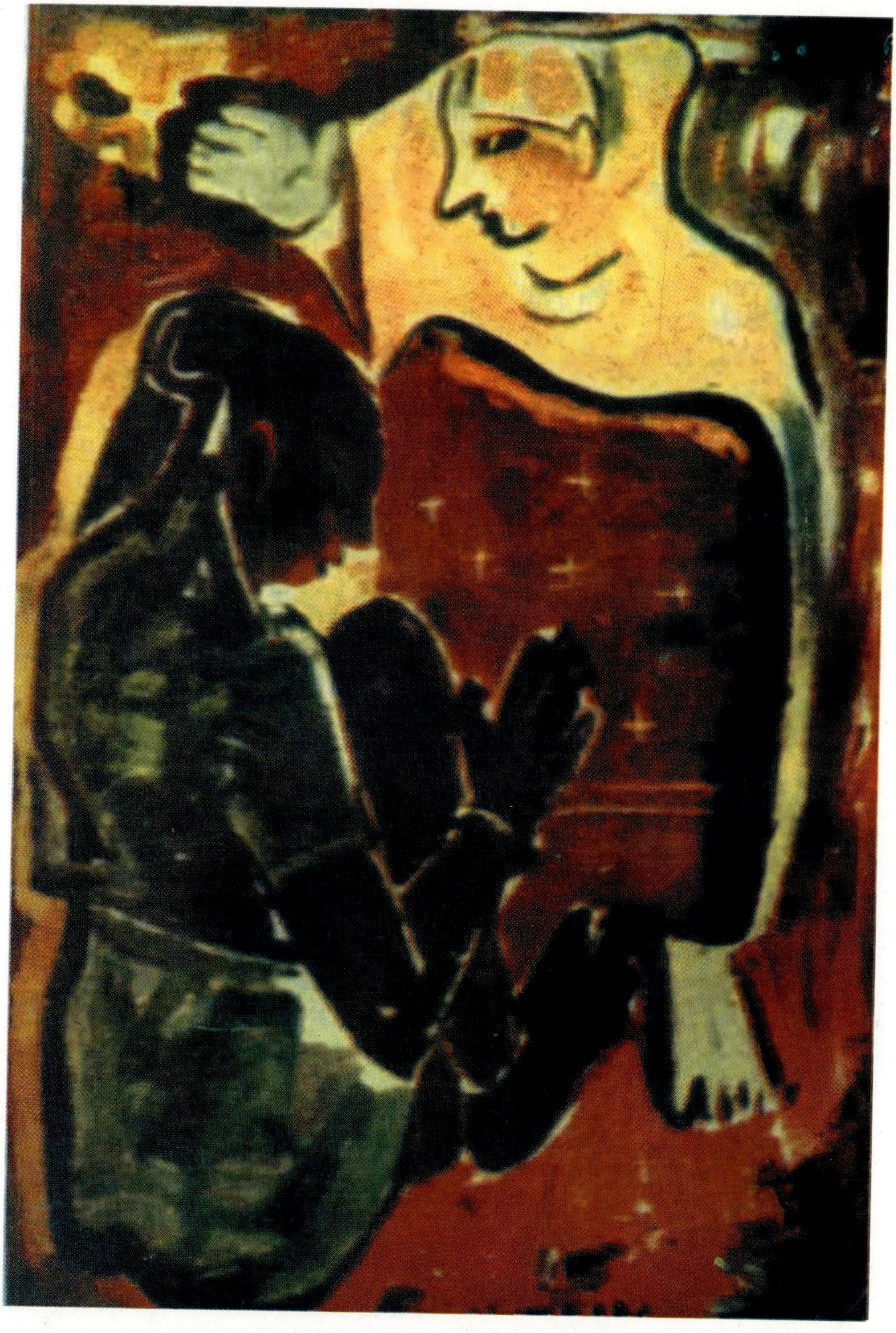

चित्र 33. गृह कार्य (एम० एफ० हुसैन)

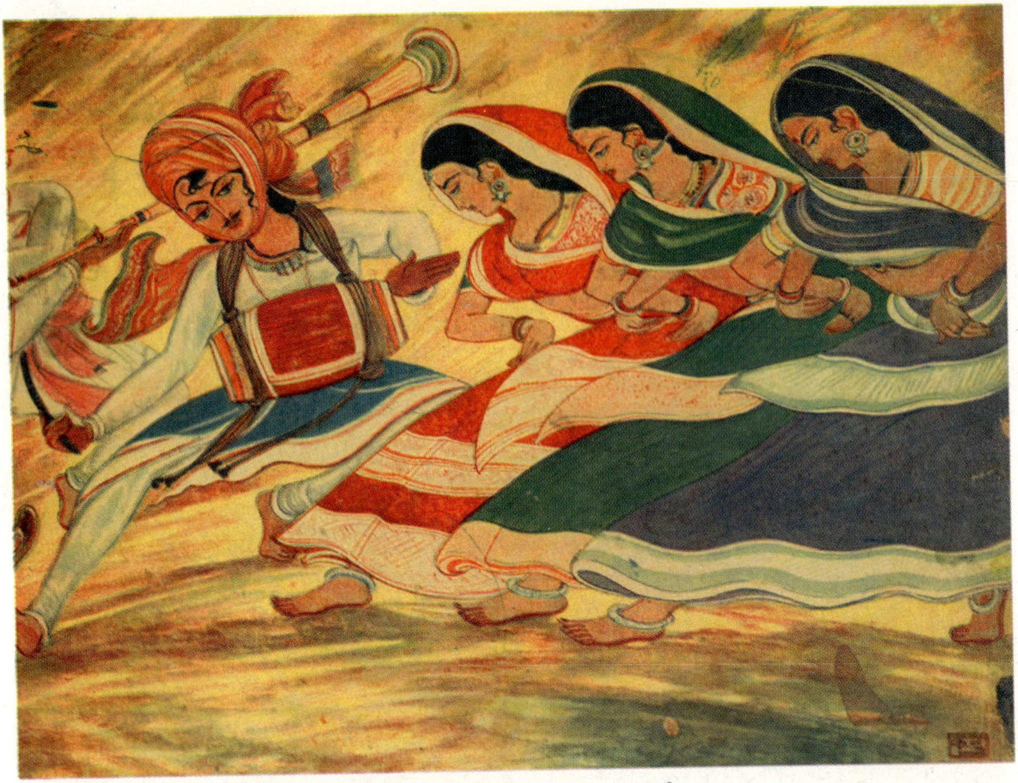

चित्र 34. उमंग (कनु देसाई)

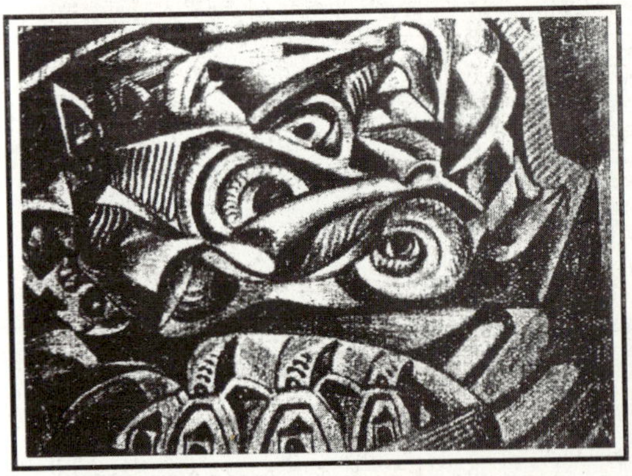

चित्र 35. एक स्वप्न (रामचन्द्र शुल्क)

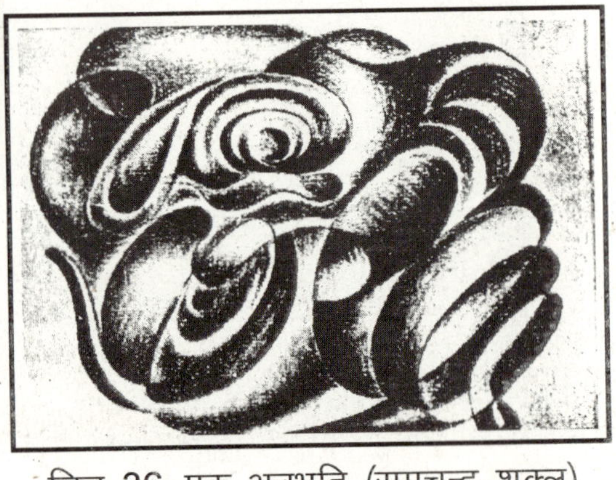

चित्र 36. एक अनुभूति (रामचन्द्र शुक्ल)

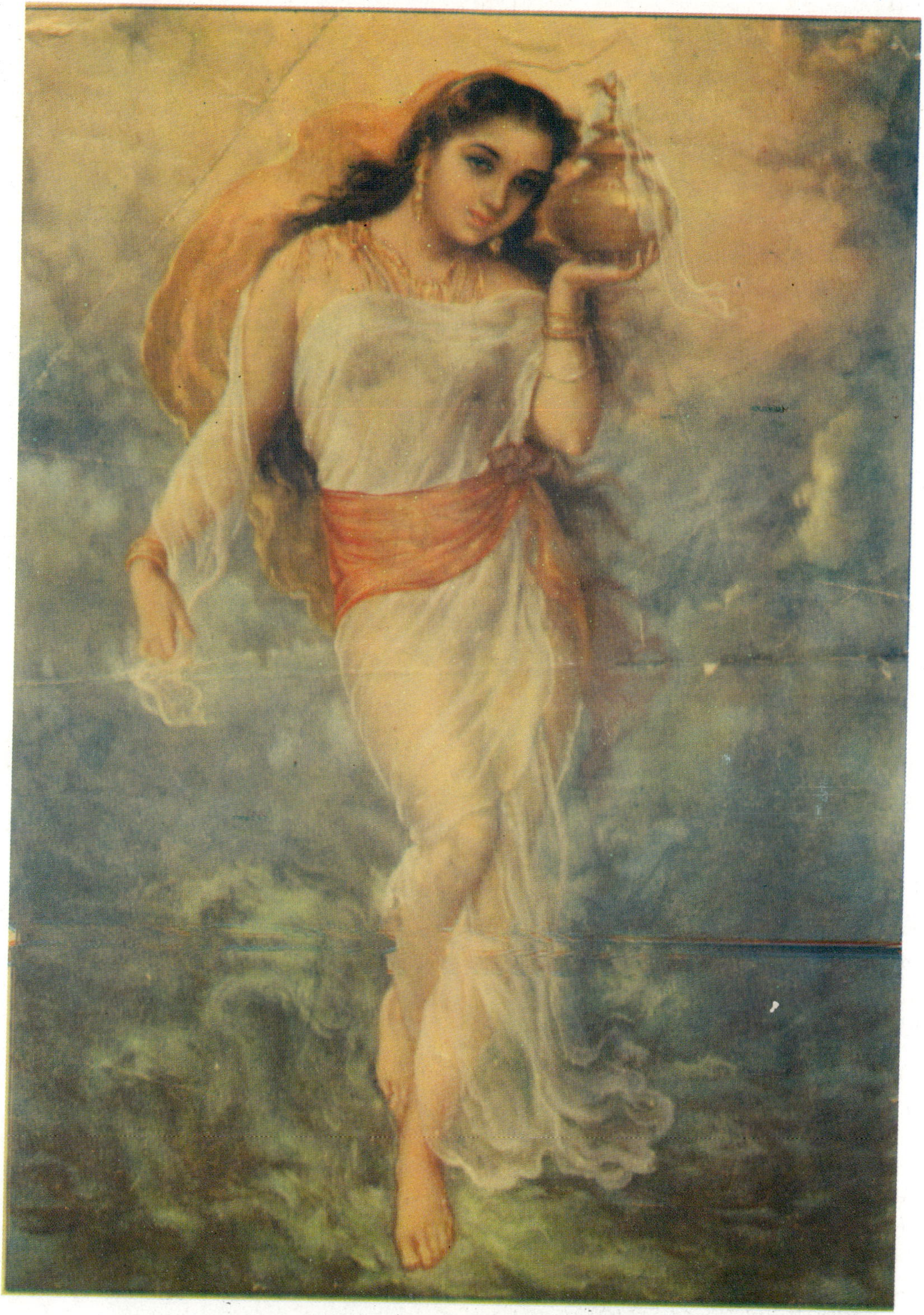

चित्र 37. एस० एम० पण्डित (उर्वशी)

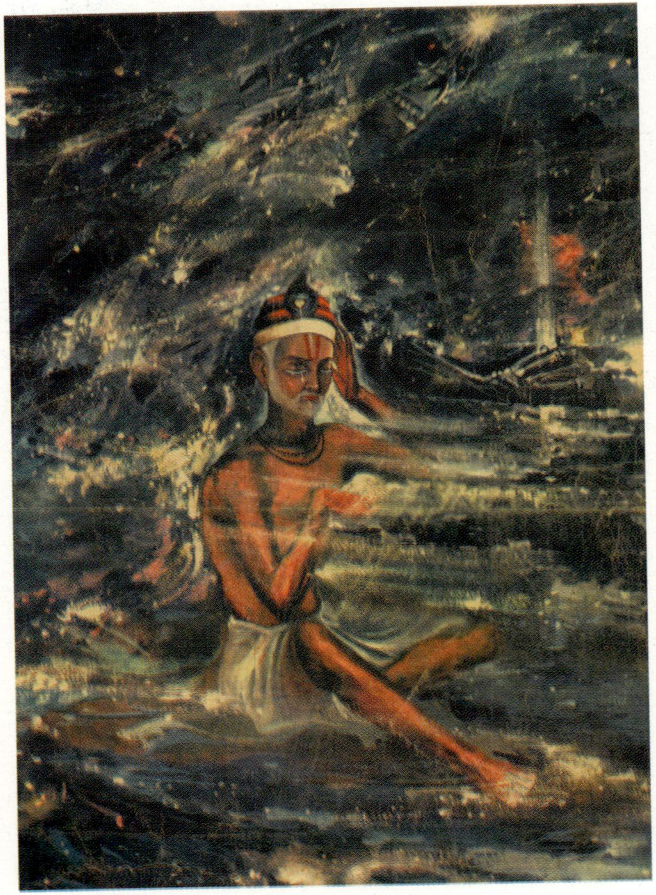

चित्र 39. कबीर (राम कुमार)

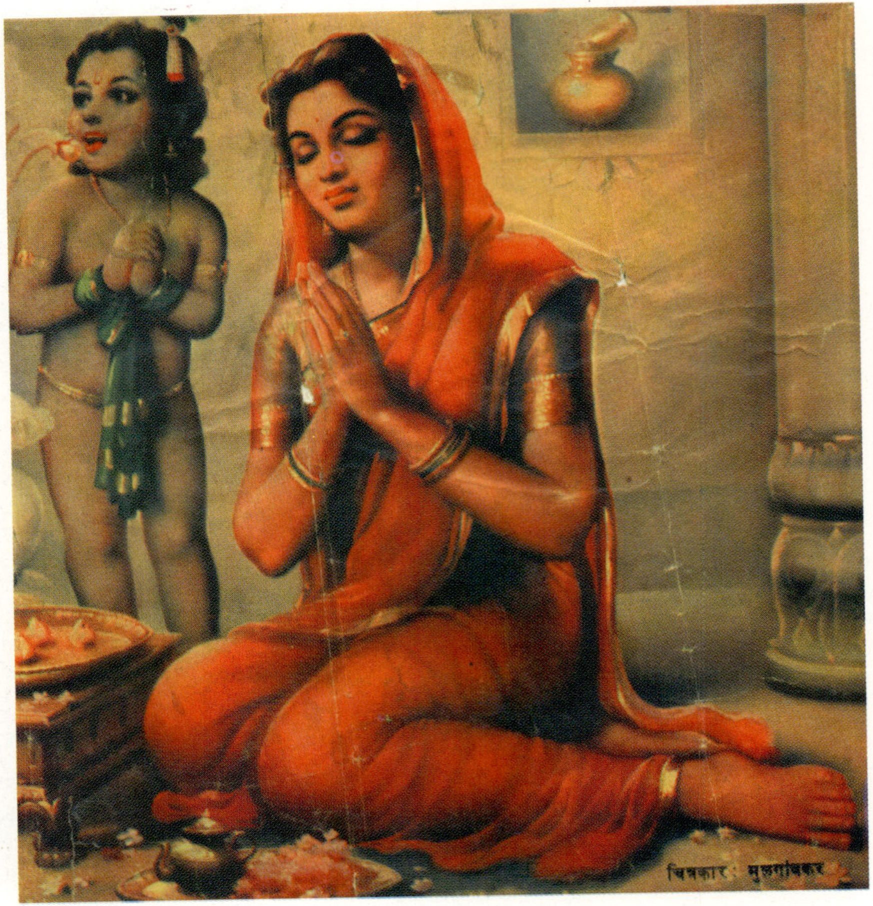

चित्र 38. मुलगांवकर (आराधना: कृष्ण और यशौदा)

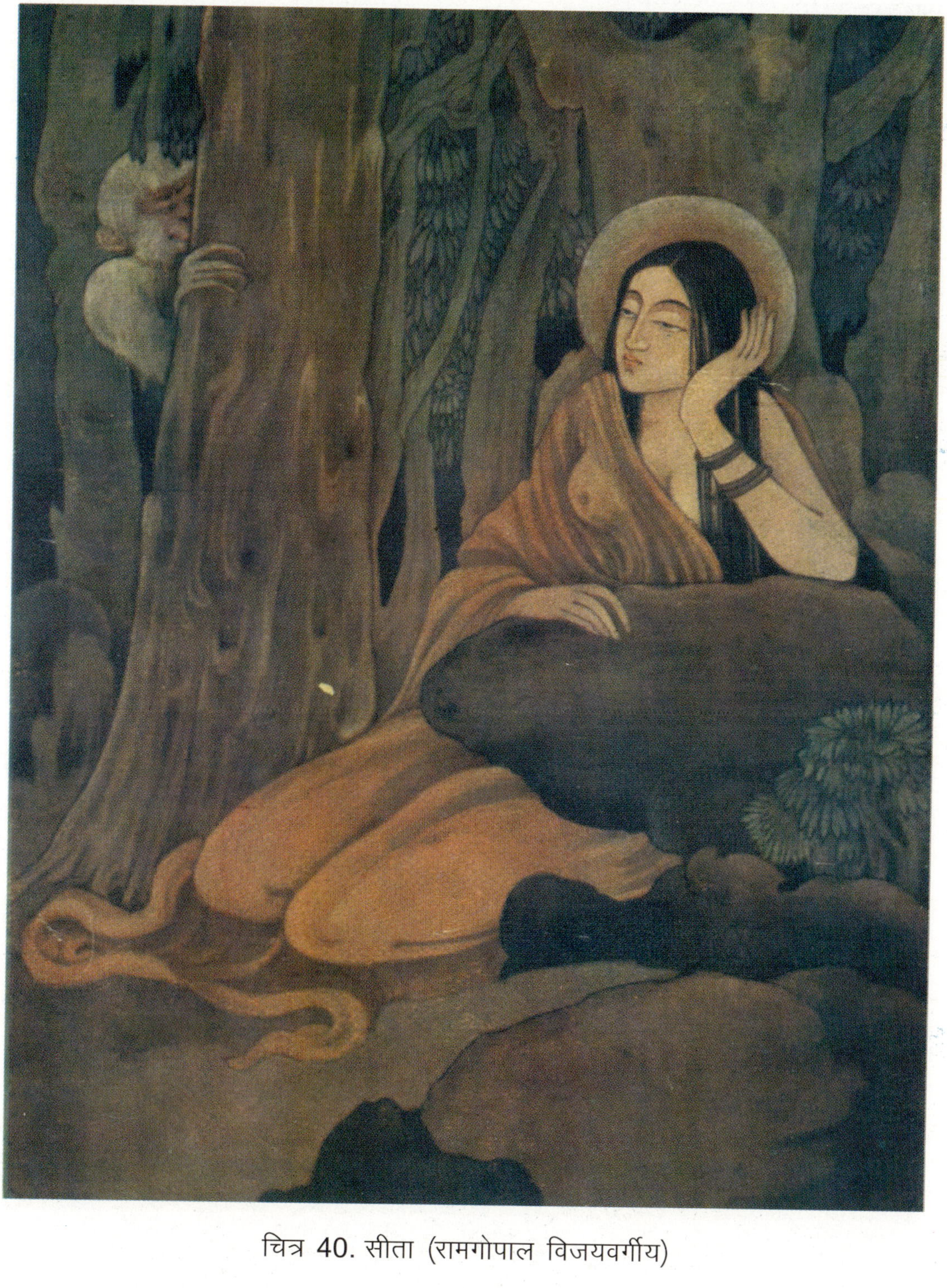

चित्र 40. सीता (रामगोपाल विजयवर्गीय)

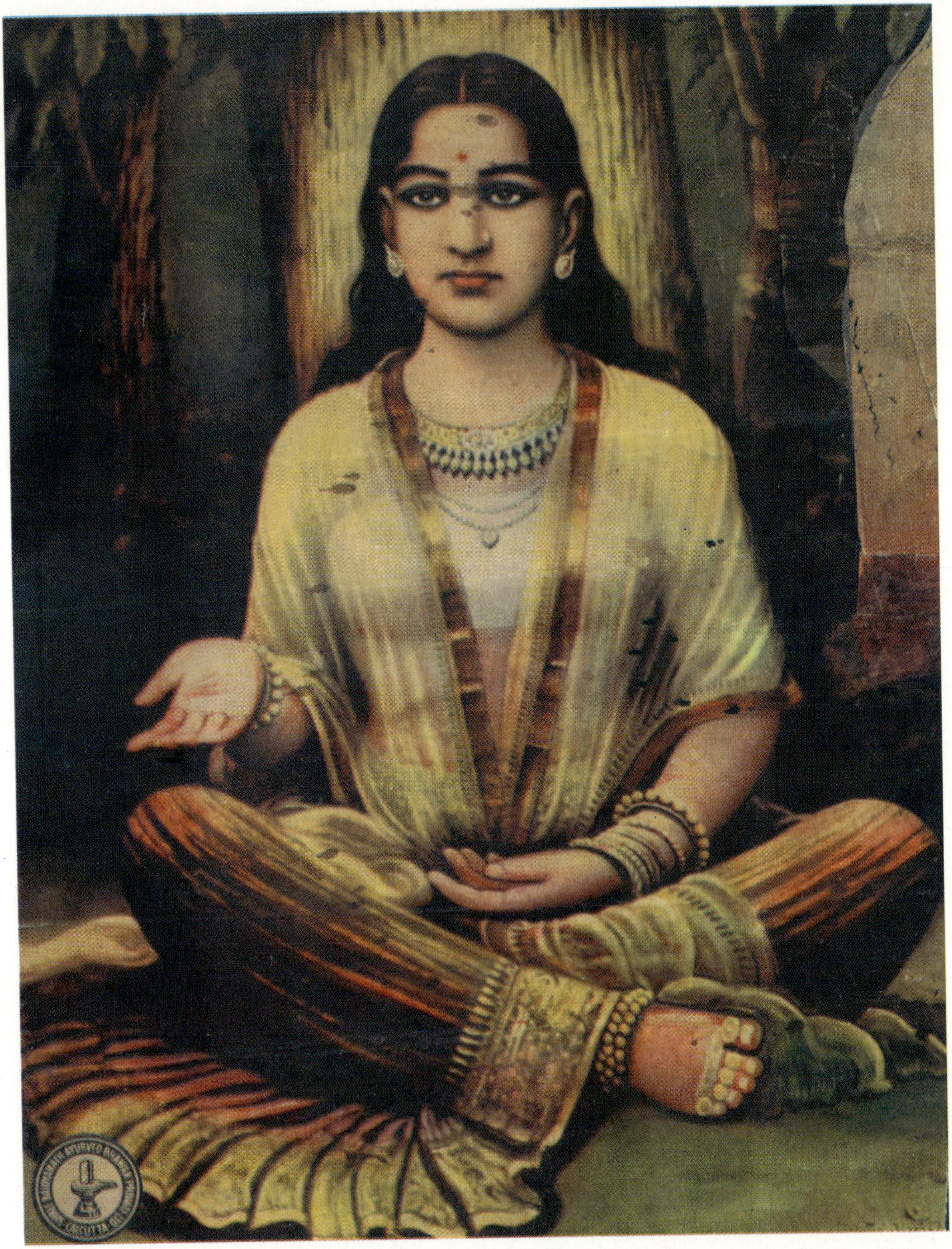

चित्र 41. बाल्मीकी आश्रम में सीता (कालीचरण)

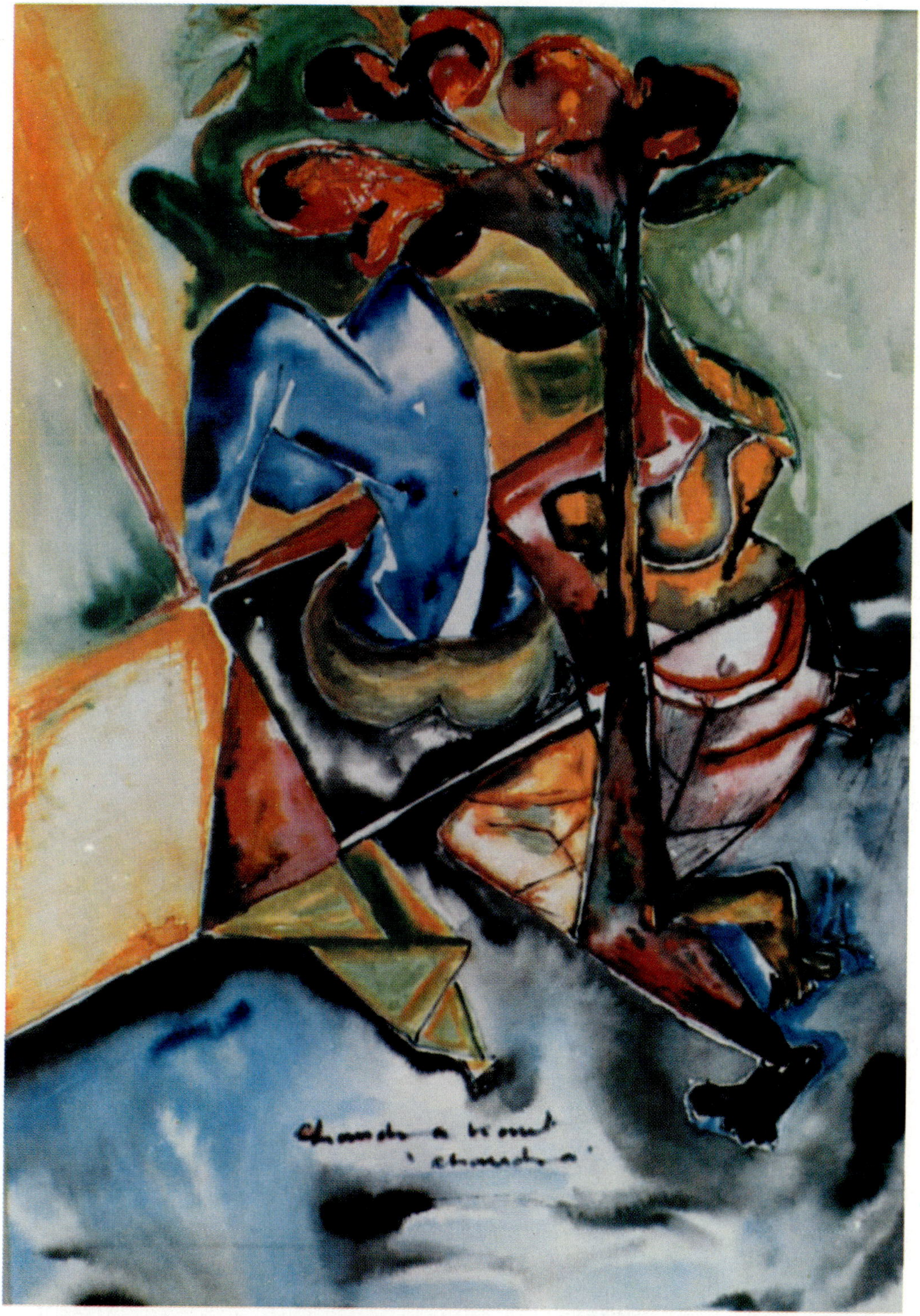

चित्र 42. प्रकृति (चन्द्रकान्त हाड़गे)

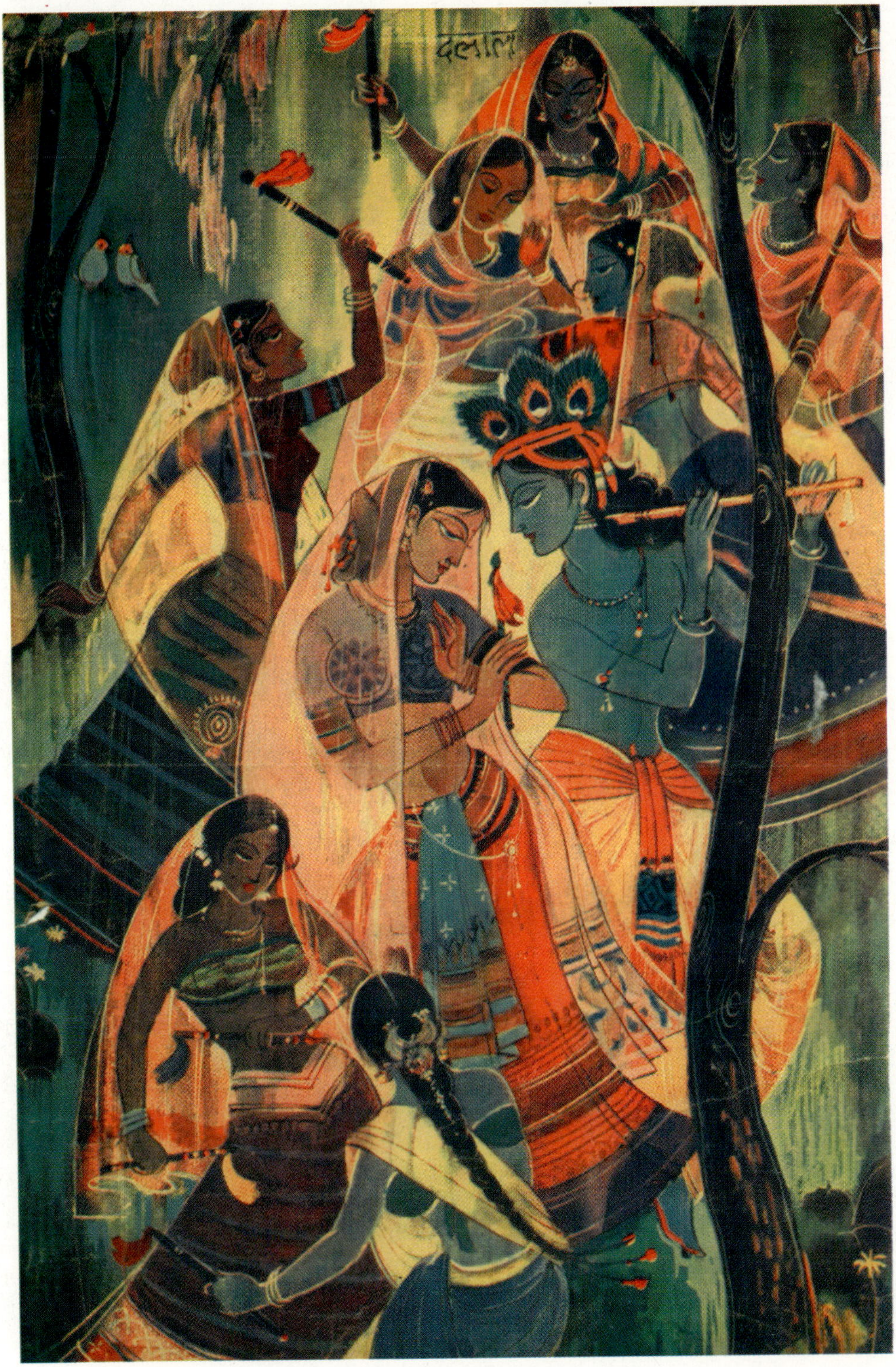

चित्र 43. रासलीला (दलाल)

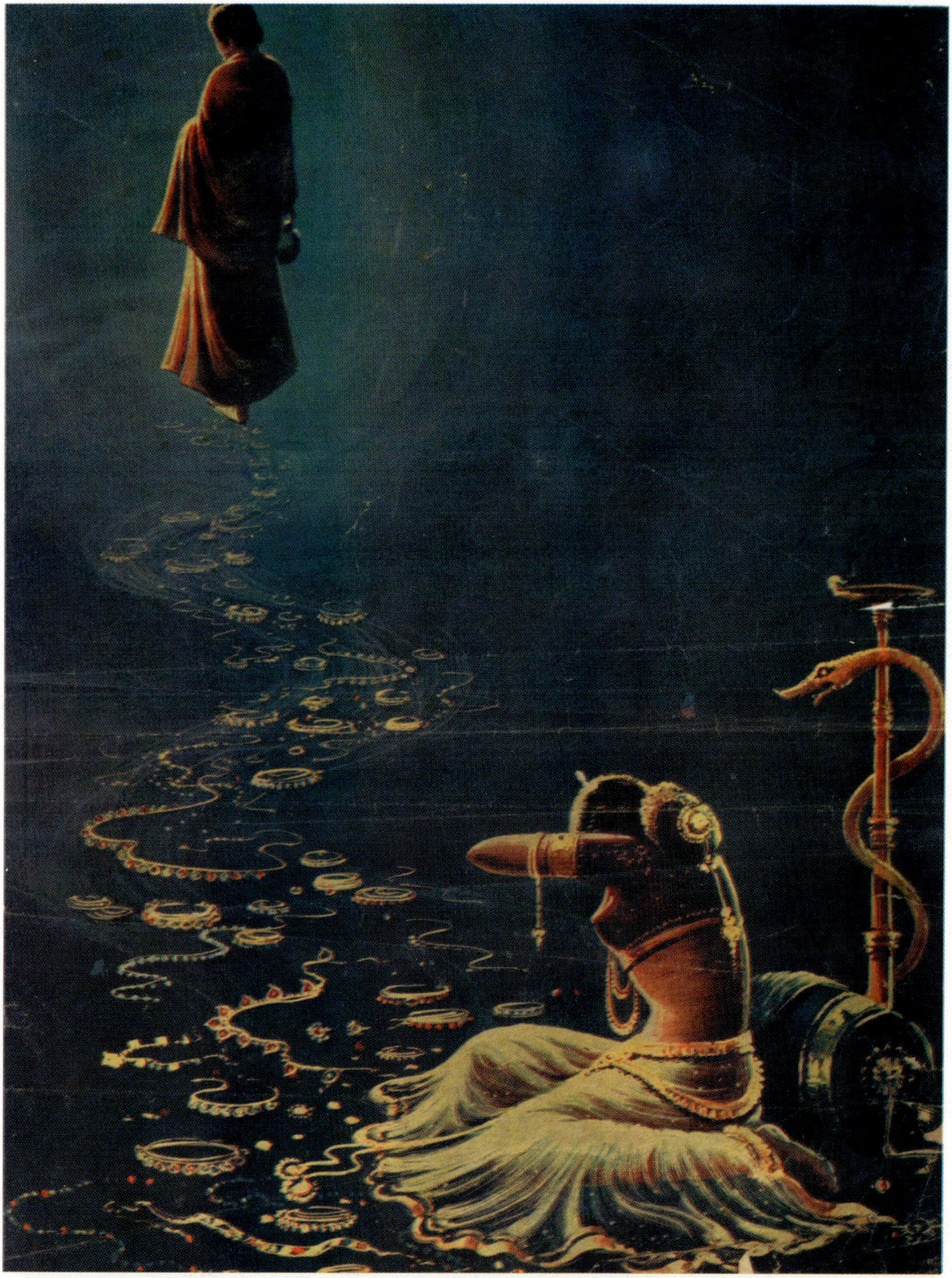

चित्र 44. बुद्ध का ग्रहत्याग (चेतन)

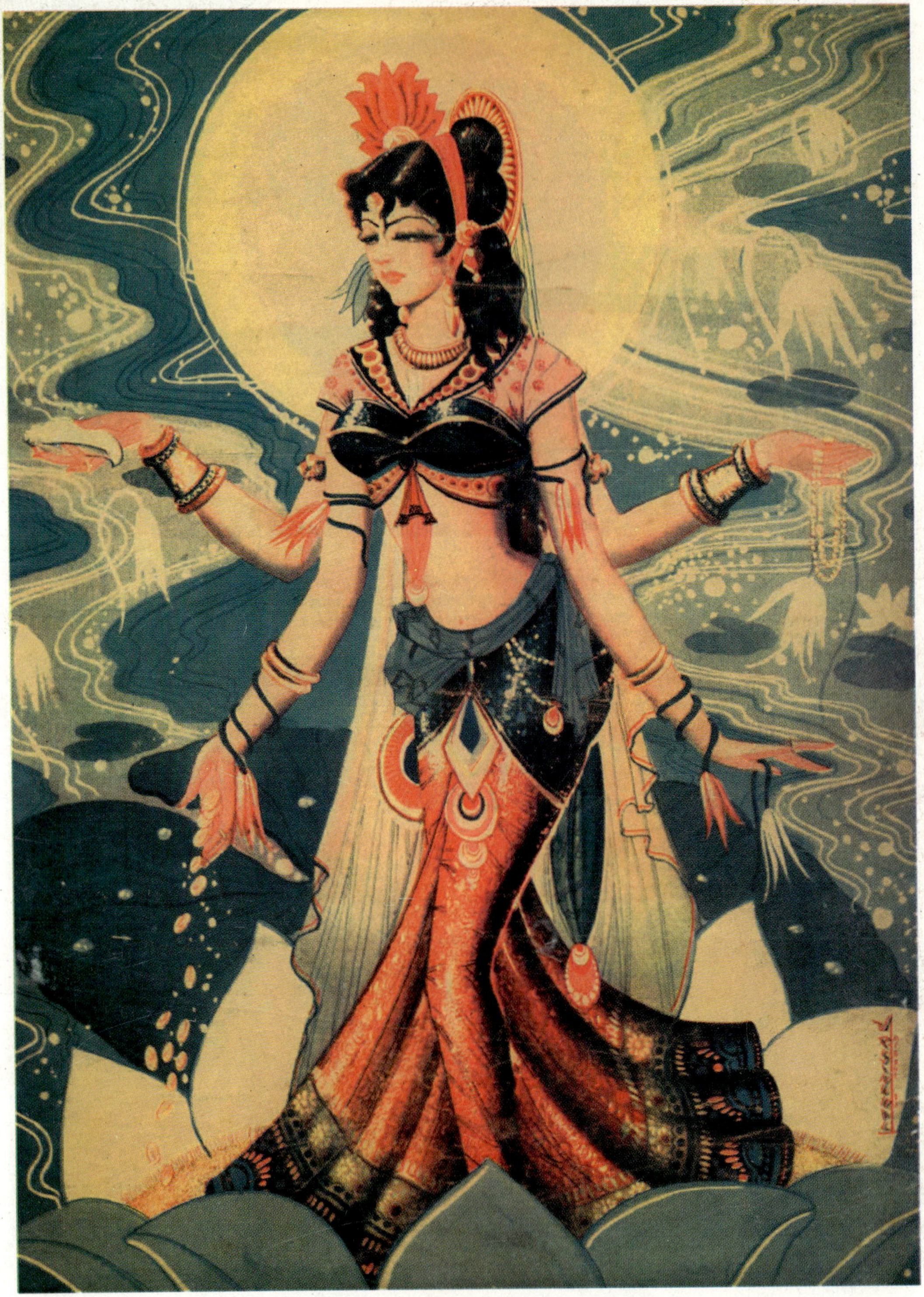

चित्र 45. सरस्वती (जे० पी० सिंघल)

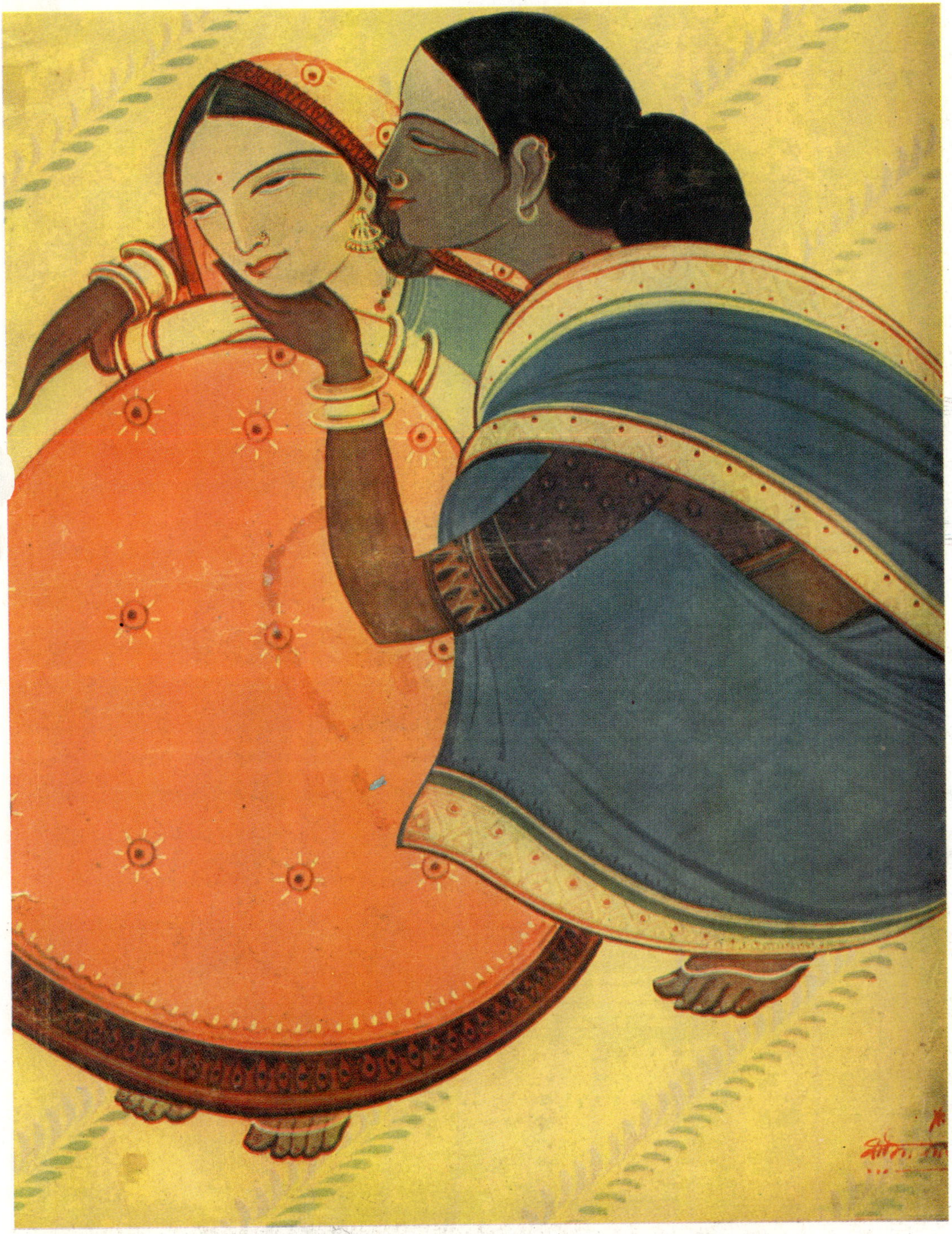

चित्र 46. गुपचुप वार्ता (सोमाभाई पटेल)

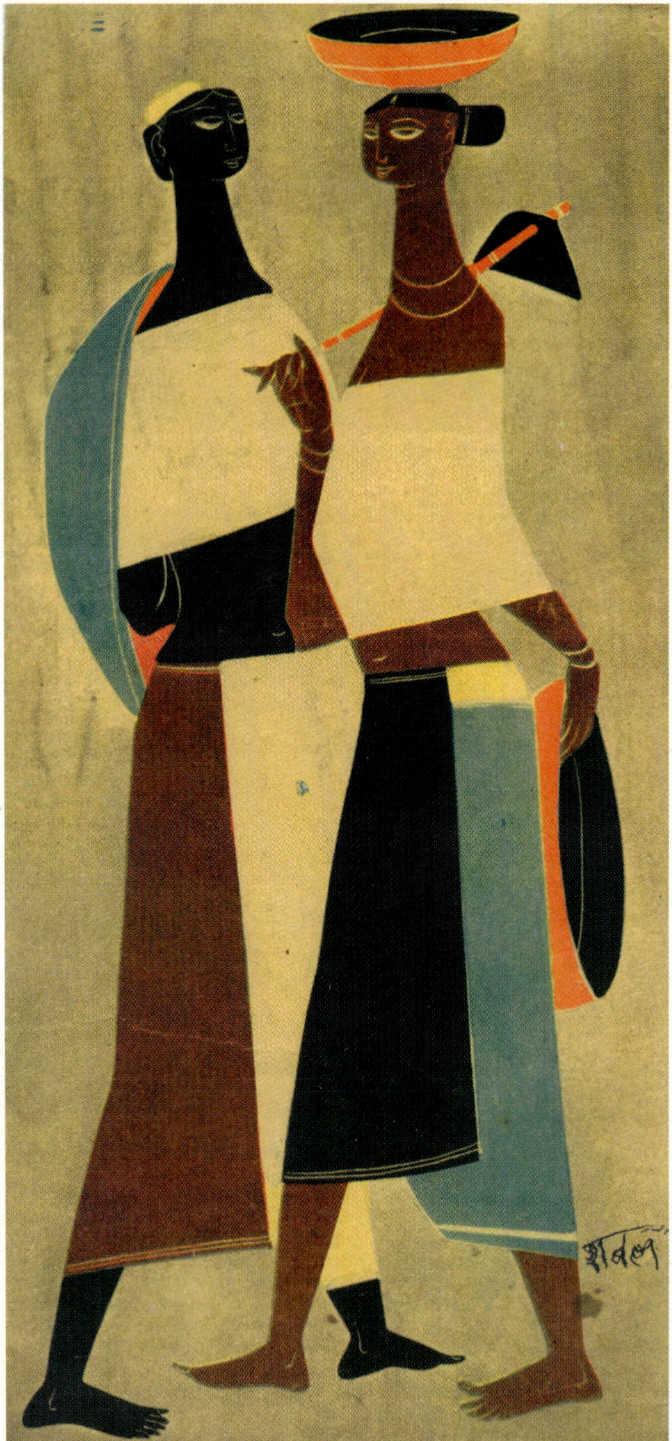

चित्र 47. गुफ्तगू (रावल)

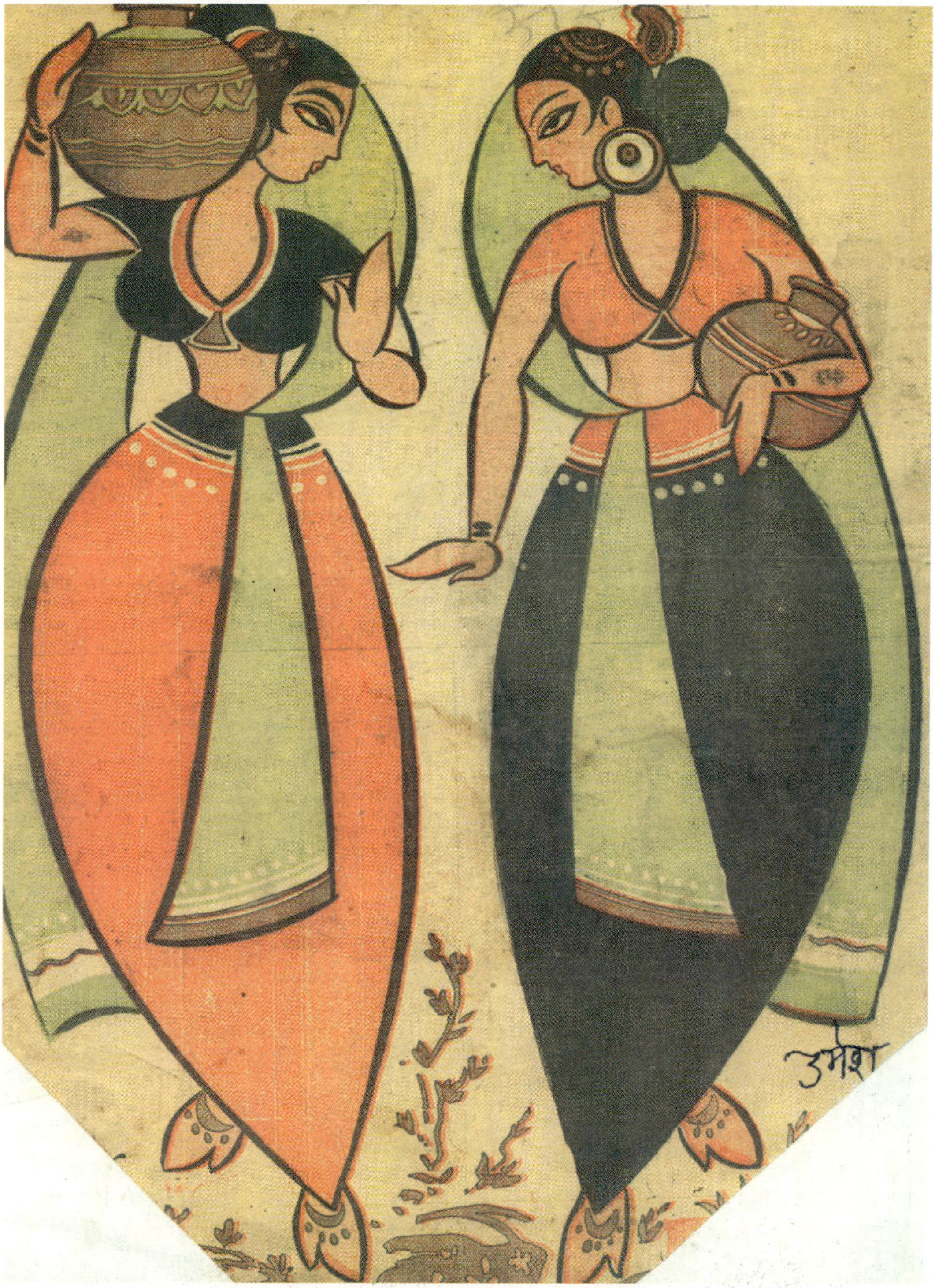

चित्र 48. विश्राम के क्षण (उमेश)

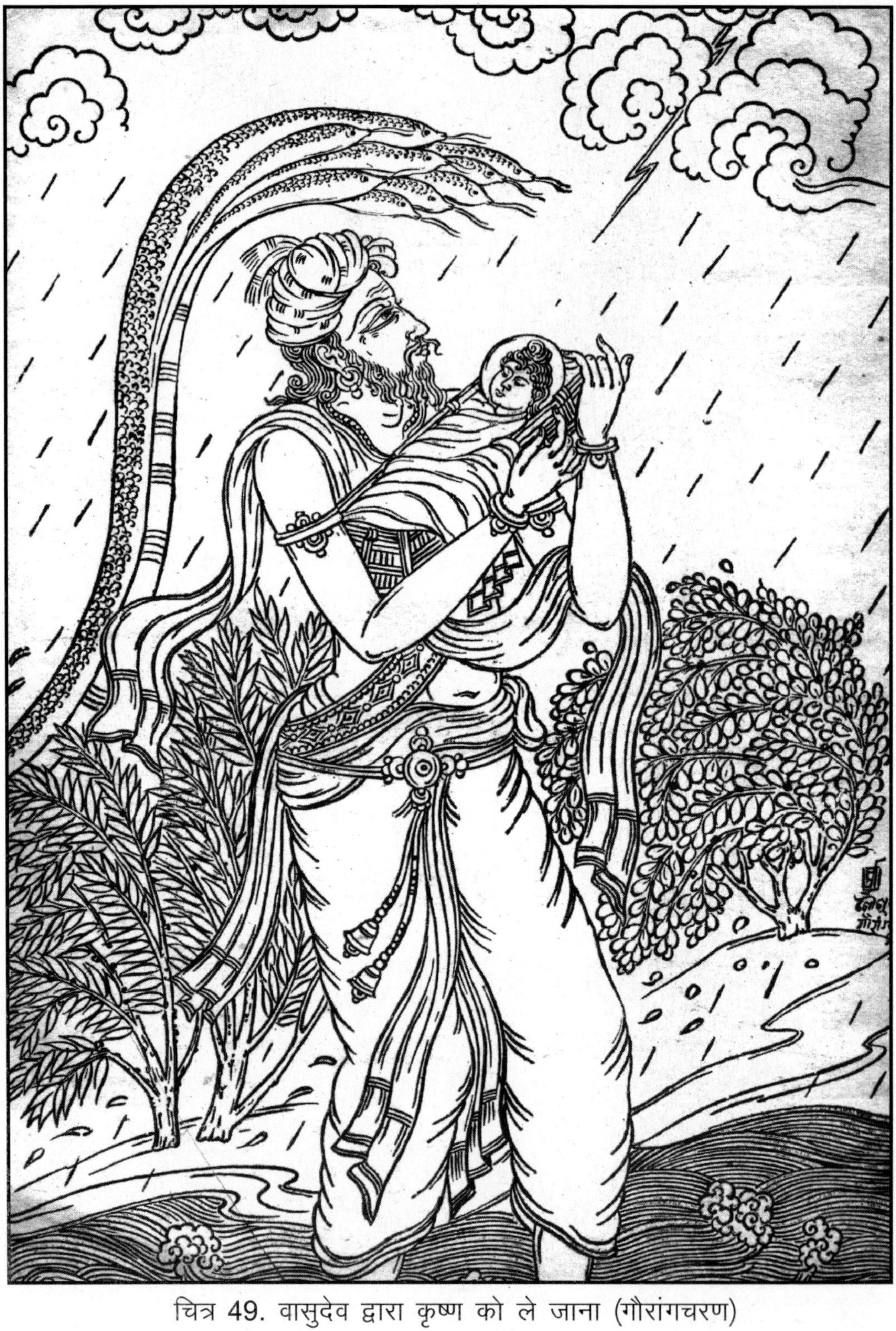

चित्र 49. वासुदेव द्वारा कृष्ण को ले जाना (गौरांगचरण)

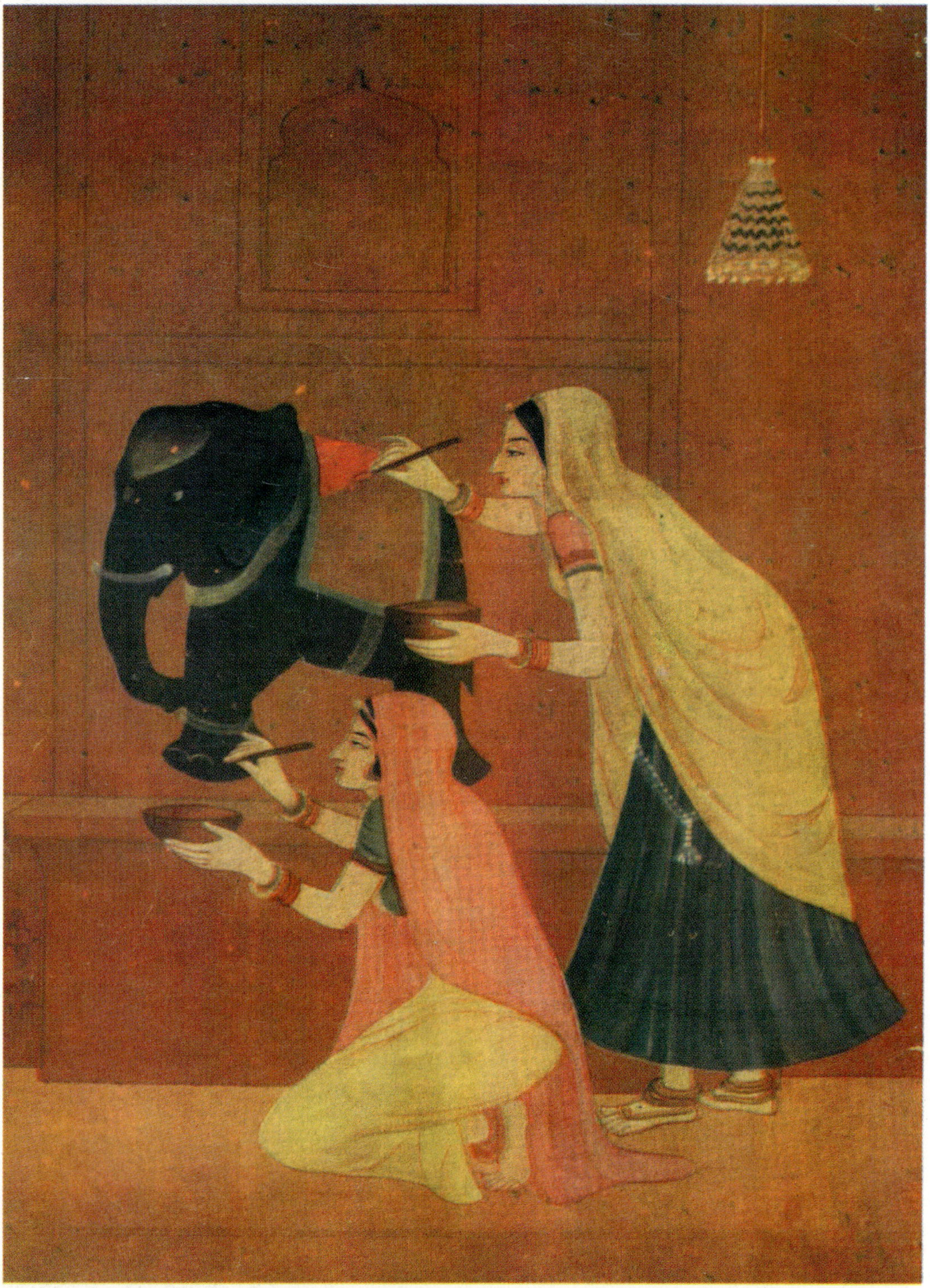

चित्र 50. चित्रलेखन सरस्वती 1914 ई०, दिस० (शंभुनाथ मिश्र)

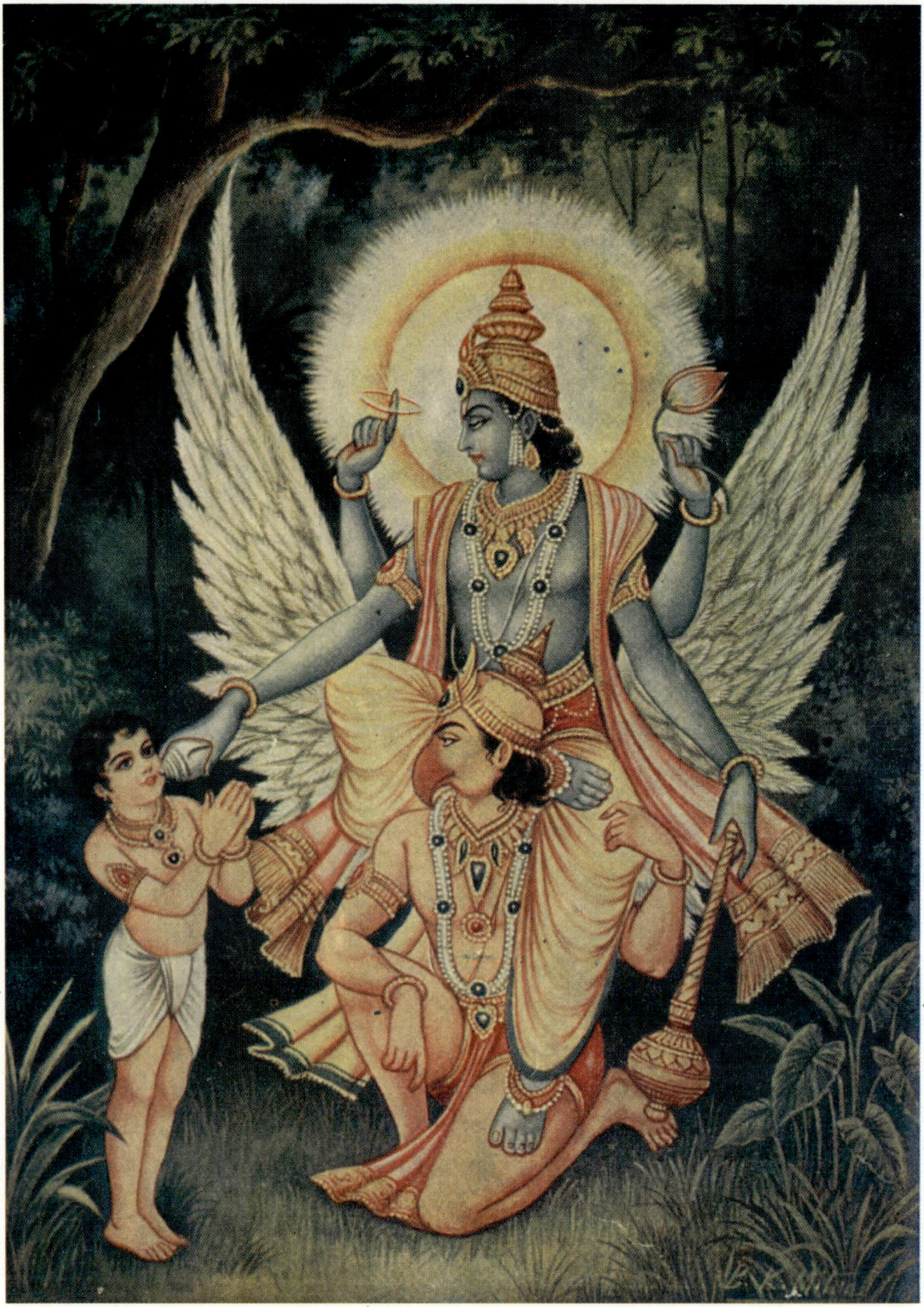

चित्र 51. भक्त ध्रुव (बी० के० मिश्रा)

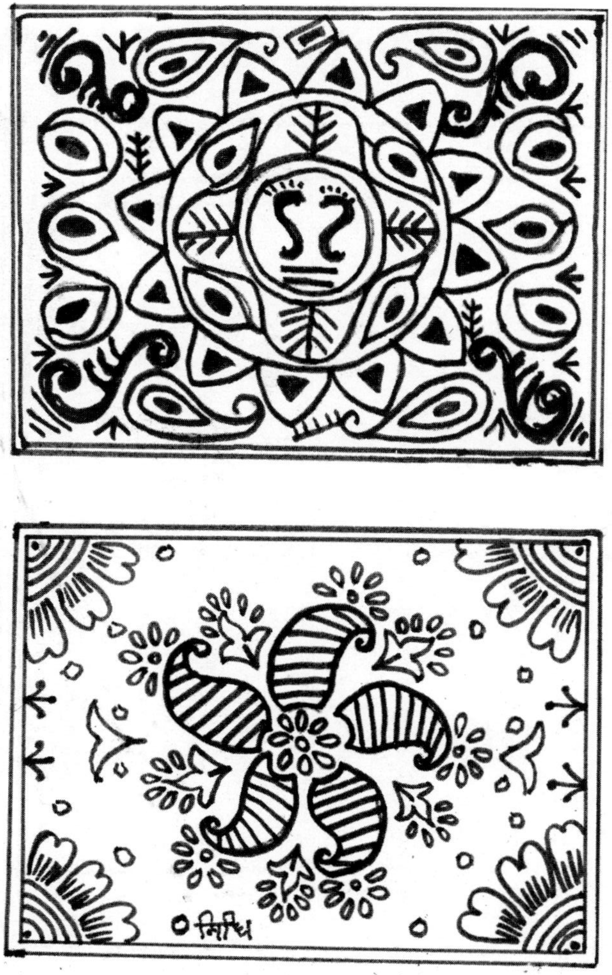

चित्र 53. अल्पना – रंगोली

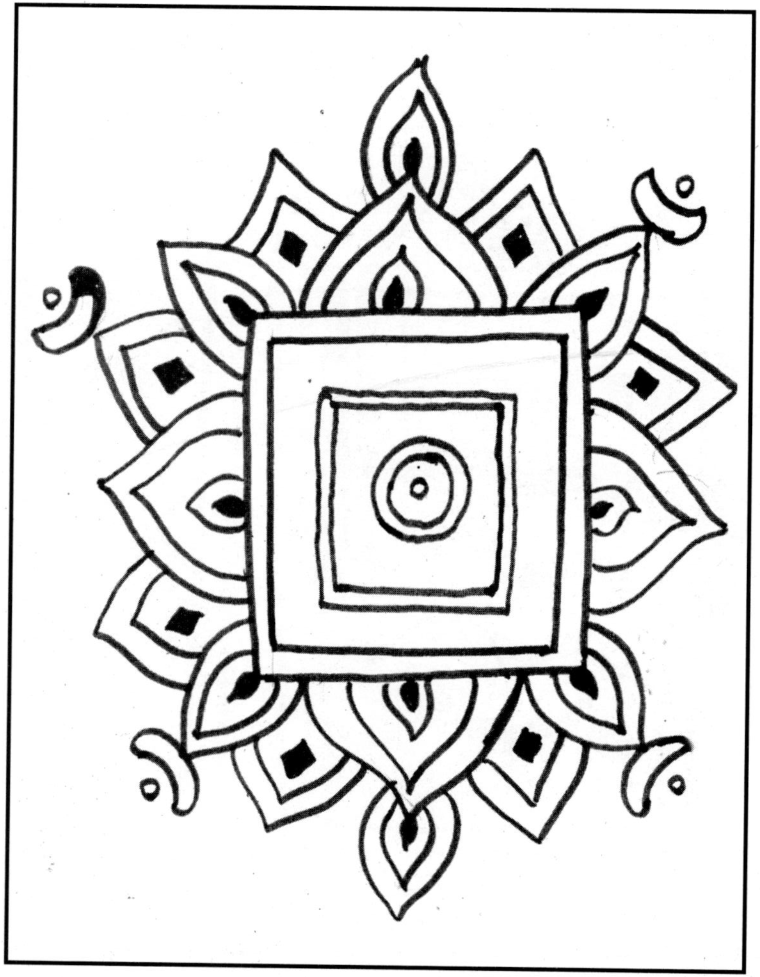

चित्र 52. माड़ले

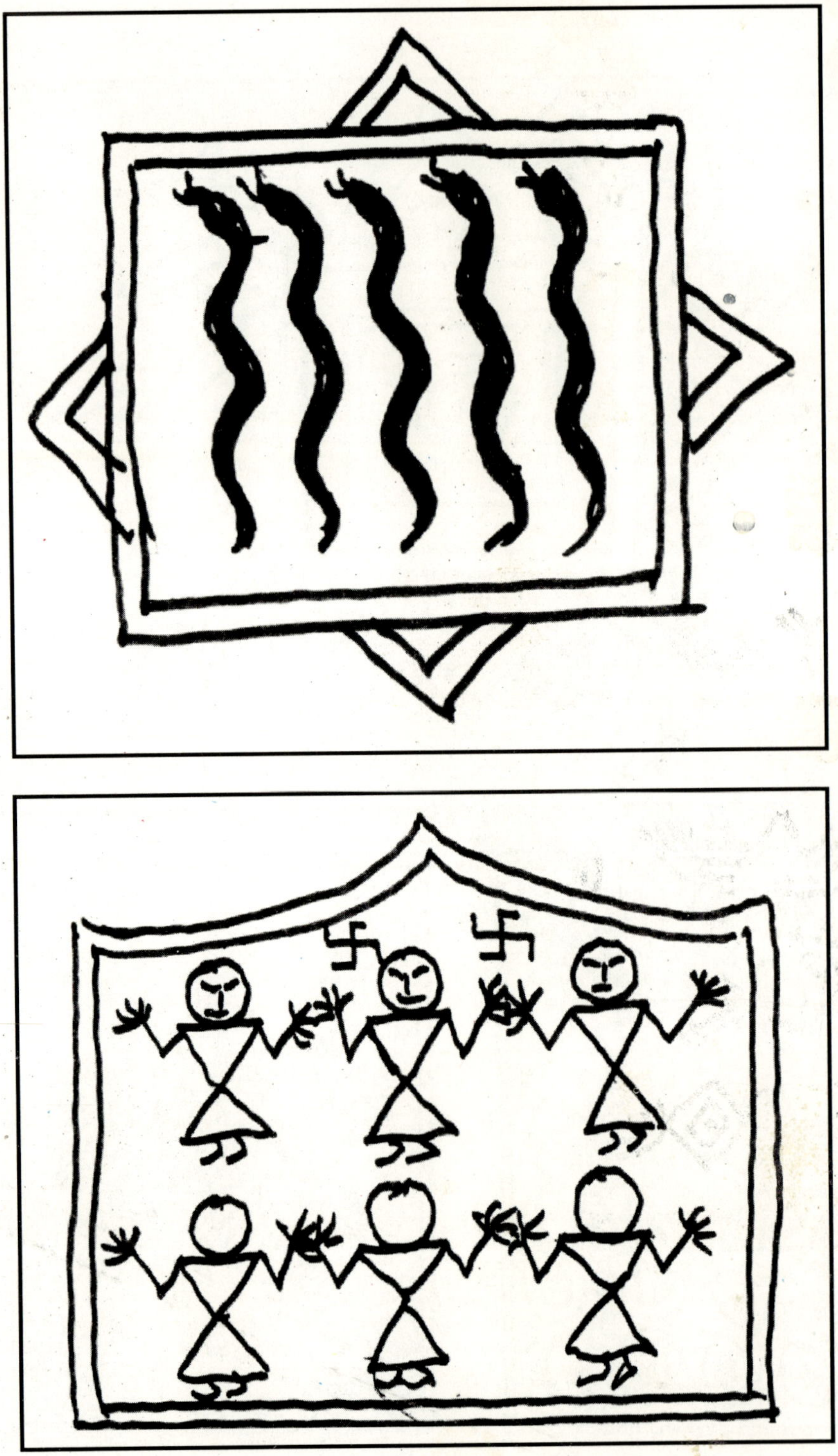

चित्र 54. नागपंचमी — हरछठ

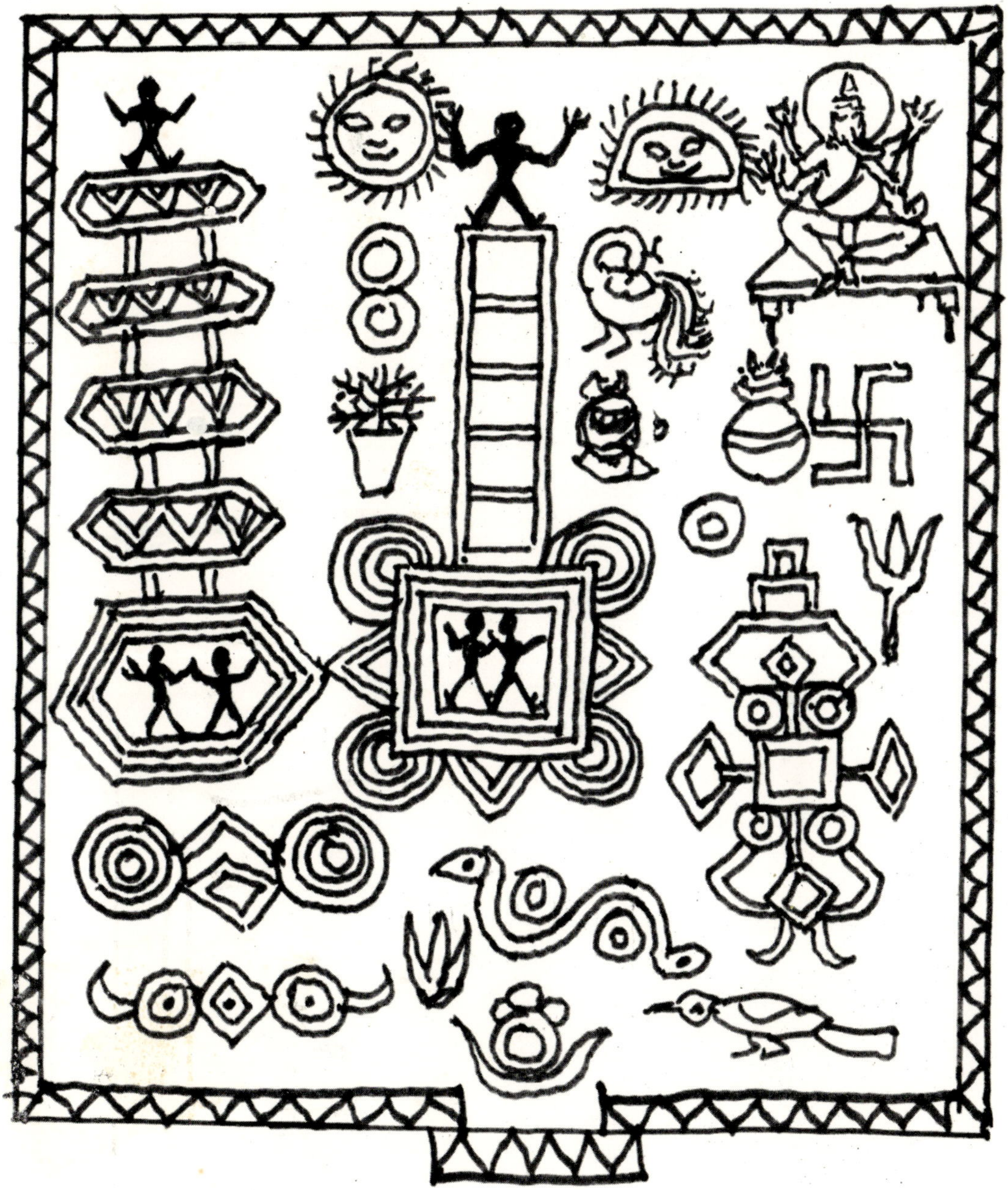

चित्र 55. करवाचौथ

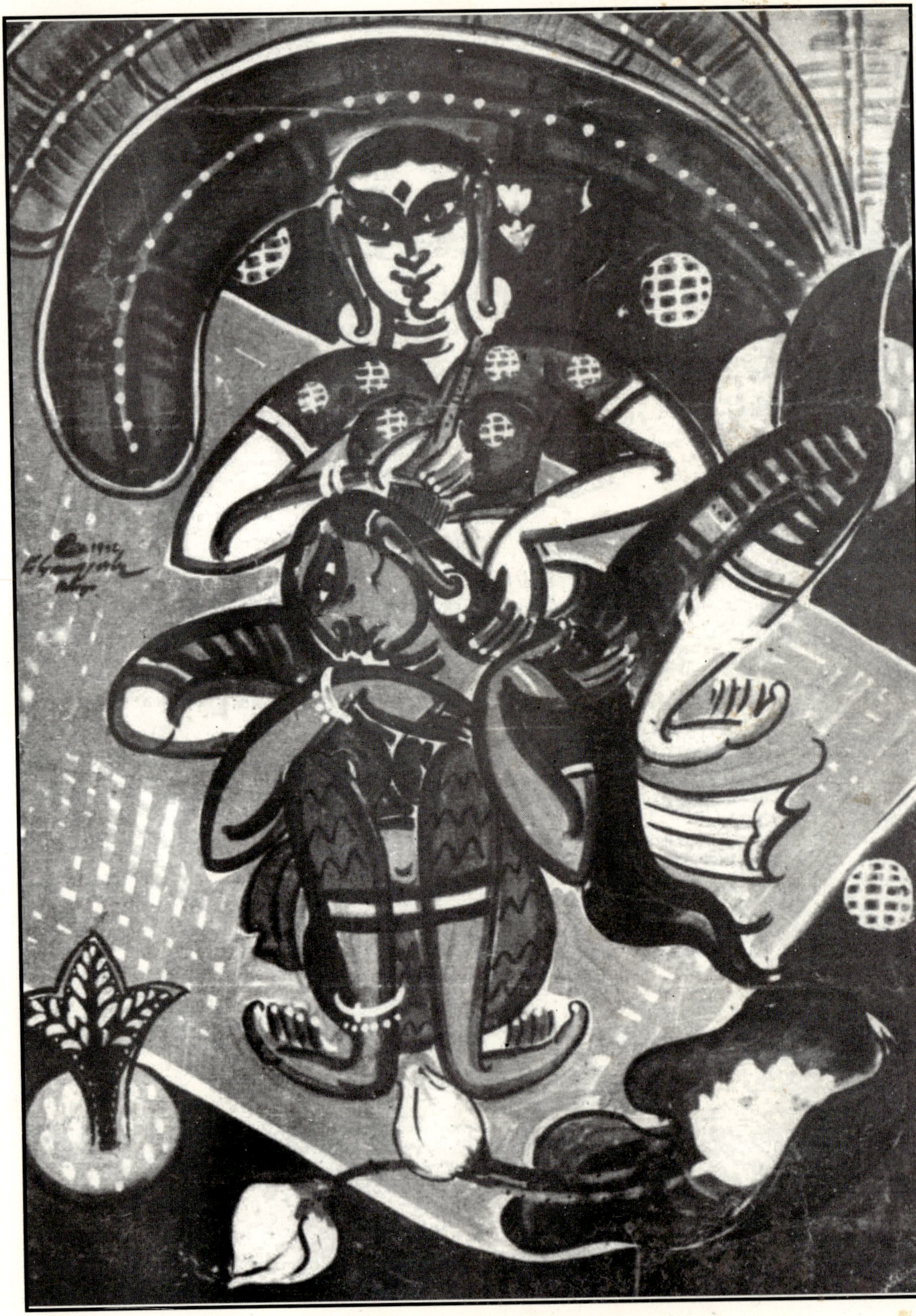

चित्र 56. आन्ध्र की लोक कला